国家社科基金教育学一般项目
“大学生面众恐惧现状与矫治对策研究”(BBA100019)成果

中国西南地区大学生面众恐惧调研报告

Zhongguo Xinan Diqu Daxuesheng Mianzhong Kongju Diaoyan Baogao

王洪礼　等著

高等教育出版社·北京

内容简介

本书首先阐释了作者将国外学者提出的“交流恐惧”概念发展为“面众恐惧”概念的缘起和研究背景，并进行了相应论证。之后，展示了作者团队精心研制的适应中国国情的调研工具“《中国大学生面众恐惧调查量表》(2011修订版)”。作者团队采取分层随机抽样方法，在中国西南四省(市)12所高校对大学生进行了科学调查后，发现大学生中具有高度面众恐惧者占0.9%，较高面众恐惧者占14.3%，中等面众恐惧者占54.8%，较低面众恐惧者占29.9%，只有0.1%的大学生没有面众恐惧。随后，作者对出现上述现状的原因进行了深入探讨，提出了克服和矫治大学生面众恐惧的重要对策。

图书在版编目(CIP)数据

中国西南地区大学生面众恐惧调研报告/王洪礼等著. --北京:高等教育出版社,2015.11
ISBN 978-7-04-043890-1

Ⅰ.①中… Ⅱ.①王… Ⅲ.①大学生-恐惧-调查报告-西南地区 Ⅳ.①B842.6②G645.5

中国版本图书馆CIP数据核字(2015)第217367号

策划编辑 王玉衡　责任编辑 王玉衡　特约编辑 张 仂　封面设计 张 志
版式设计 童 丹　插图绘制 邓 超　责任校对 吕红颖　责任印制 毛斯璐

出版发行 高等教育出版社
社　　址 北京市西城区德外大街4号
邮政编码 100120
印　　刷 北京北苑印刷有限责任公司
开　　本 787mm×960mm 1/16
印　　张 25.75
字　　数 480千字
购书热线 010-58581118
咨询电话 400-810-0598
网　　址 http://www.hep.edu.cn
　　　　 http://www.hep.com.cn
网上订购 http://www.landraco.com
　　　　 http://www.landraco.com.cn
版　　次 2015年11月第1版
印　　次 2015年11月第1次印刷
定　　价 69.00元

物 料 号 43890-00

本书贡献排名

王洪礼　刘　红　邹维兴　马先彦　袁　宜
谢玲平　赵向霞　李崇敬　余昭琼　姜　山
全开凤　王　强　罗小芳

谨以本书献给支持、帮助、关心贵州省心理科学、教育科学学科建设与发展的所有专家、学者、老师和朋友们！

王洪礼

（全国优秀科技工作者、国务院特殊津贴专家）
（国家级教学成果奖二等奖获得者）
（贵州省心理学会与贵州省心理健康教育协会两会会长）
（贵州省省管专家、大学生面众恐惧研究课题组组长）
（贵州师范大学教育心理学二级教授）

2015 年 9 月 3 日
纪念中国人民抗日战争暨世界反法西斯战争胜利 70 周年纪念日

目　录

《中国西南地区大学生面众恐惧调研报告》即“大学生面众恐惧现状与矫治对策研究”项目简介

本项目核心概念“面众恐惧”(Face-audience Communication Apprehension)是全国优秀科技工作者、国家级教学成果奖二等奖获得者、国务院特殊津贴专家、贵州师范大学心理学专业二级教授、学科带头人、贵州省省管专家、本课题组组长与首席专家王洪礼于2007年开始主持有关大学生创新精神与心理健康教育的国家社科基金哲学类项目(07BZX060)时提出的概念。2010年,本课题负责人袁宜在王洪礼教授的指导下,成功申请到国家社科基金教育学一般项目的立项并获得资助。

项目立项后,课题负责人袁宜严格按照课题组组长与首席专家王洪礼教授的指导意见,完善研究方案,并严格执行研究方案。在课题组全体人员的共同努力下,历经三年,高质量完成了本项目的研究任务。

在项目执行过程中,课题组既注重理论研究也注重实证调查研究。

一、将传统的“交流恐惧”概念发展为“面众恐惧”概念

本项目创新了源于国外的“交流恐惧”概念,将传统的“交流恐惧”概念发展为“面众恐惧”概念,并对面众恐惧概念进行了深入研究。

在国外,自从英国精神病学家马克斯和格尔德(Marks & Gelder)1966年提出“社交焦虑”以来,学者们陆续对社交恐惧或称交流恐惧展开了研究。美国学者麦克罗斯基(James McCroskey)于1970年首次公开使用交流恐惧(Communication Apprehension, CA)这一概念,并将其定义为“交流恐惧是个体对真实的或想象的与一个人及以上的人交流时产生的害怕和焦虑”(McCroskey, 1977)。虽然概念中没有明确呈现口语二字,但该概念指的交流恐惧就是口语交流恐惧(McCroskey, 1983)。

在国内,有关交流恐惧的较多研究是在2000年以后出现的,并主要集中在探讨大学生人际交往中存在的问题、表现特点、影响因素以及如何解决社交恐惧、社交焦虑等几个方面。北京大学钱铭怡2005年研制了调查我国大学生的社交焦虑量表(SAI)。

交流恐惧概念提出后,国外较多研究者都沿用麦克罗斯基的定义,我国交流恐惧研究的前期阶段也同样采用麦克罗斯基对交流恐惧的定义。如本课题组组长王洪礼教授和他指导的研究生于2006年和2007年在《心理科学》《中国心理卫生杂志》《心理学探新》先后三次发表的关于大学新生交流恐惧的论文,其关键词都有交流恐惧。

在2000—2008年间,国内在交流恐惧研究领域,大致有如下研究成果:① 研制了调查社交焦虑的量表;② 初步查出我国大部分大学生具有高度的交流恐惧,近半数的大学生存在相关问题;③ 社交能力与自尊水平呈正相关关系;④ 团体心理辅导比心理卫生讲座更能有效地降低大学生的交往焦虑和羞怯感;⑤ 社交焦虑阻碍着人际交往能力的发展,其主要原因是缺乏社交技能;⑥ 大学新生的交流恐惧较之其他年级更为突出。

概而言之,我国学者在2008年以前,主要是以"交流恐惧"作为核心概念对这一领域进行研究的。

为了发展、推进和创新这一领域的研究,2007年,贵州师范大学王洪礼教授正式提出了面众恐惧概念,将此领域的研究在国内发展成对面众恐惧的研究。

面众恐惧,是指个人面对两人以上的听众、观众进行陈述性交流、伴有思考的发言、回答问题、试教、演讲、面试、办事时,个体缺乏相应的实践经验、能力、知识与技能而表现出来的以担心、紧张、焦虑、害怕为基本特征的心理反应状态。

大学生的面众恐惧具体表现为上台面对听众发言、回答问题、接受面试、课堂或会场讨论、校外交流即席发言和办事等时,常出现过度紧张、畏惧、焦虑、心跳加快、脸红、出汗、发抖,甚至即席发言时出现词不达意、思维混乱、记忆中断等现象。

本课题组在2011年进行的《中国大学生面众恐惧的心理测量学再探》研究阶段中,将大学生面众恐惧的主要维度(主要表现)界定和确认为上台恐惧、面试恐惧、团组与校外交流恐惧、办事恐惧四个方面,与国内外以往的相关研究比较,面众恐惧概念囊括了大学生交流恐惧的各个主要方面,特别是在上台恐惧、面试恐惧及其对策的研究等方面,属于大学生交流恐惧研究的新视角和新内容。

面众恐惧对人的心理素质、行为方式、人际关系、职业选择与竞聘、人生发展与成功、受教育的机会、创新能力和创新精神的充分焕发等,都会产生不利影响。

本项目中的矫治是指运用心理学的原理和方法,从认知、情感、行为等方面对有不良个性倾向以及在心理或行为方式上有一定心理障碍的个体进行的矫正、疏导、训练和指导。面众恐惧的反义是面众成功。面众成功是指在面众交流过程中没有面众恐惧,并能顺利完成常规的面众交流任务。

提出“面众恐惧”新概念是本项目在概念研究上的创新点,属于“人无我有,人有我新”的概念。它既包括了国内外已有的“社交恐惧、交际恐惧、交流恐惧”概念,也包括了国内外此前没有的“上台恐惧”、“面试恐惧”等概念。“面众恐惧”的反面是“面众成功”。“面众恐惧”、“面试恐惧”、“上台恐惧”、“面众成功”等概念都是课题组提出的新概念。

二、精心研制了《中国大学生面众恐惧调查量表》(2011 修订版)

精心研制调研工具即调查量表是本项目的第一个重要研究阶段,也是攻关阶段,此阶段的主要任务是要研制出一个信度和效度较高,能全面反映中国大学生面众恐惧的真实现状和特点、符合心理测量学要求的调研工具。在此阶段研究中,《心理科学》2011 年第 3 期发表的《大学生面众交流恐惧的心理测量学初探》(以下简称《初探》),介绍了王洪礼的研究生、课题组成员宋志飞任第一作者,在《初探》中已研制完毕的《大学生面众交流恐惧量表》,原拟用此量表作为执行本项目的调研工具,但在之后课题组组长与首席专家王洪礼通过理论与实践紧密结合的深潜反思后,发现《初探》中已研制完毕的《大学生面众交流恐惧量表》存在不足,如大学生经常出现的面试恐惧等未涉及,因此不宜以之作为执行国家项目的调研工具。为了更全面、准确地评定我国高校大学生的面众恐惧现状,为了对执行国家社科基金项目的高度负责,为了弥补《初探》量表中存在的不足,王洪礼又指导和带领课题组进一步研究和设计了量表的维度和题项,并将预测被试的范围扩大到我国东南西北中五大地区的17个省(市)的24所高校大学生,再经过对数据的探索和验证分析,最终得到了大学生面众恐惧量表的四个维度(32个题项)的结构,即上台恐惧(6题项)、面试恐惧(8题项)、办事恐惧(8题项)、团组与校外交流恐惧(8题项),并将重新研制的大学生面众恐惧调研工具命名为《中国大学生面众恐惧调查量表》(2011修订版)。其总量表的内部一致性α信度系数和重测信度分别为0.922和0.831,四个维度的内部一致性α信度系数和重测信度分别在0.749~0.846与0.622~0.781范围之间,均更好地达到了心理测量学的要求。为了对正式量表的内容进行进一步审定,课题组特委托中国心理学会副理事长、华中师大刘华山教授(鉴定委员会主任),周宗奎教授,西南大学张庆林教授,上海师大顾海根教授,福建师大连榕教授,辽宁师大刘文教授等七位专家组成了专家鉴定委员会,对量表进行了鉴定。鉴定结论认为:该量表"更加科学、完善,更能覆盖大学生面众恐惧现象的各个主要方面,量表具有更高的信效度,受测者样本具有全国代表性,可作为中国大学生面众交流恐惧的调研工具"。"鉴定委员会同时认为,课题组对国家社科基金项目的高度负责,发现已完成的调研工具存在不足,立即重新进行研制,这种一丝不苟的科学态度及其所付出的艰辛劳动都是可贵的,值得倡导"(刘华山等,2011年12月)。

课题组重新精心研制的调研工具《中国大学生面众恐惧调查量表》(2011修订版),以《大学生面众恐惧的心理测量学再探》为题目,在《心理科学》2012年第5期发表。

三、在西南四省(市)12所高校对2 809名大学生进行了正式调查

课题组用精心研制的《中国大学生面众恐惧调查量表》(2011修订版)作为调研工具,在西南四省(市)12所高校采用分层随机抽样方法,在云南、贵州、四川和重庆四省(市)的12所高校抽取3 277名大学生为被试,最后获得有效被试2 809名,有效率为85.7%。其中男生992名,女生1 817名;大一学生578名,大二学生760名,大三学生1 030名,大四学生365名,大五[①]学生76名;文史哲法类学生1 363名,理科类学生1 098名,工科类学生92名,医

① 全书中指医学专业五年级学生。

学类学生 85 名,艺术类学生 171 名。主试由心理学专业硕士毕业的教师担任。实施调查时以学校班级为单位,统一指导语,被试以匿名方式填答问卷,当场收回问卷。

四、调查结果获得新的和惊人的发现

调查结果获得的新的和惊人的发现是:99.9%,即 1 000 个大学生中 999 个都有面众恐惧,只有 0.1%,即千分之一的大学生没有面众恐惧。具体表现如下。

1. 99.9%的大学生都有面众恐惧。其中,高度面众恐惧者占 0.9%,较高面众恐惧占 14.3%,中等面众恐惧者占 54.8%,较低面众恐惧者占 29.9%,而无面众恐惧者仅占 0.1%。

2. 97.7%的大学生都有上台恐惧。其中,高度上台恐惧者占 2.6%,较高上台恐惧者占 15.7%,中等上台恐惧者占 42.1%,较低上台恐惧者占 37.3%,而无上台恐惧者仅占 2.3%。

3. 99.5%的大学生都有面试恐惧。其中,高度面试恐惧者占 3.5%,较高面试恐惧者占 26.7%,中等面试恐惧者占 47.9%,较低面试恐惧者占 21.4%,而无面试恐惧者仅占 0.5%。

4. 99.3%的大学生都有团组与校外交流恐惧。其中,高度团组与校外交流恐惧者占 2.4%,较高团组与校外交流恐惧者占 21.0%,中等团组与校外交流恐惧者占 47.6%,较低团组与校外交流恐惧者占 28.3%,而无团组与校外交流恐惧者仅占 0.7%。

5. 95.3%的大学生都有办事恐惧。其中,高度办事恐惧者占 0.4%,较高办事恐惧者占 4.7%,中等办事恐惧者占 32.8%,较低办事恐惧者占 57.4%,而无办事恐惧者仅占 4.7%。

概言之,西南地区大学生面众恐惧极其普遍,99.9% 的大学生都有面众恐惧,在面众恐惧所包含的四个主要方面,按严重程度来排列,第一是面试恐惧,占 99.5%;第二是团组与校外交流恐惧,占 99.3%;第三是上台恐惧,占 97.7%;第四是办事恐惧,占 95.3%。

从面众恐惧程度看,高度面众恐惧者占 0.9%,较高面众恐惧者占 14.3%,中等面众恐惧者占 54.8%,较低面众恐惧者占 29.9%,只有 0.1%,即千分之一的大学生没有面众恐惧。

调查结果同时表明，大学生的面众恐惧存在多方面的显著差异：女大学生的面众恐惧显著高于男大学生，大二学生的面众恐惧较之其他年级更显著，父母文化程度低的大学生面众恐惧较严重，独生子女大学生面众恐惧相对较少，艺术类大学生的面众恐惧较少，并显著低于其他专业的大学生。

调查结果最出人意料的发现是：文史哲法类大学生的面众恐惧最严重！

五、对调查结果的分析与讨论

1. 西南地区女大学生面众恐惧显著高于男大学生的原因探讨

调查发现，西南地区女大学生的面众恐惧极其显著地高于男大学生。这一结果与中国传统的家庭文化观念相一致，在中国传统的家庭文化中，往往男生在家庭中比较得宠，而女生在家中得宠相对男生少得较多，长期的家庭文化传统，导致女性可能较敏感、情绪波动大、自卑感强，加上当今社会压力较大，在面试求职、各种招聘、人才选拔等方面仍存在较大的性别歧视与偏见等不公平观念，势必导致西南地区女大学生在面众恐惧各方面都极其显著高于男大学生。

2. 西南地区大二学生面众恐惧严重，存在显著年级差异的原因分析

本调研表明，从总体上看，西南地区高校多是低年级大学生的面众恐惧高于高年级大学生，但对大二学生来说，又是例外，大二学生在面众恐惧的多个方面都显著高于大一新生，其原因可能是，大一新生进校时间不长，涉及上台、团组与校外交流、面试、办事的活动很少，加上大一新生的公共课较多，较多情况是几个班合在一起上大课，由于人数太多，上课教师点名让他们即席发言、上台发言或组织他们进行小组讨论发言的机会极少，涉及面试的机会更少，因而他们较少有上台恐惧、团组与校外交流恐惧、面试恐惧、办事恐惧的真正体验。

一旦进入大二，情况就不同了。大二对于大学生来说是整个大学时期的重要阶段，他们开始接触本专业的核心专业课，是学习适应、人际交往和向各方面发展的关键期，同时各种要求也随之增多，专业课较多，专业课教师点名让他们即席发言、上台发言或组织他们进行小组讨论发言的机会是常有的事，这时候大二学生真正开始体验到了面众恐惧，于是出现大二学生在面众恐惧的多个方面都显著高于大一新生就是理所当然的事了。在面试恐惧方

面，大二、大三和大四学生显著高于大一学生，这可能是大一新生刚刚进校还处于开始接触大学生活和适应的阶段，他们对大学还充满一种新鲜感，主动参与招聘面试的机会极少，因此面试恐惧的体验也较少。

3. 西南地区文史哲法类大学生面众恐惧较严重的原因分析

本调研表明，文史哲法类大学生的面众恐惧最严重，艺术类大学生的面众恐惧较少，并显著低于其他专业的大学生。其原因可能是，艺术类专业的大学生从小就有在别人面前展示、表演或表现自己技能或才艺的多种经历与经验，且艺术类大学生在校期间经常参加各种演出和表演活动，促使他们已习惯于在众人面前展示自己，所以其面众恐惧较少。文史哲法类大学生面众恐惧最严重，则使人感到意外，特别值得深思和反思。

对文史哲法类大学生而言，其语言表达能力和所掌握的语言文化知识应是较强的，比较能说善辩，为何他们还会出现最严重的面众恐惧呢？究其原因，这可能就不仅仅是大学教育的问题了，可能要回到他们所受的中小学教育尤其是中学教育上去找原因了。我国当前的中学教育，特别是高中教育，主要受高考指挥棒左右，高考考试的内容和方法，除了艺术、体育等极少数专业外，其他专业主要是纸笔考试，主要依靠考生在考场上根据试题，结合中学阶段所学和所记的知识，独立思考、回忆、书写、思索解答来完成考试，最后按高考分数的高低排列，录取达到分数线以上的考生进入大学。高考招生的录取模式如此，中学阶段的教育就极少有对学生进行上台演讲训练、面试训练、团组与校外交流及发言训练，文史哲法类大学生在高中教育教学中受到的学习和训练自然也是死记硬背的纸笔考试类的学习和训练，因而他们在上台、面试、团组与校外交流、办事等方面出现严重的面众恐惧也不奇怪。文史哲法类大学生面众恐惧严重可能还有其他原因，如当前较激烈的社会竞争和大学生的就业压力，对文史哲法类大学生来说可能相对更大，加上文史哲法类的学科思维方式在当前时代可能不太具有竞争力，使得文史哲法类大学生的自信心降低而导致了严重的面众恐惧。

4. 西南地区独生子女大学生面众恐惧显著较少的原因分析

本调研表明，在上台恐惧、面试恐惧、团组与校外交流恐惧、办事恐惧几方面，独生子女大学生都显著低于非独生子女大学生。此结果不难解释。独生子女大学生在儿时的成长过程中，在家人面前比较自由，极少受约束，较少受到父母的严厉批评与责备，做事也很少考虑或担心后果，加上他们一般都是家长的掌上明珠，从小到大在家庭中一直享有家长极多极高的关注、教导甚至是训练，这就使他们在上台、面试、办事、团组与校外交流中，较之非独生子女大学生表现出更多的信心和更好的行为，因此面众恐惧相对较少。而非独生子女大学生在儿时的成长过程中，极少享受到独生子女的待遇，在家庭中受到的特别关注少，受到父母的批评责备多，优越感相对较少，随着年龄的增长，他们可能在为人处世上较多考虑别人怎么看待自己、自己的行为举止会不会被别人责备，进入大学校园后较之独生子女大学生表现出较严重的面众恐惧应属情理之中。

5. 家庭经济状况对西南地区大学生面众恐惧存在显著影响的原因

本调研表明，家庭经济状况好的大学生相对于经济状况差的大学生在面众恐惧上相对显著较少、较低。这可能是因为家庭经济状况好的大学生，其生活较宽裕，性格中的自信成分较高，从小就被培养出了优越感，因此在各种场合的表现欲望也较强；另外他们更容易得到在各种场合与他人交流的机会，他们的所见所闻可能较之家庭经济困难的大学生更多更广，家庭给他们提供的学习和锻炼的机会也较多，这就使得他们的面众恐惧相对较少。

6. 为何父母文化程度高的大学生在面众恐惧上较低

本调研表明，在面众恐惧的各个方面，父母文化程度越高，大学生的面众恐惧程度越低，其原因可能是父母文化程度越高，他们对自己的子女在面众交流上给予了更多的支持、帮助、指导和传递了较多的信息与更多的课本之外的知识及其训练。这就有利于促成父母文化程度高的大学生在面众恐惧程度方面较之父母文化程度低的大学生显著较低、较少。

六、克服和矫治大学生面众恐惧现状的对策建议

1. 加强对低年级大学生的全面引导来矫治面众恐惧

大学低年级是大学生从中学生向大学生转变的适应阶段，这时的他们常因为还不能很好适应大学生活而往往迷茫，特别是大二学生，他们在这个阶段课程较多较重，既迷茫又忙碌，难免会有更严重的面众恐惧，所以高校要从大学低年级抓起，全面引导大学生矫治面众恐惧。

(1) 抓好新生入学教育。由于中学教育往往以高考传统的纸笔考试为

目标的教育为主，学生们都在题海中拼争，进入大学后怎样使大学新生向全面发展的要求转变，这是入学教育的重要内容。应通过新生入学教育来提高大学新生对大学各方面的认识以及进行正确引导，来减少大学新生由于环境不适应而导致的面众恐惧情况，特别是适应性较差的大学生。

（2）辅导员要加强对低年级大学生在学习与生活上的全面了解、关心和辅导。大学辅导员是与大学生长期直接交往最多的大学老师，辅导员应对低年级大学生的交流环境、人际交往等方面多加关注与指导，从而促进他们克服面众恐惧。

首先，辅导员要重点关注本班各个宿舍的人际关系情况。大学寝室室友是大学生相互之间交往交流最多的对象，其间的人际关系对学生面众恐惧会产生严重影响。辅导员应通过各种渠道适时关注各个宿舍内的人际关系情况，对于人际关系紧张的大学生寝室，辅导员必须重点引导寝室成员缓和相互关系，如通过开展轻松的小组谈心等方式来改善大学生寝室的人际关系，使寝室成员通过交流来相互了解、相互理解、相互谅解、相互学习、相互促进和共同发展，以此来促进大家共同克服各自的面众恐惧。与此同时，各高校也要从各方面入手加强大学宿舍文化的建设，通过开展丰富的宿舍文化交流活动来帮助寝室成员降低面众恐惧。

其次，辅导员要注意了解并掌握追踪那些性格内向的低年级大学生的学习生活情况。性格内向的大学生面众恐惧往往较严重，不太愿意与他人交流。如果这类大学生在性格上得不到适当改进就会导致他们的面众恐惧更严重，从而影响到他们个人今后的发展。辅导员要准确掌握这类大学生的学习生活情况，主动与性格内向的大学生谈心、交流，逐步改变他们的交流交往情况，提高他们交往的自信心并逐步消除其自卑心理，这样才能逐步克服其面众恐惧。同时，辅导员也要多花一些时间与班上每一个学生交流，可以辅之以网络交流的方式来与他们交谈，尽力引导他们去克服面众恐惧。

（3）充分发挥高校心理咨询中心的作用。高校心理咨询中心应定期给本校辅导员做各种心理健康与咨询方面的专业培训，促进辅导员能深入探讨大学生面众恐惧的原因及其矫治方案。在矫治大学生面众恐惧的过程中，应采取及时发现、团体辅导、运用多种咨询方法以至重点追踪的方式和举措。首先，要运用心理测评手段来了解和掌握大学低年级学生，特别是大学新生的心理健康水平和面众恐惧状况。其次，心理咨询辅导中心应该采取团体辅导等方式来帮助面众恐惧较突出的大学生克服面众恐惧。最后，对于那些面众恐惧极其严重的大学生，要重点追踪他们的大学学习生活情况，运用多种心理咨询方式来增强其自信和自我接纳的提高，从而逐步克服面众恐惧。

(4) 充分发挥党团组织、学生会和大学社团的作用。党团组织应领导学生会和大学社团，发挥其在帮助大学低年级学生克服面众恐惧中的有效作用，应要求社团定期开展真正有意义的能让所有社团成员积极参加的团组与校外交流活动，使每次活动都能让每位成员真正得到交流锻炼的机会。应积极开展可以提升上台发言、面试、小组交流等专门锻炼社团成员的活动，如可请经验丰富的教师任评委，开展接近现实的“模拟招聘”与竞赛等活动，促进低年级大学生在社团里多锻炼、多交流、多发展，这样才能使大学低年级学生有效克服面众恐惧。

(5) 积极开展各种集体活动，避免大学生成为“宅男宅女”。“宅男宅女”不仅会影响个人的身心健康，同时也会极大地影响同学间的人际交往关系，从而导致极其严重的面众恐惧。在大学新生刚进校园时，就要设法丰富大学低年级学生的课余活动，阻止大学低年级学生中产生“宅男宅女”。建议辅导员要与班干部一起，在班上积极组织确保全班学生都参加的侧重克服面众恐惧的集体活动，设置激励措施，调动每个人的积极性，使大家在集体活动中积极互动，增进友谊，逐步勇于去面众锻炼自己，努力展示自己的才智与特长，在愉快与轻松的集体活动中去克服面众恐惧。建议高校体育管理部门应从实际出发，在课余时间开展丰富多样的能让大学低年级学生都参与的体育锻炼活动，让他们能在体育锻炼中积极交流和交往。要多开展需要合作才能完成的体育锻炼活动，这样有利于增强大学生在别人面前表现自己的勇气，增强自信心，降低自卑感，以克服面众恐惧。

(6) 各任课教师要积极给予学生更多面众交流的学习锻炼机会。不管是文史哲法类还是理工类大学生的各种课程，任课老师都应在课堂上给予大学生更多的面众发言讨论机会，让大学生在面众发言讨论的锻炼中去多思考多交流多实践，对文史哲法类的大学课程应开展各种主题演讲与小型辩论赛，使文史哲法类大学生能把自己具有的语言文化底蕴尽情展示出来，成功克服上台恐惧。

2. 对大学高年级学生多开展有针对性的培训

大学高年级学生即将参加实习和各种招考应聘,减少面众恐惧实现面众成功对他们极其重要。学校应为高年级大学生定期举办有关招聘面试、从容应聘、面试技巧、上台演讲技巧、社交礼仪、调节面试心态等方面的知识讲座,通过讲座结合实践锻炼去引导学生预防和克服面众恐惧,实现面众成功。对师范类大学生而言,学校应制定合理有序的实习试讲计划,实习前应进行有针对性的各种讲课技能技巧的培训,使每个师范类大学生都能在实习期间得到有效锻炼,同时,各院系还应定期为师范类大学生开展内容丰富的教学技能比赛,通过实习与竞赛克服上台恐惧。

3. 引导大学生改变自己的认知偏差

有面众恐惧的大学生往往存在认知偏差和自我评价不恰当的情况。因此,大学生也应从自身出发改变自己的认知偏差,不应过度关注和在乎别人对自己的评价,要增加自己的勇气,学会自我表露,敢说敢做,"人非圣贤,孰能无过",可以允许自己犯错误,重点关注自己是否能敢于交流交往,在交流交往中及时发现与纠正自己存在的问题与错误,积极参加各种课余活动,培养自己各方面的情感情操,增强自尊、自信、自我接纳和学会处理各种应对方式,这样才能从个人方面尽力克服面众恐惧。

4. 在青少年成长过程中加强社会、家庭、学校协作,努力提升学生综合素质,预防面众恐惧

学校、家庭和社会对青少年的成长发展有着重要的影响,加强学校、家庭和社会的协作对提升青少年的综合素质有重要作用。首先,学校和家庭要共同培养青少年的自尊、自重、自强不息的精神,促进自我肯定,要善于发现并客观看待青少年的优缺点,做到事事赏罚分明和公平。其次,建立学校与家庭的配合模式,在学校和家庭之间建立稳定的活动计划,学校与家庭互相主动沟通、定期交流,共同促进青少年学生健康成长。社会要根据学校制定的各项规定与要求,向青少年提供各种积极向上的实践活动,净化各种文化市场和影视文化作品,以健康积极的内容陶冶青少年,积极预防面众恐惧,实现面众成功。

七、本项目已发表的论文、完成的咨询报告和专著

(一)本项目科研人员在国内学术期刊发表了9篇系列论文:其中,在一

类核心期刊《教育研究》和《心理科学》发表4篇，中国人民大学书报资料中心复印报刊资料《心理学》全文转载1篇。9篇系列论文目录如下。

1. 宋志飞，王洪礼.大学生面众恐惧的心理测量学初探. 心理科学.2011年第3期。

2. 袁宜，谢玲平，王洪礼，邹维兴，余昭琼. 贵州省大学生面试恐惧现状及其克服与矫治研究. 教育研究与实验. 2012年第4期。

3. 王洪礼，邹维兴，刘红，袁宜，谢玲平，余昭琼，谢其利.大学生面众恐惧的心理测量学再探，心理科学. 2012年第5期。

4. 姜山，王洪礼，袁宜. 试论面众恐惧与心理健康、积极社交能力的关系. 贵州师范大学学报（社会科学版）. 2012年第6期。

5. 赵向霞，王洪礼，袁宜. 贵州省大学生面众恐惧的主体因素和客观因素分析.贵州师范大学学报（自然科学版）. 2012年第6期。

6. 袁宜，赵向霞，邹维兴，王洪礼. 大学生面众恐惧与预防矫治对策.贵州师范大学学报（社会科学版）. 2013年第3期。

7. 王洪礼，邹维兴，潘运，袁宜，谢玲平，赵向霞，余昭琼：大学生面众恐惧现状调查与矫治对策——基于西南地区的实证分析. 教育研究. 2013年第10期。

8. 王洪礼，赵向霞，袁宜.交流恐惧至中国大学生面众恐惧研究发展轨迹.心理科学.2014年第3期。

9. 王洪礼，邹维兴，潘运，袁宜，谢玲平，赵向霞，余昭琼.大学生面众恐惧现状调查与矫治对策——基于西南地区的实证分析.中国人民大学书报资料中心复印报刊资料《心理学》.2014年第4期，全文转载。

（二）2篇系列论文被国外两次国际心理学大会录用交流

1. 2012年7月在南非召开的第30届国际心理学大会录用交流1篇。王洪礼，邹维兴，袁宜，等.大学生面众恐惧的心理测量学再探——中国大学生面众恐惧调查量表（2011修订版）研制过程.交流方式：口头报告。

2. 2014年7月8日—13日在法国巴黎召开的第28届国际应用心理学大会录用1篇.王洪礼，邹维兴，袁宜，等.中国西南地区大学生面众恐惧现状调查与矫治对策.交流方式：口头报告。

（三）向贵州省教育厅提供了教育决策参考咨询报告

2014年5月29日,课题负责人袁宜(第一作者)和课题组组长王洪礼教授(第二作者),联名向贵州省教育厅提供了教育决策参考咨询报告:《克服和矫治大学生面众恐惧的对策建议》,贵州省教育厅高度重视,予以采用。

(四)课题组完成了30余万字调研报告,名为:《中国西南地区大学生面众恐惧调研报告》。

八、本项目成果产生的影响

课题组完成的项目成果,已在国内外产生了影响,主要表现在以下五方面。

1. 受到国内鉴定委员会专家的高度评价。课题组重新设计、精心研制的具有更高效度和信度的大学生面众恐惧调研工具《中国大学生面众恐惧调查量表》(2011修订版),受到华中师大刘华山教授、周宗奎教授,西南大学张庆林教授,上海师大顾海根教授,福建师大连榕教授,辽宁师大刘文教授等七位专家组成的鉴定委员会的高度评价。鉴定委员会鉴定结论认为:此量表“更加科学、完善,更能覆盖大学生面众恐惧现象的各个主要方面,量表具有更高的信效度,受测者样本具有全国代表性,可作为中国大学生面众交流恐惧的调研工具”。“鉴定委员会同时认为,课题组对国家社科基金项目高度负责,发现已完成的调研工具存在不足,立即重新进行研制,这种一丝不苟的科学态度及其所付出的艰辛劳动都是可贵的,值得倡导。”(“鉴定意见”由鉴定委员会主任刘华山教授签名,加盖湖北省心理学会学术委员会公章,2011年12月)。

2. 本课题组独立研制的《中国大学生面众恐惧调查量表》(2011修订版)在《心理科学》2012年第5期发表后,被中国心理学会教育心理学专业委员会组织编写的《中国教育心理测评手册》(第427-433页)完整采用。《中国教育心理测评手册》由教育部基础教育二司副司长、北京师范大学心理学博士生导师申继亮教授与中国心理学会教育心理学专业委员会主任、北京师范大学心理学博士生导师陈英和教授共同担任主编,高等教育出版社2014年出版。(中国心理学会教育心理学专业委员会出具了证明,2014年6月5日)。

3. 介绍本课题组研制的《中国大学生面众恐惧调查量表》(2011修订

版）的论文——《大学生面众恐惧的心理测量学再探》，被2012年7月在南非召开的第30届国际心理学大会录用后，课题组组长与首席专家王洪礼教授与课题组成员刘红硕士，应大会邀请，赴南非国际心理学大会做了论文交流——口头报告，论文摘要被第30届国际心理学大会论文摘要集《国际心理学杂志》（International Journal of Psychology，2012年7月）刊登，并被SSCI收录。2014年12月，此论文荣获“第五届贵州省自然科学优秀学术论文二等奖。”

4. 本项目的核心成果，论文《大学生面众恐惧现状调查与矫治对策——基于西南地区的实证分析》被《教育研究》2013年第10期发表后，中国人民大学书报资料中心复印报刊资料《心理学》2014年第4期予以全文转载。2014年7月在法国巴黎召开的第28届国际应用心理学大会，也录用了这篇论文作为大会口头报告。2014年10月，此论文被国际中华应用心理学研究会授予（唯一一项）“优秀论文特等奖”。

5. 2014年5月29日，课题负责人袁宜和课题组长王洪礼联名向贵州省教育厅提供的教育决策参考咨询报告《克服和矫治大学生面众恐惧的对策建议》，在2014年6月9日已被贵州省教育厅在大学生心理健康教育工作中采用。（贵州省教育厅已出具了采用证明）

第一章
面众恐惧研究对大学生具有重要意义

第一节　大学生面众恐惧的提出背景与概念

一、大学生面众恐惧提出的背景

随着高科技的发展，社会对人才素质的要求越来越高。不仅要求人们具有优秀的智力去迅速理解并选择自己所需的信息；还要求人们具有良好的人际沟通、开拓创新及很强的适应能力。随着高校的扩招，我国当代高等教育中的本科大学生教育已经从精英教育逐步过渡到大众教育，而大学生这个群体已经不再是天之骄子了，他们与普通人一样，承受着来自学业、就业、情感、社交等各个方面的巨大压力。

生活在学校群体中的大学生正面临着从不成熟走向成熟，从学校步入社会的关键时期，他们渴望与人交往，渴望相互间的沟通与理解。良好的交流心理状态可以有效帮助交往个体充分表达自己的思想，展现自己的个性与能力，促进个体间相互了解，保证人际交往的顺利进行。不少大学生对人际交往有恐惧感，有这样恐惧感的人不是不愿与人交往，而是不敢与人交往，心中虽跃跃欲试，行动上却畏首畏尾。在大学里，百分之八九十的学生在开始上台演讲时都有一定的恐惧感，不少学生在课堂发言或在可能被别人仔细观察的社交或表演场合，均感到一种显著且持久的恐惧，害怕自己的行为或紧张的表现会引起羞辱或难堪。他们在演讲或公开发言前，就会感到肌肉颤抖，嗓子发紧，言语断续，而在私底下聊天时，他们却能言谈自如、表达流畅、用语恰当。

随着就业竞争日益激烈，用人单位为选拔出最适合的人才，保证招聘质量，对求职者面试的表现尤为重视。而部分大学生对面试这一特定的考试形式却有一种无理性的、不适当的担心和焦虑，以至于产生出一种极端的恐惧感，终致面试失败。

广大在校大学生虽也感到"生存焦虑"，却没有理性认识到上述"现象"是阻碍自我有效交流、充分展示自我的普遍性重要因素——面众恐惧。在我国，中小学课业繁重、学习压力大，中小学生面众情境少，面众恐惧问题尚不突出。而大学生正处在热情、自信、充满着了解欲和尝试欲的年龄阶段，当他们摆脱了中学时期繁重的课业负担和升学压力，步入环境相对宽松、轻松的大学校园，那种渴望了解和被了解、渴望参与和成功的"合群天性"被淋漓尽致地释放出来。但随着人际交往需求的增加，工作与就业的压力，导致部分学生在面众交往中紧张、担心、不安，忧虑重重。同时，大学课堂也不同于中学课堂，它更需要学生探讨问题，阐述自己的观点，对学生当众交流、表述能力的要求也相应较高。因此，不少同学会产生面众恐惧，会设法以"请假"等方式来回避，从而影响其学习和潜能的发挥。大学生的面众恐惧极其普遍，亟须解决。因此，如何降低大学生的面众恐惧，促进大学生的心理健康也就成为心理学家关心并亟待解决的问题。

二、面众恐惧的提出与概念界定

面众恐惧（Face-audience Communication Apprehension）这一新概念主要是针对我国当代大学生在校期间的普遍实际情况提出的，是本课题组组长和首席专家王洪礼教授在2007年获批和主持执行有关大学生创新精神的国家社科基金项目（07BXX060）研究中，在国内首次提出的新概念。面众恐惧是指个人面对两人以上的听众、观众进行陈述性交流、伴有思考的发言、回答问题、试教、演讲、面试、办事时，个体缺乏相应的实践经验、能力、知识与技能而表现出的以担心、紧张、焦虑、害怕为基本特征的情绪反应状态，有时还伴随有回避、逃避与他人交流的行为表现。具有面众恐惧的人在面众过程中，如上台面对听众发言、回答问题、接受面试、课堂或会场的讨论、提问、即席发言、临场表演、面众唱歌、交际说话等，常出现过度紧张、畏惧、焦虑、心跳加快、脸红、出汗、发抖、甚至言不达意、思维混乱、记忆中断等现象①。

目前国内外的相关研究主要是关于大学生在交流恐惧、社交恐惧等方面的现状研究，这些研究主要集中在对大学生人际交往中存在的问题、表现特点、影响因素以及如何解决社交恐惧、社交焦虑几个方面的探讨。王洪礼等于2006年和2007年对大学新生的交流恐惧现状及其影响因素模型进行了多次探讨研究②。本课题组在重要研究阶段即2011年进行的《中国大学生面众恐惧的心理测量学再探》研究中，将大学生面众恐惧的主要维度（主要表现）确认为上台恐惧、面试恐惧、团组与校外交流恐惧、办事恐惧等四个方面。与国内外以往的相关研究比较，面众恐惧概念囊括了大学生交流恐惧的各个主要方面，特别是在上台恐惧、面试恐惧及其对策的研究等方面，属于大学生交流恐惧研究的新视角。

第二节 研究大学生面众恐惧的意义

不论是家庭教育还是学校教育，似乎都忽视了对孩子克服面众恐惧的培养，然而只有克服面众恐惧，自然展示自我，才能构建良好的人际关系，才能使个人突破自我狭隘，与他人、社会真正地融为一体，且在这种融合的过程中，获得生命的意义体验，形成自己的个性。在当今中国，学生大多为独生子女，家庭为其提供的交往圈子相对狭小，学校也较少为学生创设面众展示自我的机会，由此造成大学生在公共场合发言等情景下的面众恐惧。学校教育不仅要承担起传授知识的责任，同时也要引导学生走出内心的孤独，走出自我中心，克服面众恐惧，发展其个性。由此，使广大学生学会处理和预防面众恐惧也是当今教育的一项重要使命。

一、面众恐惧对大学生的影响

随着高校课程改革，学分制的实行，学校已逐渐打破原有的班级授课模

① 王洪礼，邹维兴，刘红，等. 中国大学生面众恐惧的心理测量学再探[J]. 心理科学，2012，35(5)：1218—1224.

② 王洪礼，胡寒春，潘运. 大学新生交流恐惧与自我概念的关系[J]. 心理科学，2007，29(6)：1464—1465. 胡寒春，王洪礼，邓云龙，等. 大学新生交流恐惧的多因素影响模型[J]. 中国心理卫生杂志，2008，21(12)：829—831.

式，多专业选修课程的设置，使学生和陌生的同学有了共同学习和交流的机会，这时面众恐惧将会影响相互学习、相互探讨的活力，甚至严重影响学业成绩。当今社会要求的是全面发展的复合型人才，不仅需要脚踏实地的工作者，也需要善于与人交流、勇于开拓的进取者。因此，面众交流等人际交流能力在学生的全面发展方面是至关重要的。

面众恐惧在大学生中表现很普遍，绝大多数人都体验过面众恐惧。面众恐惧不仅影响到他们的个人发展问题，同时也成为大学生心理挫折感产生的主要根源之一，直接影响到他们的心理健康水平。过度的面众恐惧会影响大学生个人的情绪情感、行为方式、人际关系、职业选择、成功和受教育程度的机会等诸多方面。

二、研究面众恐惧的理论意义

从研究内容看，国内外的已有研究主要侧重于面众恐惧中的社交恐惧及其中的社交焦虑的研究，以及社交恐惧与社交能力的关系研究等。还没有人研究过面众恐惧中的上台恐惧及其与社交能力的关系等。因而研究大学生面众恐惧对培养大学生积极社交能力的理论与实践均有重要的价值。在国内外已有的研究中，还未看到有将矫治面众恐惧与增强心理健康素质及增强积极社交能力结合起来进行的研究，已取得的研究成果，离从多方面去增强和提高大学生的积极社交能力还有一定的距离。因此大学生面众恐惧现状及其矫治对策研究既是一个新概念的提出，也是对以往交流恐惧研究和社交焦虑研究的扩展、创新与升华，具有重要的学术研究价值和理论研究意义。

基于当前研究领域中存在的不足，针对我国现在所处的这个特定的社会转型期，展开对当代大学生面众恐惧的研究旨在系统地研究大学生的面众恐惧的一般特点，并探讨面众恐惧对大学生的影响。首先，本研究对大学生面众恐惧进行研究，可以进一步充实大学生面众恐惧理论，进而丰富人际交往心理学的内容。其次，本研究有助于了解我国大学生面众恐惧的特点，更好地为大学生面众恐惧在中国文化背景下的研究提供事实资料支持。再次，探讨当代大学生面众恐惧的特点及影响因素，以期为高校管理者、教育者了解和把握学生面众恐惧特点提供真实可靠的数据资料，从而为他们能够有针对性地开展各项工作，进行科学引导、教育提供理论依据，为大学生避免面众恐惧提供理论支持，从而确保大学生能够顺利地完成学业，成功地走向社会。同时在对大学生面众恐惧特点研究的基础上寻找突破点，在此基础上设计矫治方案并进行实验研究，为改善大学生面众恐惧提供理论依据，也为人生重要关键时期的大学生的发展提供启示。

三、研究面众恐惧的现实意义

研究大学生的面众恐惧具有很强的实践意义。首先，对培养和增强大学生的实践能力与创新精神有重大意义。培养创新精神与实践能力是高校素质教育的重点，大学生创新精神的充分发挥涉及心理素质、社会文化素质和人际交往素质的综合提高。积极社交能力是人们在社会交往过程中展现创新精神、表现优秀必须具备的综合素质，它既是实践能力的表现之一，也是增强创新精神的基础实践之一。

其次，对于面众情境的害怕与恐惧支配并笼罩着整个青春期，而处于青春断乳期的大学生的面众恐惧也因此成为一个突出的问题。该研究有助于对处于面众恐惧这一困扰的大学生进行深入的辅导研究，进一步充实以促进大学生自我发展为目标的干预，改善大学生面众恐惧，促进其更好融入社交场合中。此外对面众恐惧进行实证研究并将其研究成果进行推广，有助于在更大范围内推广心理辅导和心理健康教育，有助于大学生的身心健康，促进其全面发展，以便将来更好地步入社会。

学校在心理咨询中发现，部分大学生由于缺乏交流能力，与周围人的交流往往出现障碍，进而产生面众恐惧，这对其生活适应、学习潜能发挥、心理健康水平等都将带来较大的负面影响。了解和掌握影响大学生面众恐惧的因素对于预防和干预工作有着重要的作用。并且，系统地研究面众恐惧，有助于大学心理健康教育工作者利用各种途径消解大学生的面众恐惧，提高大学生的交流能力，以增强其适应能力。

如何降低面众恐惧，关系到大学生能否成功走向社会，能否顺利择业，成为合格的社会一员。同时值得注意的是，降低面众恐惧也应当是教育培养的目标。面众恐惧影响着个体事业的成败及人生是否幸福，并与个体社会化有密切联系。因此，如何克服面众恐惧，对人的发展起着重要作用。对面众恐惧的现状与矫治对策的探讨既有利于促进大学生综合素质的提高，也有利于促进大学生顺利完成学业、顺利社交、成功就业，还有利于丰富和发展矫治面众恐惧、提高积极社交能力的理论和实践，促进和谐大学校园的建设。

四、小结

本课题组通过较大规模地对大学生面众恐惧进行调查及其矫治对策的研究，有利于在教育科学领域为提高当前大学生的心理素质与综合素质拓宽新的研究渠道；有利于丰富青少年心理素质与心理健康素质教育的新内容；有利于给大学生乃至中小学生的综合素质教育，特别是心理素质与心理健康教育，提供一条密切联系实际的新的培养和训练途径，对贯彻十八大报告关于“全面推进素质教育”的精神，促进当代大学生心理素质的提高，对全面推进大学生素质教育、更好地促进大学生健康成长与发展具有重要现实意义。

第二章
大学生交流恐惧的研究综述

第一节　国外交流恐惧研究现状

一、交流恐惧的界定

交流恐惧是近些年来国外心理学研究的重要内容。在早期研究中，交流恐惧被描述为一种交流的不足①。美国著名学者詹姆斯·麦克罗斯基(James McCroskey)首次将交流情境中个体表现出的焦虑或恐惧现象定义为交流恐惧(Communication Apprehension,CA)。麦克罗斯基起初认为交流恐惧仅仅表现在公众场合的说话中，是一种阶段性的害怕②。而在随后的著述中又将其定义为："一种在真实或想象的人际交流情境下，个人产生的恐惧或焦虑状态"③。前一概念强调口头交流，后者更多是将交流恐惧作为一种特质来探讨。

---

① Pillips, G., & Butt, D. (1966). Reticence revisited. *Pennsylvania Speech Annual*, 23, 40—57.

② McCroskey, J. C. (1970). Measures of communication bound anxiety. *Speech Monographs*, 37, 269—277.

③ McCroskey, J. C. (1977). Oral communication apprehension. *Human Communication Research*, 4, 78—96. McCroskey, J. C. (1978). Validity of the PRCA as an index of oral communication apprehension. Communication Monographs, 45, 192—203. McCroskey, J. C. (1984a). The communication apprehension perspective. In J. Daly & J.C. McCroskey (Eds.). Avoiding communication: Shyness, reticence and communication apprehension. Beverly Hills, CA: Sage. McCroskey, J. C., & Beatty, M. J. (1986). Oral communication apprehension. In W. H. Jones, J. M. Cheek, & S. R. Briggs (Eds.). Shyness: Perspectives on research and treatment. New York: Plenum Press.

二、交流恐惧的分类

（一）不同形式的交流恐惧

按照交流的形式来划分，可将交流恐惧分为口语交流恐惧（Oral Communication Apprehension）、书面交流恐惧（Writing Apprehension）、演唱交流恐惧（Singing Apprehension）。

1. 口语交流恐惧

口语交流恐惧是指与口语交流情境有关的一种普遍的基本焦虑或恐惧（McCroskey，1970）。当学生处于小组讨论、课堂问答、上台演讲、求职面试时个体常常会体验到口语交流恐惧。

2. 书面交流恐惧

书面交流恐惧指的是在书面交流情境下个体体验到的恐惧和焦虑①。书面交流恐惧表现在书写行为，书面表达，书面作品上。低书面交流恐惧者乐于书写，并积极寻求写作机会。高书面交流恐惧者认为书面表达毫无意义，甚至会产生负性体验，因此回避涉及书面交流的情境。书面交流恐惧会影响个人对职业和专业选择。高书面交流恐惧者更愿从事交流较少的职业，低书面交流恐惧者根据自身的兴趣与需要进行工作和学业的选择。

3. 演唱交流恐惧

演唱交流恐惧并不像以上两种交流恐惧那样受到足够的重视，但仍需要将其视为一种交流恐惧②。当需要上台演唱时，个体常常会体验到演唱交流恐惧。

（二）不同性质的交流恐惧

按交流的特征来划分，可将交流恐惧分为：特质性交流恐惧（Trait CA）与状态交流恐惧（State CA）。这种分类有利于将早期的研究与最新研究进行区分对比。但不足的是，个体在交流情境中表现的恐惧或焦虑非此即彼，要么是纯粹的特质性，要么是完全的状态性，忽略了两者的交互作用。事实

---

① Daly，J. A.，& Miller，M. D.（1975）. The empirical development of an instrument to measure writing apprehension. *Research in the Teaching of English*，9，242—249.

② Andersen，P. A.，Andersen，J. F.，& Garrison，J. P.（1978）. Sing apprehension and talking apprehension：The development of two constructs. *Sign Language Studies*，19，155—186.

上，没有一种人格因素能够预测所有情境下的个体行为，也没有哪一种情境能预测个体的所有行为，即便是在威胁生命的情境下，不同的人也会做出不尽相同的反应。因此，不能用二分法对交流恐惧进行分类，而应将其视为一区间，该区间从极特质性逐渐过渡到极状态性，尽管纯粹的特质性交流恐惧和纯粹的状态性交流恐惧可能并不存在。麦克罗斯基在原有的基础上将交流恐惧进一步区分为：特质性交流恐惧（Traitlike CA）、背景性交流恐惧（Context-based CA）、听众性交流恐惧（Audience-based CA）和情境性交流恐惧（Situational CA）（McCroskey，1984）。特质性交流恐惧和情境性交流恐惧处于区间的两极，随着状态性的逐渐增加，特质性交流恐惧依次转换为背景性交流恐惧、听众性交流恐惧、情境性交流恐惧。

1. 特质性交流恐惧

“特质性”这一术语的使用主要是为了与真“特质”相区分。真特质是个体本身具有的一种不变性特征，如瞳孔的颜色。当个体成年时，他/她的“真特质”不会发生改变。尽管“特质性”人格变量难以改变，但仍具有一定的可塑性。这种可塑性为高水平交流恐惧治疗的基础性研究提供了依据。

特质性交流恐惧被视为一种相对持久的，在各种交流背景下表现出的一种特定的人格性交流模式。这种交流恐惧有三种模式，分别为口语、书面和演唱。

2. 背景性交流恐惧

背景性交流恐惧指在某一普遍交流背景下个体体验到的焦虑或恐惧。背景性交流恐惧比特质性交流恐惧包含更多的状态性。普遍性背景不单指公共场合下的会话，还包括如面试，会见陌生人等。个体可能对某一交流情境感到特别恐惧，但在其他交流背景下则不会或很少有恐惧体验。例如在公开发表言论时我们会感到高度紧张，但非正式场合下的随意交谈，则会显得轻松自如。情境性交流恐惧具有相对持久性，是在特定交流背景下表现出的一种人格性交流模式。公开演说（public speaking）、会议或课堂交流（meeting or classes）、小组讨论（small group discussion）、两人交流（dyadic）是背景性交流恐惧的四种形式。

3. 听众性交流恐惧

当与某特定的人或组员交流时，个体体验到的恐惧或焦虑叫做听众性交流恐惧。听众性交流恐惧产生依赖于与之进行交流的对象或人群类型。多数人在与特定的对象(如上司、父亲、老师)或小组交流讨论时会感到紧张和焦虑。麦克罗斯基指出,听众性交流恐惧不以人格为基础,更多的是一种情境性反应,受场合与对象的限制。

即便某人具有高水平的特质性交流恐惧或背景性交流恐惧,也不能断言他在某特定情境下听众性交流恐惧水平的高低。总之,听众性交流恐惧是相对持久性的,具有场合限定性和个体差异性。此外交流对象的熟识度、情境的熟悉度也影响听众性交流恐惧的水平。

4. 情境性交流恐惧

情境性交流恐惧指在特定的时间与特定的人或团组成员交流时产生的个体交流反应。人们在某时与特定人或团组进行讨论,会产生恐惧或焦虑,而在另一时间则不会有恐惧体验。例如当学生课后与老师进行问题讨论时,不会或很少体验到恐惧,但当老师要求学生下课后去办公室,这时大多数人会感到害怕。

几乎所有的人都会体验到这种交流恐惧,即情境性交流恐惧并不以人格为基础,它是一种不稳定的、易变的交流性特质。随着他人或小组造成的限制性不同,情境性交流恐惧水平随之改变,处于交流恐惧区间的异变端,具有最大的状态性。当判断交流恐惧水平是否正常时,与特定人或班、团组先前的交流经验是需要被考虑到的。

三、交流恐惧的测量

在对交流恐惧的测量上,已经建立了较为成熟的测评系统。就测量方法而言,交流恐惧研究中常用的方法主要有:问卷法、访谈法和观察法。

(一) 问卷法

国外针对交流恐惧的测量工具主要有交流恐惧自陈量表(The Personal Report of Communication Apprehension-24,PRCA-24)和自我交流能力恐惧量表(Self-perceived Communication Competence Scale,SPCC)。除了上述两个普遍使用的量表外,还有《交流意愿量表》(WTC)、《麦克罗斯基的羞涩量表》(SS)、《说话成瘾量表》(TC)等测量工具。这里主要介绍交流恐惧自陈量表和交流能力自我觉察量表。

1. 交流恐惧自陈量表

麦克罗斯基针对交流恐惧编制出交流恐惧自陈量表(PRCA),该量表被认为是口语交流恐惧最有效的测量工具,被广泛地应用于各研究领域①。PRCA 经过多次修订,成为现在熟知的 PRCA-24。PRCA-24 有小组讨论、会议、两人交流(dyadic)和公开演说四个维度。每个情境下包含六个题目,共 24 个题项,12 个题目为反向计分,其余 12 个题目为正向计分。采用利克特 5 点反应计分(1=非常同意;5=非常不同意)。可计算 PRCA-24 总量表与分量表得分。总量表得分在 24~120 之间。大于 65 分表明存在交流恐惧,个体可能比其他人更加害怕交流;大于 80 分,认为有高水平的交流恐惧,个体害怕说话;小于 50 分表明 CA 水平很低,个体通常表现为乐意交谈。当分数大于 80 分或小于 50 分时都视为不正常现象,即个体体验到的 CA 程度可能与其所处真实情境无关。例如低水平 CA 的人在多数人都体验到恐惧的交流情境中很少或无恐惧体验,则被视为是不正常的。PRCA-24 的内部效度为 0.95②,重测信度系数超过 0.80③。

2. 交流能力自我觉察量表(SPCC)

交流能力自我觉察量表用于测量两人(dyadic)、小组(group)、会议(meeting)、公开演说(public speaking)情境下自我交流能力认知的评估④。

---

① Simons, K., Higgins, M., & Lowe, D. (1995). A profile of communication apprehension in accounting majors: Implications for teaching and curriculum revision, *Journal of Accounting Education*, 13(2), 159—176. Richmond, V. P., & McCroskey, J. C. (1998). Communication apprehension, avoidance, and effectiveness. 5th ed., Needham Heights, MA: Allyn & Bacon. Rubin, R. B., Graham, E. E., & Mignerey, J. T. (1990). A longitudinal study of college students' communication apprehension. Communication Education, 39, 1—14. Pitt, L., Berthon, P., & Robson, M. (2000). Communication apprehension and perceptions of salesperson performance: A multinational perspective, *Journal of Managerial Psychology*, 15(1), 68—86. Borzi, M. G., & Mills, T. H. (2001). Communication apprehension in upper level accounting students: An assessment of skill development. *Journal of Education for Business*, 76(4), 193.

② Butler, J., Pryor, B., & Marti, S. (2004). Communication apprehension and honors students. *North American Journal of Psychology*, 6(2), 293—296. McCroskey, J. C., Beatty, M. J., Kearney, P., & Plax, T. G. (1985). The content validity of the PRCA-24 as a measure of communication apprehension across communication contexts. *Communication Quarterly*, 33, 165—173.

③ Rubin, R. B., Graham, E. E., & Mignerey, J. T. (1990). A longitudinal study of college students' communication apprehension. *Communication Education*, 39, 1—14.

④ McCroskey, J. C., & McCroskey, L. L. (1988). Self-report as an approach to measuring communication competence. *Communication Research Reports*, 5, 108—113.

采用 0~100 点反应计分(0=完全无能力,100=完全有能力)。该量表被证明是可信和有效的。信度系数 α 为 0.81~0.87(Ayres,1997)。美国样本克龙巴赫信度系数为 0.86。

(二)访谈法

此方法是研究者有目的地与被试通过交谈来了解交流恐惧的一些情况。访谈法对认知水平不高或认知水平不稳定的年幼儿童和青少年来说比较适合,但这种方法费时,不适合大样本研究。

(三)观察法

观察法可分为实验室观察和自然观察法。不管是哪种观察方法,利用观察法收集的数据都是由旁观者提供的。在交流恐惧的研究中,研究者要求被试进行交谈讨论,观察者运用录像、录音把行为的过程记录下来,然后运用具体的编码系统进行转录。与问卷法相比,观察法能在有限的时间内提供被试在当前情境中的客观真实的信息。但其实施起来比较耗费时间和人力物力,而且由观察法收集到的数据,由于受选取的情境以及被试量的限制,其推论程度也受到限制。

四、交流恐惧成因的理论假说

针对交流恐惧的成因,国外学者提出了不同的理论,还有一些综合其他研究的解释。

(一)遗传理论

关于交流恐惧的形成,研究者们通常解释为遗传,即我们天生可能就具有某些特质。

在对交流恐惧的研究的早期阶段,学者们通常认为交流恐惧不受遗传影响。随着近年来行为遗传学的兴起,人们研究发现遗传因素在个人的气质发展中起着重要的作用。美国发展心理学家杰罗姆·凯根(Jerome Kagan)在对儿童气质的研究中就曾发现,抑制和非抑制特征是可遗传的。遗传学认为交流恐惧是一种先天性特质,这种特质使人在后天成长中表现出交流恐惧的症状。通过对婴儿和双生子的研究,多数学者赞同交流恐惧具有一定的遗传成分(McCroskey,1982; McCroskey,1984)。

遗传学为交流恐惧成因提供了一定的解释,但并不能解释个体的背景性或情境性交流恐惧，而且也未证实有“交流恐惧基因”的存在。

（二）强化理论

虽然遗传可能对交流恐惧产生影响，但多数研究者却认为，个体在环境里的体验受到的强化可能是一个主要成分。这就是说，交流恐惧更主要的是由于在环境中的逐步教养而形成的。

强化理论认为，交流恐惧是在反复的强化过程中习得的，并且来自个体的早期经历，家庭与学校是交流恐惧得以形成的主要环境。当要求儿童安静，而不是鼓励他们交谈时，则很有可能发展出安静的小孩。如果儿童不但不受谈话的鼓励，并且在交流时体验到负面经验（父母的训斥，同伴的嘲笑），则有可能变得更加沉默寡言。这类儿童在进入学校之前就已经具有高水平的交流恐惧，并且缺乏一定的沟通技巧，早期的交流回避会限制儿童的交流体验。

交流恐惧在学校可能会得到进一步强化。当学校鼓励谈话时，高交流恐惧儿童得到老师或同伴的强化更少。如果要求保持安静，事实上大多数时间如此，高交流恐惧儿童容易遵循规则，也容易受到给予违纪儿童的负面刺激的间接强化（McCroskey，1972）。

由此看来，高水平交流恐惧很可能是通过强化作用得以形成和保持。尽管强化理论提出了足够的解释，但并不能解释生长在同一家庭环境里的儿童，一个表现为高水平交流恐惧，另一个却没有的事实。

（三）消极认知理论

格莱赛（Glaser）从认知角度提出了消极认知模型，这一模型假设安静的儿童由于其语言表现而受到批评，这导致安静的儿童体验到消极的反应，从而学会保持沉默以逃避语言表达。即使教师、父母或儿童只表现出对其谈话的消极反应，儿童也会表现较差，逃避口头的交流情境①。

（四）情境理论

很多学者从情境这一影响因素来解释交流恐惧产生的原因。他们认为新奇刺激、正式场合、从属地位、引人注目的情境、不熟悉的场合、不相似的情境、他人关注的程度、他人的评价和对他过去的了解等方面（McCroskey，

---

① Glaser, S. R. (1981). Oral communication apprehension and avoidance: The current status of treatment research. *Communication Education*, 30(4), 321—341.

1984),都有可能导致交流恐惧的产生。当一个人出现在一个新奇的情境之中(如不熟悉或者不经常发生的场合,如采访),往往会过多考虑如何表现,从而导致恐惧。正式场合常常会有许多僵硬的行为准则,对人的行为有较多的约束。这些约束常加剧了情境性交流恐惧。与之相似,当某人处于从属地位时,由于权利者限定了可接受行为的方式,则会使之产生交流恐惧。相反的,当人们与地位相等的人交流时,交流恐惧很少发生。但当人们与同伴进行沟通,而又考虑到同伴可能会对自己进行品头论足时,便会产生更多的恐惧。通常,这种感觉到会被别人评价时的有关场合都会导致恐惧。研究表明,绝大多数的人对适度的关注感到最为舒适(McCroskey,1984)。当个体被忽视或被盯视时,交流恐惧程度会增加。当有失败的经历时,交流恐惧程度也常常增加,同时也会增加再次失败的可能。

(五)成分理论

交流恐惧成分理论假定个体的交流恐惧是自我认知动机(self-perceptions of motivation)、消极评估(negative evaluation)和交流能力(communication competence)在某特定情境下共同作用的产物。动机指的是个体在交流情境下明确交流目标并且想要表现出亲和力的主观意愿。评估是指对他人反应的主观判断。交流能力是对某特定场合下自己交流能力的主观评价。该理论认为当个体被高度地激活去完成某目标,并且认为自己被他人消极评价,怀疑自身交流能力时,个体便会产生高水平交流恐惧。成分理论可以很好地解释个体的背景性或情境性交流恐惧(Ayres,1997)。

(六)过分激活理论

关于交流恐惧的形成原因,过分激活理论是其中较有影响力的理论之一,即当一个人进行交流活动时,生理反应会相应增加,当生理反应持续增强并超过阈限时,就会因过分激活而出现恶心、记忆模糊、呼吸短促等现象,产生内心的不适。人们会将这种高强度的生理刺激解释为恐惧,而这种感知趋向于增强刺激,因此交流情境下过分激活会使人产生交流恐惧体验①。

---

① Rubin,& Rebecca,B.(1900). A longitudinal study of college students' communication competence. *Communication Education*,39(1),1—14.

五、交流恐惧对个体的影响

一般来说,交流恐惧的后果大部分是消极的,但是交流恐惧并非总是不利。轻度的恐惧感、焦虑能激励人们更加努力尝试。然而,当交流恐惧增加到超出个体承受能力时,个体的不适感将会增加,愿意交流的倾向逐渐减少。因此,一旦个体形成高度的交流恐惧,那么它对个体的交流能力与交流技能的发展都会形成一种潜在的抑制,就会产生消极交流情感等负性情绪。相反,轻度的交流恐惧可作为发展交流能力与交流技能的一种促进剂,或积极交流情感产生的一种直接的预兆。以往的研究表明高度的交流恐惧能够影响个人的行为方式、人际关系、学业成就、职业选择与就业等。

(一) 交流恐惧对个人行为方式的影响

就行为来讲,有研究表明在人际互动中高交流恐惧者往往是消极被动的。在交流中,他们尽量避开目光接触、凝视他物,表现出一般性焦虑、疏远、冷淡和不友好等,并以此来回避交流。当不可能逃避时,他们会尽可能少的发表自己的看法、很少参与相关的评论,并且对他人的意见更多是不经思索的随口附和(McCrosky & Richmond,1987)。与低交流恐惧者比较而言,高交流恐惧者在交谈中会频繁使用某些辞令,也倾向于使用更多的停顿和修饰性词汇,如语气助词等。在参与讨论时,高交流恐惧者的口头言语与他人不同,他们的谈论常常与主题无关,这种现象表明他们想要避免进一步的讨论(McCroskey,1984)。此外,高交流恐惧者在小组讨论中会尽量回避发表意见①。高交流恐惧者在位置区域上的选择也使他们不可能有更多的交流机会。他们通常会选择两侧和后面的位置,而避免令人注意、中心的位置。而在社会生活中,他们选择的房子一般也是远离闹市的偏僻之地。

(二) 交流恐惧对人际交往的影响

就人际关系来讲,高交流恐惧者通常是回避与他人交流或者表现出不良

① McCroskey, J. C. & McVetta, R. W. (1978). Classroom seating arrangements: Instructional communication theory versus student preferences. *Communication Education*, 27, 99—111.

的人际互动。研究发现高交流恐惧者缺乏信任感和人格魅力。被忽视和怀疑使得他们回避社会环境①。高交流恐惧的人很少成为倡议者、他人的朋友,难以被社会认同,常常感到孤独。高交流恐惧者很难形成和维系亲密的人际关系,但会试图以生命为代价去保护已建立的亲密关系。此外与低交流恐惧者相比,他们更少与陌生的同龄人交流,朋友也较少,很少接受盲目的约会,不愿接触陌生人,一旦已有的人际关系破裂后就很难再重新建立起来。因此,人们常将高交流恐惧者描述为孤寂、冷漠、难以相处、讨论问题能力低下②。

(三)交流恐惧对学业的影响

研究发现高交流恐惧对个体的学习和教育也有显著的影响。相对低交流恐惧的学生来说,高交流恐惧的学生在标准化成绩测验中的得分较低,常低于年级平均水平,也很少能从个别指导中受益。科马蒂纳(Comadena)认为高交流恐惧与学业成绩呈负相关。在三门基础学科(数学、语言、阅读)测试中,高交流恐惧学生总得分最低,在数学方面,低交流恐惧学生比高交流恐惧学生分数高23%③。交流恐惧甚至可能影响语言的获得。研究表明高交流恐惧大学生更倾向选择大型的、交流互动较少的讲座。在个性化课堂上求助导师明显地少于低交流恐惧学生④。高交流恐惧学生更愿坐在教室的后排,远离老师,因此学业成绩低,较少地掌握课堂知识。

高交流恐惧学生面临巨大的交流压力,因此常回避课堂互动,甚至逃课。麦克罗斯基对两所专科学校学生进行语言交流培训,并试图对高交流恐惧学生进行治疗,在为期两周的培训里,两所学校中均有50%~70%的学生选择放弃,尽管其中一门是必修课,与之相比,低交流恐惧学生的弃学率则少5~

---

① Quiggins, J. C. (1972). Effect of high and low communication apprehension on small group member source credibility and interpersonal attraction. *Paper Speech Communication Association*, 26(5), 245—252.

② Scott, M. D., McCroskey, J. C. & Sheahan, M. E. (1978). Measuring communication apprehension. *Journal of Communication*, 25(1), 104—111.

③ Comadena, M. E. (1988). Communication apprehension and academic achievement among elementary and middle school students. *Communication Education*, 37(4), 270—277.

④ McCroskey, J. C., & Andersen, J. F. (1976). The relationship between communication apprehension and academic achievement among college students. *Human Communication Research*, 3, 73—81. Scott, M. D., Yates, M. P., & Wheeless, L. R. (1975). An exploratory investigation of the effect of communication apprehension in alternate systems of instruction. Paper presented at the International Communication Association, Chicago, IL.

10个百分比。也有研究指出学生中26%的分歧都与交流恐惧有关①。相关研究还表明交流恐惧甚至能影响语言的获得。此外,高交流恐惧者没有创新意识或者更不愿意改变现状②。

尽管有很多研究结果表明,多数情境下,高交流恐惧都会带给个体不利影响。但交流恐惧并非总是不好的,适度的焦虑状态会加强个体的学习效率。轻度的交流恐惧可作为发展交流能力与交流技能的一种促进剂,或积极交流产生的一种直接的前兆③。

(四) 交流恐惧对职业选择与就业的影响

许多研究者认为高交流恐惧影响个人的职业选择和就业倾向。有研究表明,交流恐惧程度高者与交流恐惧程度低者相比,在自我择业时,往往选择那些不太需要进行交流的工作岗位,即使这些工作岗位的社会地位较低、经济收入较低,他们也愿意。高交流恐惧者较少有升职欲望,对工作和主管人员满意度低,难以与同事建立良好的人际关系④。具有高交流恐惧的人在工作和生活中存在诸多的困扰,相对于其他人而言,他们得到的面试机会较少、难以就业、工作效率低、频繁更换职业、能力不足并需要更多的培训,即使就业后,他们也很难在较长时间内保留工作职位。他们被认为很难与同事相处,而且很少得到晋升的机会。对交流感到恐惧的个体易于感到羞怯和不适应,这使他们很难在交际中处于有利地位。

六、交流恐惧的干预

根据交流恐惧的成因,研究者提出了以下几种缓解交流恐惧的方法。

(一) 系统脱敏法

针对过分激活的生理反应,可以进行系统脱敏。通过教会人们进行深度

---

① McCroskey, J. C. (1970). Measures of communication bound anxiety. *Speech Monographs*, 37, 269—277.

② Witteman, H. The relationship of communication apprehension to opinion leadership and innovativeness. M. A .thesis, West Virginia University, 1976.

③ McCroskey, J. C. (1982b). Communication competence and performance: A research and pedagogical perspective. *Communication Education*, 31, 1—7.

④ McCroskey, J. C. (1976). The effects of communication apprehension on nonverbal behavior. *Communication Quarterly*, 24, 39—44. McCroskey, J. C., Daly, J. A. Richmond, V. P. & B. G. Cox. (1975). The effects of communication apprehension on interpersonal attraction. *Human Communication Research*, 2, 51—65.

的肌肉放松以及在处于深度放松状态时，让被试想象参加交流时的情境来减轻恐惧症状。

系统脱敏法（Systematic Desensitization Method，SDM），又称为交互抑制法，诱导患者以小步为单位渐缓地暴露出导致其神经焦虑、恐惧的事物或情境，并且以身体或心理上的放松来对抗这种焦虑情绪，从而达到消除焦虑或恐惧的目的。系统脱敏疗法的理论基础是学习理论，认为个体的不适应性行为是通过学习获得的，个体可以通过学习消除已习得的不良或不适应行为，也可通过学习获得所缺少的适应性行为。系统脱敏法是恐惧症干预应用中最常用的一项基本技术。

实证研究表明，系统脱敏法对减缓高水平交流恐惧症状的成功率在90%以上，80%的人经专业性治疗后不再出现高度恐惧症状（McCroskey，1972）①。

（二）认知重建法

认知重建法（Cognitive Therapy）理论基础是不适当认知过程理论（Inappropriate Cognitive Processing）。该理论认为，交流恐惧的产生与人们如何看待交流的认知方式有关。通常人们正是因为担忧自己不能够成功地与他人进行交流，从而产生恐惧。

因此使用认知重建方法是最好的应对策略。它包括艾利斯（A. Ellis）的合理情绪疗法（RET），贝克（A. T. Beck）的认知疗法（CT），以及麦克鲍姆（D. Meichenbaum）的自我指导训练（SIT）。这类方法的共同点在于试图帮助人们改变他们对于交流的非理性想法，从而形成积极的、现实的、更为适应性的认知方法，对交流有一种更为积极的看法。它主要有如下几个程序：(1) 咨询者要向来访者说明为什么一个人的看法与态度会影响其心情及行为；(2) 帮助来访者分析他所持有的对己、对人、对周围事物的看法，从中发觉跟来访者所主诉的问题有密切联系的一些“看法”或“态度”；(3) 协助来访者去检讨这些看法或态度与一般现实的差距，指出其不合理性与病态性；(4) 督促来访者尝试改变这些看法或态度，建立较为合理的、健康的看法与态度。

---

① McCroskey，J. C.（1972）. The implementation of a large-scale program of systematic desensitization for communication apprehension. *Communication Education*，21（4），255—264.

研究表明,这种治疗方法能有效地减轻交流恐惧,与系统脱敏方法一样,成功率较高①。

(三) 交流技能训练法

该方法是针对交流能力缺乏理论提出的。按照该理论的构想,通过交流技能的训练提高交流水平,从而有效地缓解交流恐惧。里奇满(Richmond)和麦克罗斯基认为技巧训练能帮助减缓诸如异性交往焦虑、怯懦、公开演说焦虑、沉默害羞等社交恐惧问题。通过如角色扮演、彩排训练、信息反馈,个体能获得用于减少交流恐惧的技能。

为了有效地进行技能训练,应该采用以下7个步骤:(1) 指出特定的问题范围;(2) 区分组成大技能的诸多小技能;(3) 为了达成交流技能而发展现实性目标;(4) 观察一个人期望的正确的行为模式;(5) 领会言语交流所需要的技能;(6) 以安全的方式练习新技能;(7) 在需要技能的场所练习新的技能。

研究表明,受益最大的人往往是最愿意提高自身交流技能的人。

(四) 交流情境法

交流情境疗法(Communication-Orientation Method,COM)已经被证实是一种减少公开演讲焦虑的有效方法。该疗法认为:公开演说者常对自己的发言持两种观点:表演性或交流性。持表演观的人认为公开演说是一种需要特殊技巧,并使观众达到美的享受的一种表演。持交流观的人则认为公开演说是演说者与听众之间的一种交流,目的是为了让他人更清楚地了解自己的思想观点。持表演观的人更害怕他人的消极评价,因此常表现出高水平的交流恐惧。COM疗法通过帮助高交流恐惧者改变其交流表演观达到减缓交流恐惧的目的②。

七、交流恐惧的跨文化研究

随着科学研究的不断深入和世界各国研究者之间的联系、交流的日益密

---

① Fremouw, J. W., & Scott, M. D. (1979). Cognitive restructuring: An alternative method for the treatment of communication apprehension. *Communication Education*, 28(2), 129—133.

② Motley, M. T. (1997). Com therapy. In J. A. Daly, J. C. McCroskey, J. Ayres, T. Hopf, & D. M. Ayres (Eds.), Avoiding communication: Shyness, reticence, and communication apprehension (2nd ed.). Cresskill, NJ: Hampton Press.

切,有关交流恐惧的研究出现了跨文化特点。跨文化研究可以解释交流恐惧的种族或文化差异现象。

国外关于交流恐惧的跨文化研究,比较多的是针对不同民族、文化或亚文化人群的研究。不同国家之间的比较主要是通过大学中的留学生进行的,并且主要是与美国的比较。本文主要探讨国外有关中国交流恐惧的跨文化研究的现状。

(一) 国外有关中国交流恐惧的跨文化研究

在克洛普夫(Klopf)的一项交流恐惧跨文化研究中,比较了美国、澳大利亚、日本、韩国、密克罗尼西亚、中国、菲律宾等不同文化背景下的交流恐惧水平,结果发现日本的交流恐惧水平最高,其次是美国、澳大利亚、韩国、密克罗尼西亚和菲律宾,中国与美国样本交流恐惧水平无显著差异①。

有研究者认为美籍华人在口语表达上拘谨抑制。中国人在交谈中显得消极被动和沉默②。

在几项有关中国交流恐惧的跨文化研究中,张(Zhang)、巴特勒(Butler)和普赖尔(Pryor)对比了中美学生的交流恐惧水平,和先前的预期一致,中国学生交流恐惧的平均得分显著地高于美国学生,与先前克洛普夫研究得出“中国与美国学生间交流恐惧水平无显著差异”的结论相反③。一项针对台湾大学生交流恐惧水平的研究表明,台湾大学本科生的交流恐惧水平平均得分($M=71.62$),相对高于美国常模④。类似的研究也表明,台湾大学生比美国大学生更加的恐惧,不愿交流,交流方面的自我认知能力低。若用麦克罗斯基⑤原始 25 000 美国样本($M=65.6$,$SD=15.3$)作对比的话,中国样本可被归入典型的“高交流恐惧”。可能的原因是,先前研究所用的是英文原版

① Klopf, D. (1984). Cross-cultural apprehension research. In J. Daly, & J.C. McCroskey (Eds.), Avoiding communication: Shyness, reticence, and communication apprehension. Beverly Hills, CA: Sage Publications.

② Hu, W., & Grove, C. (1991). Encountering the Chinese: A guide for Americans. Yarmouth, Maine: Intercultural Press, Inc.

③ Zhang, Y., Butler, J., & Pryor, B. (1996) Comparison of apprehension about communication in China and the United States. *Perceptual and Motor Skills*, 82, 1168—1170.

④ Hsu, C. (2002). The influence of self-construals, family and teacher communication patterns on communication apprehension among college students in Taiwan. *Communication Reports*, 15, 123—132.

⑤ McCroskey, J.C. (1982). Oral communication apprehension: A reconceptualization. *Communication Yearbook*, 5, 136—170.

PRCA-24,而该研究使用了校订后的中文量表,一定程度上减小了文化偏向带来的测量误差。此外,文化背景差异也是原因之一,与美国更注重个人主义相比,中国则更强调集体主义。集体主义文化注重集体意愿、需要和目标,在交流情境中,更强调保持人际互动的和谐,因此当个体与他人交流时就会显得更加谨慎保守(Hus,2002)。

交流恐惧在美国文化背景下无疑具有消极影响。高交流恐惧得分常与低自尊、孤独、抑郁等联系在一起。但对中国而言,高交流恐惧并不具有相同的消极意义。因为传统中国是家族本位并不强调个人,交流中的个人沉默也不会如美国般受到指责。

(二) 交流恐惧跨文化研究的不足

尽管有许多交流恐惧(CA)的跨文化研究,但都只停留在对其概念的描述性和探索性研究,未能对不同文化背景下 CA 平均值的差异性做出解释。只有最近两项对不同文化背景的美国和中国香港 CA 水平差异的研究[①]做出解释,认为除文化因素外,气质和情境对 CA 在不同文化背景下表现出的差异性发挥了一定作用。因此在探讨 CA 跨文化差异时需多方面多角度考虑。

先前交流恐惧跨文化研究的另一局限是,忽略了 PRCA-24 量表在不同文化背景中的等价性,没有对比不同文化下量表的信效度,因此这些研究结果是值得怀疑的。此外,有人还指出了跨文化研究中存在的其他问题,首先,研究中采用的纸笔测验在不同文化背景中不是一种常规方式,并且有些被试不知如何作答。其次,存在着被试反映偏见。另外,在被试的选取上,研究者常以方便性为原则,而不是科学性。

(三) 未来研究方向

交流恐惧跨文化研究中还存在着很多的不足,例如关于不同文化下交流恐惧差异原因的探讨研究很少。交流特质是由环境还是由遗传因素决定的?交流恐惧的跨文化差异是由文化准则还是人格特质决定?是否能通过研究交流恐惧的跨文化性别差异来揭示这些问题呢?

---

① Kim, M. S., Klingle, R. S., Sharkey, W. F., Park, H. S., Smith, D. H., & Cai, D. (2000). A test of cultural model of patients' motivation for verbal communication in patient-doctor interactions. *Communication Monographs*, 67, 262—283.

八、国外大学生交流恐惧的研究现状

国外目前对交流恐惧的研究已经构建了较为完整的理论和体系，并开展了多方面的研究工作。

（一）有关大学生口语和书面交流恐惧的研究

有几项研究探讨了口语交流恐惧水平与学业成绩间的关系，但没有得出统一性的结论。沃诺克（Warnock）和柯蒂斯（Curtis）发现口语交流恐惧与学生学业成绩无关。加德纳（Gardner）等人也得出类似的结论，认为鲜有证据显示口语交流恐惧水平与学生成绩有关联①。而艾伦（Allen）和布雷斯（Bourhis）的一项研究结论表明，高水平口语交流恐惧与低学业成就有关②。同样的，阿奎罗（Arquero）等人也报告学生对学业成绩的自我评估与口语交流恐惧之间存在显著性相关③。与口语交流恐惧相比，书面交流恐惧的相关研究则较少。西蒙斯（Simons）等人发现商科和会计专业学生书面交流恐惧水平比全国常模要小很多，但会计专业比商科学生的恐惧水平高④。在美国的另一项研究发现，会计专业学生的书面交流恐惧水平比大学一年级商科专业学生的书面交流恐惧水平高出许多，该研究同时也证实了书面交流恐惧与学业成绩呈显著的负相关关系，尽管这样的显著性较小⑤。

（二）有关大学生性别与交流恐惧关系的研究

有关交流恐惧的性别差异研究，主要倾向探讨性别因素对口语交流恐惧造成的影响。一些研究（McCroskey，1984）注意到女学生比男学生表现出更高的口语交流恐惧水平。而其他研究者发现，男女间的口语交流恐惧水平无

---

① Gardner, C., Milne, M., Stringer, C. & Whiting, R. (2005). Oral and written communication apprehension in accounting students: curriculum impacts and impacts on academic performance. *Accounting Education: An International Journal*, 14(3), 313—336.

② Allen, M., & Bourhis, J. (1996). The relationship of communication apprehension to communication behaviour: A meta-analysis. *Communication Quarterly*, 44(2), 214—226.

③ Arquero, J., Hassall, T., Joyce, J., & Donoso, J. (2007). Accounting students and communication apprehension: A study of Spanish and UK students. *European Accounting Review*, 16(2), 299—322.

④ Simons, K., Higgins, M., & Lowe, D. (1995). A profile of communication apprehension in accounting majors: Implications for teaching and curriculum revision. *Journal of Accounting Education*, 13(2), 159—176.

⑤ Faris, K., Golen, S., & Lynch, D. (1999). Writing apprehension in beginning accounting majors. *Business Communication Quarterly*, 62(2), 9—21.

性别差异,或者是男学生比女学生的口语交流恐惧水平更高,与之前的研究结论刚好相反(Daly & Stafford,1984)。这种研究结果的不一致也体现在对商科和会计专业学生的一些研究上。斯坦伽(Stanga)和艾德(Add)的研究表明口语交流恐惧水平与会计专业男女学生之间无差异①。而西蒙(Simon)等人研究发现在公开演讲情境和会议情境中,女学生的恐惧水平要显著地高于男学生(Simon et al.,1995)。

其他的几项研究也讨论了口语交流恐惧的性别差异,女学生比男学生表现出显著高水平的口语交流恐惧,尤其是在公开演讲和会议情境中②。至于书面交流恐惧的一些研究③发现女学生比男学生的书面交流恐惧水平低,而其他的研究则报告出相反的结论或者无性别别差异④。有关商科和会计专业学生书面交流恐惧的几项研究显示,性别不是书面交流恐惧的决定因素。

(三)有关大学生专业背景与交流恐惧关系的研究

关于交流恐惧是否与学生所学专业有关,有研究⑤表明各种不同专业背景下学生的交流恐惧水平无明显区别,而哈索尔(Hassal)等人的研究发现自然科学类学生的书面交流恐惧水平比人文社科类学生的高。可汗(Khan)、Ejaz(埃贾兹)和Azmis(阿吉斯)的研究表明一年级医药专业学生的CA水平显著地高于四年级学生⑥。

(四)有关大学生交流恐惧干预的研究

有些研究还探讨了交流恐惧干预项目的有效性。艾丽(Aly)和伊斯兰

---

① Stanga,K.,& Ladd,R.(1990). Oral communication apprehension in beginning accounting majors: An exploratory study. *Issues in Accounting Education*,5(2),180—194.

② Hassall,T.,Joyce,J.,Ottewill,R.,Arquero,J.,& Donoso,J.(2000). Communication apprehension in UK and Spanish business and accounting. *Education Training*,42(2),93—100.

③ Daly,J. A.,& M. D. Miller.(1975). The empirical development of an instrument to measure writing apprehension. *Research in the Teaching of English*,9,242—249. Riffe,D.,& Stacks,D.(1992). Student Characteristics and writing apprehension,*Journalism Educator*,47(2),39—49. Elias,R. Z.(1999). An examination of nontraditional accounting students' communication apprehension and ambiguity tolerance. *Journal of education for business*,75(1),38—41.

④ Cayton,M.(1990). What happens when things go wrong: Women and writing blocks, *Journal of Advanced Composition*,10(2),321—337.

⑤ Aly,I. M.,& Gowing,M. P. S.(2001). Communications apprehension: A note about ethnic diversity. *The Canadian Journal of Higher Education*,31,209—238.

⑥ Khan,T. M.,Ejaz,M. A.,& Azmi,S.(2009). Evaluation of communication apprehension among first year and final year pharmacy undergraduates. *Group Psychotherapy*,3(6).

(Islam)发现会计专业学生在入学和毕业时口语交流恐惧水平无显著差异(Aly & Islam,2003)①。在美国的另一项研究中②总结到,单独开展的交流培训课程并不能减轻学生超水平的恐惧。哈索尔等人也观察到学生的高口语交流恐惧分数在接受专业的培训项目后没有显著的降低。在爱尔兰,沃诺克的研究发现会计专业毕业生在接受培训项目前期口语交流恐惧的得分与后期得分无明显差异,尤其是在公开演讲情境下(Warnock & Curtis,1997)。

(五)有关高风险大学生交流恐惧的研究

有几项研究特别关注了高风险学生的交流恐惧水平。高风险学生被证实具有低交流能力,在小组讨论和人际交往间均存在交流恐惧③。"第一代大学生"被认定为高风险学生,具有"第一代"身份的大学生在高中时就表明自己在交流方面感到恐惧。特雷弗(Trevor)等人针对"第一代大学生"的交流恐惧做了研究,研究结果表明第一代大学生的交流恐惧水平显著地高于其他学生。目前对第一代大学生交流障碍的定性与干预研究都还不够(Trevor et al.,2008)④。

(六)有关大学生交流恐惧影响因素的研究

有研究认为造成学生的高水平交流恐惧,是因为他们对交流情境缺乏准备和自身不善言辞,而缺乏准备则可能是因为他们对交流抱有一种消极态度。

有研究指出,大多数学生具有高水平的交流恐惧,产生交流恐惧的原因是害怕他人的消极评价,这种恐惧或焦虑会使得学习效率降低。在与学生交流时,老师必须考虑到这些影响因素,以确保教学的质量。此外,老师的期

---

① Aly,I.,& Islam,M.(2003). Auditing of accounting program on oral communications apprehension: A comparative study among accounting students. *Managerial Auditing Journal*,18(9),751—760.

② Fordham,D.,& Gabbin,A.(1996). Skills versus apprehension: Empirical evidence on oral communication. *Business Communication Quarterly*,59(3),88—97.

③ Chesebro,J. W.,McCroskey,J. C.,Atwater,D. F.,Bahrenfuss,R. M.,Cawelti,G.,Gaudino,J. L.,& Hodges,H.(1992). Communication apprehension and self-perceive Warnock,K.,& Curtis,E.(1997). Communication competence of at-risk students. *Communication Education*,41,345—360.

④ Trevor,A. F.,& Michael. T. M.(2008). Communication apprehension: Levels offirst-generation college students at 2-year institutions community college. *Journal of Research and Practice*,32,38—55.

望、学习氛围、学生对学校的态度都会影响学生的交流恐惧①。里奇满和麦克罗斯基认为影响交流恐惧的因素有三方面:生理的,心理的和社会的因素,这些因素能引起身体与精神上的不适,使得个体害怕面对交流对象②。另外也有一项研究探讨了平均绩点(GPA)、性别、工作背景、工作年限是否为学生口语交流恐惧的影响因素,结果显示以上因素在PRCA-24各个维度,以及总量表上均存在显著的差异,尽管在“一对一情境”维度上的差异显著性比其他维度要小。

(七)国外已有研究的不足

国外虽对交流恐惧进行了比较全面的研究,从理论到实践均比较完善,但也有不足之处。从研究对象来看,主要探讨的是大学生交流恐惧,很少涉及初高中生、高风险学生、口吃者、聋哑者的交流恐惧;关于交流恐惧的生理机制,几乎没有相关的文献记载;关于交流恐惧的类型,国外主要探讨口头交流恐惧与书写交流恐惧,很少探讨上台表演恐惧,或者我们经常遇到的办事过程中的焦虑或恐惧体验。

第二节 国外社交焦虑研究现状

研究表明,社交焦虑产生的负性影响会冲击个体的生理和心理各个层面,妨碍个体的正常心理与社会功能的发挥。达维拉(Davila)和贝克(Beck)研究了社会焦虑和其他方面有缺陷的关系,发现社会焦虑症状与抑郁和过度依赖他人、人际压力有显著的相关。他们还发现具有高社会焦虑症状的个体会回避表达强烈的情感和逃避冲突的愿望③。华生(Watson)发现社交焦虑的个体在他们的日常生活中有更多的孤独感④。施耐德(Schneier)发现社交

---

① Zhao Na. (2007). A study of high school students' English learning anxiety. *Asian EFL Journal*, 9(3). 2—8.

② Richmond, V. P., & McCroskey, J. C. (1989). Communication apprehension avoidance and effectiveness (2nd ed.), Scottsdale, AZ: Gorsuch.

③ Davila, J., & Beck J. G. (2002) Is social anxiety associated with impairment in close relationships? A preliminary investigation. Behavior Therapy, (33) 3: 426—427.

④ Watson D., & Friend R., (1969). Measurement of social-evaluative anxiety. Journal of consulting and clinical psychology, 33(4): 448—457.

焦虑与很多其他领域的受损都有关系，包括教育、就业、恋人关系和同伴关系①。阿默里根(Amerigen)发现社交焦虑对青少年的社交和学业具有消极的影响，例如旷课、回避社交情境和学业成绩下降等②。瓦利亚卡(Veljaca)发现高焦虑的个体经常觉察到的是人们的消极行为，而低焦虑的个体更多地看到的是人们的积极行为③。

一、社交焦虑相关概念

(一) 社交焦虑概念的发展

社交焦虑的研究中，最先出现的概念是社交恐怖症(Social Phobia,SP)，最早由法国精神病学家珍妮特(Janet,1903)提出，用以描述一组病人，他们表现出害怕当众讲话、演奏钢琴，害怕写字时被人注视，但当时社交恐怖症并未得到应有的重视。到了20世纪60年代，英国精神病学家马克斯(Marks)和格尔德(Gelder)1966年根据发病年龄及害怕对象的不同，从恐怖障碍中区分出社交焦虑(Social Anxiety,SA)，他们认为社交焦虑者害怕社交处境，如在众人前害羞、脸红、说话、吃东西、害怕参加社交聚会等。后来马克斯于1970年用“社交恐怖症”代替了“社交焦虑”，并指出其基本特征是害怕自己在社交处境中被人们认为可笑。在此期间，伴随着行为治疗的兴盛，人们对社交恐怖症的研究兴趣也在增加。但当时的行为主义治疗家们仍以“社交焦虑”这一术语描述人的回避行为：他们回避人群，是因为他有焦虑(杨眉，1995)④。

直到1980年DSM-Ⅲ(diagnostic and statistical manual of mental disorder III)将社交恐怖症作为“焦虑性障碍”的一个类型被沿用至今，从那时起社交恐怖症才成为精神科的专业术语。在DSM-IV中，提出了明确的社交焦虑障

① Schneier F. R., Goetz D., Campeas R., Fallon B., Marshall R., & Liebowitz M. R., (1998). Placebo-controlled trial of moclobemide in social phobia. The British Journal of Psychiatry, 172:70—77.

② Amerigen M. V., Mancini C., & Farvorden P., (2003). The impact of anxiety disorders on educational achievement.J Anxiety Disord 17:561—571.

③ Veljaca, K. A., & Rapee, R. M. (1998). Detection of negative and positive audience behaviours by socially anxious subjects. Behaviour Research & Therapy, 36:311—321.

④ 杨眉.青年问题. 青春期集体心理咨询与治疗的理论和实践：一种解决社交焦虑的模式[M]. 北京：文津出版社，1995.

碍诊断标准，即社交焦虑是指在社会情境中，害怕他人给予自己消极的评价①。这两种标准都强调社交焦虑障碍的基本特征是：患者害怕被人注视或者评价，认为别人能够看出他的不自然表情或者窘态、估计别人对于他的评价是否定或者蔑视的，并且有回避行为。总之，社交焦虑障碍的界定经历了一个从被笼统划为神经衰弱到在国际诊断标准中拥有独立地位，从单纯的行为描述的界定到从行为、主观感受和认知等的全面界定的过程。

随着研究的深入，社交焦虑和社交焦虑障碍的区分也越来越明显，社交焦虑的严重状况表现为社交焦虑障碍（Social Anxiety Disorder），也叫社交恐怖症，在症状的严重程度、社会功能受损程度都比社交焦虑更高一些。

（二）社交焦虑的类型

华生认为社交焦虑包含两个成分：社交评价焦虑（也可以指消极评价恐惧）和社交回避与苦恼②。巴斯（Buss）认为社交焦虑是由社会情境中消极的个人评价引起的不适，包括尴尬、惭愧、羞怯和观众焦虑四种类型③。狄克逊（Dixon）、戴·蒙肖（De Monchaux）和桑德勒（Sandler）认为有三种类型的社交焦虑，即社交胆怯、风头恐惧和展现自卑恐惧。社交胆怯指害怕给他人建立一个不好的印象，风头恐惧是怕被他人注意到的忧虑，展现自卑恐惧指害怕被他人批评④。

劳佩（Rapee）和亨贝格（Heimberg）认为社交焦虑包含两个认知成分：消极评价恐惧（FNE）和积极评价恐惧（FPE）。前者是社交焦虑的核心成分。社交焦虑的个体认为人生来就具有评判性，因此容易被他人进行负面的评价，他们还会持续地观察作为被他人消极评价的指示器周围的环境⑤。

---

① American Psychiatric Association (1994). Diagnostic and statistical manual of mental disorders (4th ed.). Washington, DC: American Psychiatric Press, 411—417.

② Watson D., & Friend R. (1969). Measurement of social-evaluative anxiety. J Consult Clin Psychol, 33, 448—457.

③ Buss, A.H. (1980). Self-consciousness and social anxiety. San Francisco: Freeman.

④ Dixon, J.J., De Monchaux, C., & Sandler, J., (1957). Patterns of anxiety: An analysis of social anxieties. British Journal of Medical Psychology, 30, 107.

⑤ Rapee, R. M., & Heimberg, R. G. (1997). A cognitive-behavioral model of anxiety in social phobia. Behaviour Research and Therapy, 35, 741—756.

二、社交焦虑的评估

对社交焦虑的评估可分为认知、行为、情绪三个方面,方式包括诊断性会谈、自陈量表和自我报告等。

(一) 自陈量表

1. 认知评估

(1) 不合理信念测试量表(Jones,1969);

(2) 社会交往自我评估测试(Glass etc. al,1982);

(3) 个人信念调查(Kassinove,1986);

(4) 交往焦虑量表(Leary 1983c);

(5) 社交回避及苦恼量表(Watson & Friend,1969);

(6) 焦虑自评量表(Zung,1971);

(7) 社会交往焦虑量表(Fenigstein,Scheier,& Buss,1975)。

2. 行为评估

(1) 儿童抑郁调查(Kovacs,1978);

(2) 儿童状态——特质焦虑问卷(Spielberger,1973);

(3) 害怕调查量表的儿童修订本(Ollendick,1983);

(4) 角色扮演评估:指要求被试在主试设定的10个左右的社交情境中进行角色扮演并加以评估;

(5) 青春期行为评估量表(Devereaux,1990)。

3. 情绪问卷

最常使用的有关社交焦虑行为和情绪的问卷是社交回避与苦恼量表(the Social Avoidance and Distress Scale,SADS)和对否定性评估的害怕量表(the Fear of Negative Evaluation Scale,FNES),临床上较为常用的是症状自评量表SCL-90(Derogatis,1977)。

其他还有:

(1) 害怕调查问卷(Wolpe & Lange,1964);

(2) 害怕问卷(Marks & Mathews,1979);

(3) 羞怯评分问卷(Cheek & Buss,1981);

(4) 窘迫评分(Modigliani,1968; Edelman,1985b);

(5) 社交焦虑问卷(Arkowitz et. al,1975);

(6) 交互作用焦虑评分(Leary,1983b);

(7) 贝克抑郁问卷(Beck,1967)。

(二) 会谈

评估青少年焦虑中临床会谈是较为常用的方法,大部分会谈是针对青少年及其父母设计的。会谈有结构式的,也有非结构式的。最常用的结构式会谈有:

1. 学龄童情感障碍与精神分裂症评估(K-SADS, Puig-Antich &Chamber,1982);

2. 对儿童与青少年的诊断会谈(DICA,Herjanic & Reich,1982);

3. 焦虑障碍访谈表修订版(DirNardo & Batlow,1988);

4. DSM-III-R 的机构化临床访谈①。

三、社交焦虑成因的理论

西方国家研究者普遍认为社交焦虑的多发期是在 13~23 岁,处于青春期阶段②。青春期是社交焦虑的多发期,如果在此期间社交焦虑得不到有效干预和矫正,可能会发展成严重的社交焦虑障碍,并影响到个体成年期的学业成就、心理健康等③。大学生处于青年期向成年期过渡的重要时期,成人感、独立感、自尊心强烈,自我意识迅速提高,期望自己的见解能得到他人的尊重。但同时,他们的社会成熟度却相对发展缓慢。而社会交往、人际关系处理是大学生活不可缺少的一部分,大学生的个体发展、信息沟通等都需要通过人际交往实现,但是由于种种原因,有些大学生不能顺利进行人际交往,生活中常常会遇到各种与人交往的挫折,形成社交焦虑。因为社交焦虑是焦虑的一部分,所以焦虑的理论也被应用到社交焦虑的研究中。

---

① 杨眉,青年问题. 青春期集体心理咨询与治疗的理论和实践:一种解决社交焦虑的模式[M]. 北京:文津出版社,1995. 汪卫东,王西林,马弘. 心理卫生评定量表手册(增订版)[J]. 中国心理卫生杂志,1999:124—127.

② Schmidt,& Blanz(1989). Anxiety syndromes in childhood and adolescence. Acta Paedopsychiatrica,52(1),36—43.

③ Gulbne,E.,King,N. J. & Ollendick,T.H.(2001). Self-reported anxiety in children and adolescents: A three year follow-up study. *The Journal of Genetic Psychology*,162(1),5—19.

（一）行为主义的解释

行为主义认为，个体的任何情感与行为模式，无论是适应良好的，还是适应不良的，都是通过学习而获得的。焦虑也一样，人不仅通过直接的亲身经历感受焦虑，而且可以通过观察、模仿他人而学会焦虑。所以社交焦虑的产生是过去经验的泛化或是通过条件反射作用而建立起来的，即人的社交恐惧并不是先天就有的，而是来源于后天①。

可以看出，行为主义主要以条件作用原理和社会学习理论对社交焦虑的形成原因进行解释。其观点认为，社交焦虑是条件化作用的情绪反应，在社会情境中之所以产生焦虑，是因为该情境中的刺激曾与可怕的或者厌恶的事件紧密联系，原本是中性的社交场合，通过条件化，就成了能引起焦虑的条件刺激；同时该观点认为，创伤性事件的直接条件化往往发生在童年时期，以至于成长的过程中出现的情境刺激，与过去的回避的经验紧密相联，而形成社交焦虑。从替代性学习的观点来看，社交焦虑的产生是模仿习得的结果，与父母和关系亲密的人焦虑模式是相似的。

（二）认知理论的解释

认知理论放弃了行为主义忽视人的理性作用、把社交焦虑当成是机械式的习得的观点，而强调认知在社交焦虑形成中的作用。认知理论派认为错误的认知，比如，对于自己的社会表现的否定性自我评估、在社会交往之前或者之后的否定性自我声明、不合理信念、对自己社会表现中积极与消极事件的选择性记忆、注意偏向社会威胁性线索、对于自己能力和表现的低期望等，导致了社交焦虑情绪的产生，最终导致社交回避行为。艾利斯认为，焦虑是由于人的认知障碍，即对事件作了错误的认识和判断所致，而不是由事件本身所引起，人对事件的消极解释或看法引起了焦虑②。

（三）人本主义的解释

人本主义心理学家则认为出现社交焦虑是爱与尊重的需要未被满足而导致的个体归属感的缺失，焦虑与幼时缺乏关爱有关。罗杰斯提出，一个人在其成长过程中，如果能从父母那里得到无条件的、积极的关注，他就能产生

---

① 陶国富，王祥兴.大学生交往心理[M].上海：华东理工大学出版社，2003：282—285.

② 梅锦荣.社交焦虑与认知行为治疗[J].中国临床心理学杂志，1994，(3)：210—213.

自我和谐的“自我关注”，在以后的生活中，就能较为健康地发展。而那些自幼得不到积极关注，或只得到有条件的积极关注（即只有当孩子无论对错，都必须完全服从父母时才能得到父母的关心）的孩子，渐渐就会产生自我不和谐，即对自己产生怀疑，并用他人的价值观来评判自我，会变得自卑、胆怯、焦虑和适应不良等①。

（四）精神分析的解释

弗洛伊德认为焦虑是被压抑的性欲的另一种表现方式，他先后提出两种焦虑理论。早期他认为焦虑由被压抑的“力比多”转化而来，本我是焦虑的根源；后期弗洛伊德提出了“焦虑信号说”，认为焦虑的根源不是本我，而是自我，只有自我才能产生并感受焦虑。弗洛伊德认为恐怖症的发病原因，主要根源于压抑在潜意识内的某些本能欲望、意念、情感、矛盾情绪与精神创伤等因素。这些被压抑的东西虽然人们自己不能察觉，但却以其他方式体现出来，如引起患者个人理解的焦虑、紧张、恐惧、抑郁与烦躁不安，并产生各种精神障碍表现（车文博，2004）②。

（五）其他相关解释

1. 社交焦虑产生的模型解释

社交技能欠缺模型（the skills deficit model）假定在社交情境中的焦虑是由不适当的社交技能造成。由于社交技能不良个体的不当话语，会导致一个引发焦虑的真实或假想情境。它可以通过帮助焦虑个体改善他们的社交技能而降低③。认知自我评价模型（the cognitive self-evaluation model）认为社交焦虑从本质上来说是个体对自我无能的知觉④。克拉克（Clark）和阿科维茨（Arkowitz）发现社交焦虑的个体倾向于低估其社交技能，消极地评价自己、预期在社交情境中表现不良、认为他人对自己的行为反应都不积极⑤。经典性条件反射模型（a classical conditioning model）认为社交焦虑是有条件的，即

---

① 栗文敏，刘丽.社交焦虑研究综述［J］. 教育理论与实践，2007，27（4）：37—39.

② 车文博.弗洛伊德文集——自我与本我［M］. 长春：长春出版社，2004：157—163.

③ Bellack，A. S.，& Hersen，M.（1979）. Research and practice in social skills training. New York：Plenum.

④ Rehm，L. P.，& Marston，A. R.（1968）. Reduction of social anxiety through modification of self-reinforcement. *Journal of Clinical and Consulting Psvchology*，32，565—574.

⑤ Clark，J. V.，& Arkowitz，H.（1975）Social anxiety and self-evaluation of interpersonal performance. *Psychological Reportsf*，36，211—221.

中性刺激与厌恶性的社会结果配对出现，支持此种模型最有利的证据就是系统脱敏①。认知特质模型（personality trait approach）研究了社交焦虑个体在情感、认知和行为方面的个体差异②。对人格特质项目的因素分析获得了“社交焦虑”因素，这表明社交焦虑可能是一个主要的特质③。认知模型理论认为在社会情境中，社交焦虑的个体有选择地注意躯体焦虑症状和消极评价的信息。该理论认为，个体由于缺乏客观信息，只有关于躯体和焦虑相关的信息，便产生了一个主观的在他人面前如何表现的印象，这个印象经常是不准确的④。

2. 外部环境因素

施伦克尔（Schlenker）和利里（Leary）认为社交焦虑指在真实或假想的社交情境中由个人评价引起的焦虑。社交焦虑的个体认为从他人那里获得满意评价的可能性很小，因此而产生社交焦虑⑤。斯特拉恩（Strahan）发现了一个因素导致社交焦虑，即“社交紧张”。它包括的项目有被介绍给新朋友、发表演讲、工作面试、在全部是陌生人的屋子中和与某人第一次约会⑥。米勒（Miller）等也在儿童群体中发现相似的社交焦虑因子，包括犯错误、被批评、惹他人生气和在课堂上背诵⑦。贝茨（Bates）发现影响社交焦虑的两个因子，一个因子是关于一般的社会事件（在一个群体前发言、与某人第一次见面、成为一个领导等），另一个因子则是关于社会失败与批评（看起来很愚蠢、被批评、犯错误、被误解）。这两个因子的区别在于前者是在评价情境中，个体

---

① Bander, K. W., Steinke, G. V., Allen, G. J., & Mosher, D. L. (1975). Evaluation of three dating-specific treatment approaches for heterosexual dating anxiety. *Journal of Consulting and Clinical Psychology*, 45, 259—265.

② Cacioppo, J. T, Glass, C. R., & Merluzzi, T. V. (1979). Self-statements and self-evaluations: A cognitive response analysis of heterosocial anxiety. *Cognitive Therapy and Research*, 3, 249—262.

③ Cattell, R. B. (1973). Personality and mood by questionnaire. San Francisco: Josey-Bass, 245—276.

④ Clark, D.M., & Wells, A. (1995). A cognitive model of social phobia. In R. G. Heimberg, M.R. Liebowitz, D. A. Hope, & F. R. Schneier (Eds.), Social phobia: Diagnosis, assessment, and treatment. New York: Guilford Press, 69—93.

⑤ Schlenker, B. R., &Leary, M. R. (1982). Social anxiety and self-presentation: A conceptualization and model. *Psychological Bulletin*, 92, 641—669.

⑥ Strahan, R. (1974). Situational dimensions of self-reported nervousness. *Journal of Personality Assessment*, 38, 341—352.

⑦ Miller, L.C., Barrett, C. L., Hampe, E., & Noble, H. (1972). Factor structure of childhood fears. *Journal of Clinical and Consulting Psychology*, 39, 264—268.

的行为被他人观察；而后者是在评价情境中，个体的行为已经被他人认为是不当的①。

还有研究显示，从社会文化因素对大学生社交焦虑的影响来讲，西方人的心理健康问题更多根源于追求自我的先在性与绝对性的西方文化，表现为自我人格分裂、孤独、极端性人格、自我中心主义②。

3. 个体主体因素

一些学者还认为社交焦虑的个体总是关注对于自己的消极评价，最终导致被社会拒绝。高焦虑的个体对于可能出现的负面评价过于敏感③。从进化论的观点来看，社交焦虑可以反映一个人在社会阶层中的位置，当个体的优势受到威胁时，有社会焦虑的个体会使用不适应的方式进行应对，即社会顺从④。研究证明，自尊与社交焦虑有着明显的相关性。施伦克尔和利里发现低自尊与社交焦虑相关，当个体努力在他人面前留下一个好印象却怀疑自己能否做到时，就会从重要的他人那里觉察或想象不满意的反应⑤。约翰逊(Johnson)研究了学习困难儿童社交焦虑与自尊之间的关系，结果表明自尊与社交焦虑在学习困难和不困难儿童中都存在显著的相关关系⑥。南希(Nancy)和诺曼(Norman)认为自尊是社交焦虑的一个有效预测因素。他们的研究发现自尊和社交焦虑之间存在负相关⑦。琼斯(Jones)等人的研究也发现了自尊与社交焦虑之间存在负相关⑧。

---

① Bates, H. D.(1971). Factorial structure and MMPI correlates of a fear survey in a clinical population. *Behaviour Research and Therapy*, 9, 355—360.

② 张向葵，丛晓波. 社会文化因素对心理健康问题的影响[J]. 心理与行为研究，2005，3(3)：229—233.

③ Barlow, D.H. (2002). Anxiety and its disorders: The nature and treatment of anxiety and panic (2nd ed.). New York: Guilford Press.

④ Leary, M.R., Cottrell, C.A., & Phillips, M.(2001). Deconfounding the effects of dominance and social acceptance on self-esteem. *Journal of Personality and Social Psychology*, 81, 898—909.

⑤ Schlenker, B.R., & Leary, M.R., (1982) Social anxiety and self-presentation: A conceptualization and model. *Psychological Bulletin*, 92, 641—669.

⑥ Johnson & Wayde, Dennis.(1997). Social anxiety and self-esteem in children with a learning disability. *Dissertation Abstracts International Section A: Humanities and Social Sciences*, 58, 1—2, 4—5.

⑦ Nancy, L., Kocovski, Norman, S. & Endler.(2000). Social anxiety, self-regulation, and fear of negative evaluation. *European Journal of Personality*, 14, 347-–358.

⑧ Jones, W. H., Briggs S. R., & Smith T. G.(1986). Shyness: conceptualization and measurement. *Journal of Personality and Social Psychology*, 51, 629—639.

四、国外社交焦虑的相关研究

（一）社交焦虑对个体的影响

威奇恩(Witchen)等（1996）采用社会功能问卷调查了社交焦虑障碍患者的生活质量,发现在情绪表达、社会功能和生命活力三方面的功能明显受损。50%的患者有严重或显著损害,而正常对照组仅有5%。患者的工作能力明显受损,11%的患者被解雇（正常对照组为3%）,8%的患者因为症状每周平均减少工作12小时,23%的患者有持续的工作能力受损①。

社交焦虑大都起源于青少年时期(13～19岁),由于害怕,回避社交,他们的学习机会和社交技能锻炼的机会减少,学习、工作与社会交往能力下降。而且社交焦虑伴有或轻或重的典型的神经功能释放的表现,如:脸红、心动过速、心慌心悸、发抖、出汗、呼吸困难等,长期存在将使人感受到较强的主观躯体不适。有人采用社会功能问卷调查了社交焦虑障碍患者的生活质量,发现在情绪表达、社会功能与生命活力三方面的功能明显较差的患者,他们的家庭关系、受教育机会、社会工作能力受损严重;与正常对照组比较,他们有较高的未婚率、离婚率以及失业率。有中度社交焦虑障碍的患者,其自身的健康评价水平也远低于正常组。

有人估计,有70%～80%的社交焦虑障碍者共患一种或几例疾病,比如物质滥用、进食障碍、广场恐怖症等。特别是焦虑与抑郁之间的关系,有人称应激最初表现为焦虑,焦虑易生抑郁,有人称焦虑症和抑郁症都具有否定性易感成分,有时有区别。若社交焦虑同时患抑郁,则自杀的意念会明显增高。在对青少年的研究中发现,社交焦虑与羞怯、青春期孤独、自我评价低以及回避型人格等有共生或相伴的关系。

由此可见,社交焦虑产生的负性影响冲击个体的生理和心理各个层面,妨碍个体的正常心理与社会功能的发挥。

（二）社交焦虑与个体其他方面的关系

达维拉和贝克研究了社会焦虑和其他方面有缺陷的关系,发现社会焦虑

---

① 赵靖平,陈晓岗.社交焦虑障碍的认识与治疗现状[J].国外医学精神病学分册,2000,27(4):226—230.

症状与抑郁和过度依赖他人、人际压力显著相关。他们还发现具有高社会焦虑症状的个体会回避表达强烈的情感和逃避冲突的愿望①。华生发现社交焦虑的个体在他们的日常生活中有更多的孤独感②。施耐德发现社交焦虑与很多其他领域的受损都有关系，包括教育、就业、恋人关系和同伴关系③。阿默里根发现社交焦虑对青少年的社交和学业具有消极的影响，例如旷课、回避社交情境和学业成绩下降等④。莫斯科维奇（Moscovitch）等人的研究发现女性社交焦虑的频率和严重程度都比男性要高⑤。瓦利亚卡发现高焦虑的个体经常觉察到的是人们的消极行为，而低焦虑的个体更多地看到的是人们的积极行为⑥。

大量研究证明，自尊与社交焦虑有着明显的相关性。施伦克尔和利里发现低自尊与社交焦虑相关，当个体努力在他人面前留下一个好印象却怀疑自己能否做到时，就会从重要的他人那里觉察或想象不满意的反应⑦。华生则发现低自尊与社交焦虑有显著的相关。约翰逊研究了学习困难儿童社交焦虑与自尊之间的关系，结果表明自尊与社交焦虑在学习困难和不困难儿童里都存在显著的相关关系⑧。南希和诺曼认为自尊是社交焦虑的一个有效预测因素。他们的研究发现自尊和社交焦虑之间存在负相关⑨。琼斯等人的

---

① Davila J.,& Beck J. G. (2002) Is social anxiety associated with impairment in close relationships? A preliminary investigation. *Behavior Therapy*, 33, 427—446.

② Watson, D.,& Friend, R. (1969) Measurement of social-evaluative anxiety. *Consult Clin Psychol*, 33, 448—457.

③ Schneier, F. R., Liebowitz , M. R., Garfinkel, R., Campeas, R., Fallon, B., Gitow, A.,& Street, L. (1994). Disability in work and social functioning and social phobia. *Clin Psychiatry*, 55, 322—331.

④ Amerigen M. V., Mancini C.,& Farvorden P. (2003). The impact of anxiety disorders on educational achievement. *Anxiety Disord*, 17, 561—571.

⑤ Moscovitch, D.A., Hofmann, S.G.,& Litz, B.T. (2005). The impact of self-construals on social anxiety: A gender-specific interaction. *Personality and Individual Differences*, 38, 659—672.

⑥ Veljaca, K. A.,& Rapee, R. M. (1998). Detection of negative and positive audience behaviours by socially anxious subjects. *Behaviour Research& Therapy*, 36, 311—321.

⑦ Schlenker, B. R.,& Leary, M. R. (1982) Social anxiety and self-presentation: A conceptualization and model. *Psychological Bulletin*, 92, 641—669.

⑧ Johnson,& Wayde, Dennis. (1997) Social anxiety and self-esteem in children with a learning disability. *Dissertation Abstracts International Section A: Humanities and Social Sciences*, 58, 1245.

⑨ Nancy, L., Kocovski, Norman, S. & Endler. (2000). Social anxiety, self-regulation, and fear of negative evaluation. *European Journal of Personality*, 14, 347—358.

研究也发现了自尊与社交焦虑之间存在负相关①。

五、社交焦虑的干预及工作模式

在对社交焦虑的干预矫治中，认知行为疗法在欧美国家比较普遍，亚洲国家如日本、韩国则多用以东方文化为基础的森田疗法。

（一）国外对社交焦虑干预的理论倾向

1993年杰弗里·杨格(Jeffrey Young)和同行们对接受认知行为干预法和“教育支持团体治疗”的49名社交恐怖症患者进行了5年的追踪调查，评估结果表明，接受认知行为团体干预的病人比接受“教育支持团体治疗”的人有更多的改善。埃德尔曼(Edelmann)认为这种多重组合干预最有效。

而传统精神分析的观点认为，社交焦虑是由于最初的客体关系未处理好而导致无法建立信任而造成的。目前对于由于信任缺失造成的社交焦虑，主要是采用精神分析的个体治疗。

（二）对社交焦虑咨询的工作模式

对社交焦虑咨询的工作模式主要有两种：个体心理咨询和团体心理咨询。个体心理咨询目前所采用的方法主要包括系统脱敏法、冲击疗法、厌恶疗法和社交技能训练等，主要适用于社交焦虑障碍较严重的个体。团体心理咨询是在团体情境下提供心理援助与指导的咨询形式，由领导者根据成员问题的相似性或成员自发组成课题小组，通过共同商讨、训练、引导，解决成员共同的发展或共有的心理问题。目前对社交焦虑进行的团体援助方式主要有肯定性团体训练（行为主义疗法）、理性情绪团体治疗、心理分析式团体治疗等。目前在团体心理咨询对社交焦虑实施援助过程中，对于心理分析式的团体治疗较少使用，更多使用行为与认知相结合的方法，总之对社交焦虑的团体咨询领域也呈现各种方法整合的趋势。

（三）国外社交焦虑的干预研究

目前，国外对于社交恐怖症的干预主要是药物治疗和心理干预。药物治疗的时间并不是很长，有研究表明，药物治疗对社交恐怖症有肯定的干预效

---

① Jones, W. H., Briggs, S. R., & Smith, T. G. (1986). Shyness: conceptualization and measurement. *Journal of Personality and Social Psychology*, 51, 629—639.

果。和药物治疗相比较,社交焦虑的心理干预被关注的历史更长,并且在各种理论的指导下,发展了许多有效的干预技术。其中认知行为干预法的历史比较长。过去的二十多年以来,以行为主义与认知理论为指导的干预方法治疗社交焦虑取得了令人鼓舞的进展,并发展了一系列有效的干预技术。此外,团体干预也是一种有效的社交焦虑干预方法,人本主义理论指导下的罗杰斯的“交友小组”疗法在社交焦虑的干预方面取得了良好的效果。

1. 社交焦虑的行为干预法

戈尔茨坦(Goldstein)等国外学者对此法做了研究和运用。戈尔茨坦、斯普罗金(Sprafkin)、郝斯洛(Gersllaw)、利伯曼(Liberman,1975)和特罗尔(Trower)、特朗特(Tryont)、阿盖尔(Argyle,1978)基于社交焦虑患者是缺乏相应的社交技能这一假设,发展出了一系列的社交技能训练的方法。

1976 年,马尔齐利耶(Marzillier)等人比较了社交技能训练与系统脱敏疗法,发现前者干预效果持久,但总的干预效果并不明显优于后者。特罗尔在 1978 年比较运用这两种方法对于社交恐怖和社交无能的干预效果,结果发现两者对于社交恐怖症的干预效果相等,而社交技能训练对于社交无能的干预效果明显优于系统脱敏。

1985 年巴特勒通过运用暴露疗法治疗社交焦虑障碍患者,他认为,能使患者从暴露疗法中获益的应该是明确界定的、逐级划分的、能够重复、能延长、能引起患者焦虑的情境。而现实中这样的情境是无法很好得到满足的。

亨贝格(Hemiberg)(1985 年)等学者曾以想象的和实际的接触焦虑情境治疗了 7 名社交焦虑患者。结果表明,无论在自评情绪、生理的激动状态或者行为上所表现的焦虑程度,循序渐进式的由想象而至真实面对焦虑情境,都比领悟性的治疗方法更有效。

还有的学者用想象的系统脱敏法与社交技能训练进行干预效果比较研究,社交焦虑训练着重角色扮演和即时反馈,并通过观看交往活动的录像,讨论各种社会情境中可供应用的社交技能。结果发现两组的自评焦虑程度都显著减低。其区别在于,社交技能训练比较显著地消除了社交行为上的障碍,而系统脱敏组则在增加社交活动上有显著效果。

2. 社交焦虑的认知行为干预法

认知行为干预法主要是以贝克、艾利斯(Ellis)与梅琴鲍姆

(Meichenbaum)的观点作为基础,发展了多种不同的干预方法,比如合理情绪疗法、自我指导训练、焦虑管理训练、认知行为干预法的多重组合等而形成的干预方案。此方案强调改变认知来消除负面情绪,其基本的要点包括:1.人对于自己的行为,都会进行暗自评估或者预期;2.负性的自我认知会产生焦虑情绪,妨碍行为的表现;3.通过改变不合理的认知,加上反复的练习,能够缓解社交焦虑。

1971年梅琴鲍姆、吉尔摩(Gilmore)和费德拉威亚(Fedoravieiua)运用"自我指导训练"进行社交焦虑症的干预,后来有海斯(Hayes)等人复制他们的技术进行认知改变训练。同年斯特林(Stlin)和理查森(Ricllardson)用"焦虑管理训练",治疗弥散性或者一般性焦虑,后来又被运用于干预社交焦虑。

海姆贝格特(Heimberget)在1985年提出最有效的干预法是认知行为干预法的多重组合。在对7个社交恐怖症患者实施认知行为干预法后,7个患者在行为、心理测量以及自我报告中都表明其焦虑有明显下降。在6个月后的追踪调查中,7个患者中有6个仍然保持治疗后的效果。1993年他和同行们对接受认知行为干预法和"教育支持团体治疗"的49名社交恐怖症患者进行5年的追踪调查,评估结果表明,接受认知行为团体干预的病人比接受"教育支持团体治疗"的人有更多的改善。埃德尔曼(1992)认为这种多重组合干预是最有效的。

认知行为干预法在处理社交焦虑问题上是卓有成效的,在临床心理学领域居于重要地位。

3. 行为干预法与认知行为干预法的比较研究

为寻求最有效的干预方法,不少心理学家运用各种治疗技术进行比较研究,其中较多的是行为干预法与认知行为干预法的干预效果比较。

1984年特罗尔提出社交恐怖症的产生是认知功能失调而非缺乏社交技能的结果,因此对于社交恐怖症的干预应该是有目的地系统地解决认知障碍才对。

坎特(Kanter)和戈德弗里德(Goldfried)于1979年曾经以65名社交焦虑者为研究对象,比较了理性重组法与自控脱敏法的干预效果,结果表明,两组参与者的焦虑程度都显著降低,并且在9个星期的随访评定中,仍然能保持显著的干预效果。不过，理性重组比自控脱敏更能有效地降低情境性和特质性焦虑，说明了认知疗法的优越性。1984 年，巴特尔（Bulter）等人邀请了 45 名有社交焦虑的门诊病人参与一项比较研究，这项研究主要比较仅直接接触焦虑情境方法和在直接接触此法之外还同时学习识别焦虑的出现及运用正面自我述评方法这两者之间干预效果的区别，结果表明，实验组（加了认知改变的组）有更加显著的进展，而且在 6 个月的随访评定中，仍然能保持此优势。

1985 年埃斯佩尔坎普（Emmelkamp）等学者比较了真实面对接触，自我提示训练和理性情绪疗法对于社交焦虑的相对干预效果。结果发现尽管三组都有明显改善，但是只有理性情绪疗法能成功破除非理性思维。

总之，两种干预法的效果比较研究表明，认知行为干预法是优于单纯的行为干预法的。

4. 团体与个别干预的比较

团体干预是一种在团体情境下提供心理帮助与指导的心理咨询方式，由 1~2 名咨询师主持，根据来访者问题的相似性或来访者自发成课题小组，通过团体组员之间良性的人际互动，达到促使个体自我成长、疏解心理困扰、发展良好的适应的助人过程。团体干预是一种有效的心理治疗，也是一种有效的教育活动，既可以用来治疗各种心理疾病，同时也可以解决正常人的心理适应问题。

1985 年，克莱斯特（Christ）等人对 6 个有人际问题的羞怯的高中生进行了团体治疗，前四周重点在于人际交往问题的解决，后四周重点在于强调交谈的技术。治疗结束以后对这些学生进行评估后，发现他都有了更为积极的自我评估。

1993 年谢林（Sehelling）和埃斯佩尔坎普（Efnmelkamp）比较以个别和小组的方式研究 73 名社交焦虑患者的干预效果，由患者自行决定参加个别或者团体的治疗方案。治疗方案有三种。结果表明，从整体而言，干预效果最好的是以团体的方式，先进行认知干预，然后让他们真实面对焦虑情境；干预效果次之者是以团体治疗的方式进行两个疗程的面对接触；而团体干预中效果最低的是整合性的治疗。可能是因为整合式的干预方式的目标通常指向问题的多个方面的多个层面，比较复杂，不是短时间内可以完全掌握的，而且这种方法缺乏鲜明的取向和理念。

杰拉尔德·科里(Gerald Corey)指出,团体咨询的基本原理是它提供了一种生活经验,参加者能将之应用于日常生活与他人的互动中。

从已有的干预研究结果来看,运用团体干预的方式干预社交焦虑是一种很有效的方式。有人在对团体干预的特点阐述的有关文献中,把"团体干预特别适合人际问题"作为团体干预的四大特点之一。

六、国外已有研究的不足

对于社交焦虑,以往研究者多从认知行为的角度对其进行团体辅导。认知疗法认为治疗有效的关键在于动摇患者的非理性信念,一旦维系患者症状的核心信念被动摇、被重建,患者继续焦虑和回避的理由就不复存在,因此症状也就会出现明显的改善。而如果患者的信念没有发生改变,如果这时候患者报告自己的症状有改善,此种改善恐怕不会稳定。

从以上研究不难看出,尽管很多学者把"焦虑"、"恐惧"二词交换使用,但研究情感的行为科学家给这些术语及其他相关术语赋予了一些稍稍不同的意义。焦虑是一种未来导向的畏惧感或忧虑感,并连带着一种世事难控又难料的感觉。换句话说,当一个人感到一件负面事件即将发生而又无能为力去阻止其发生时,这种令人心烦的感觉就是焦虑。和焦虑相比,恐惧是当人们直面真正的或想象中的危险时所产生的一种基本情感。恐惧会引起突然的、强烈的生理惊慌反应,这种反应实质上只有一个目的——让人尽快从危险中逃脱。总之,恐惧是一种对即时危险的情感反应,而焦虑是对未来威胁的一种忧惧状态①。霍妮在《我们时代的神经症人格》一书中提到,恐惧乃是一个人对自己不得不面对的危险作出的恰如其分的反应,而焦虑则是对危险的不相称的反应,甚或至是对想象中的危险的反应。恐惧和焦虑都是对危险的恰当反应,但在恐惧的情况下,危险是显而易见的和客观外在的;而在焦虑的情况下,危险则是隐而不露的和主观内在的②。

① 马丁·M.安东尼等著,王鹏飞译. 羞涩与社交焦虑[M]. 重庆:重庆大学出版社. 2010:4—5.
② 卡伦·霍妮著,冯川译. 我们时代的神经症人格[M]. 贵阳:贵州人民出版社. 1988:25—28.

第三节　国内关于交流恐惧、社交焦虑和交往焦虑的研究

一、国内对交流恐惧的研究

(一) 交流恐惧的基本介绍

1. 什么是交流恐惧

国际上,对交流中的焦虑或恐惧现象进行系统研究是从 20 世纪 70 年代开始的,国内学者虽在 20 世纪 90 年代才对此领域开展研究,但也取得了一定的研究成果。国内学者的相关研究中沿用麦克罗斯基对交流恐惧定义,即“交流恐惧是一种在真实或想象的人际交流情境下,产生的个人恐惧或焦虑。”①

交流恐惧主要发生在特定的交流场合中,它可以是真实的交流,也可是想象的交流,其含义较“演讲焦虑”(Speech Anxiety)及“听众焦虑”(Audience Anxiety)要广,后两种仅限于当众演说或表演的真实情景下产生的焦虑。但又较“社交焦虑”(Social Anxiety)要窄,后者并不涉及有关交流本身的内容,是指对某一种或多种人际处境有强烈的忧虑、紧张不安或恐惧的情绪反应和回避行为。

2. 国内学者界定交流恐惧者有哪些具体表现

在国内研究中认为大多数人都有交流恐惧的体验,即当站在一群陌生人面前进行简单交流或发表演说,常出现满手是汗、发抖、呕吐或全身无力的现象。这种发生在真实的交流(或者是想象的交流)时表现出来的焦虑、紧张、痛苦、不适、压力或其他任何与交流有关的身体虚弱症状,都是交流恐惧的体验。

生活中,交流恐惧极为普遍,每个人都会不时地经历某些交流恐惧,但是有些人只有在某一特定的交流情景(如面试、演说、约会、当众表演等场合)或出现偏差的时候才真正体验到这个问题(周永红,2002)。

---

① McCroskey, J. C. (1976). The effects of communication apprehension on nonverbal behavior. *Communieation Quarterly*, 24, 39—44.

3. 国内对交流恐惧类型认识

① 交流恐惧按交流的形式划分,可分为口语交流恐惧和书面交流恐惧。当学生处于小组讨论、班级发言或者与外籍教师进行对话时,他们常常体验到口语交流恐惧。当人们需要与商业业主、学校主管部门或与某权威机构或权威人物进行书面交流时,常存在书面交流恐惧。

② 按交流恐惧的程度划分,可分为低交流恐惧者和高交流恐惧者。高交流恐惧者一遇到交流情境就会表现出高度焦虑,只有当他们独处或与人隔离时才会感觉更舒适,因此,他们常尽可能地退缩或回避交流,给生活带来消极的影响(McCroskey,1977)。低交流恐惧者在交流时虽也感到有某些不适,但在一定程度上可加以控制。例如,他们在演讲时虽会感到紧张不安和焦虑,但是他们能够加以控制、克服,使演说顺利进行(周永红,2002)。

(二)国内研究如何量化个体交流恐惧水平

在查阅我国交流恐惧研究的文献中发现,研究者均采用问卷调查等量化手段对交流恐惧进行探讨,而且主要以使用翻译或修订国外学者的量表等工具为主。在国内大多数研究者中均使用了由麦克罗斯基于 1970 年首创,并于 1978 年和 1982 年先后进行了两次修订的《交流恐惧自陈量表(PRCA-24)》。①

国内学者许艳对麦克罗斯基所编制的《交流恐惧自陈量表(PRCA-24)》在中国大学生中进行了信、效度检验并做了相应的修订。修订后的量表由原量表的 24 个项目减为 20 个项目,共由心理焦虑、行为不适、参与性三个维度组成,分别用来测查被试面对即将或正在进行的交流情境时的内心紧张、焦虑程度和行为上表现出来的紧张、焦虑以及对交流情境的喜好、参与程度。修订后的量表结构与原量表依据交往情境的划分相比,分类更明确、更具体。修订后的量表里各维度的内部一致性系数在 0.71~0.88 之间,与英文版原交流恐惧自陈量表的内部一致性信度检测结果有很大的一致性,显示了修订后的量表有较好的内部一致性;总分的重测信度系数在 0.85 以上,显示修订后的量表具有相当的稳定性;修订后的量表各维度与社交回避及苦恼量表得分

① 汪向东,王希林,马弘. 心理卫生评定量表手册(增订版)[M]. 北京:中国心理卫生杂志社,1999.

的相关系数在0.49~0.73之间,均在0.01水平上显著相关,显示修订后的量表有较高的效标关联效度。修订后的量表在内部相关性和结构效度上也均较好。修订后的大学生交流恐惧量表有较好的信度和效度,可以用于中国大学生人际交往状况的研究和诊断。但是由于在修订该量表的过程中取样范围小,样本人数偏少,量表的进一步推广还有待验证。①

(三)国内交流恐惧已有的相关研究

1. 从研究对象来看

查阅关于交流恐惧研究的文献资料发现,国内主要是对于大学生群体的研究的较多。罗云(2006)和王晖等国内学者对中学生样本群体进行了研究②,而对其他群体的交流恐惧研究非常少。研究范围涉及黑龙江、四川、甘肃、湖南、广东、浙江、山东、安徽、江西、贵州、云南等省的大学,研究对象的层次与类型包括师范院校、医学院校、财经院校、综合类大学和职业院校等专科、本科院校的学生。

2. 国内交流恐惧的总体情况

虽然国内交流恐惧的研究对象大多数是大学生群体,且都是小区域、小范围的取样,但是从相关研究结果来看,具有较高交流恐惧的大学生还是不在少数。如张庆娟、潘玉进对170名某医学院校贫困大学生进行问卷调查结果表明60%的医学专业贫困大学生具有不同程度的交流恐惧,其中28%的医学专业贫困大学生呈现出高度交流恐惧状况③。许燕的研究结果显示存在高度交流恐惧的学生占13.5%④、史琼的研究结果得到存在高度交流恐惧的学生占16.8%,其中最困扰大学生的主要是小组讨论、会议交流和二人交谈情景。⑤

3. 交流恐惧在社会人口统计学变量上的差异分析

① 许燕. 交流恐惧量表在208名大学生中应用的信效度[J]. 中国心理卫生杂志,2008,22(4):288—290.

② 王晖,黎哲程,张灵芳. 九江市中学生交流恐惧感状况调查及影响因素分析[J]. 中国自然医学杂志,2007,3:225—228.

③ 张庆娟,潘玉进. 医学专业贫困大学生交流恐惧现状调查及其与人格的关系研究[J]. 中国西部科技,2011,19:80—81,87.

④ 许燕. 大学生人际交流恐惧状况的调查分析[J]. 德州学院学报,2004,20(5):88—90.

⑤ 史琼. 大学生交流恐惧与心理适应性的关系研究[J]. 中国健康心理学杂志,2009(8):982—984.

国内学者在研究学生群体交流恐惧的现状时主要对性别、年级、文理生、家庭经济状况、生源地、是否是独生子女等人口统计学方面的差异进行了探讨。

（1）性别方面

王洪礼、胡寒春等对大学新生交流恐惧的研究显示，大学新生在总体交流恐惧上存在非常显著的性别差异，相比男生，女生体验到更多的交流恐惧。女生在小组恐惧、二人交谈恐惧两方面显著高于男生（王洪礼，胡寒春，潘运，2006），在会议恐惧方面非常显著高于男生①。徐欢乐等对理、工、农、医、文科专业的497名大学生的研究显示，大学生的交流恐惧水平存在性别差异，男大学生的交流恐惧水平高于女大学生②。周永红等的研究结果表明大学生交流恐惧在性别上差异无显著性③。

王洪礼等研究表明大学新生的交流恐惧在性别上差异明显。这一结果与国外的研究相符合，而与徐欢乐等的研究结果不太一致，也与周永红的研究结果大相径庭。王洪礼等认为这可能是性别对人交流方面的影响，存在地域或者文化上的区别，同时取样广泛性也存在差异。在王洪礼等的研究中学校类型涉及师范、医学、财经等本科院校，取样范围较大，因而与周永红等的研究中只取样于单独某一类型学校的研究结果可能不同。这同时也与学生的生源地、年龄、性格对其交流状况的性别差异均会产生影响（王洪礼，胡寒春，潘运，2006）。

（2）年级方面

现有的研究表明低年级学生的交流恐惧心理状态高于高年级。唐瑜等对332名在校医学院学生进行交流恐惧的调查结果显示，医学院学生的交流恐惧与本专科层次有关。本科生交流恐惧低于美国大学生常模，而专科生交

---

① 王洪礼，胡寒春，潘运. 大学新生交流恐惧与自我概念的关系[J]. 心理科学，2007，29(6)：1464—1465. 胡寒春，王洪礼，邓云龙，等. 大学新生交流恐惧的多因素影响模型[J]. 中国心理卫生杂志，2008，21(12)：829—831.

② 徐欢乐，杨雪娇，徐赟赟. 自我效能感、自我接纳、自我监控与大学生交流恐惧的相关性研究[J]. 2008年浙江省心身医学学术年会暨灾后心理救援专题研讨会论文汇编，2008.

③ 周永红，张智，李辉，等. 高师学生交流恐惧的影响因素分析[J]. 中国行为医学科学，2005，14(2)：146—147.

流恐惧高于美国大学生常模①。温翠琪等对在汕头大学医学院附属第一及第二医院实习的大专护生78名及中专护生77名的交流恐惧程度进行调查后,结果表明大专与中专护理专业学生的交流恐惧程度比较有明显的差异②。周永红等的研究结果表明,不同年级的学生在分量表及总量表上都存在显著性差异,且大二学生的交流恐惧状态高于其他各年级学生,对人际交流情景的参与积极性也是各年级中最低的。大二学生的平均分最高,说明其交流恐惧状况较差(周永红,张智,李辉,李文权,2005)。许燕的研究发现,大学生交流恐惧状态存在年级差异,在总量表、心理状态、行为表现因子上,本科三年级学生明显好于其他各年级,在参与因子上,本科三年级学生也明显好于本科二年级学生(许燕,2008)。

王晖等对初一至高三学生中抽取3 700名中学生的交流恐惧的研究也发现74.43%的学生存在不同程度的交流恐惧,初中生与高中生之间,低年龄组与高年龄组学生之间交流恐惧感差异有统计学意义,呈现随年龄增长而增加的趋势(王晖,黎哲程,张灵芳,2007)。

(3) 专业方面

史琼、樊嘉禄对314名在校护理专业学生(医学院)进行测试结果表明:文科学生在交流恐惧的四个分量表上得分普遍低于理科学生,并在小组和公众分量表上有显著差异③。周永红等对648名高师(综合性大学)学生的研究表明:文科学生四个分量表上得分普遍高于理科学生,差异极其显著,提示学科性质是影响高师学生交流恐惧状况的主要因素之一(周永红,张智,李辉,李文权,2005)。

由上可看出,史琼等(2007)人的研究结果显示,文理科学生的交流恐惧在专业差异上并不显著,只是文科学生的交流恐惧状态要低于理科学生,而周永红等(2005)对高师学生的研究结果却完全相反,这可能说明学校的类型对学生的交往也具有影响。

---

① 唐瑜,陈晓勘. 医学生交流恐惧状况调查及分析[J]. 中国健康心理学杂志,2011,19(8):1000—1002.

② 温翠琪,郭佩兰,黄建英,等. 护生交流恐惧情况调查分析及对策[J]. 现代临床护理,2002,1(3):35—36.

③ 史琼,樊嘉禄. 高校护生交流恐惧状况调查及影响因素分析[J]. 中国健康心理学杂志,2008,15(12):1068—1070.

(4) 家庭经济状况方面

史琼、樊嘉禄对某大学护理学院护理专业本科生中一年级、二年级、三年级学生的研究表明,不同家庭经济状况对比,高校护生在小组、会议、两人3个分量表及总量表得分上不存在显著差异,而在公众分量表得分上存在显著差异。进一步分析发现家庭经济条件好的护生在公众分量表上的得分分别低于家庭经济条件中等或差的护生,并存在显著差异。这可能是因为,一方面,一般来说家庭条件好的学生,生活环境宽松,性格较为外向,性格中自信的成分较高,在公众场合表现欲较强;另一方面,家庭条件好的学生更容易得到在公众场合与人交流的机会(史琼,樊嘉禄,2007)。周永红等的研究也得到来自农村的女大学师范生、非独生子女中的女大学师范生和家庭经济贫困的文科师范生往往容易成为高交流恐惧者,很明显她们均生活在一个相对贫穷恶劣的环境或来自弱势群体(周永红,张智,李辉,李文权,2005)。

(5) 生源地方面

罗兰对高一年级622名学生的交流恐惧程度进行调查结果表明,城市子女与农村子女在交流恐惧总分、公众分以及会议分上有极其明显的差异,在二人分上有显著的差异①。

(6) 是否是独生子女

徐欢乐等对理、工、农、医、文科专业大学生497人研究显示,大学生中非独生子女与独生子女在二人交流恐惧和总恐惧分上具有显著性差异,说明非独生子女的交流恐惧水平高于独生子女(徐欢乐,杨雪娇,2008)。而张翔等的研究显示,独生子女和非独生子女大学生在社交焦虑程度上没有显著性差异,但非独生子女的社交焦虑程度高于独生子女(张翔,王旭峰,2003;唐瑜,陈晓勤,2011)。

4. 国内学者对交流恐惧影响因素的研究

(1) 人格特质

张庆娟、潘玉进的研究结果表明人格是影响大学生交流恐惧的重要因素。神经质、内外倾、掩饰性与大学生交往恐惧关系密切,大学生的交流恐惧与内外倾、掩饰性呈显著的正相关,与神经质呈显著负相关。也就是说内向、

① 罗云.高一学生交流恐惧调查分析及其对策[J].中国健康心理学杂志,2008,16(8):887—889.

高神经质、低掩饰性的个体更容易出现交流恐惧。该研究的多元逐步回归分析中，人格中的内外倾、掩饰性对交流恐惧具有显著的正向预测作用，神经质对交流恐惧有显著的负向预测作用，它们能解释交流恐惧发生的50.6%①。

（2）自我概念

自我概念是影响大学新生交流恐惧的重要因素。胡寒春、邓云龙的研究结果表明自我概念对医学新生交流恐惧有着最为重要的影响。自我概念水平越高的医学新生，其交流恐惧水平也越低。自我认识不足以及自我评价过低可能是造成医学新生交流恐惧的主要原因之一。而这与国外有关研究得到的交流恐惧与自我批评、不良自我意识存在正相关的结果是一致的。自我评价低的大学新生，削弱了个体自身的自信，从而抑制了自身交流能力的正常发挥，结果就会造成交流的失败，对交流的焦虑、自卑情绪就会产生（胡寒春，王洪礼，邓云龙，梁燕君，2007）。

徐欢乐等的研究显示，交流恐惧的各分量表和总分分值与自我意识中的"自我效能感"、"自我接纳"和"自我监控"均呈负相关，也就是说自我效能越高，交流恐惧程度越小；自我采取接纳的程度高，则一个人的内心较安静和谐，那么他在与他人交往时，就表现出比较自信、轻松、自然、接纳他人，而最终被他人接纳，建立起良好的人际关系；自我评价偏低是指一些大学生不能实事求是地评价自己，导致对自己各种能力的怀疑，这类大学生往往降低人的社会需求水平，对自我过分怀疑，压抑自我的积极性，交流恐惧也会越严重。另外，自我监控与自我效能感有显著正相关关系，自我监控能力越强，自我效能越好，表现在交流方面和自主性方面，交流恐惧越小（徐欢乐，杨雪娇，2008）。

（3）领悟社会支持与情感平衡

胡寒春、王洪礼的研究结果表明，社会支持对大学新生交流恐惧的影响是间接的，这意味着社会支持是从更广泛的途径影响着交流恐惧。个体领悟到的社会支持必须转化为自身的某种资源，如自我概念或应对方式等。在产生交流恐惧的情景中，高水平的社会支持能影响大学新生的自我概念水平，

① 张庆娟，潘玉进. 医学专业贫困大学生交流恐惧现状调查及其与人格的关系研究[J]. 中国西部科技，2011，10（19）：80—81.

个体觉察到的社会支持越多,其自我概念水平也越高,因而对交流的恐惧就会随之减轻。社会支持与个体自己的应付方式也有很大的关系,即成熟、积极的应付方式与社会支持共同作用,对人的交流恐惧有较高的预测作用(胡寒春,王洪礼,邓云龙,梁燕君,2007)。

情感平衡是衡量人们心理满意度的一项指标。测量大学生领悟社会支持是可以知道他们理解和评价家庭、朋友等给予的社会支持的状态。刘法虎的研究显示:大学生的交流恐惧:① 与情感平衡之间存在显著的正相关;② 与家庭支持、朋友支持、其他支持和领悟社会支持总分呈显著负相关。这说明,对于来自家庭、朋友及社会支持领悟得越多,评价越客观、全面,则越有利于降低大学生在社交活动中的恐惧等心理问题程度。③ 回归分析结果也说明,大学生领悟社会支持和情感平衡两者对其交流恐惧水平都有非常显著的预测作用,其中尤以领悟社会支持的预测值最高,达到 13.9%;情感平衡的预测值则相对较低;联合解释的变异量则达到了 20.9%。可见,大学生的领悟社会支持可以预测其交流恐惧水平的高低。大学生领悟社会支持和情感平衡对其交流恐惧程度都有着非常显著的影响。[①]

(4) 应对方式

应对方式是心理应激过程中一种重要的中介调节因素,应对方式对交流恐惧有直接影响。胡寒春、邓云龙的研究发现,应对方式是社会支持、自我概念对大学生交流恐惧影响的中介,在遇到交流困难的时候,不能一味的退避、幻想,而是应该积极地采取行动来解决问题,这才利于降低其对交流的恐惧。

自我概念通过积极应对和消极应对对交流恐惧有间接影响,同时社会支持又会通过自我概念、积极应对对大学新生交流恐惧有间接影响。自我概念对交流恐惧有直接的预测作用,并通过积极应对、消极应对两种应对方式对交流恐惧有间接的消极预测作用。积极应对可反向预测交流恐惧,消极应对可正向预测交流恐惧(胡寒春,邓云龙,2008)。

贾婧的研究显示,大学生交流恐惧与积极应对方式有非常显著的负相

---

① 刘法虎. 大学生情感平衡、领悟社会支持与交流恐惧的关系[J]. 中国健康心理学杂志,2008,16(9):993—994.

关，与消极应对方式存在非常显著的正相关。回归分析结果显示，消极应对能显著预测交流恐惧，即个体采用的消极应对越多，体验到的交流恐惧水平就越高。因此不难看出，当面临交流情境时，个体如果一味地采用退缩、回避等消极应对方式，其内心就会感到不安和焦虑，当这种焦虑达到一定程度时就会引发个体产生较高的交流恐惧，从而导致交流的目的难以达到。

(5) 心理适应性

史琼的研究结果显示，交流恐惧与心理适应性之间有一定的关系，尤其是与总体适应性、身体与体育竞赛适应性、考试与焦虑情景适应性呈负相关，也就是说，交流恐惧程度越高，总体适应性等越弱，反之亦然。因此，史琼认为心理适应与交流恐惧二者之间相互影响，且心理适应性越差，交流恐惧程度越高，相反，心理适应性越好，交流恐惧程度越低（史琼，2009）。

(6) 教育方面

温翠琪等认为，目前大多数护理专业学的学生接受的教育仍然是以教师为中心的传授式教学，这种教学方法阻碍护理专业学的学生表达能力及交流技巧能力的发展。护理专业学的学生从原来学生、女儿等依赖型角色转变为负有一定责任的准护士角色，产生一定心理压力，从而对交流产生一定的恐惧感。教学模式是影响护理专业学的学生交流恐惧程度的重要因素，护理教学要改变传统的教学模式，发挥护理专业学生的主体作用，培养护理专业学的学生成为健康教育的主要角色，以减轻护理专业学生的交流恐惧程度（温翠琪，郭佩兰，黄建英，郑淑玲，杨丽霞，2002）。

(四) 国内学者对如何改善大学生交流恐惧进行的探讨

1. 改善大学生交流恐惧的建议

(1) 加强人际交往知识技能的培训。由于近年来的教育片面追求升学率，而忽视了学生社会技能的培养，大学人际交往的复杂性与多样性改变了中、小学里单纯以学习为纽带的人际交往模式，许多学生由于缺乏必要的人际交往知识，面对人际交往手足无措，导致紧张、焦虑。学校可以利用讲座、团体咨询、心理训练等形式向学生讲解人际交往中的礼节、技巧以及应注意的问题，使学生对人际交往有一定的心理准备，消除不必要的紧张、焦虑情绪。另外，为了提高大学生的人际交往素质，学校还可以针对大学生开展一系列的现场模拟训练。模拟大学生即将面对的各种社会、生活场景，使大学生身临其境，体验生活，在体验中积累经验，增长能力，做好心理准备，增强交往心理素质。

（2）改善大学生生活环境，建立良好的人际关系。除了良好的校风、班风的创建外，应加强良好宿舍人际关系的建立，班主任、辅导员应做好细致的工作，协调好同学之间的关系，让他们能够相互宽容、理解与尊重。

（3）加强大学生自我意识的教育。正确认识现实自我与理想自我的差距，学会接纳自己、欣赏自己。认识、改正自己的不足，积极发展自己，并包容自己无法改变的客观现实，给自己合理定位。

（4）在生活、学习中注重大学生良好个性品质的培养，增强个体自信心。

（5）组织适当的集体活动，加强大学生之间的交往。改变大学生松散的管理模式，可以以系、班级、学校为单位，组织学生集体活动，这样既丰富了学生的课余生活，增进了彼此间的了解，也给学生多提供了交流、沟通的机会，减少了大学生对虚拟网络的过度依赖。

（6）利用心理剧、角色扮演、游戏等团体心理辅导技术可以充分调动大学生人际交往的互动性，在团体活动中增强个体的自信心，掌握个体间相互交流的知识与技能，使个体人际交往能力在实践中得以提高，有效缓解个体面临交往情景时的紧张、焦虑状态，避免理论与实际的脱节。

2. 改善大学生交流恐惧的具体对策研究

我国对大学生交流恐惧的具体对策研究有：一是采用认知重建方法，帮助学生形成正确的认知，鼓励学生积极参加集体活动，掌握与人交流的技巧从而降低交流恐惧的程度；二是通过团体心理辅导，利用游戏、分组讨论、个案分析、角色扮演、行为训练等方式完成干预训练；三是通过创建优良的校园交往环境，如开设人际交往心理学讲座、设立心理咨询机构等给学生以帮助。

（1）以问题为基础的学习教学方法

朱慧全等对七年制医学生交流恐惧心理状况的研究结果表明，这些学生大多具有不同程度的交流恐惧，且女生高于男生；采用“以问题为基础的学习”教学方法班级的学生的交流恐惧程度明显低于采用传统教学方法班级的学生。由此可见，以问题为基础学习教学方法可以减少医学院学生的交流恐惧心理[①]。

（2）意念—徒手模式

李丹琳等对119名实习护生的研究发现，采用“意念—徒手模式”的应用对在中医院实习的护理专业学生人际沟通能力的培养有着积极的作用[②]。

（3）合作学习

王波、王本贤对高职新生采取合作学习教学法和传统教学法进行了为期四个月的实验研究。其结果表明：通过在合作小组中相互帮助、相互协作使学生在人际交往中的焦虑与恐惧程度大大降低，尤其是对基础较差学生的交流恐惧的改善更具显著效果。合作学习方式使不同基础水平的学生有了进一步接触和了解的机会，在互相探讨、互相帮助的过程中，学生的交流沟通能力得到锻炼，交流恐惧趋于降低，开始敢于在人前讲话，敢于发表自己的见解，学习的积极性明显提高，学习的自信心大大加强，为进一步成功奠定了良好的基础[③]。

（4）团体训练

罗云等对31名与人交流时存在恐惧或焦虑的高一学生进行了为期10周的团体训练辅导。团体训练主要采用团体干预的形式，运用要点讲解、放松训练、讨论、角色扮演、自我对话训练、强化、创设情景、游戏认知、家庭作业等干预方法自行设计10周干预课，具体包括自我认知教育、自信心培养、理性思维、成败观的教育等。10周的干预课结束后进行评估，结果表明实验组实验后与实验前相比在交流恐惧量表上除二人分差异非常显著外，公众分、小组分以及总分都达到极其显著的水平，其演讲者自信心量表上总分差异也达到了极其显著的水平，在心理健康量表方面学习焦虑、自责倾向、对人焦虑以及恐怖倾向上都有显著的变化。实验前实验组与对照组在各项因子上均无显著差异，但实验后除冲动倾向无显著差异外，其他因子都有显著或者极其显著的差异，延迟后测继续反映着这种差异。这充分说明了团体训练大大

---

① 朱慧全，杨琳丽，李霞，等. 以问题为基础学习教学方法对医学生交流恐惧心理的影响[J]. 中华医学教育杂志，2010，30(1)：79—81.

② 李丹琳，王波，赵丽霞，等. 意念—徒手模式对实习护生交流恐惧的影响[J]. 西部中医药，2012，25(7)：34—35.

③ 王波，王本贤. 合作学习对高职学生交流恐惧影响的研究[J]. 中国成人教育，2008 (13)：113—114.

降低了高一学生的交流恐惧，改变了演讲焦虑，提高了心理健康水平（罗云，2006）。

齐艳等将实验组92位大学生分为高、中、低度交流恐惧组，采用双盲设计方法，由任课老师实施8周班级团体生涯辅导活动干预，与对照组76人进行比较。结果表明班级团体生涯辅导可以降低大学生的交流恐惧，尤其对高度和中度交流恐惧者作用明显①。

（5）团体咨询

周永红等对12名与人交流时存在恐惧或焦虑的大学生进行为期9周的训练。利用游戏、分组讨论、个案分析、角色扮演、行为演练、家庭作业等方式完成明确的主题，团体发展经历了困惑探索、信任接受、自我探索和变化成长四个阶段。同时研究者还设计了一份认知辅导材料，让实验组成员自行阅读，以利于团体咨询计划的顺利实施。运用系统脱敏、行为矫正（如口头表扬、物质奖励、施与性奖励、剥夺性惩罚）、观察示范、认知重建技术以及针对交流中的“自信危机”而设计的自信与自我肯定训练。其结果表明，团体咨询在消解大学生交流恐惧方面取得了良好的近期效果和远期效果。在团体咨询活动进行过程中，充分发挥结构式与非结构式团体的优势，使团体咨询取得了较好的效果。由于大学生的知识层次较高、理解力较强、语言表达能力较强，具备对问题进行比较深刻思考的能力和比较良好的自我控制能力，能够充分利用指导者和其他成员的有效信息，充分挖掘自身的资源而助人自助，因此，团体咨询消解大学生的交流恐惧不仅是有效性的，也是可行性②。

（6）音乐系统脱敏疗法

史琼、樊嘉禄探讨了音乐系统脱敏疗法对消除或缓解大学生交流恐惧的有效性和可行性，对12名实验组成员进行音乐系统脱敏。研究结果表明，音乐系统脱敏对大学生交流恐惧的干预是有效的。音乐系统脱敏疗法在“肌肉渐进放松训练”阶段加入合适的音乐，一方面，舒缓的音乐可以对人的身心产生直接的作用，能够促使人跟随音乐的节拍更迅速、更完全地进入放松

---

① 齐艳，郑晓边，崔福建．班级团体生涯辅导对大学生择业价值观和交流恐惧的影响［J］．中国健康心理学杂志，2011，19（3）：343—345．

② 周永红，李辉，张智，等．团体咨询消解大学生交流恐惧的研究［J］．中国临床心理学杂志，2004，12（2）：156—157．

状态;另一方面,长时间配合音乐进行肌肉渐进放松训练,音乐渐渐形成一个引起放松的条件反射信号,当音乐刺激出现,即刻开始进入放松状态。因此,加入音乐的系统脱敏疗法能够取得很好的效果。

由于多数大学生从小就接受过音乐教育,有一定的音乐鉴赏力,对音乐体验较为敏感,而且,音乐使治疗过程不再单调,所以,应用音乐系统脱敏疗法消解交流恐惧很容易引起大学生的兴趣,能得到很好的配合。有调查表明,在处于不良情绪状态时,很多人会用音乐来调节自己的心情,说明大学生对音乐活动感兴趣,并认识到音乐与心理健康的关系。这从另一个方面说明,用音乐系统脱敏疗法来干预大学生交流恐惧不仅是有效的,也是可行的。该研究是音乐疗法在大学生心理辅导中应用的一种有益的尝试,从结果可以预见,由于音乐疗法的广泛适用性和应用性特点,音乐系统脱敏不仅对干预大学生的交流恐惧具有显著的作用,在其他焦虑症、多种强迫症等心理疾病方面也可能具有相应的疗效①。

二、国内对社交焦虑的研究

社交焦虑问题是影响青少年社会交往的常见心理问题,而这一时期的社会交往又对个体人格的健全发展和社会化的顺利实现有着重要的意义。

(一) 社交焦虑的基本介绍

1. 国内学者对社交焦虑基本认识

国内学者钱铭怡等认为社交焦虑的个体在社交场合中会担心被他人注意,担心自己的某些行为显得笨拙,让自己丢脸,并因此产生强烈的焦虑,极力试图回避社交场合。虽然自己在理性上知道这种担心是过分的、不合理的,但却无法抑制或改变这种情况,同时会伴有某些生理上的反应②。而大多数学者沿用国外华生和弗伦德(Friend)对社交焦虑的定义,即社交焦虑是一种消极的情绪体验,社交焦虑是人在社会情境中所产生的一种逃避、喜欢

---

① 史琼,樊嘉禄. 音乐系统脱敏治疗大学生交流恐惧效果分析[J]. 中国学校卫生,2007,12:24—25.

② 李波,钱铭怡,马长燕. 大学生羞耻感对社交焦虑影响的纵向研究[J]. 中国临床心理学杂志,2005,13(2):156—158.

独处和害怕别人批评的不适情绪①。

2. 国内学者对社交焦虑与社交恐惧区别

所谓社交焦虑是一种与人交往的时候，觉得不舒服、不自然、紧张甚至恐惧的情绪状态。这种焦虑反应是带有普遍性的、正常的适应性反应。一般来说，适度的社交焦虑属于正常焦虑，它能让一个人最充分地展示自己的优势和潜能，因而适度的社交焦虑对人的社会交往是有利的。然而，如果焦虑的程度过于严重，就变成了惧怕，人的主观感觉就变得紧张不安，以至于在公众场合不能发挥正常水平，影响与人交往的质量。社交焦虑个体有不同的表现形式，有时常采取逃避的办法，以减少与人的接触；有时当众说话、与异性交往感到紧张；有时惧怕集体活动、不敢面对众人；等等。这些表现形式虽然不一样，但有一个共同点，就是存在不同程度的社交焦虑，自我封闭、不敢交友、害怕社交。社交焦虑个体在公众场合总是会担心在别人面前出丑，在参加任何社会聚会之前，他们都会感到极度的焦虑，害怕自己的行为或紧张的表现会引起羞辱或难堪。

如果这种焦虑发展到极端就是社交焦虑症或社交恐惧症。社交恐惧症是一种对任何社交或公开场合感到强烈恐惧或忧虑的精神疾病，是一种以焦虑、恐惧和自闭为主要特征的综合心理障碍。它可以分成两类，即一般社交恐惧症和特殊社交恐惧症。这两类社交恐惧症都有类似的躯体症状：口干、出汗、心跳剧烈等。

（二）国内研究如何量化个体社交焦虑的水平

焦虑是对外部事件或内在想法与感受的一种不愉快的体验，它涉及轻重不等但性质相同因而相互过渡的一系列情绪，最轻的是不安和担心，其次是心里害怕和惊慌，最重的是极端恐惧；表现形式上，它至少包括主观紧张不安的体验、行为上的运动不安以及植物性神经唤起症状。如果焦虑的程度恰当并主要针对某种特定的情境，可视为一种正常的反应，若为自由浮动的、泛化的，或程度过强，则成为一种异常或病理的状态。“个体社交焦虑”的评定是研究得较多且应用较广的一个领域②。

---

① Watson, D., & Friend, R. (1969). Measurement of social-evaluative anxiety. *Journal of Consulting and Clinical Psychology*, 33(4), 448.

② 汪向东，王希林，马弘. 心理卫生评定量表手册（增订版）[M]. 北京：中国心理卫生杂志社，1999.

对国内社交焦虑的相关研究文献进行梳理后得知，国内对社交焦虑的研究基本采用的是量化问卷调查研究，而国内社交焦虑研究的测评工具主要是翻译或修订国外的相关量表，自编量表相对较少。自编本土化的量表主要有两个：赵勇编制的《中国社交焦虑量表》与钱铭怡等编制的《大学生社交焦虑量表》。

1. 使用翻译和修订的国外量表

（1）儿童社交焦虑量表（Social Anxiety Scale for Children，SASC）。该量表由拉格雷卡（La Greca）等于 1988 年编制，后由国内学者马弘于 1993 年引入我国，并在 1999 年再次修订。该量表主要针对小学儿童群体，包含两大因子：害怕否定评价和社交回避及苦恼。共有 10 个题项，采用 3 级评分制（0：从不这样，1：有时这样，2：一直这样），量表得分从 0 分（可能性最低）到 20 分（可能性最高），总分越高，则说明焦虑程度越强。整个 SASC 的 Cronbah α 值为 0.76，两周重测信度为 0.67。该量表与修订的儿童外显焦虑量表（RC-MAS）的评分高度相关（ r = 0.57），具有较好的校标效度（汪向东，王希林，马弘，1999）。

（2）社交回避与苦恼量表（Social avoidance and distress scale，SAD）。许多研究表明，惧怕否定量表（Fear of Negative Evaluation Scale，FNE）、社交回避与苦恼量表（SAD）可作为测量社交焦虑较为理想的工具，且在国外 FNE 与 SAD 经常一起用于社交焦虑的测量①。SAD 是由华生与弗伦德于 1969 年编制的，包含社交苦恼与社交回避两个因子，用于评估回避社会交往的倾向以及身临其境时的苦恼感受。量表建立初期至今，不断有人对其进行信效度考证，大都认同其具有良好的测量学品质，故在国外被广泛地用于焦虑研究、临床筛查与诊断。我国研究者也多用它来进行社交焦虑的研究②。国内研究者彭纯子等在大学生、高中生群体中对 SAD 检验的结果显示，SAD 结构效度、相容效度和区分效度良好。SAD 在中国学生中的应用表明，虽然其内部一致性稍差于国外研究结果，但信度指标基本符合测量学要求，且结构效度、相容效度和区分效度良好，可作为我国大学生、中学生社交焦虑评估的有

① Melka, S. E., Lancaster, S. L., & Adams, L. J., et a1. (2010). Social anxiety across ethnicity: A confirmatory factor analysis of the FNE and SAD. *Journal of Anxiety Disorders*, 680—685.

② 杨眉. 大学生社交焦虑的集体心理治疗[J]. 中国心理卫生杂志，1997，11(4)：247—248.

效工具。①

(3) 惧怕否定量表(FNE)。该量表由华生和弗伦德(1969)编制,其将“惧怕否定评价”定义为:对他人的评价担忧,为别人的否定评价感到苦感,以及自己会遭到他人的否定评价。原量表还有30条“是—否”条目,其中正、反面的评价大致相当,其内部一致性很高,重测信度为0.78(汪向东,王希林,马弘,1999)。

利里简明惧怕否定量表(BFNE)。该量表是由利里等人改编原华生和弗伦德(1969)惧怕否定量表(FNE)形成的简本,共12题,5级评分,评分范围从12到60,高BFNE的反面是对他人的评价没有担忧,而不一定是期望或需要肯定评价。其总分相关系数范围从0.43到0.75,Cronbach α 系数为0.90,重测信度为0.75,信度和效度良好。(汪向东,王希林,马弘,1999)。

国内研究者陈祉妍在初中生样本中施测的结果表明,简明惧怕否定评价量表的同质性 Cronbach α 信度系数为0.85,分半信度为0.82,与国外样本的平均值无显著差异。共12题,抽取两个因素中的项目内容,第一个因素包含原量表中的8个正向计分项目,定义为对负面评价恐惧的正向描述分量表。第二个因素包含原量表中的4个反向计分项目,定义为对负面评价恐惧的反向描述分量表。各项目与其分量表的相关在0.143~0.173之间($P<0.01$),FNE量表(简本)适合在初中生群体中施测,它既可用于团体施测,也可用于个人施测②。

2. 国内研究者编制的本土化量表

主要是《大学生社交焦虑量表》(Social Anxiety Inventory,SAI)。SAI由北京大学心理系钱铭怡针对中国大学生编制,经信效度检验后,一致性信度、分半信度、重测信度等均大于0.7。量表包含三个维度,分别是紧张焦虑(TA)、社交敏感(SIS)和社交自信(SIC),共有22个条目,使用五点记分,完全相符记5分,完全不符记1分,得分越高表示社交焦虑程度越严重③。

---

① 彭纯子,范晓玲,李罗初. 社交回避与苦恼量表在学生群体中的信效度研究[J]. 中国临床心理学杂志,2003,11(4):279—281.

② 陈祉妍. 中学生负面评价恐惧与考试焦虑的相关性[J]. 中国心理卫生杂志,2002,16(12):855—857.

③ 钱铭怡,钟杰,徐凯文,等. 大学生社交焦虑量表的编制[J]. 中国心理卫生杂志,2005,19(1):53—56.

（三）国内社交焦虑的相关研究

1. 从研究对象来看

梳理国内关于社交焦虑研究的文献资料发现，苏莹与胡宁等人对小学生社交焦虑进行了研究；唐继亮等对高中生社交焦虑进行了研究。而总的来说，我国关于社交焦虑的研究目前主要集中在对大学生群体的研究。

我国社交焦虑研究的对象应该包括中小学、师范学院、医学院、农业大学、工业大学、综合类大学和职业学院等各类各层次院校的学生。

2. 国内社交焦虑的基本情况

雷晓玲、范秀珍对医学院学生认知风格与社交焦虑的相关性的研究发现：社交焦虑水平显著低于大学生常模，其中紧张焦虑水平与大学生常模持平，而社交敏感显著低于大学生常模，社交自信显著高于大学生常模①。杨海涛、徐洪范的调查发现有近 70%的小学生在社交中存在着程度不同的焦虑，其中约 16%的小学生焦虑程度在中等以上，表明小学生的社交状况不容乐观②。

3. 社会人口统计学变量的差异分析

（1）性别方面

国外有研究表明社交焦虑存在着性别差异，且这种差异与情景存在交互作用，男性在社交聚会场合更倾向于流露出更多的焦虑，而以女性为主的护理专业学生群体，则显示出了较低的社交焦虑水平。

林琼芳研究少数民族大学生社交焦虑发现，社交回避与苦恼量表的得分，存在着性别差异，女生社交焦虑水平显著高于男生。女生社交焦虑者与男生相比，具有非常显著的社交回避行为，这就增加了与人交往的焦虑感③。

（2）年级方面

龚务陈、陈旭对 418 名农村留守小学生、179 名非留守学生进行调查发现，六年级的高社交焦虑组的人数多于四五年级④。杨海涛、徐洪范的调查

---

① 雷晓玲，范秀珍．本科护生场依存性—场独立性认知风格与社交焦虑的相关性[J]．齐齐哈尔医学院学报，2011，32(17)：2764—2765.

② 杨海涛，徐洪范．小学生社会交往焦虑的调查和对策[J]．中国教育学刊，2003 (2)：49—50.

③ 林琼芳．少数民族大学生社交焦虑特征初探[J]．高教论坛，2006 (2)：143—145.

④ 龚务，陈旭．留守儿童家庭教养方式与社交焦虑的关系研究[J]．四川教育学院学报，2010，26(11)：11—15.

发现小学生社会交往焦虑存在着年级差异:二年级学生的社交焦虑程度明显高于四、六年级,六年级又高于四年级(杨海涛,徐洪范,2003)。

(3) 生源地方面

杨海涛、徐洪范的调查发现小学生社会交往焦虑存在着城乡差异,且农村小学生的社交焦虑程度明显高于城市(杨海涛,徐洪范,2003)。

(4) 在北京的流动儿童、本地儿童、农村儿童

胡宁等人对流动儿童、北京儿童、农村儿童三类儿童在社交焦虑上研究发现流动儿童社交焦虑显著高于北京儿童和农村儿童。流动儿童存在较高的社交焦虑和孤独感,流动儿童的流动性对社交焦虑有显著的预测作用。高城市流动性儿童的社交焦虑总分和害怕否定评价得分低于低城市流动性儿童外,其他所有项目上,均是高流动性儿童的得分高于低流动性儿童。而且,方差分析发现,高住房流动性和学校流动性儿童在社交焦虑总分、社交回避及苦恼上的得分显著高于低住房流动性和学校流动性儿童[①]。

4. 社交焦虑的影响因素

有研究发现大学生的社交焦虑和应对方式存在一定的相互关系,大学生的自我和谐和社交焦虑之间均存在相关[②];自我和谐对社交焦虑具有良好的预测作用[③];也有的人认为完美主义与社交焦虑相关显著(陶琼霞,2009)[④];家庭环境应是一个必不可少的外部影响因素;同时,自我接纳是在自我评价基础上形成的一种自我态度,是自尊心理的最基本、最核心的特征,它应是影响高校学生社交焦虑的重要内部因素(丛中,王长虹,2004)。

(1) 创造力倾向

苏莹对 223 名小学生社交焦虑与创造力倾向进行了研究,其结果表明:① 男生与女生在创造力倾向的表现只有在冒险性上的差异具有统计学意

---

① 胡宁,方晓义,蔺秀云,等. 北京流动儿童的流动性、社交焦虑及对孤独感的影响[J]. 应用心理学,2009 (2):166—176.

② 曹晖,肖伟,曹聘,等. 大学生社交焦虑及其相关因素研究[J]. 沈阳工程学院学报(社会科学版),2008,4(4):592—596.

③ 江伟,程蕾,廖翌凯,等. 大学生自我和谐与社交焦虑的相关研究[J]. 保健医学研究与实践,2009,6(1):25—27.

④ 陶琼霞. 大学生完美主义心理与社交焦虑的相关研究[J]. 中国健康心理学杂志,2009,17(4):410—411.

义，在好奇心、想象力和挑战性方面的差异无统计学意义；② 社交焦虑因子与创造力倾向呈显著的负相关关系，这表明社交焦虑高水平个体表现出更少的创造力倾向①。

（2）认知风格

认知风格又称认知方式、认知模式，是指个体在认知过程中所经常采用的、习惯化的方式，具体说是在感知、记忆、思维和问题解决过程中个体所偏爱的、习惯化了的态度和方式。认知风格不仅影响个体的认知过程，也涉及人的社会性活动和个性心理特征方面。雷晓玲、范秀珍对医学院学生认知风格与社交焦虑的相关研究发现：护理专业学生在认知风格与社交焦虑之间不存在相关性。原因可能是：第一，取样具有局限性，无法代表整个群体的情况；第二，社交技能通过锻炼培养可以有很大的提高，尤其目前大学都推行素质教育，社交焦虑不再是困扰大学生的主要问题（范秀珍，雷晓玲，2011）。

（3）成人依恋类型

国外成人依恋与心理病理的关系研究表明，成人依恋类型是影响社交焦虑的一个重要因素。魏征新、霍莉钦对 324 名大学生的调查结果显示，324 名大学生社交焦虑阳性筛查率 30.6%，不安全型依恋对社交焦虑阳性的影响作用是对照组的 2.45 倍；不安全型依恋中恐惧型对社交焦虑的影响作用最大，是对照组的 5.59 倍；迷恋型次之，为 2.10 倍。不同依恋类型社交焦虑阳性的被试在社交苦恼、惧怕负性否定评价、自尊和信任他人方面有显著差异。可见，大学生成人依恋类型是社交焦虑的重要影响因素，不安全型依恋，尤其是恐惧型对社交焦虑的情绪、认知影响最大②。

（4）强迫与完美主义人格

国内研究表明惧怕否定量表中的所有维度和强迫正相关程度最高，说明了惧怕否定强迫的关系最为密切，对强迫的预测作用最强。社交焦虑三个维度（惧怕否定，社交回避，社交苦恼）、SAD 总分和完美主义中的怀疑行动、关注错误、父母批评之间，两两呈正相关（社交回避与关注错误的相关结果除外）。这可能与社交恐惧症患者总是怀疑自己社交和公共场合的表现能力、

---

① 苏莹. 223 名小学生社交焦虑与创造力倾向的相关性研究[J]. 中国校医，2010，24(5)：348—350.

② 魏征新，霍莉钦. 大学生社交焦虑与成人依恋类型关系的研究[J]. 中国健康心理学杂志，2009(8)：954—957.

过分关注并夸大犯错的重要性,以及与社交焦虑障碍人群的父母惩罚严厉、拒绝否认因子显著高于正常对照组($p< 0.05$)有关系①。

(5) 对人性的信任度

巴特勒认为,人际信任的达成要依靠个体之间按照社会交换原则多次经历三个渐进的阶段:可预测性、可信赖性、忠诚;退缩导致个体无法完成甚至进入第一个阶段②。林琼芳研究少数民族大学生社交焦虑发现,SAD 得分与大学生对他人的信任程度的"值得信任"正因子呈负相关,也就是说,对"相信人基本上都是善良的" 正因子的得分越低,SAD 得分越高。在社交焦虑者中,男生的"愤世嫉俗" 负因子与女生具有显著差异,大学生正处于自我—社会张力内化的阶段,男生对树立自己的社会地位的期望比较高,害怕失败。对他人的怀疑、警惕心理、排斥心理较高于女生。我们认为可能是这样的个体在面临可能产生社交焦虑的情境时,往往缺少对人性的积极信任,因而对人性的信任度低是社交焦虑的相关因素(林琼芳,2006)。

(6) 自我和谐

自我和谐是罗杰斯(C. Rogers)人格理论中最重要的概念之一,根据罗杰斯的观点,个体有着维持各种自我知觉之间的一致性,以及协调自我与经验之间关系的机能。自我和谐反映了自我与经验之间的协调程度,如果个体体验到自我与经验之间存在差距,就会出现内心的紧张和纷扰,即一种"不和谐"的状态,自我与经验之间的不协调是心理障碍的重要原因(汪向东,王希林,马弘,1999)。

林琼芳的研究发现,少数民族大学生的社交焦虑与自我和谐总分、自我与经验不和谐、自我灵活性具有极为显著性的相关,说明自我和谐是影响社交焦虑的重要因素。社交焦虑者自我和谐程度低于非社交焦虑者,社交焦虑者的自我与经验的不和谐得分显著高于非社交焦虑者。回归分析发现,自我与经验的不和谐因素是社交焦虑的有效预测变量,对解释男生社交焦虑的贡献达到 52.6%,对解释女生社交焦虑的贡献为 9.1%,说明社交焦虑者较高的

---

① 唐继亮,宣宾,姚本先. 高中生强迫与社交焦虑、完美主义的关系[J]. 中国卫生事业管理,2011(2):143—146.

② 李靖,赵郁金. 上网爱好程度、人际信任与自尊的关系研究[J]. 中国临床心理学杂志,2002,10(3):200—201.

期望水平与个体实际经验之间存在一定的差距。自我冲突与矛盾较多，可能更容易出现不和谐状态，而非社交焦虑者自我各种知觉比较容易趋于一致，因此自我与经验之间较为协调。该研究还探讨了自我灵活性，自我灵活性即个体在人格成长中灵活地依照内生的机体估价过程而不是外在的价值条件应对生活环境的变化，该研究显示，社交焦虑组在自我灵活性上的得分低于非社交焦虑组，也就是说非社交焦虑者自我概念的灵活性程度高于社交焦虑者，社交焦虑者较难灵活地吸取生活的经验以适应环境的变化。自我刻板性预示着自我概念的刻板与僵化，与偏执有着显著相关。该研究表明，男生社交焦虑者比女生社交焦虑者具有显著的刻板性，但男女生在偏执因子上是否存在显著差异有待于进一步探讨。最后，不同年级的大学生的社交焦虑水平不存在显著差异，这可能与现实生活中的低年级大学生更容易因为环境适应、高年级大学生因为职业选择而产生人际问题相符合（林琼芳，2006）。

（7）父母的教养方式

家庭教养方式是影响社交焦虑的重要因素。父母的教养方式对儿童的发展有着重要的影响，与子女的心理健康之间也有着密切的关系。戴文献等对城镇 200 名小学生调查发现，城镇小学生父母养育方式与其社交焦虑之间存在一定相关。父母养育方式越消极，就越容易引起子女的社会交往焦虑。父母的养育方式同子女的社交焦虑具有显著相关。父母如果经常以惩罚为手段，严厉对待孩子，子女往往没有安全感，敏感多疑；过分干涉和保护会使子女没有自信心；长期的拒绝否认均会使子女高度焦虑，自卑敌对。城镇学生的害怕否定评价同父亲的情感温暖、理解以及母亲的情感温暖、理解有相关性；同时，社交回避及害怕与母亲的情感温暖、理解的相关性达到显著水平，这一点和农村小学生有所不同①。

龚务陈、陈旭对 418 名农村留守小学生、179 名非留守学生进行调查发现，留守儿童的社交焦虑与社交自我知觉、看护人的支持温暖呈负相关，与看护人的拒绝惩罚、过分干涉呈正相关，看护人的支持温暖与过分干涉通过社交自我知觉对留守儿童的社交焦虑起部分中介作用（龚务，陈旭，2010）。

---

① 戴文献，张建，吴雪红，等. 城镇小学生父母养育方式与社交焦虑的关系初探[J]. 西部医学，2011，23(10)：2032—2033.

（8）父母和同伴依恋

朱海东等的研究发现青少年母亲依恋、父亲依恋和同伴依恋的九个维度除了父亲沟通维度外，其他维度都与社交焦虑总分及它的三个维度存在着显著的负相关。进一步回归分析发现，母亲疏离、同伴疏离和同伴信任对社交焦虑的预测达到了显著水平，其中同伴疏离的贡献率最大。依恋的各个维度对社交焦虑的各个维度也存在不同程度的预测作用。综合分析表明，母亲依恋、同伴依恋对社交焦虑有直接的预测作用①。

三、国内对交往焦虑的研究

（一）交往焦虑的基本介绍

1. 什么是交往焦虑

交往焦虑是一种常见的慢性焦虑障碍，是当今心理学界的热点问题之一。表现出退缩、回避行为②。

2. 交往焦虑者的具体表现

国内学者认为交往焦虑是指在评估性的交往情境中所产生的焦虑反映，主要表现为：生理上的紧张状态、无法控制局面的慌乱感觉、消极的回避行为、对威胁性刺激高度敏感、避免对焦虑情境作理性思考等几个方面③。

3. 国内对交往焦虑研究中得到的对个体发展的影响和危害

人际交往焦虑是指个体对实际的或想象的人际交往处境的一种不愉快的体验，涉及轻重不等的一系列情绪，是大学生心理困扰之一。国内外大量的实证研究表明：交往焦虑已影响到大学生的心理发展、学业就业、人际关系等方面。交往焦虑如果得不到及时的矫正或改善，可能会发展成严重的社会焦虑障碍。据已有的研究表明，在竞争激烈的现代社会，存在社交焦虑心理问题或障碍会给个人的日常工作生活和社会交往会造成严重的损害，大大降低个人的生活质量。

---

① 朱海东，刘云艳，陈蔚. 中学生依恋情结与社交焦虑的关系研究[J]. 教学与管理（理论版），2010（10）：34—35.

② 熊晓美，左红霞，冯晓敏，等. 本科护生的交往焦虑及其与自尊和人际归因的相关性[J]. 护理学杂志（综合版），2011，26（8）：69—71.

③ 吴俊华，万黎. 贵州教育学院大学生交往焦虑调查研究[J]. 贵州教育学院学报，2009，25（1）：9—11.

国内学者顾璇、姚荣英研究发现，中学生交往焦虑与攻击行为各因子均成显著正相关，也就是说交往焦虑程度越高，说明被试者的攻击性行为倾向越高。交往焦虑是导致或影响中学生攻击行为的主要危险因素，如果进行及时的干预，可以有效地预防和减少中学生攻击行为的发生①。

魏保建等对贫困护生主观幸福感与交往焦虑、自尊的相关性分析得出，贫困护生交往焦虑与主观幸福感存在负相关，即随着交往焦虑水平的增高，其能感受到的主观幸福感越低。良好的社会人际关系可以增加人们的主观幸福感，而劣性的关系则会降低幸福感。当交往出现焦虑表现时，这种负性情绪会影响到主观幸福感，导致幸福感下降②。

（二）如何量化个体的交往焦虑水平

国内对交往焦虑的研究以采取调查量化研究为主，而采用的调查工具以利里于 1983 年编制的《交往焦虑量表》（Interaction Anxiousness Scale，IAS）为主，该量表用于评定独立行为之外的主观交往焦虑体验的倾向，该量表有 15 项自陈条目（11 个条目正向计分，4 个条目反向计分），采用 5 级记分，其总评分从 15（社交焦虑程度最低）到 75（社交焦虑程度最高）。量表的内部一致性良好，Cronbachα 系数超过 0.87（汪向东，王希林，马弘，1999）。

国内学者彭纯子等对 IAS 的信效度进行了检验，对其在中国的适用性进行了考证，并与国外已有研究结果比照。其结果表明交往焦虑量表在中国大学生中的 Cronbaeh α 系数为 0.81，重测系数为 0.78，信度指标良好；与社交苦恼及回避量表的相关为 0.66，与焦虑自评量表的相关为 0.29，正常大学生与住院病人量表得分差异不显著，但两者与社交焦虑大学生的得分差异显著，说明其聚合效度与区分效度良好。验证研究结果说明该量表在中国大学生群体中具有良好的测量学指标，可以作为中国大学生交往焦虑研究的有效工具③。

---

① 顾璇，姚荣英. 交往焦虑与中学生攻击行为的相关性研究[J]. 第三军医大学学报，2011，33（19）：2091—2092.

② 魏保建，郭海滨，谷龙，等. 贫困护生主观幸福感及与交往焦虑和自尊的相关性[J]. 护理学杂志（外科版），2010，25（9）：70—72.

③ 彭纯子，龚耀先，朱熊兆. 交往焦虑量表的信效度及其在中国大学生中的适用性[J]. 中国心理卫生杂志，2004，18（1）：39—41.

（三）国内交往焦虑已有的相关研究

1. 从研究对象来看

查阅关于交往焦虑的研究文献发现，国内主要是对于大学生群体的研究的较多，研究的大学生群体在类型、层次和地区上分布较广。同时，国内对其他群体的研究也不少，如洪春霞等对乙肝病患者这一特殊群体的交往焦虑进行了研究，师凤彩等对中学生群体交往焦虑的研究，王伟等对武警新兵交往焦虑的研究，黄凌云对93名从小在国外生活目前在内地高校就读的华侨大学学生为对象进行了研究，赵建新、王忠付对戒毒人员的交往焦虑进行了研究。

2. 国内交往焦虑的总体情况

熊晓美等对本科护理专业学生164人的交往焦虑状态的研究表明：我国本科护生交往焦虑评分高于美国3所大学1 140名被试者的均值（熊晓美等，2011）；彭纯子等的研究表明，所取样本均数与美国样本均数和标准差基本相当，差异不显著（彭纯子，龚耀先，朱熊兆，2004）；王伟等对981名入伍新兵调查得到的交往焦虑平均分，高于湖南大学生样本的交往焦虑均分，T检验结果表明，二者差异具有非常显著统计学意义①；赵建新、王忠付对正在戒毒人员的交往焦虑水平的调查发现，正在戒毒人员的交往焦虑水平的平均数明显高于普通人群的焦虑平均数，且正在戒毒人员的交往焦虑与普通人群的交往焦虑之间存在显著的差异，正在戒毒人员的交往焦虑程度比普通人群的交往焦虑程度更为分散且更具明显的个体差异性②。

3. 社会人口统计学变量的交往焦虑差异分析

国内学者关于研究学生群体交往焦虑的现状研究，所采用的研究方法是分别对性别、年级、生源地、是否是独生子女、身体是否健康等方面进行的分类分析。

（1）性别方面

熊晓美等对本科护生164人的交往焦虑状态的研究表明：男女本科护生

---

① 王伟，高平青，程楠，等. 武警新兵交往焦虑的相关因素分析［J］. 第四军医大学学报，2006，27（15）：1418—1420.

② 赵建新，王忠付. 正在戒毒人员交往焦虑状况分析研究［J］. 云南师范大学学报（哲学社会科学版），2003，35（3）：35—39.

交往焦虑不存在统计学差异,这与彭纯子等调查的结果基本一致(彭纯子,龚耀先,朱熊兆,2004);而李荣钢调查显示,男大学生的交往焦虑高于女大学生①;熊晓美等认为造成差异的可能原因有:一是被试群体、样本含量、专业不同;二是与当前社会现实状况有关,随时代发展,社会重男轻女的观点逐渐淡漠,男女有同等受教育和就业机会;三是护理专业男生是较激进和敏感的特殊群体,承受的社会压力比护理专业女生大,致使其采取逃避社交来避免家庭、社会压力,而逃避强化其交往焦虑(熊晓美,等,2011)。

(2) 年级方面

熊晓美等对本科护理专业学生 164 人的交往焦虑状态的研究表明:不同年级护生交往焦虑水平存在差异,本科护理专业学生交往焦虑随年级升高而提高(熊晓美等,2011)。李传瑛对大学生人际交往焦虑障碍因素的实证研究表明,学历层次是大学生人际交往焦虑产生的直接相关因素,其分析原因为:一是近些年来我国的高校毕业生不断递增,专科生相对于本科生和研究生的就业压力就要大得多;二是专科生的学历较低,竞争力弱,特别是在就业困难的时候,不少大专生的自信心下降,觉得低人一等,对就业充满焦虑。所以,专科生比本科生更容易产生交往焦虑,或者焦虑程度可能更重一些(李传瑛,2011)。隋楠对内蒙古地区大学生交往焦虑的特点调查发现:不同年级的大学生在交往焦虑上存在着显著差异,并且大学三年级的大学生的交往焦虑明显高于其他年级的大学生②。臧爽对高校中护理专业学生交往焦虑的现状调查发现:护理专业学生的交往焦虑水平较高,本科护理专业学生的交往焦虑水平高于大专生③。顾璇、姚荣英对 2 791 名中学生进行调查发现,不同年级的中学生的交往焦虑得分差异均无统计学意义,也就是说在中学生群体中交往焦虑在年级上是没有差异的(顾璇,姚荣英,2011)。

(3) 生源地方面

安庆云、石向实的研究结果表明,城市的新生人际交往情感焦虑比来自乡镇的新生要少。高职的大部分学生来自于乡镇,由于经济状况以及地域的差异,存在着较高的人际交往焦虑,与金艳等人的研究极为相似。这可能与

---

① 李荣刚. 大学生社交焦虑的现状及其心理干预研究［D］. 苏州:苏州大学,2009.

② 隋楠. 内蒙古地区大学生应付方式与交往焦虑的研究[J]. 文学界(理论版),2011 (3):281—282.

③ 臧爽. 不同层次护生社会交往焦虑的调查分析[J]. 中国误诊学杂志,2010,10(14):3516—3516.

来自城市的新生的父母受教育程度有关,受教育程度导致经济收入的差异。身处城市的学生,父母思想比较开明,从小就有机会接触新人新物,因此在与人相处方面经验比来自乡镇的学生要多,所以,在人际交往焦虑中困惑就比较少。总体来说,来自城市的新生人际情感较好,来自乡镇的新生在人际交往中与他人生活交往、心理沟通较少,寝室人际冲突相对较多。性别和地域在人际情感上存在着交互作用,来自乡镇的女生人际情感困惑最多。地域经济状况、人际交往和人际情感这两个因子都存在着交互作用,来自城市经济较好家庭的新生在人际交往中表现得比较热情、大方,善于与人沟通,因此寝室人际关系问题最少。此外,人际交往焦虑的两个因子与人际交往和谐度三个因子都存在着负相关关系,人际交往焦虑一定程度上影响着寝室人际关系的和谐性①。马长征、李志刚对399名医学生进行测量其结果为:不同生源地大学生人际信任度和交往焦虑程度的比较差异具有统计学意义,交往焦虑水平从低到高依次为城市、乡镇和农村,来自农村的大学生交往焦虑水平最高②。

(4)是否是独生子女

李传瑛对大学生人际交往焦虑障碍因素的实证研究表明,是否是独生子女对大学生交往焦虑的产生有直接的影响,是否是独生子女与其在家庭中有受父母关注程度有较大差距,非独生子女尤其是排在中间的子女,得到父母的关注和爱护比老大或老幺可能更少一些,人际关系也更复杂些,这类人比较容易产生焦虑感,这种焦虑感有时会延伸到他们的社会交往中,而独生子女由于没有比较的对象,父母的喜爱和认同也不会分散,这样使他们在人际交往中可能自我感觉更加良好,他们在人际交往关系中存在较少的焦虑状态。因此,是否是独生子女对大学生交往焦虑水平的影响显著(李传瑛,2011)。马长征、李志刚的研究也得到独生子女的交往焦虑水平低于非独生子女的结论(马长征,李志刚,2009)。

(5)是否身体健康

---

① 安庆云,石向实. 高职新生寝室人际交往焦虑实证研究[J]. 四川教育学院学报,2010,26(1):51—53.

② 马长征,李志刚. 医学生人际信任,交往焦虑调查及其相关性分析[J]. 蚌埠医学院学报,2009,34(10):935—937.

国外有研究发现患有丙型病毒性肝炎的病人同样存在明显的病耻感和交往焦虑，且和病人抑郁病症相关，同时乙型慢性肝炎病人生命质量下降及抑郁、焦虑情绪可能和病人负性认知有关。洪春霞等对慢性肝炎患者病耻感及其对交往焦虑、一般自我效能感的影响的研究发现：慢性肝炎病人存在明显病耻感，并可能是造成病人一般自我效能感下降，交往焦虑程度增加的因素①。

4. 交往焦虑的影响因素

（1）自尊、人际归因与自我和谐

魏保建等对贫困护理专业学生主观幸福感与交往焦虑、自尊的相关性分析得出，交往焦虑与自尊呈显著负相关关系（魏保建，等，2010）；熊晓美研究表明，本科护生自尊与其交往焦虑呈显著负相关，即本科护理专业学生自尊水平越低，其交往焦虑程度越重。提示自尊是影响护理专业学生交往焦虑的因素之一，自尊是个体人际关系的内在反应，是对长期、稳定的人际关系的内在监控机制。高自尊的护理专业学生较多体验积极情绪，较少遭遇消极情绪。低自尊者在人际交往情境中持较低评价和消极的情感体验，自我接纳程度低，缺乏自信，具有自我贬抑的性质，内心承受较大压力，选择自我保护策略或逃避现实，遭受消极自我反馈的情境，久而久之会导致交往焦虑。人际交往能力、背景及运气归因与交往焦虑呈显著正相关关系。将人际关系的成败归因于自身能力、外界不可控的背景和运气者，其交往焦虑程度较高（熊晓美，等，2011）。李明等研究结果表明，大学生交往焦虑和自我和谐之间存在相关关系②。

（2）性格

王伟等研究发现，交往焦虑与神经质和内外向人格特征维度的相关程度最高。性格越内向、应对方式越消极，交往焦虑程度越高；而情绪越稳定、自尊程度越高、应对方式越积极、社会支持越多，交往焦虑程度越低（王伟，等，2006）；那些内向、敏感、追求完美、性格急躁的大学生，他们在人际交往中更

---

① 洪春霞，魏钦令，程敏锋，等. 慢性肝炎患者病耻感及其对交往焦虑、一般自我效能感的影响[J]. 中华行为医学与脑科学杂志，2011，20(9)：809—811.

② 李明，何雪娟，尚文晶，等. 承德市高校大学生人际信任、自我和谐与交往焦虑的相关研究[J]. 承德石油高等专科学校学报，2011，13(1)：85—87.

容易产生焦虑感与挫败感。内向的人不善言谈，自我调节能力较弱；敏感多疑，冲动急躁；过于追求完美，不能正确对待和评价自己，这些性格特点常常使他们不能很好地获得和谐的人际关系，在人际交往中多表现为焦虑状态。张翔、王旭峰的研究证明：对于大学生的交往焦虑程度，内外向却是重要影响因素，外向的大学生交往焦虑明显低于内向大学生①。金艳等对高职新生的研究发现，交往焦虑与个性神经质程度有显著的相关关系，并认为这符合艾森克的观点。焦虑是一种条件性恐惧性反应，它与神经质有许多相似之处，一般情绪不稳定的人表现为高焦虑。新生刚进入大学会感到一切都不适应，情绪起伏大，当他们面临一个全新而独立的人际关系环境而有点不知所措，但又没有很好的方法去缓解这种不适应引起的焦虑②。

（3）自信心

金艳等对高职新生的研究发现，新生的交往焦虑与自信心存在着明显的相关性。在人际交往中对自己评价高，交往焦虑水平低，而对自己缺乏自信的学生，交往焦虑水平高，交往焦虑得分高的人，在人际交往之前或之中，有较强烈的焦虑和较少的自信心，在交往中更关心别人怎样看待他们，在谈话中感受到更多的拘束感，并且这些得分偏高者显得更紧张和更没有信心（金艳，唐日新，刘富良，汤舒俊，2005）。

（4）学业成绩的好坏

金艳等研究发现，学业成绩的好坏也是影响人际交往的一个重要的因素。众所周知，学业成绩好的同学更受人欢迎，在人际交往中焦虑就很少，反之，交往焦虑就高（金艳，唐日新，刘富良，汤舒俊，2005）。

（5）自我接纳与完美主义人格特质

自我接纳是在自我评价基础上形成的一种自我态度，是自尊心理的最基本、最核心的特征③。刘敏等对高职生的研究表明自我接纳与交往焦虑呈显著负相关关系，即自我接纳越高，交往焦虑就越低。自我接纳在完美主义与

---

① 张翔，王旭峰．当代大学生人际信任与交往焦虑因素分析——以南昌地区为个案调查中心[J]．江西师范大学学报（哲学社会科学版），2004，36（4）：87—92.

② 金艳，唐日新，刘富良，等．高职新生交往焦虑的调查研究[J]．中国健康心理学杂志，2005，13（3）：235—237.

③ 丛中，王长虹．临床心理治疗学[M]．北京：人民军医出版社，2001.

交往焦虑间具有完全中介作用，即高职大学生的完美主义人格特质首先影响了他们的自我接纳程度，然后才影响了交往焦虑情绪的产生。具体来说，具有适应不良完美主义的高职大学生由于害怕犯错误、对自己的过失及他人（包括父母）对自己的评价高度敏感，或行动上常犹豫不决、患得患失，或个人标准过高，或父母对自己的期望度远远超出了自己的能力，或做事无计划无条理，那么长此以往，会严重扭曲个体的自我认知和评价，降低个体的自我接纳水平，阻碍个体的心理发展成熟度。而较低的自我接纳水平使得高职大学生比较敏感，在社会交往中，更加在意他人的评价，经常为能否得到他人的承认和接纳而担心，特别是在社交刚开始的时候表现为紧张、不安，尤以在与刚认识不久、不太熟悉的人交往时为甚，从而表现出较高的社会交往焦虑①。

完美主义是力求尽善尽美的人格特质，臧爽对中国医科大学一年级共110名护理专业本科女生的调查结果表明，护理专业新生消极完美主义量表的各维度与交往焦虑量表的各维度具有显著的相关性。可见，过度地追求完美，害怕不完美，对缺点和错误产生焦虑和恐慌便是消极完美主义的表现。护理专业新生的消极完美主义思想与交往焦虑程度具有相关性。消极完美主义者做事犹豫不决、谨小慎微、过分拘泥于完美的做法常常引发别人对自己的不良评价。因此具有消极完美主义倾向的个体不利于顺利地进行人际沟通，长久下去，这种不良的交往体验便会让他们在与他人交往的行为和事件中产生紧张、焦虑和恐惧的感觉。交往焦虑和人际关系紧张又会加重学生的交往自卑感，否定自身的能力，进而失去与人交往的勇气。大学新生能否与他人建立良好的人际交往，是衡量他们心理是否健康的重要方面（臧爽，2010）。

（6）人际信任

人际信任是影响交往焦虑的重要因素之一。张翔、王旭峰对当代大学生人际信任与交往焦虑因素分析得出，当代大学生的人际信任程度与交往焦虑情况虽无明显的因果关系，但是人际信任程度却是影响交往焦虑的重要因素之一。在人际交往中对他人信任程度高的大学生的交往焦虑水平低，而对他

---

① 刘敏，庄伟，曹晖，等．高职大学生完美主义与自我接纳、交往焦虑的关系［J］．安徽职业技术学院学报，2009，8（4）：55—57．

人信任程度低的大学生的交往焦虑水平高。对于后者来说，由于他们对他人的不信任而在人际交往中产生对他人的猜疑、敏感、过强的自我防卫心理，伴随而来的就是更多的焦虑（张翔，王旭峰，2004）。马长征、李志刚对399名医学生进行测量的结果为医学生的人际信任水平与交往焦虑状况呈显著负相关关系，人际信任水平越高，其交往焦虑越低；反之，人际信任水平越低，其交往焦虑越高（马长征，李志刚，2009）。

（7）应对方式

隋楠对内蒙古地区大学生交往焦虑的特点调查发现：大学生的交往焦虑与大学生的应付方式有密切的关系。大学生的交往焦虑与应付方式存在着较大的相关关系，高交往焦虑的大学生倾向于运用消极的应付方式，低交往焦虑的大学生倾向于使用积极的应付方式，自责对交往焦虑有较强的干预能力。

高交往焦虑的大学生在面对困境时，常常选择自责、逃避等消极的应付方式，不善于运用积极的应付方式，而低焦虑的个体则与之相反。一定程度的焦虑有助于个体顺利地解决问题。在人际交往方面，他们比高交往焦虑的个体能更好地与人相处，在交往中所面临的问题较少。即使有，也会被轻松地解决，这就导致他们倾向于选择求助、合理化等积极的应付因子来解决问题。

应付方式的解决问题因子与低交往焦虑呈正相关，与高交往焦虑呈负相关。应付方式的自责因子对交往焦虑有较强的预测能力，解决问题是最理想的应付方式。自责是一种倾向于把问题归咎于自我的负性情感，自责的个体常自我贬低，产生负罪感。除了承受外在客观事件的压力外，常常还要饱尝较大的内在心理压力，因此可能导致交往焦虑水平较高（隋楠，2011）。

（8）家庭环境与父母教养方式

国外有研究发现，父母的教养方式、家庭成员之间的关系是影响学生心理健康的重要因素，父母的社会地位、家庭条件的好坏等都会影响大学生在成长过程中的气质性格和心理特点的形成。学校教育方式对大学生的人际交往方式也有较大影响，学校的学风与校风、就业率和就业质量，老师的教育教学质量、师生的思想道德与行为方式等都对他们的心理素质形成有着直接深远的影响。

师凤彩等对485名初中生的研究发现,家庭成员的亲密性、独立性、知识性与惧怕否定量表、交往焦虑量表评分呈负相关关系,说明家庭成员之间互相理解,善于表达自己的内心体验,有一定的独立性及具有丰富的知识对于青少年心理健康的重要性,特别是对于女学生;而不良家庭环境因素中的矛盾性、控制性则引起初中男学生社交中存在较多的惧怕否定、交往焦虑。[①]。

许冬等的研究表明父母不当的教养方式容易导致子女焦虑[②]。父母的情感温暖、理解可降低子女的交往焦虑水平。由于父母的情感温暖与理解,使子女感受到父母的关心、尊重与信任,产生一种心理的归属感和安全感。他们也会带着同样的自信、信任与安全感走入社会,积极地与他人相处。父亲的拒绝和否认与交往焦虑呈显著正相关关系,经常性的拒绝和否认可使孩子形成较差的自我概念,严重影响孩子的自信心,久而久之就会形成自卑心理,在人际关系方面则表现为较高的交往焦虑和不自信[③]。母亲的过度干涉、过度保护与孩子的交往焦虑也呈显著正相关,对子女的过分干涉和保护就剥夺了子女独立面对和解决问题、锻炼意志的机会。如果子女总是在父母的过度保护下生活,独立意识就会减弱,缺乏独立生活的能力,易引发交往焦虑,难与他人形成良好的人际关系。父亲可能更多以"拒绝和否认"来影响子女,担当着"严父"的角色。而母亲则更多地以保护的方式来影响子女,可谓之"慈母"。可是,过多的否认和保护则可能造成子女的不自信与不独立,影响他们在人际交往中的焦虑程度,这也是父母应该注意的一点。但总体来说,父母在子女的成长中各有不同的作用,不能替代[④]。

王文娟等对346名医学新生进行调查,其结果表明,医学新生交往焦虑与父母情感温暖与理解有显著的负相关,与母亲的过度干涉、过度保护,母亲的"拒绝否认",母亲的偏爱有明显的正相关,再次验证了大学生交往焦虑与

---

① 师凤彩,姚丰菊,王清泉. 不同性别初中生家庭环境与交往焦虑、惧怕否定的关系[J]. 职业与健康,2011,27(8):898—899.

② 许冬. 父母教养方式与子女焦虑水平的相关因素分析[J]. 中国心理卫生杂志,2002,16(9):631—632.

③ 蒋立杰,王欣. 大学生自我概念与父母教养方式的研究 [J]. 中国心理卫生杂志,2001,3:442—444.

④ 张秀芳,张淑娟,张顺,等. 大学生的交往焦虑与父母教养方式的相关性研究[J]. 中国健康心理学杂志,2010 (4):481—482.

父母情感温暖与理解有显著的负相关。

社交焦虑一般是预期性的，即在人际交往之前，自我内心就出现了对他人能否接纳自己的担心，因而在社交交往中表现为紧张、恐惧和不安，尤其在与权威人物交往时为甚。大学阶段之前父母是子女心中的权威人物，父母的过度干涉、过度保护，母亲的拒绝否认，母亲的溺爱等消极的教养方式，都会削弱子女的发展潜力，让子女形成自我评价较低的心理趋势，不利于子女的成长与发展。进入大学校园，到了一个陌生的环境，子女会因各方面能力不足而缺乏自信，自卑、自我接纳程度低，在与别人相处容易出现交往焦虑。研究分析还得到，父亲的情感温暖与理解能缓解子女的交往焦虑水平，而父亲的过度保护是子女在人际交往中出现焦虑的危险因素①。

(9) 社会支持

社会支持指一个人通过社会联系所获得的能减轻心理反应、缓解精神紧张状态、提高社会适应能力的积极影响。心理学认为，焦虑是指个体预料会有某种不良后果产生或模糊的威胁出现而难以应付时，由紧张、忧虑、烦恼等感受交织而成的复杂的情绪状态。交往焦虑是指在交往情境中所产生的焦虑反映。交往焦虑是一种在人际交往中常见的慢性焦虑障碍。因此个体所能获得的社会支持对其交往焦虑的影响是不容忽视的。

赵丹娣的研究表明，客观支持和对支持的利用度上女生普遍高于男生，大二学生社会支持与交往焦虑之间有着中等程度的负相关关系，二者具有统计学上的显著性，即社会支持程度越低的大学生越存在较高程度的交往焦虑。因而要扩大大学生的社会支持网络，提高其对社会支持的利用度，进而缓解交往焦虑的程度，使其身心得到健康发展②。

谢威士、阮越对 892 名大学生进行调查，对得到的数据进行回归分析结果表明，家庭外支持和自我效能感对社交焦虑的负向预测作用显著，说明家庭外支持对减轻大学生交往焦虑有一定的预测作用；提高大学生的自我效能感可以有效地减轻交往焦虑程度。他们还通过分析验证了自我效能感在家庭外支持与交往焦虑之间起着完全的中介作用。由此可见，提高大学生对家

---

① 王文娟，朱琳，许华山. 医学新生父母教养方式与交往焦虑的调查与分析[J]. 实用全科医学，2008，6(5)：511—512.

② 赵丹娣. 大学生的社会支持与交往焦虑的研究[J]. 科教文汇，2007 (11Z)：44.

庭外支持的主观感知能力和自我效能感水平，将有利于减缓其交往焦虑情绪①。

（四）国内关于改善个体交往焦虑的对策探讨

1. 团体辅导

李英等对大学生92人进行团体心理辅导，调查发现有27.2%的大学生被试处于高交往焦虑，接受团体心理辅导之后，被试实验组在交往焦虑上的得分较之对照组均有显著下降，说明团体心理辅导比心理卫生讲座更能有效地降低大学生交往焦虑②。

2. 以团体心理辅导进行自我成长探索训练

王欣等对28名大学生进行14周（每周2小时）的有关"自我成长探索训练"和"人际技能训练"研究。通过定性和定量的方法对活动进行评估，和训练后的主观评价发现，团体成员比以前更积极主动了，100%的同学认为，通过训练对自己的成长有积极的帮助，其中25%的同学认为对自己的成长"非常有帮助"。客观评价，一是在训练组与未训练组之间进行比较，经过14周的训练后，训练组在自我和谐、抑郁、容纳他人、人际交往焦虑的得分较训练前有明显的改变；二是将训练组与未训练组进行组内比较，训练组在经过14周的训练后，其组员在人际交往焦虑和抑郁方面得到明显的改善③。

---

① 谢威士，阮越．自我效能感在家庭外支持与交往焦虑间的中介作用[J]．大理学院学报（综合版），2010（3）：67—70.

② 李英，刘爱书，张守臣．团体心理辅导对大学生人际交往焦虑的影响[J]．中国健康心理学杂志，2005，13（4）：252—256.

③ 王欣，安莉娟，邢斌，等．在自我成长的探索中改善大学生交往焦虑的实验初探[J]．国际中华应用心理学杂志，2004，1（1）：35—37.

第三章
大学生面众恐惧调查量表的研制

第一节　大学生面众交流恐惧量表的初步探索

一、问题提出

目前国外已经公开发表的交流恐惧研究侧重于测量交流恐惧的工具阐述,这些测量工具以交流恐惧自评量表(PRCA-24)(McCroskey,1982)和演说者信心自评量表(PRCS)(Paul,1966)为主要代表。保罗(Paul,1966)把PRCS称为"人际交流焦虑"的测量,该量表通常是对"演讲焦虑"或"听众焦虑"的测量。如果是测量人际交流恐惧,则以使用PRCA-24更为适合。PRCA-24主要是测查人在小组讨论、会议讨论、演讲和两人间交流时的交流恐惧(汪向东,王希林,马弘,1999)。许燕(2008)以德州学院208名大学生为被试对象,检验了交流恐惧量表(PRCA-24)在中国大学生中使用的信效度。研究结果,表明该量表具有良好的信效度。但是,正如其文所说,由于样本范围小,样本人数偏少,量表的进一步推广还有待验证。

目前国内外有关社交焦虑或交流恐惧的量表有:害怕负性评价量表(FNE)、社交回避及苦恼量表(SADS)、社交焦虑量表(SAS)、社交恐怖与焦虑量表(SPAI)等等。国内使用的社交恐惧量表主要是直接翻译引用或者修订国外量表,如叶冬梅、钱铭怡等(2007)翻译并修订了社会交往焦虑量表(SIAS)和社交恐惧量表(SPS)。有的研究者还编制了本土化的社交恐惧量表,如阳雅的社交焦虑自评量表①。

---

① 阳雅.社交焦虑自评量表的编制[D].广州:暨南大学,2003.

上述社交恐惧量表可分为两类：一是单一形式的评定量表，只评定主观体验；另一种是综合表现形式的评定量表，旨在同时评定恐惧的几种表现，如主观体验和行为表现，以期更能准确测量社交恐惧或焦虑的程度。尽管如此，这些量表诊断仍然局限于对恐惧或焦虑反应的单纯评定。从认知—行为理论来看，个体从体验到社交恐惧或焦虑，到出现相应害怕、担心和回避行为，相当于S—R反应，并没有考虑到中间变量，即S—O—R。因此，上述量表缺乏对个体的自我积极调节的考察，即个体自信。阿斯特拉(Astra)和辛格(singg,2000)指出自尊水平高的个体在人际交往过程中比较主动、自信。谭先明认为，自尊水平在大学生人际交往中起着重要作用，与低自尊者相比，高自尊者更相信通过能力和努力可以在人际交往中把握主动权①。据此，我们认为对社交恐惧或焦虑的完整评定不能仅限于对反应的评定，还应考虑将恐惧反应和根本原因整合起来进行评定。而钱铭怡(2005)编制的大学生社交焦虑量表中的三个维度分别为社交敏感、紧张焦虑和社交自信，将评定焦虑反应和焦虑原因结合为一起，对社交恐惧进行考察。

鉴于上述文献综述，我们认为交流恐惧量表还可进一步拓展：第一，社交焦虑存在着跨文化差异的现象②。目前国内尚未发现具有中国特色的本土化的、公开发表的专门测量大学生交流恐惧的量表，大学生具有自己的生活、学习环境，在特殊的环境中表现出来的交流应对能力与富有社会经验的成人交流能力是有差别的。

第二，上述交流恐惧量表所包括的条目中还未考虑测量大学生在讲台上讲课、发言时的焦虑或恐惧。随着教学方式的改革，让学生走上讲台说课、讲课已经是大学教师常用的教学方法。此外，社会各界学术交流活动的开放化，让越来越多的学生渴望参与这些学术交流活动使自己的才华得以展现。上台讲课、发言不仅是语言表达能力、知识运用能力和演说能力等多种综合能力相结合的体现，也是大学生与他人进行学术交流获得知识的一种重要交

---

① 谭先明，王玉昕.大学生人际归因及其相关因素的研究[J].中国临床康复，2004，8(12)：2220—2221.

② 钟杰，李波.自尊在大学生人格，羞耻感与心理健康关系模型中的作用研究[J].中国临床心理学杂志，2002，10(4)：241—245.

流方式。但在事实上,大学生渴望与人交流或上台发言时,常会因为害怕、紧张而表现不佳。

第三,PRCA-24 和 PRCS 属于以交流恐惧反应来评定症状的量表,评定方式有待拓展。

因此,在已有研究基础上,在积极心理学的理念指导之下,从将恐惧反应和根本原因相结合的思考出发,结合大学生实际生活、学习环境,编制适合测量大学生的交流恐惧量表对客观、科学地评估大学生的交流障碍,促进大学生的心理健康素质,提升他们的人际交往能力具有深远重大意义。

根据大学生交流的现实情景和参考 DSM-IV,CCMD-3 中对社交恐惧的定义,本研究将大学生面众交流恐惧界定为大学生在特定的社交情景中(如在讲台上讲课、当众演讲,在小组讨论中发言等)面对听众、观众进行陈述性发言或与他人交际性交流时,个体缺乏交流自信而表现出以一种持续的担心、紧张、害怕、焦虑为基本特征的情绪反应状态,并伴随有回避、逃避与他人交流的行为表现。

二、研究方法

(一) 被试

样本 1:在贵州师范大学、贵州财经学院以整群抽样的方式进行,以班级为单位,从大一到大四抽取 400 名大学生进行施测,收回有效问卷 349 份(男生 191 份,女生 158 份),用于探索性因素分析。

样本 2:在云南师范大学、贵州师范大学、西南大学以整群抽样方式进行,以班级为单位,从大一到大四抽取 760 名大学生进行施测,收回有效问卷 619 份,将问卷按奇、偶分半,奇数用于验证性因素分析,偶数用于交互效度检验。其中男生 252 人(占 40.7%),女生 367 人(占 59.3%);理科 350 人(占 43.5%),文科 269 人(占 56.5%)。

样本 3:3 个星期后,从样本 2 中随机抽取贵州师范大学 100 名大学生进行重测。

(二) 问卷项目收集

本研究所研制的大学生面众交流恐惧量表除了参考国外相关焦虑量表

外,主要是根据大学生实际情况来自编题项,量表的编制经过以下几个步骤:

1. 文献分析。对社交焦虑相关文献及已发表量表进行分析,收集描述恐惧的躯体反应、主观体验、行为表现的形容词和涉及交流恐惧的相关条目。

2. 访谈和开放式问卷调查。在贵州师范大学、贵州财经学院和贵州大学进行大学生访谈工作与开放式问卷调查,回收有效问卷200份。

3. 项目编制计划。由于本研究中的量表涉及的上台恐惧条目是国内外恐惧量表中所没有的,因此,重新对交流恐惧进行操作性定义。结合对大学生访谈、开放式问卷调查和已有社交恐惧量表的结构维度,拟定项目双向表,编制53个项目。

4. 初测量表的审定。请3位心理学教授,5位心理学研究生及一名临床心理学医生对初步编妥的量表内容进行评定,以确保项目措辞准确,意思表达明确,使量表具有良好内容效度。

5. 预研究。预测对象是贵州师范大学和贵州财经学院大学生,共400名,回收有效问卷349份。对预测量表进行项目分析和因素分析,初步剔除无效项目29条,剩余24个项目进行正式施测。量表使用5点量表计分,分别从完全不符合到完全符合,为了保证被试作答的真实性,量表项目编制中随机安排2道测谎题。

(三)统计方法

用SPSS16.0对数据进行探索性因素分析,采用AMOS7.0对数据进行验证性分析和交互效度检验。

三、结果

(一)大学生面众交流恐惧量表的效度

1. 量表内容结构的探索性因素分析结果

用样本1数据对53个条目进行项目分析,然后用SPSS16.0对数据进行斜交旋转分析,根据分析结果删除一个因素上少于2个题项的条目、因素负荷小于0.40的条目、具有双重负荷的条目和意思不属于该因子的条目。最后,抽取3个因素,保留24个条目,结果如表3-1所示。

表 3-1 大学生面众交流恐惧的探索性因素分析结果

题项	因素负荷		
	因素 1	因素 2	因素 3
当我面对大家发言的时候,我能感觉到心跳加快	0.811		
就要开始演讲时,我发抖出汗	0.706		
在讲台上试讲的时候,我会感觉到身体的某些部位在发抖	0.674		
在讲台上讲课时,我感觉双腿发软	0.651		
在演讲准备时,我一直处于焦虑状态	0.638		
在会议上发言,我感到手脚颤抖,头脑一片空白	0.459		
我一想到在讲台上讲课或发言就感到恐惧	0.457		
我老是害怕忘记我要讲的内容	0.432		
我与同学们交流时,担心不能用语言准确地表达自己的想法		0.653	
我在参加小组讨论时感到紧张不安		0.649	
小组讨论时我经常感觉自己的思维混乱		0.628	
我在与同学、老师们的交流方面相当差劲		0.551	
我与老师或领导交谈时,眼光不能直视他们		0.518	
我因害怕与院系领导、教师交流而回避他们		0.516	
我害怕在很多人面前表达自己的意见		0.464	
我与陌生人交流时,会无缘无故感觉紧张		0.445	
我会为别人对我的评价感到紧张		0.429	
演讲的时候我会将眼光看着公众,并给以微笑			0.694
我在讲台上讲课或发言时很平静,放松			0.665
与异性交谈我通常感到轻松			0.583
我对自己的讲课能力很自信			0.560
站在讲台上的我能镇定自如地面对同学们的提问			0.556
在会上发言时,我非常放松			0.505
小组讨论时,我会自信地表达自己的观点			0.457
特征值	7.284	1.465	1.375
解释变异量(45.015%)	31.667	7.368	5.980

从表 3-1 可以得到,3 个因子的解释变异量达到 45.015%,钱铭怡编制的大学生社交焦虑量表的 3 因子解释变异量达 41.4%。根据因子分析结果,因子 1 上的项目可根据意思命名为上台恐惧;因子 2 上同时具有小组交流恐惧条目和社交交流恐惧条目,是否能将这两个内容的条目放在一起还有待于正式施测后的数据分析验证;因子 3 可命名为交流自信。

2. 正式量表的结构效度

用第一次施测修改后所形成的正式量表进行第二次施测。获 619 份有效问卷,按照问卷编码的奇、偶顺序将问卷分为 A、B 两个部分;对 A 部分数据进行验证分析;用 B 部分的数据作交互效度验证。

结构方程(Structural Equation Modeling,SEM)是将构想的模型与样本矩阵的拟合程度进行检验,如果构想的模型能拟合数据则表明模型成立。模型和数据的拟合程度通常用拟合指标来加以判断,常用拟合指标 χ^2、GFI、AGFI、CFI、NFI、NNFI、RESM,一般认为如果 RESM 在 0.08 以下,GFI、AGFI、CFI、NFI、NNFI 在 0.90 以上,所拟合的模型是个好模型①。SEM 同时可允许多个竞争模型进行比较。根据本研究面众交流恐惧的不同内涵对探索性因素分析保留的 24 个条目提出 5 种不同的模型组合。对 5 个模型进行验证分析时,发现在不同模型中,由于条目组合不同,各观察变量的负荷都会有所变化,删除负荷低于 0.50 的项目,最终剩余 20 个条目,再观察其整体拟合值。所有模型经过相同分析后的拟合指标如表 3-2 所示。

表 3-2 大学生面众交流恐惧的验证性分析结果比较

模型	CMIN/DF	RMSEA	GFI	IFI	NNFI	CFI	PNFI
模型 1	2.118	0.060	0.886	0.894	0.881	0.893	0.735
模型 2	1.984	0.057	0.894	0.907	0.895	0.906	0.743
模型 3	2.027	0.058	0.893	0.904	0.891	0.903	0.736
模型 4	1.745	0.049	0.910	0.931	0.921	0.930	0.754
模型 5	1.618	0.045	0.922	0.947	0.938	0.946	0.753

从表 3-2 中可以看出,模型 5 的整体指标优于其他模型。由于模型 5 的因子间关系较强,意味着因子间存在有共同的潜在因素,故考虑作二阶因子

① 侯杰泰,温忠麟,成子娟.结构方程模型及其应用[M].北京:教育科学出版社,2004.

模型,结果如图 3-1 所示,二阶因子到一阶因子的路径系数都很高,说明 4 个因子受到一个共同的交流恐惧因素的影响。

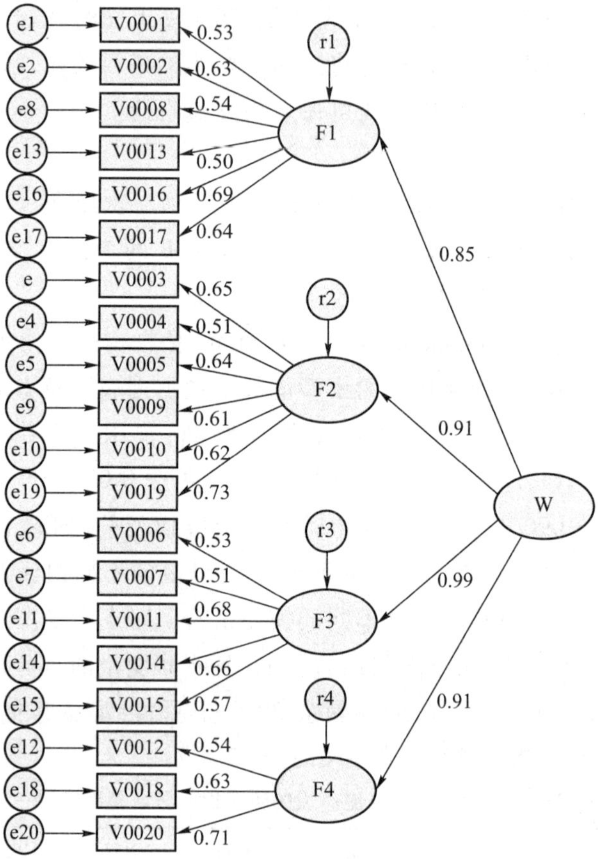

注：W交流恐惧；F1交流自信；F2上台恐惧；F3小组交流恐惧；F4社交交流恐惧

图 3-1　大学生面众交流恐惧四因素二阶模型完全标准化解

根据模型 5,分析不同因素的组成项目的含义,各因素上的项目均能按理论很好地归类,因此,将验证性分析结果的 4 因素分别命名为:(1) 上台恐惧。共 6 条,主要是测查讲课、演讲、讲台发言等情景下的交流恐惧。(2) 交流自信。共 6 条,由一组个体面对人们进行交流时表达出自信、积极反应的题目构成,主要测查个体在社交、小组讨论和上台等情景下,积极应付交流恐惧的能力感受。(3) 小组交流恐惧。共 5 条,主要是测查在小组、会议讨论、发言时的交流恐惧。(4) 社交交流恐惧。共 3 条,主要测查与他人的人际交流(见图 3-1)。

3. 正式量表的交互效度

将验证性分析所得模型用另一样本进行验证,如果该模型能适合于不同的样本,证明该模型具有良好的交互效度。用样本 2 的 B 部分的数据,以文理科分组,设定因素载荷相等、协方差相等和残差相等 3 个模型,作交互效度验证分析。以模型间各项拟合指标的卡方值检验是否显著来判断模型间是否恒等。各模型的拟合指标输出结果见表 3-3 所示。

表 3-3 模型拟合值摘要表 CMIN、GFI、IFI、TLI 等

模型	CMIN	DF	P	RMSEA	IFI Delta2	TLI rho2	CFI
未限制模型	489.652	332	0.000	0.039	0.918	0.903	0.916
测量因素模型	512.337	348	0.000	0.039	0.914	0.904	0.912
结构协方差模型	514.499	352	0.000	0.039	0.914	0.906	0.913
测量残差模型	532.898	376	0.000	0.037	0.916	0.915	0.916
饱和模型	0.000	0		0.126	1.000		1.000
独立模型	2247.893	380	0.000		0.000	0.000	0.000

表 3-3 列出了各模型的卡方值比较,模型间的卡方值显著,由于卡方值受样本影响,因此,模型是否适配还需要参考其他指标①,如 RMSEA,GFI,TLI(NNFI),CFI,IFI 等。整体而言,除卡方值、GFI(<0.90)未达到模型适配标准外,其余统计值 TLI(NNFI),CFI,IFI 均大于 0.90,RMSEA 小于 0.05,表示假设的模型与观察数据是适配的,模型测量恒等性是可以接受的。

表 3-4 嵌套模型比较 假定未限制模型是正确的

模型	DF	CMIN	P	NFI Delta-1	IFI Delta-2	RFI rho-1	TLI rho2
测量因素模型	16	22.685	0.122	0.010	0.012	0.000	-0.001
结构协方差模型	20	24.846	0.207	0.011	0.013	-0.002	-0.003
测量残差模型	44	43.246	0.504	0.019	0.023	-0.010	-0.012

① 吴明隆.结构方程模型:AMOS 的操作与应用[M].重庆:重庆大学出版社,2010.

表 3-5 假定测量因素模型是正确的

模型	DF	CMIN	p	NFI Delta-1	IFI Delta-2	RFI rho-1	TLI rho2
结构协方差模型	4	2.161	0.706	0.001	0.001	-0.002	-0.002
测量残差模型	28	20.561	0.843	0.009	0.011	-0.009	-0.011

表 3-6 假定结构协方差模型是正确的

模型	DF	CMIN	p	NFI Delta-1	IFI Delta-2	RFI rho-1	TLI rho2
测量残差模型	24	18.399	0.783	0.008	0.010	-0.007	-0.009

表 3-4、表 3-5 和表 3-6 是嵌套模型比较。从 3 个表中的结果可以看出，无论哪种设定模型为正确的，模型间的卡方值差异均大于 0.05（$p>0.05$，差异不显著），模型测量恒等性可接受，模型因素效度稳定。以测量因素模型为例，假定测量因素模型为正确模型，结构协方差模型增加的卡方值等于 2.161，$p=0.706>0.05$，差异不显著，两个模型可以视为等同模型。同理，测量残差模型增加的卡方值等于 20.561，$p=0.843>0.05$，差异不显著，两个模型可以视为等同模型。若测量因素模型具有跨组效度，则结构协方差模型与测量残差模型也具有跨群组效度。

（二）面众交流恐惧量表的信度

用克隆巴哈 α 系数对量表进行内部一致性信度检验，结果如表 3-7 所示。

表 3-7 量表各维度及总量表的内部一致性信度

因素	交流自信	上台恐惧	小组交流恐惧	社交交流恐惧	总量表
α 系数	0.757	0.767	0.726	0.652	0.903

从表 3-7 可以得到，大学生面众交流恐惧量表的各维度的内部一致性系数除第 4 个维度为 0.652，其他维度的信度都在 0.70 以上，总量表系数达 0.903。对样本 2 中随机抽取 100 名大学生隔 3 周后重测，总体量表的重测信度为 0.88。

四、分析与讨论

（一）大学生面众交流恐惧量表维度说明

正如麦克罗斯基所说，PRCA-24 并没有涵盖所有能描述出的交流情景，比如面试情景、上级领导与下属之间交流情景、不同文化冲突的交流情景等，但是它包括了一般常见的交流情景，其量表项目具有代表性（McCroskey，Beatty，Kearney，and Plax，1985）。这和本研究调查结果之间既有些相同之处又有不同之处。相同之处在于两个量表测量交流情景都涉及社交交流情景、小组交流情景。不同之处在于：（1）本研究主要是研制大学生面众交流恐惧量表，因此调查对象为在校大学生，在调查大学生最重要的、最一般的实际交流情景中，报告的交流情景分别有日常社交交流、上台讲课或发言、小组会议发言。在 PRCA-24 量表中，小组和会议交流是单独分开测量的。可能由于中西方文化差异，在本研究调查过程中普遍认为小组讨论和小型会议交流情景是没有差别的，在实际操作上也很难将两者进行区别。因此，在本研究中小组交流实际上包括了小组和小型会议交流。由于大型会议情景不具有一般代表性，故暂未考虑。（2）发展两个新的维度，上台恐惧和交流自信。上台恐惧条目与 PRCA-24 量表的演讲恐惧条目相比，前者涵盖了在讲台上讲课、发言、学术报告、演讲等情景下的交流恐惧测量，因此，后者已经被包括在前者之中。交流自信是大学生对自己交流能力的一种有意识的积极评价，是自己能有效应对交流环境中各种情况的积极心理品质，交流自信低的个体比交流自信高的个体更易于感到交流恐惧。

（二）探索性因素分析与验证性分析结果的比较

本研究中，验证性分析并不支持探索性因素分析的结果。探索性因素分析抽出 3 个主成分因素，而验证性因素分析却得出 4 个因素。在结构方程分析中，构建的模型应基于理论或经验，而不是盲目地跟着数据走（侯杰泰，等，2004）。所以，在探索性因素分析结果的基础上对构成量表的所有条目进行验证性因素分析。根据模型理论构建了 5 个模型，其中也包括了反映探索性因素分析结果的模型。在比较 5 个竞争模型时，结合本研究相关理论分析各个因子所含条目的合理性来思考探索性分析与验证性分析之间的差异。在探索性分析的 3 个因素中，第 2 个因素同时包括社交交流恐惧和小组交流恐惧内涵的条目，尽管这些条目都是反映与人之间的交流恐惧，但小组讨论与平时社交交流的实际交流情景是不一样的，故有时候交流恐惧的表现也会体现出不一致的反应。结构方程模型也支持4因子的模型。

同时，交流恐惧具有特殊情境性，根据交流恐惧情境的分类，小组交流情境比一般社交交流情境更为正式，所以社交交流与小组交流应属于不同的交流情境，理应分开测量。麦克罗斯基将量表分为小组讨论，社交交流恐惧，演讲恐惧和会议讨论，就是考虑了交流恐惧的情境性。周永红（2002）以PRCA-24量表为调查工具，发现师范生在二人间交谈、小组讨论、公开演讲、会议以及总量表分上都存在显著性年级差异，大一和大二的学生在小组讨论和二人间交谈上差异显著。胡寒春（2006）研究发现在小组讨论、二人交谈上也存在显著性别差异。本研究在验证性分析中，结构方程模型4因子模型比其他模型简洁，而且各项拟合值比其他模型的拟合要好，也正好支持这点。因此，最后选择模型5来作为大学生面众交流恐惧的结构模型。这一分析过程也证明了在某些研究中探索性因子分析只能抽出较少的主要因素，而验证性分析能区分多个因子（侯杰泰，温忠麟，成子娟，2004）。

（三）研究展望

首先，经过对大学生面众交流恐惧量表的内容评定保证了该量表能有效地反映所要测量的内容，证明了该量表具有良好的内容效度；验证性分析证明了理论构想与数据能很好地拟合，说明该量表具有良好的构想效度；交互效度的检验证明该量表具有测量恒等性，可用于不同样本的测量，证明该量表具有良好的交互效度。但是本研究没有检验大学生面众交流恐惧量表与PRCA-24之间的相关关系，还欠缺对该量表的校标效度检验，这有待于在今后的研究给予补充和完善。

其次，总量表的内部一致性信度、重测信度等均大于0.80，说明该量表的信度符合测量学的要求，说明该量表稳定可靠。但是，第4维度的内部一致性信度0.652，可能是与项目条数比较少有关（第4维度只有3个条目），因此，今后的研究中还应对该维度条目进行修正、补充。

最后，本研究施测对象主要范围在中国西南地区，可考虑进一步扩大施测范围。

五、结论

(1) 大学生面众交流恐惧量表包括20个项目,4个维度,即上台恐惧、交流自信、小组交流恐惧、社交交流恐惧。

(2) 大学生面众交流恐惧量表具有良好的信度、效度,各项指标达到了心理测量学的要求,可用于对大学生交流恐惧的测量。

第二节 《中国大学生面众恐惧调查量表》(2011 修订版)的初步研制与分析

一、前期研究的不足与问题提出

目前,社交回避与苦恼量表(SAD)、负性评价恐惧量表(FNE)、人际交往焦虑量表(IAS)在国内使用较多,但这些量表都没有对个体所恐惧的情境进行明确区分。根据麦克罗斯基(1985)交流恐惧的情境理论,与交流有关的情境被看做是影响交流恐惧的一个重要原因,其中主要是新奇的刺激、正式场合、从属地位、引人注目的情境、不熟悉的场合、不相似的情境等方面,这些都可能引发交流恐惧。从麦克罗斯基,里奇满等人(1988)所提出的四种交流恐惧类型看,除了特质性交流恐惧是一种相对稳定的、持久的人格特质之外,背景性交流恐惧、情境性交流恐惧和听众性交流恐惧都依赖于特定的交流背景、环境或交流的对象。例如,个体在小组中发言时,在庄重、正式的交流场合或与老师交流时,或许经历过交流恐惧,但是在两人之间交谈、非正式的交流场所或朋友间交流时,则体验不到恐惧感。因此,从积极干预的角度出发,在评估交流恐惧的实际现状时,有必要根据与交流有关的情境或场合进行更合理的区分。

我们通过理论与实践紧密结合的讨论与深入反思,发现了课题组在第一研究阶段中已研制完毕的《大学生面众交流恐惧量表》存在不足和缺陷,不宜以之作为执行国家项目的调研工具。其不足和缺陷主要表现为:(1) 在第一阶段研制的《大学生面众交流恐惧量表》的上台恐惧、社交交流恐惧、小组交流恐惧、交流自信等四个维度中,社交交流恐惧所涉对象、内容太宽太泛,不很清晰;小组交流恐惧仅指课堂、校内,还是包校外交流活动中的小组交流,也不很清晰。(2) 自信不应属于是恐惧概念的范围,把交流自信设定为面众恐惧的下位概念,直接作为面众恐惧的一个维度,有些不太符合逻辑。我们认为把它从维度中取掉,作为解释面众恐惧的原因之一则更为恰当。(3) 大学生在四年的学习生活或求职竞聘中经常遇到的"面试恐惧"体验和现象被忽略了,这应是一种很有代表性和普遍性的面众恐惧维度,必须列入维度中,才能使面众恐惧维度比较完整。(4) 由于大学生的实践经验和能力不足,所以办事恐惧在他们当中也较为普遍,也应将办事恐惧列入维度中。(5) 第一阶段研制的《大学生面众交流恐惧量表》的预测被试仅局限在贵州、云南、重庆三省(市)的范围内,样本的代表性比较有限,不能覆盖全国,不具全国代表性。

为了更全面、准确地评定我国当前高校大学生的面众交流恐惧现状,为了对执行国家社科基金项目的高度负责,课题组决定重新设计量表的维度和题项,并将预测被试的范围扩大到我国东南西北中五大地区的高校,即对大学生面众交流恐惧的调研工具进行了重新研制。

经过不断反思,课题组一致认为:"面众恐惧是指个人面对两人以上的听众、观众进行陈述性交流、伴有思考的发言、回答问题、试教、演讲、面试、办事时,个体因缺乏相应的实践经验能力、知识与技能而表现出的以担心、紧张、焦虑、害怕为基本特征的情绪反应状态,有时还伴随有回避、逃避与他人交流的行为表现"(王洪礼,邹维兴,2012)。面众恐惧这个新概念是针对当代大学生实际生活、学习环境中面临的越来越多的交流问题而提出的,不能囿于已有交流恐惧研究的框架,要有所突破,但突破不能建立在纯思辨性的主观认定上,要走到研究对象中去体察他们现实生活中客观存在,尤其是要体察其中较为突出的问题。因此,在量表的建构上,必须严格遵循实践第一的原则,以面众恐惧的基本概念和大学生面众恐惧产生的主要场合或情景为依据,采用综合主观体验和行为表现的评定方式,努力实现理论推演与实践归纳的统一、定性分析与定量研究的统一。为此,本研究整合质性和量性的研究方法,分为两部分:一是中国大学生面众恐惧量表的编制,二是中国大学生面众恐惧量表的验证。

二、开放式问卷调查和访谈,收集原始素材

遵循上述原则,基于本课题组的前期研究,课题组成员重新梳理了相关文献,在厘清面众恐惧的概念和内涵的基础上,综合采用开放式问卷和访谈的研究方法,从大学校园内外的现实生活层面上收集量表题项。首先对某大学一个公选课的班级发放开放式问卷,得到有效问卷 59 份,初步了解到大学生面众恐惧产生的几种常见的情景和种种表现。在此基础上,形成了访谈提纲,对其中 16 名大学生和另一所大学的 72 名大学生分别进行个别深度访谈和小组座谈。采用半结构化访谈法,要求受访者结合课题组对面众恐惧的界定和自己的经历,围绕三个问题回答:1. 是在以下几种常见的面众交流场合下,你是否经历过恐惧,当时你是否出现过以下这些反应;2. 你认为还会出现哪些情绪体验和行为反应,请详细列举出来。3. 你认为毕业前还会有哪些面众交流场合容易让你感到恐惧?

三、初始题项的形成与理论维度的提出

将采集到的上述原始素材输入计算机,按照“提及”和“未提及”进行编码,形成了 147 个题项,涵盖了上台恐惧、面试恐惧、调研恐惧、团组交流恐惧、办事恐惧、校外交流恐惧、交流自信、师长帮助等面众恐惧的 8 大类场景内容,然后由课题组的心理学专家与 6 名心理学专业研究生集体讨论,根据提及的频次和重要性的先后顺序进行筛选。其中,“在讲台上讲课时,我感觉双腿发软”这个题项的频次高达 70,而题项“我对自己的讲课能力很自信”仅被提及 2 次,因而被剔除。“面试时我有窒息感,感觉胸口好像被什么东西堵住一样”这个题项在访谈提纲中并未列出,但近 89%的受访者认为在面试时这是最容易出现的反应。交流自信、调研恐惧和师长帮助三个方面的题项太少和频次太低,不适合作为单独的正式维度。在剔除了语义含糊和表述不流畅等题项后,初步形成了 56 个初始题项。

根据上述开放式问卷调查和访谈所搜集的题项,结合面众恐惧的基本概念和大学生面众恐惧产生的主要场景,初步提出了大学生面众恐惧的理论维度,即上台恐惧、面试恐惧、团组交流恐惧、办事恐惧、校外交流恐惧等 5 个维度。

将初始题项和理论维度发送给上海、重庆、辽宁、陕西、福建、云南等外省7位心理学教授进行评定，并请其提出修改意见。专家们对面众恐惧概念的提出及其所具有的现实意义高度认同，对上台恐惧、面试恐惧等5个维度的科学性表示一致认可，就某些维度提出了进一步补充题项的修改意见，并对个别题项的简洁性、理解性和代表性程度发表了各自的见解。综合上述反馈意见，经过反复推敲和修改，最后确定量表的题项增加至79个，采用Likert5点法记分，从"1"（完全不符合）到"5"（完全符合）。

四、量表的预测与分析

（一）被试

在我国东南西北中五大地区的高校中随机抽取，涉及北京、上海、天津、福建、广东、贵州、四川、重庆、云南、湖北、辽宁、吉林、陕西、宁夏、内蒙古、河南、广西等17个省、自治区（市）的24所高校。请24所高校的心理学教授和研究生主持预测，每所高校预测50人，共收回预测问卷1 179份，剔除无效问卷后获得有效预测问卷1 057份，有效率为89.65%。其中人数分别为：男生411，女生646；大一279，大二259，大三415，大四104；文科类503，理科类319，工科类55，医学类90，艺术类90。将被试按奇偶序数分成两个样本组，奇数组529人，偶数组528人。首先对奇数组的样本数据进行探索性因素分析，然后再对偶数组528人的样本数据进行验证性因素分析。

（二）项目分析

首先进行项目鉴别度分析，将问卷按总分排序，取其前27%作为高分组，后27%作为低分组，然后求出两组被试在每个题项上得分的平均数并进行独立样本差异T检验。本研究高低分组的临界点分别为234分和184分，对每个题项进行高低分组的独立样本差异T检验之后，统计结果发现高分组、低分组在所有题项的平均数差异值上都达到了非常显著的水平（$P<0.001$），说明每个题项的鉴别度都很高，区分度较好，所以暂不删除任何题项。然后再对每个题项得分与总分进行相关度分析，如果个别题项与总分的相关度越高，就表示该题项与整体量表的同质性越高，所要测量的心理特质或潜在行为更为接近（吴明隆，2010）。以每个题项与总分的相关系数未达到显著，或两者为低度相关（相关系数小于0.4）为标准，删除那些与整体量表同质性不

高的题项。统计结果表明,有 18 个题项与总分的相关系数小于 0.4,因而予以删除,其余各个题项与总分的相关系数在 0.402~0.661 之间,且相关系数均达到非常显著的水平,剩下的题项为 61 个。

(三)探索性因素分析

对原始量表中剩下的 61 个题项进行探索性因素分析。首先进行取样适当性检验来检验数据,数据分析得到取样适当性 Kaiser-Meyer-Olkin(KMO)值为 0.943,Bartlett 球形检验值为 10 119.79,df=946,P<0.001,说明各题项之间有共享因素的可能,适合进行因素分析。

因素分析时以特征值大于 1 为因素抽取的基本原则,并以总解释率和陡阶检验来确定因素数目。题项删除标准定为:(1) 共同度小于 0.30;(2) 最高载荷小于 0.40;(3) 交叉载荷大于 0.15;(4) 此题项的内容明显不同于因素内其他题项。经过几次探索,又删除 17 个题项,剩下获得 5 个显著因素的题项共 44 个,一共能解释 49.421%的变异。5 个因素的结构清晰,每个题项均在相应因素上具有较大载荷,处于 0.425~0.741 之间。但在 5 个因素中,有两个因素的内容由于交叉而导致这两个因素不能很好命名,是否同时保留这两个因素,取决于后面验证性因素分析的结果。因素结构及其负荷如表 3-8所示。

表 3-8 因素负荷

	因素 1	因素 2	因素 3	因素 4	因素 5
C13	0.741				
C4	0.717				
C12	0.707				
C7	0.706				
C3	0.706				
C6	0.700				
C14	0.689				
C15	0.656				
C2	0.651				
C8	0.593				

续表

	因素 1	因素 2	因素 3	因素 4	因素 5
C5	0.590				
C10	0.504				
B15		0.632			
B16		0.625			
B17		0.613			
B19		0.612			
B14		0.604			
B13		0.593			
B18		0.591			
B20		0.584			
B2		0.575			
B4		0.524			
B5		0.481			
A11			0.714		
A9			0.652		
A3			0.624		
A2			0.623		
A1			0.613		
A10			0.576		
A14			0.567		
A12			0.552		
E13				0.718	
E12				0.702	
E10				0.589	
E14				0.589	
E8				0.566	
E11				0.559	

续表

	因素 1	因素 2	因素 3	因素 4	因素 5
E16				0.516	
E3				0.425	
A17					0.728
A15					0.604
A8					0.574
A23					0.515
A19					0.496

第三节 《中国大学生面众恐惧调查量表》(2011 修订版)的信效度验证

一、验证性因素分析

根据《中国大学生面众恐惧调查量表》(2011 修订版)初步研制中的探索性因素分析,得到量表的 5 因素结构模型,以此模型为基础作为初始模型,以偶数组数据采用最大似然法进行验证性因素分析。结果表明,5 因素初始模型的模型拟合度不高(该模型的各拟合指标见表 3-9 中的初始模型),未达到相关要求。根据侯杰泰,温忠麟,成子娟(2004)提出的判断结构方程模型拟合度好坏的标准:χ^2/df 的值应小于 5 或越小越好,RMSEA 的值小于 0.05 表示非常好的拟合,CFI,TLI,IFI,GFI 一般都应大于 0.90。

表 3-9 验证性因素分析的拟合指标

拟合指数	χ^2	df	χ^2/df	RMSEA	CFI	TLI	IFI	GFI	NFI
初始模型	1 990.36	892	2.23	0.048	0.877	0.870	0.878	0.841	0.799
修正模型 1	1 179.37	619	1.905	0.041	0.920	0.914	0.921	0.888	0.847
修正模型 2	706.64	399	1.771	0.038	0.943	0.938	0.944	0.915	0.879

根据 AMOS 输出结果中的修正指数对初始模型进行修正使模型精简,得

到5因素的修正模型1(由37个题项组成),该模型的各项拟合指数见表3-9中的修正模型1。但是由于修正模型1中的因素三和因素五的相关水平较高,而且两个因素中包含的题项内容有交叉,可能表达的是同一个内容,前面探索性因素分析的结果也提到了这两个因素不好命名的问题,因此本研究将这两个因素合二为一,由于因素五中题项的内容更为集中且更具有代表性,所以在合并这两个因素时以保留因素五中的题项为主,并根据因素负荷和修正指数来汲取因素三中的某些题项保留到因素五中,而因素三中其他剩余的题项则删除,再根据修正指数修正精简其他的有关题项,最后由5因素模型精简提出了4因素模型假设,各项拟合指标见表3-9中的修正模型2。

从表3-9中可以看出,最后得到的4因素修正模型2较理想,其各项拟合指标都优于其他两个模型并且达到了心理测量学要求,是比较理想的模型(温忠麟,侯杰泰,马什赫伯特,2004)。此模型由30个题项组成,4个因素分别是上台恐惧(6个题项)、面试恐惧(8个题项)、办事恐惧(8个题项)和团组与校外交流恐惧(8个题项)。该4因素结构模型及标准化系数如图3-2所示。

二、量表的信度分析

本研究主要采用了两个指标来考察量表的信度,即内部一致性信度和重测信度。在正式预测的大学生被试中随机抽取其中4所高校的学生作为重测被试,共153人,剔除无效问卷11份,得到有效问卷共142份,重测间隔时间为一周。量表的内部一致性Cronbach α信度系数和重测信度见表3-10。

表3-10 量表各维度及总量表的内部一致性信度与重测信度

维度	Cronbach α 系数	重测信度
上台恐惧	0.749	0.622
面试恐惧	0.824	0.746
办事恐惧	0.870	0.692
团组与校外交流恐惧	0.846	0.781
总量表	0.922	0.831

表3-10表明,量表四个维度的内部一致性Cronbach α系数范围在0.749~0.870之间,总量表的内部一致性α系数为0.922。各个维度的重测信

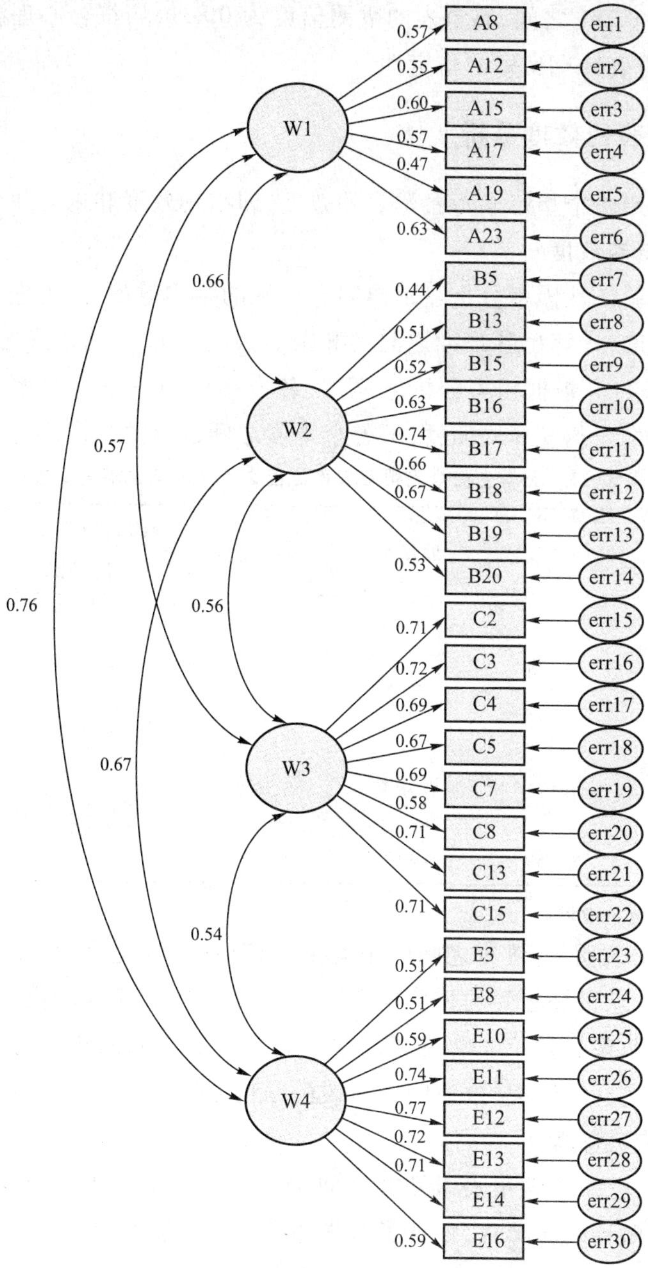

图 3-2　大学生面众交流恐惧 4 因素结构模型

度在0.622~0.781之间,总量表的重测信度为0.831,均符合心理测量学的要求,表明此量表具有良好的稳定性。

三、量表的效度分析

主要采用两个指标来考察量表的效度,即结构效度和内容效度。

(一)结构效度

上述的验证性因素分析显示出问卷良好的结构效度,为了进一步考察量表的结构效度,计算出各维度之间的相关以及各维度与总量表之间的相关,结果见表3-11。根据相关分析的原理,各个维度与总量表的相关程度较高才能体现出量表的整体同质性,但各个维度之间的相关程度应适中。

表3-11 大学生面众恐惧量表各维度之间及其与总量表的相关

维度	上台恐惧	面试恐惧	办事恐惧	团组与校外交流恐惧	总量表
上台恐惧	1				
面试恐惧	0.534**	1			
办事恐惧	0.437**	0.480**	1		
团组与校外交流恐惧	0.577**	0.587**	0.508**	1	
总量表	0.759**	0.813**	0.781**	0.842**	1

(注:**表示$p<0.01$)

表3-11表明,各维度之间的相关在0.437~0.587之间,呈中低等程度相关;各维度与总量表之间的相关在0.759~0.842之间,呈比较高的相关水平,并且相关系数都达到了非常显著的水平。各维度之间的相关明显低于各维度与总量表之间的相关,这说明此量表的结构效度良好。

(二)内容效度

如前所述,由于该量表以开放式问卷和访谈的结果为基础,经过专家反复推敲及斟酌而初步形成,保证了量表题项基本代表了大学生面众恐惧的内容。为对正式量表的内容进行进一步评定,由7位心理学教授(华中师大刘华山、周宗奎,西南大学张庆林,上海师大顾海根,福建师大连榕,辽宁师大刘文,贵阳医学院邓冰)组成了专家鉴定委员会,对量表进行了多方面审定,鉴定结论认为:该量表能覆盖大学生面众恐惧现象的各个主要方面,可作为中国大学生面众交流恐惧的调研工具。

四、讨论

(一)《中国大学生面众恐惧调查量表》(2011 修订版)的结构

本研究基于中国高校学生的实际,以大学生为调查对象,通过访谈、开放式调查,在考虑了大学生日常实际生活的方方面面之后,提出与当前大学生面众交流恐惧有关的多种场合情境。通过对全国 17 个省(市)24 所高校大学生的预测,再经过对数据的探索和验证分析,最终得到了大学生面众恐惧量表的四个维度、32 个题项的结构,即上台恐惧 6 个题项、面试恐惧 8 个题项、办事恐惧 8 个题项、团组与校外交流恐惧 8 个题项,另外增加了两个测谎题。两个测谎题是基于最简单的常识和数学计算确定的内容,与本量表要测的心理特征完全无关。

面众恐惧及其包含的上台恐惧、面试恐惧、办事恐惧、团组与校外交流恐惧等概念均系王洪礼在国家社会科学基金 2010 年度教育学项目"大学生面众恐惧现状与矫治对策研究"的前期研究和执行过程中先后归纳提出的。上台恐惧指在课堂、会场等有听众的场合上台发言或回答问题时产生的恐惧,该维度与交流恐惧自陈量表(PRCA-24)中的演讲恐惧维度和演说者信心自评量表(PRCS)的核心概念维度相比,上台恐惧所包括的内容更符合大学生的实际,更能反映其面众恐惧特点。面试恐惧主要指大学生在参加校内外的各种面试中,面对面试官回答有关问题或展示自己的本领时,往往出现紧张、词不达意、焦虑等现象而不能很好地展示自己时出现的恐惧。办事恐惧主要指当前大学生在日常生活与社会实践中,需要找相关部门的人员办事(如办理各种手续等)而产生的恐惧心理。团组与校外交流恐惧指大学生在课堂或校内外会议上参加各种小组学习交流、交谈时所表现出的一种焦虑害怕的状况,以及大学生在与校外人员交流时所产生的恐惧心理(该维度的团组交流与交流恐惧自陈量表(PRCA-24)中小组讨论维度类似)。这四个维度与以往的交流恐惧测量工具中的维度比较,更符合大学生的实际,更能体现当前大学生在面众交流恐惧中的实际情况。

（二）《中国大学生面众恐惧调查量表》（2011 修订版）的信效度

本研究对大学生面众交流恐惧量表做了内部一致性和重测信度的分析，总量表的内部一致性 α 信度系数和重测信度分别为 0.922、0.831，四个维度的内部一致性 α 信度系数和重测信度分别在 0.749～0.870 与 0.622～0.781 范围之间，均达到了心理测量学的要求。

效度方面，在中国大学生面众恐惧调查量表的编制过程中，我们首先根据自己提出的新概念再结合文献资料设定了量表的理论构念，然后又结合访谈和开放式问卷的结果，以及同类研究的测量工具得到了量表的题项来源，预测题项又由多位心理学专家和研究生提出意见后作出反复修改。这种理论结合实际的方式，使该量表具有很好的内容效度。通过对数据的探索性因素分析，进一步确定了量表的结构，又由验证性因素分析对多个模型的比较修改得到了最终量表模型，最终量表的模型结构与实际数据拟合较好。最终量表各维度与总量表的相关在 0.759～0.842 之间，呈比较高的相关水平；各维度各自之间的相关在 0.437～0.587之间，呈中低等程度相关。这些都表明了本量表有较好的结构效度。

五、结论

在本研究条件下获得如下结论：

1. 在当前大学生的生活学习交流环境下，重新研制并命名的《中国大学生面众恐惧调查量表》（2011 修订版），由 32 个题项（含两个测谎题）四个维度构成，四个维度分别是上台恐惧、面试恐惧、办事恐惧和团组与校外交流恐惧。

2.《中国大学生面众恐惧调查量表》（2011 修订版）的信效度均达到了心理测量学的要求，可作为中国大学生面众交流恐惧的调研工具。

第四节 《中国大学生面众恐惧调查量表》（2011 修订版）的讨论与确定

一、《中国大学生面众恐惧调查量表》（2011 修订版）与第一阶段初步编制的《大学生面众交流恐惧量表》的具体比较

本课题组在第一阶段研究中已对大学生面众交流恐惧做了心理测量学

的初步探讨,在初探中编制了《大学生面众交流恐惧量表》(宋志飞、王洪礼,2011)。与初探中所得到的大学生面众交流恐惧的心理测量工具《大学生面众交流恐惧量表》相比,《中国大学生面众恐惧调查量表》(2011修订版)在以下几个方面做了改进。(1)《中国大学生面众恐惧调查量表》(2011修订版)更全面更具体,初探中的《大学生面众交流恐惧量表》在大学生面众恐惧有关的具体情境中主要只涉及了上台和小组交流恐惧,而社交恐惧不够具体,概念界定不够清楚。而《中国大学生面众恐惧调查量表》(2011修订版)提出了面试恐惧、办事恐惧等新的维度,使大学生面众恐惧的情境更为全面。(2)《中国大学生面众恐惧调查量表》(2011修订版)更明确清晰,初探中《大学生面众交流恐惧量表》的社交恐惧面太广,不能明确清晰地代表大学生面众恐惧中的具体情况;初探中《大学生面众交流恐惧量表》中的交流自信作为一种内心体验在大学生产生面众恐惧的各种场合情境中都可能存在,不像面试恐惧等,必须在特定情境才会产生相应明确清晰的恐惧感。而《中国大学生面众恐惧调查量表》(2011修订版)以具体明确的情境作为量表维度的划分,使大学生面众恐惧量表各维度更明确清晰。(3)《中国大学生面众恐惧调查量表》(2011修订版)中各题项的内容区分更清晰,量表题项内容与所属维度有清晰的对应,如上台恐惧维度所包含的题项,表达的内容都清晰地说明了有关上台这种情境下的大学生交流恐惧情况。而初探中《大学生面众交流恐惧量表》的个别题项的具体内容与所属维度不很吻合,内容不够清晰。(4)《中国大学生面众恐惧调查量表》(2011修订版)的样本覆盖全国东南西北中各大地区,在全国17个省(市)24所高校随机抽取被试,样本代表性更广,而初探中《大学生面众交流恐惧量表》的预测被试仅局限在云南、贵州、重庆三省(市)的范围内,样本的代表性比较有限,不能覆盖全国,不具有全国代表性。

二、《中国大学生面众恐惧调查量表》(2011修订版)的确定

《中国大学生面众恐惧调查量表》(2011修订版)已通过贵州省心理学会委托湖北省心理学会组织专家进行鉴定,鉴定专家分别是:中国心理学会副理事长、华中师大博士生导师刘华山教授(鉴定委员会主任),华中师大心理学院院长、博士生导师周宗奎教授,西南大学博士生导师张庆林教授,福建师

大博士生导师连榕教授，上海师大博士生导师顾海根教授，辽宁师大博士生导师刘文教授，贵阳医学院邓冰教授。鉴定结论认为：课题组将预测被试的范围扩大到我国东南西北中五大地区的 17 个省（市）24 所高校，其研究程度和方法是严谨、科学、规范的。该量表能覆盖大学生面众恐惧现象的各个主要方面，量表具有更高的信效度，受测者样本具有全国代表性，可以作为中国大学生面众交流恐惧的调研工具。

以中国心理学会副理事长刘华山教授担任主任的鉴定委员会认为，“该量表是由全国教育科学规划国家级项目《大学生面众恐惧现状与矫治对策研究》（BBA100019）首席专家、贵州师大王洪礼教授主持研制的。王洪礼教授带领和指导的项目组在执行 2010 年度国家社科基金教育学项目（BBA100019）的第一阶段研究中，已在《心理科学》2011 年第 3 期发表了《大学生面众交流恐惧的心理测量学初探》（以下简称《初探》）论文，介绍了在《初探》中已研制完毕的《大学生面众交流恐惧量表》，但在之后的研究中，发现《初探》中已研制完毕的量表存在不足。为了更全面、准确地评定我国当前大学生的面众交流恐惧现状，为了对执行国家社科基金项目的高度负责，以及为了弥补《初探》量表中存在的不足，课题组立即重新进行研制，进一步研究和设计了量表的维度和题项，并将预测被试的范围扩大到我国东南西北中五大地区的 17 个省（市），随机抽取了 24 所高校，用含有 79 个题项的预测量表进行预测，获得 1 057 个有效预测样本，再将其划分为两组样本，分别进行探索性因素分析和验证性因素分析。其研究程序和方法是严谨、科学、规范的。重新研制的《中国大学生面众恐惧调查量表》（2011 修订版）修订为新的 32 个题项和上台恐惧、面试恐惧、办事恐惧、团组与校外交流恐惧等四个维度，较之《初探》中完成的调研工具更加科学、完善，更能覆盖大学生面众恐惧现象的各个主要方面，量表具有更高的信效度，受测者样本具有全国代表性，可以作为中国大学生面众交流恐惧的调研工具。”鉴定委员会同时认为，“课题组对国家社科基金项目高度负责，发现已完成的调研工具存在不足，立即重新进行研制，这种一丝不苟的科学态度及其所付出的艰辛劳动都是可贵的，值得提倡。”

第四章
西南地区大学生面众恐惧中的上台恐惧调查研究

第一节　研究背景

一、为什么研究上台恐惧问题

在学校生活中,学生经常碰到一种情境,即要求他们上台阐述个人观点、对某事发表评论、回答问题等情况,在这种情况下有些同学能够利落大方、语言流畅地将观点表达清晰,但大部分同学都会出现紧张、焦虑等情绪,甚至会出现心跳加速、手心出汗等躯体反应,从而严重影响他们自如地表达自己的观点,进行正常的人际交流。

本课题组首席专家王洪礼根据自身多年的教学经验,结合观察到的上述问题,提出了面众交流恐惧这一概念,而上台恐惧是面众交流恐惧的四个核心维度之一,它是指在课堂、会场等有听众的情景下上台发言或回答问题时产生的恐惧。本章就是对西南地区大学生面众恐惧中上台恐惧进行的调查研究。针对这一问题的研究,有利于明确该问题在大学生群体中的严重程度并为提出矫治对策打下良好的理论基础。

二、研究方案

(一) 调查对象

采取分层随机抽样方法,在西南地区的云南、贵州、四川和重庆四省(市)的 12 所高校抽取 3 277 名大学生为被试,最后获得有效被试 2 809 名,有效率为 85.7%。其中男生 992 名,女生 1 817 名;大一 578 名,大二 760 名,大三 1 030 名,大四 365 名,大五 76 名;文科(文史哲法)类 1 363 名,理科类

1 098名，工科类 92 名，医学类 85 名，艺术类 171 名。

（二）研究方法

采用王洪礼主持编制的《中国大学生面众交流恐惧调查量表》（2011 修订版）中的分量表《上台恐惧量表》，该量表有 6 个关于上台恐惧的题项，其内部一致性信度为 0.749，重测信度为 0.622。在问卷答题时被试对题项符合自己情况的程度进行 1 至 5 级评定——被调查的大学生在每个题项上回答“1”即“完全不符合”，回答“2”即“不太符合”，回答“3”即“不确定”，回答“4”即“比较符合”，回答“5”即“完全符合”，分数越高说明上台恐惧越严重。

以班级为单位进行团体施测调查，被试在课堂上统一作答，匿名填写，采用统一的指导语，当场收回问卷。对收回的有效数据录入计算机，运用 SPSS19.0 分析数据。

第二节 西南地区大学生上台恐惧的基本状况

一、西南地区大学生上台恐惧程度的分布情况

通过 SPSS18.0 的分析，根据西南地区大学生在《上台恐惧分量表》上的得分绘制出次数分布的直方图，见图 4-1。

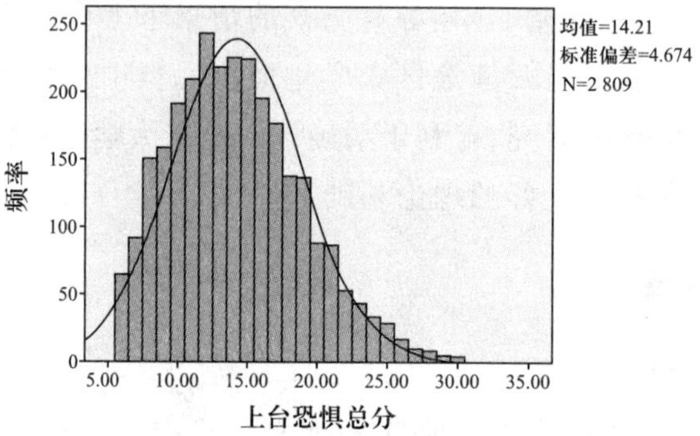

图 4-1 上台恐惧总体分布情况

从图 4-1 可以得到西南地区大学生上台恐惧的得分呈正态分布，偏度为

0.493，峰度为-0.093。大学生上台恐惧的平均得分为14.21，标准差为4.67。

二、西南地区大学生上台恐惧的一般特点

在《中国大学生面众恐惧调查量表》（2011 修订版）的计分标准中，上台恐惧总分为6分属无上台恐惧；7~12分属较低上台恐惧；13~18分属中等上台恐惧；19~24分属较高上台恐惧；25~30分属高度上台恐惧。根据此计分标准，在被调查的西南地区大学生中，97.7%的大学生有上台恐惧，其上台恐惧的不同程度见表4-1。

表4-1　西南地区大学生上台恐惧和面众恐惧程度分布情况

	上台恐惧	面众恐惧
平均分（M）	14.22	71.22
最大值（MAX）	6	24
最小值（MIN）	30	120
标准差（SD）	4.67	18.51
维度题项总均分	2.37	2.37
高度恐惧比例	2.6%	0.9%
较高恐惧比例	15.7%	14.3%
中等恐惧比例	42.1%	54.8%
较低恐惧比例	37.3%	29.9%
无恐惧比例	2.3%	0.1%
有恐惧比例	96.7%	99.9%

表4-1中显示，高度上台恐惧的大学生占总体的2.6%，较高上台恐惧的大学生占总体的15.7%，中等上台恐惧的大学生占总体的42.1%，较低上台恐惧的大学生占总体的37.3%，无上台恐惧的大学生占总体2.3%。上台恐惧在中等程度以上的个体占总体的60.4%，有恐惧比例为96.7%。可见，上台恐惧在西南地区的大学生中不仅是一个比较普遍的现象，而且是一个亟待解决的问题。

第三节 不同性别、年级、专业和学校类型的西南地区大学生在上台恐惧上的差异

一、不同性别的大学生在上台恐惧上的差异

以性别为自变量,上台恐惧总分为因变量,西南地区不同年级大学生上台恐惧差异进行独立样本 t 检验,结果见表 4-2。

表 4-2 西南地区大学生上台恐惧的性别差异

	N	上台恐惧		*t*	*Sig*
		M	*SD*		
男	992	13.385	4.368	-7.195	0.000
女	1 817	14.668	4.774		

表 4-2 显示,*t* 检验结果显示女生上台恐惧上的得分极其显著地高于男生($p<0.001$),即西南地区大学生上台恐惧的得分在性别上存在显著的差异。

二、不同年级的大学生在上台恐惧上的差异

以年级为自变量,以上台恐惧总分为因变量,对西南地区不同年级大学生上台恐惧差异进行单因素方差分析,结果见表 4-3。

表 4-3 西南地区大学生的上台恐惧在年级上的差异

年级	*N*	上台恐惧		*F*	*Sig*	*Post Hoc*
		M	*SD*			
大一①	578	14.228	4.876	5.650	0.000	②>①*
大二②	760	14.772	4.741			①>⑤*
大三③	1 030	13.863	4.616			②>③***
大四④	365	14.290	4.381			②>⑤**
大五⑤	76	12.934	3.937			④>⑤*

(注:＊＊＊表示 $p<0.001$,＊＊表示 $p<0.01$,＊表示 $p<0.05$)

表 4-3 表明,上台恐惧得分从最高到最低排列,依次为大二、大四、大一、

大三、大五，大二学生上台恐惧最严重，大五严重程度最低，而且不同年级间在上台恐惧上存在极其显著的差异（$p<0.001$）。经过事后检验显示，大二学生的上台恐惧得分显著大于大一学生（$p<0.05$），非常显著地大于大五学生（$p<0.01$），极其显著地大于大三的学生（$p<0.001$）；大一与大四的学生在上台恐惧上的得分显著地大于大五学生（$p<0.05$）。

三、不同专业的大学生在上台恐惧上的差异

以专业为自变量，上台恐惧总分为因变量，对西南地区不同专业大学生面试恐惧差异进行单因素方差分析，结果如表 4-4 所示。

表 4-4　西南地区大学生的上台恐惧在专业上的差异

专业	*N*	上台恐惧		*F*	*Sig*	*Post Hoc*
		M	*SD*			
文科类①	1 363	14.435	4.667			
理科类②	1 098	14.067	4.668			
工科类③	92	13.826	4.585	2.612	0.034	①>⑤*
医学类④	85	14.623	4.380			
艺术类⑤	171	13.415	4.867			

（注：* 表示 $p<0.05$）

表 4-4 表明，从专业类型上来看，大学生的上台恐惧得分从高到低，依次为医学类、文科类、理科类、工科类、艺术类，艺术类得分最低，医学类得分最高，而且各个专业在上台恐惧上的得分显著不同（$p<0.05$）。经过事后检验表明，文科类专业的大学生在上台恐惧上的得分显著高于艺术类的大学生（$p<0.05$）。

四、不同学校类型的大学生在上台恐惧上的差异

将学校类型按照是否为师范类大学进行划分可分为：师范院校或非师范院校。经过统计分析，结果见表 4-5。

表 4-5 师范与非师范院校的大学生在上台恐惧上的差异

	N	上台恐惧		*t*	*Sig*
		M	*SD*		
非师范院校	919	14.246	4.644	0.247	0.805
师范院校	1 890	14.200	4.700		

表 4-5 所示,以学校类型为自变量,以上台恐惧为因变量进行 t 检验,结果显示,学校类型在上台恐惧上的差异不显著($p>0.05$),但师范学校大学生在上台恐惧的平均分要低于非师范学校的大学生。

将学校类型按照是否省属重点大学进行划分可分为:省属重点大学和一般大学。经过统计分析,结果见表 4-6。

表 4-6 省属重点与一般大学在上台恐惧上的差异

	N	上台恐惧		*t*	*Sig*
		M	*SD*		
一般大学	1 449	14.190	4.614	−0.883	0.377
省属重点大学	1 023	14.358	4.715		

表 4-6 所示,以学校类型自变量,上台恐惧总分为因变量进行独立样本 t 检验,结果显示,两类学校的学生在上台恐惧上的得分不具有统计学意义上的显著性($p>0.05$)。

第四节 家庭因素对西南地区大学生上台恐惧的影响

一、是否独生子女及其出生顺序的不同对大学生上台恐惧的影响

经过统计分析,在本研究的调查中,独生子女的大学生人数为 467 人,出生顺序为老大的共 1 057 人,出生顺序为老二的共 814 人,为老三的共 302 人,为老四的共 169 人,详见表 4-7。

表 4-7 是否独生子女的西南地区大学生上台恐惧的差异

出生顺序	*N*	上台恐惧		*F*	*Sig*	*Post Hoc*
		M	*SD*			
独生子女①	467	13.677	4.408			
老大②	1 057	14.363	4.715			②>①*
老二③	814	14.214	4.698	2.493	0.041	⑤>①*
老三④	302	14.199	4.571			③>①*
老四⑤	169	14.805	5.098			

（注：* 表示 $p<0.05$）

以是否独生子女为自变量，上台恐惧总分为因变量，对西南地区大学生的上台恐惧总分差异进行单因素方差分析，结果为：是否独生子女及其出生顺序在上台恐惧上的得分从高到低依次为老四、老大、老二、老三、独生子女，而且其在统计学意义上显著（$p<0.05$）。经过事后检验分析显示出独生子女在上台恐惧上的得分显著低于老大、老二和老四的得分（$p<0.05$）。

二、不同家庭经济状况对大学生的上台恐惧的影响

经过统计分析，在本次调查研究中，按照家庭经济状况这一维度划分被试，处于贫困水平的大学生为 1 152 人，处于温饱水平的被试为 1 581 人，处于较富裕水平的人为 76 人，详见表 4-8。

表 4-8 不同家庭经济状况的大学生在上台恐惧上的差异

家庭经济状况	*N*	上台恐惧		*F*	*Sig*	*Post Hoc*
		M	*SD*			
贫困①	1 152	14.475	4.866			
温饱水平②	1 581	14.061	4.516	3.631	0.027	①>②*
较富裕③	76	13.460	4.785			

（注：* 表示 $p<0.05$）

以家庭经济水平为自变量，上台恐惧总分为因变量，对西南地区大学生的上台恐惧总分进行单因素方差分析，结果显示，贫困、温饱水平、较富裕三个水平上的大学生在上台恐惧上的差异显著（$p<0.05$），其分值从高到低依次为贫困、温饱、较富裕水平。经过事后检验分析显示，贫困水平的大学生在上台恐惧上的得分显著大于温饱水平（$p<0.05$）。

三、不同父母文化程度对大学生上台恐惧的影响

(一) 父母文化水平对大学生上台恐惧的影响

经过数据分析,结果显示:在本次研究调查中父母文化水平为文盲的大学生共220人,为小学水平的共743人,为初中水平的共1 066人,为高中或中专水平的共534人,为专科水平的共106人,为本科水平的共133人,为研究生水平的共7人,详见表4-9。

表4-9 父母文化水平不同的大学生在上台恐惧上的差异

父母文化水平	*N*	上台恐惧		*F*	*Sig*	*Post Hoc*
		M	*SD*			
文盲①	220	14.841	5.232			①>④ *
小学②	743	14.468	4.705			①>⑤ *
初中③	1 066	14.227	4.660			①>⑥ **
高中或中专④	534	14.006	4.554	3.430	0.004	②>⑤ *
专科⑤	106	13.443	4.211			②>⑥ **
						③>⑥ **
本科以上⑥	140	13.171	4.24			④>⑥ *

(注:* 表示 $p<0.05$, * * 表示 $p<0.01$)

以父母文化水平为自变量,上台恐惧总分为因变量,对西南地区大学生的上台恐惧总分进行单因素方差分析,结果显示,不同父母文化水平的大学生在上台恐惧上的得分有非常显著的差异($p<0.01$),其分值高低按照从大到小的水平排列依次为:文盲、小学、初中、高中或中专、专科、本科以上。经过事后检验分析结果显示,父母文化水平为文盲的大学生在上台恐惧上的得分显著高于父母文化水平为高中或中专、本科($p<0.05$)的大学生,非常显著地高于父母文化水平为本科以上的大学生($p<0.01$);父母文化程度为小学水平的大学生在上台恐惧上的得分显著高于父母文化水平为专科的大学生($p<0.05$),非常显著地高于父母文化水平为本科以上的大学生($p<0.01$);父母文化程度为初中水平的大学生在上台恐惧上的得分非常显著地高于父母文化为本科以上的大学生($p<0.01$);父母文化程度为高中或中专的大学生在上台

恐惧上的得分显著高于父母文化为本科以上的大学生($p<0.05$)。

(二)父亲文化水平、母亲文化水平单独对大学生上台恐惧的影响

1. 父亲文化水平对大学生上台恐惧的影响

经统计分析,父亲文化水平对大学生上台恐惧的影响见表4-10。

表4-10　父亲文化水平对大学生上台恐惧的影响

父亲文化水平	*N*	上台恐惧		*F*	*Sig*	*Post Hoc*
		M	*SD*			
文盲①	44	15.500	5.289	1.735	0.141	①>⑤* ②>⑤* ③>⑤* ④>⑤*
小学②	163	14.755	4.775			
初中③	261	14.613	4.528			
高中或中专④	111	15.000	5.015			
专科以上⑤	38	12.974	4.211			

(注:* 表示 $p<0.05$)

表4-10所示,以父亲文化水平为自变量,上台恐惧总分为因变量,对西南地区大学生上台恐惧总分作单因素方差分析,结果显示父亲不同文化水平的大学生在上台恐惧上的得分差异不显著($p>0.05$)。事后检验分析,父亲文化水平为专科以上的大学生上台恐惧得分显著低于文化水平为文盲、小学、初中、高中或专科的大学生上台恐惧得分($p<0.05$)。

2. 母亲文化水平对大学生上台恐惧上的影响

经过统计分析,母亲不同文化水平的大学生上台恐惧得分见表4-11。

表4-11　母亲不同文化水平的大学生在上台恐惧上的差异

母亲文化水平	*N*	上台恐惧		*F*	*Sig*	*Post Hoc*
		M	*SD*			
文盲①	169	15.414	4.958	2.655	0.032	①>③** ①>④* ②>③*
小学②	221	14.905	4.869			
初中③	134	13.881	4.073			
高中或中专④	65	14.000	4.889			
专科以上⑤	28	13.929	3.819			

(注:* 表示 $p<0.05$,** 表示 $p<0.01$)

表 4-11 所示，以母亲文化水平为自变量，上台恐惧总分为因变量对西南地区大学生上台恐惧总分进行单因素方差分析，结果显示：母亲文化水平不同的大学生在上台恐惧上的差异显著($p<0.05$)。事后检验结果显示：母亲文化水平为文盲的大学在上台恐惧上的得分显著高于母亲文化水平为初中的大学生的得分($p<0.01$)；母亲文化水平为文盲的大学生的得分显著高于母亲文化水平为高中或中专的大学生的得分($p<0.05$)；母亲文化水平为小学的大学生在上台恐惧上的得分显著高于母亲文化水平为初中的大学生的得分($p<0.05$)。

第五节 西南地区大学生的上台恐惧是否会受到性别、年级和专业上的交叉影响(交互作用的探讨)

一、西南地区大学生的上台恐惧是否会受到性别、年级的交叉影响

以西南地区大学生上台恐惧总分为因变量，以性别、年级为自变量建立一般线性模型分析性别与年级对上台恐惧的交互作用，结果见表 4-12。

表 4-12 西南地区大学生各年级男女上台恐惧的状况

		大一	大二	大三	大四	大五
男	*M*	13.224	14.030	12.876	13.714	13.500
	SD	4.597	4.514	4.240	4.081	3.839
女	*M*	14.679	15.170	14.438	14.679	12.704
	SD	4.936	4.816	4.731	4.540	3.989

交互效应统计分析结果表明，西南地区大学生上台恐惧的性别主效应显著，$F(1,2\ 799)=9.390$，$p<0.01$，女生的上台恐惧显著地高于男生；年级的主效应显著，$F(4,2\ 799)=4.974$，$p<0.05$，大二的上台恐惧得分最高，大五的上台恐惧得分最低；性别与年级的交互作用不显著，$F(4,2\ 799)=1.200$，$p>0.05$。从表 4-12 的结果可以得出，在西南地区男大学生中，大二男生的上台恐惧得分最高，大三男生的上台恐惧得分最低；而对于西南地区女大学生来说，则表现出大五女生的上台恐惧得分最低，同样为大二女生的上台恐惧得分最高。根据表 4-12 中西南地区各年级男女大学生的上台恐惧得分绘制出

交互趋势图,如图 4-2 所示。

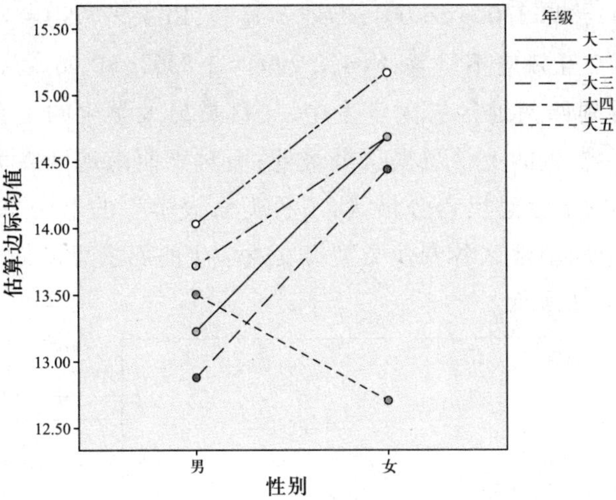

图 4-2 西南地区大学生各年级男女上台恐惧的状况

从图 4-2 可以非常直观地看到,西南地区大学生中大一、大二、大三和大四学生均表现出女大学生的上台恐惧得分显著高于男大学生的上台恐惧得分,而西南地区大五学生则表现出大五女生的上台恐惧显著低于大五男生的上台恐惧。

二、西南地区大学生的上台恐惧是否会受到性别、专业的交叉影响

以西南地区大学生上台恐惧总分为因变量,以专业类型、性别为自变量建立一般线性模型分析性别与年级对上台恐惧的交互作用,结果如表 4-13 所示。

表 4-13 西南地区大学生各年级、专业的上台恐惧状况

		文科类	理科类	工科类	医学类	艺术类
男	*M*	13.719	13.343	13.691	12.704	12.038
	SD	4.415	4.365	4.274	3.979	4.128
女	*M*	14.724	14.573	13.940	15.517	14.598
	SD	4.737	4.808	4.871	4.301	5.157

交互效应统计分析结果表明，西南地区大学生上台恐惧的性别主效应显著，$F(1, 2\ 799) = 22.330$，$p<0.001$；专业不显著，$F(4, 2\ 799) = 1.603$，$p>0.05$；性别与专业的交互效应不显著，$F(4, 2\ 799) = 1.836$，$p>0.05$。从表 4-13 的数据结果可以得到西南地区男大学生中，文科类男大学生的上台恐惧得分最高，艺术类男大学生的上台恐惧得分最低；而对于西南地区女大学生则为医学类女大学生的上台恐惧得分最高，工科类女大学生的上台恐惧得分最低。根据表 4-13 中西南地区各专业类型男女大学生的面众恐惧得分绘制出交互趋势图，如图 4-3 所示。

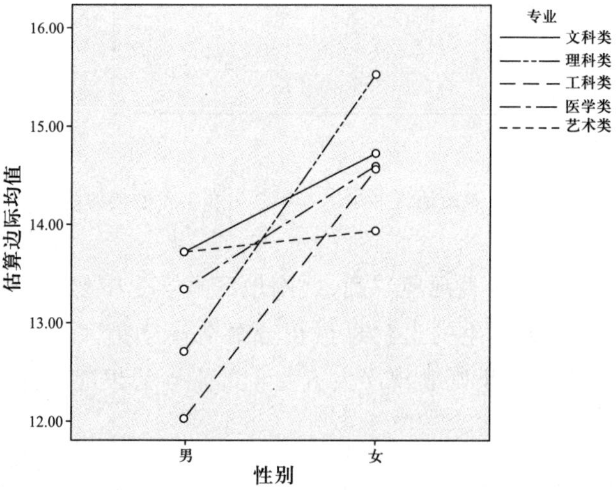

图 4-3　西南地区大学生各专业男女上台恐惧状况

从图 4-3 可以直观地看出，西南地区文科类、理科类、医学类和艺术类大学生在上台恐惧上均表现出女生的上台恐惧状况严重于男生的情况，工科类男女大学生的上台恐惧状况相差不大。

三、西南地区大学生的上台恐惧是否会受到年级、专业的交叉影响

为了更好地分析年级与专业类型对面众恐惧的交互影响，把所有被试的专业类型合并为三类（文史哲法类、理工农医类、艺术类）进行 5×3 的两因素交互效应分析。以年级、专业类型为自变量，上台恐惧总分为因变量，对西南地区大学生上台恐惧总分进行二因素交互作用分析，结果如表4-14所示。

表 4-14　西南地区各年级、专业大学生在上台恐惧上的状况

		文史哲法类	理工农医类	艺术类
大一	*M*	14.816	13.816	12.711
	SD	4.957	4.790	4.320
大二	*M*	14.990	14.764	13.551
	SD	4.711	4.588	5.403
大三	*M*	14.109	13.596	13.807
	SD	4.566	4.667	4.608
大四	*M*	13.677	14.630	
	SD	4.085	4.510	
大五	*M*	12.530	13.262	
	SD	4.106	3.813	

表 4-14 的交互效应统计分析结果表明，西南地区上台恐惧的专业主效应显著，$F(2,2\ 796)=3.503$，$p<0.05$；年级主效应显著，$F(4,2\ 796)=1.084$，$p<0.05$；专业、年级交互作用显著，$F(6,2\ 796)=2.313$，$p<0.05$。从表 4-14 中的结果可以得出，在西南地区文史哲法类大学生中，文史哲法类大二学生的上台恐惧得分最高，大五学生的上台恐惧得分最低；在理工农医类大学生中，理工农医类同样为大二学生的上台恐惧得分最高，大五学生的上台恐惧得分最低；而对于艺术类的大学生则表现出不一样的结果，即艺术类大三学生的上台恐惧得分最高，艺术类大一学生的上台恐惧得分最低。根据表 4-14 中西南地区各专业类型大学生在各年级上的上台恐惧得分绘制出交互趋势图，如图 4-4 所示。

从图 4-4 可以非常直观地得到，西南地区大学生中，不同专业类型的大学生在各年级的上台恐惧变化趋势不统一，相差较大。即西南地区文史类大学生的上台恐惧大体呈随年级升高上台恐惧程度降低的趋势，文史哲法类大二学生上台恐惧得分略高于大一学生；而对于理工农医类大学生在上台恐惧上随年级变化则呈“W”型的变化趋势，理工农医类大二和大四的上台恐惧得分较高，大一、大三和大五学生的上台恐惧得分较低；但是对于西南地区艺术类大学生的上台恐惧又表现出不一样趋势，即艺术类大学生上台恐惧呈年

级上升上台恐惧得分提高的趋势。

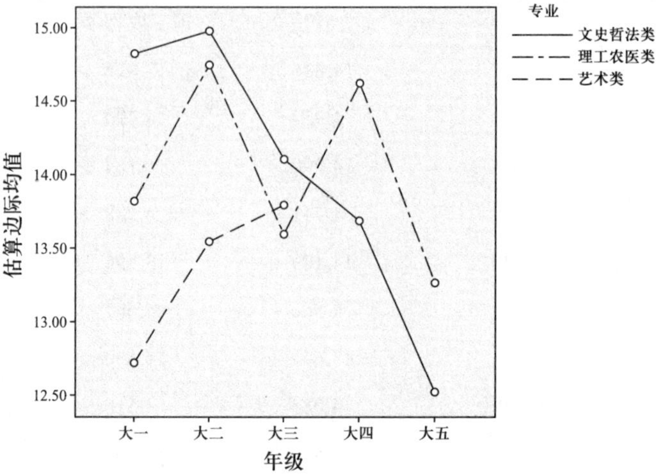

图 4-4 西南地区各年级、专业大学生在上台恐惧上的状况

第六节 对西南地区大学生上台恐惧状况的分析与讨论

一、上台恐惧与面众恐惧相比较

在《中国大学生面众恐惧调查量表》(2011 修订版)的计分标准中,上台恐惧总分为 6 分属无上台恐惧;7~12 分属较低上台恐惧;13~18 分属中等上台恐惧;19~24 分属较高上台恐惧;25~30 分属高度上台恐惧(袁宜,谢玲平,王洪礼,邹维兴,余昭琼,2012)本次调查中,西南地区大学生上台恐惧的平均得分为 14.22,总体来看属于中等程度。根据《中国大学生面众恐惧调查量表》(2011 修订版)的计分标准中,面众恐惧总分为 30 分属于无面众恐惧;总分为 31~60 分属于低面众恐惧;总分为 61~90 分属于中等面众恐惧;总分为 91~120 分属于较高面众恐惧;总分为 121~150 分属于高度面众恐惧。根据本次调查的数据分析结果,西南地区大学生面众恐惧总体得分平均为 71.22,位于中等程度。由此可见,大学生上台恐惧的严重程度与总体面众恐惧严重程度相符。

无上台恐惧的大学生仅占总体的2.3%，其他97.7%的大学生都有一定程度的上台恐惧；而无面众恐惧的大学生仅占总体的0.1%，其他99.9%的个体都在其中某一个维度或者几个维度上存在一定程度的面众恐惧，在这一点上上台恐惧维度与总体面众恐惧相当。除了在中等程度上，上台恐惧这一维度在其他几个程度上大学生的比例都高于面众恐惧，尤其是在高度程度上上台恐惧为2.6%，而面众恐惧仅占0.9%。上台恐惧是指在课堂、会场等有听众的情景下上台发言或回答问题时产生的恐惧，它作为大学生在学校生活中最常经历的情境之一，其较高严重程度的比例说明这一问题的严重性，也说明了本课题研究紧迫性。

二、上台恐惧与其他各个维度相比较

将上台恐惧与面众恐惧其他维度相比较。本次调查研究结果显示西南地区大学生在面试恐惧上的得分平均为21.469；在办事恐惧的得分平均为15.372，在各个程度上办事恐惧在较低程度上所占比例最高，达到57.35%；在团组与校外交流恐惧上的得分平均为20.16，在各个程度上该维度在中等程度所占比例最高，为47.56%，在高度恐惧比例上也达到了2.42%。由此可见，四个维度中上台恐惧平均得分最低，但在无面众恐惧比例一项中得分为2.3%，其他三个维度面试恐惧、团组与交流恐惧、办事恐惧分别为0.50%、0.70%、4.70%，上台恐惧位于四个维度中第二高的位置，其有面众恐惧的比例也在四个维度中从高到低排列第二。这可能是因为作为在学校中生活、学习的大学生有更多的机会在课堂、会场等有他人在场的情境下进行交谈，而没有充分的机会在面试情境、与领导权威人士交流的情境或者校外其他陌生情境中进行练习，所以其在上台恐惧上的得分总体偏低，而且具有上台恐惧的个体也相对较低。

国内的同类研究中，谢其利等曾对贵州省少数民族的面众恐惧进行过研究，[①]其采用王洪礼、宋志飞编制修订的《大学生面众交流恐惧量表》收集了343人的有效数据。结果显示，面众交流恐惧得分呈正态分布，11.32%的大

---

① 谢其利，王洪礼，袁宜，宋志飞，封周奇.贵州省少数民族大学生面众恐惧的调查研究——以苗族、布依族和侗族大学生为例[J].湖北成人教育学院学报.2010，6，45.

学生属于低程度面众交流恐惧,72.33%的大学生属于中等程度面众恐惧,16.35%的大学生属于高等面众恐惧(谢其利,王洪礼,袁宜,宋志飞,封周奇,2010)许燕曾利用《大学生交流恐惧量表》对 252 名本科生进行测定结果显示①:252 名大学生交流恐惧得分处于高分段的人数为 34 人,占总人数的 13.5%,属于高度交流恐惧状态;交流恐惧得分在中度交流恐惧范围的人数占总人数的 27.1%。结果表明,有 40%左右的学生在人际交往过程中处于一定程度的交流恐惧状态。史琼在大学生交流恐惧与心理适应性的关系研究中调查了 71 名大学生的交流恐惧情况显示出②:71 名被试在 PRCA-24 上的总量表分均值为 64.46,标准差为 11.72,根据评分标准,样本总体属于中度交流恐惧,其中检出高程度交流恐惧者 12 人,检出率为 16.80%但是这些研究没有对面众恐惧中的上台恐惧进行单独的分析。

在这些国内前人研究与本课题组的此次研究的对比上有一个明显的差异存在,即以往运用国外学者编制的《交流恐惧量表》进行调查的数据得出的结果在高程度交流恐惧上与本课题组的结果在高程度面众恐惧的相距较大。在本课题报告中所提到的研究数据具体表现为:使用《交流恐惧量表》测出的属于高程度面众恐惧的大学生比例有 16.35%,13.50%,16.80%,而本课题组此次使用自己编制的《大学生面众恐惧》问卷测出的属于高度面众恐惧的大学生比例为 2.60%。原因主要有几点:首先,两类调查所运用的问卷不同,而且各自依据的理论不同、核心概念不同。面众交流恐惧这一概念是中国心理学家王洪礼教授针对多年教学经验,切身感受到的大学生在学习生活、日常交流中存在的害怕面众,表达个人观点时紧张、焦虑,表达不流畅等问题,经过长时间的思考、反思提出的新概念;交流恐惧是麦克罗斯基在 1978 年提出的概念,这个概念指的是一种对与真实的或想象的他人交流时产生的个人恐惧或焦虑。其次,两种调查工具所基于的文化背景具有很大差异。东西方文化的差异表现之一就是东方文化注重整体性和综合性,而西方文化注重差异性和独特性。在东方人的观念中,个体是群体的一部分,个人概念也是与他人概念相连的,尤其是与母亲的概念相连,而西方则不同。有

① 许燕.大学生人际交流恐惧状况的调查分析[J].德州学院学报,2004(5):88—90.

② 史琼.大学生交流恐惧与心理适应性的关系研究[J].中国健康心理学杂志,2009,08:982—984.

实验表明,在使用一定刺激激活东方人的个人概念时他的母亲的概念所在的脑区也会被激活;而同样任务的实验应用于西方人身上,则表现出激活个人概念只带来个人概念脑区被激活的结果。这一点表现在人际交往中,东方人较之西方人更在意他人的评价,更加注意自己的言语表达所导致的他人反馈,而西方人因为整个文化强调的是个人与他人的差异性,所以在人际交往中也会只考虑自己如何表达和表达什么,而较少考虑他人的评论。这也导致了东西方人在语言表达能力、人际交往能力上的标准不同,西方人的标准较高,自然就使得该文化背景下的个体表达能力较强,人际交往流畅,而东方文化背景下的标准相对较差。这就导致了东西方文化下的不同学者在制定标准时存在差异,用高标准的问卷来测查东方文化下的个体就会得到在高程度交流恐惧层次上更多比例的个体。最后,两个问卷编制的时间也差距较远。《交流恐惧自陈量表》最初是于1970年编制的,后来在1978年、1982年进行过两次修订,但是仍然与现在差距30年左右的时间。《大学生面众交流恐惧量表》是2010年编制的,于2011年再次修订,较之前者更适合用来调查当代大学生的面众恐惧问题。

三、性别、年级、专业等因素为什么会影响上台恐惧

(一) 性别为什么影响大学生的上台恐惧

本次研究对西南地区大学生进行调查,选取大学生共2 809人,男女生分别为992人、1 817人,其在上台恐惧上的平均分分别为13.385和14.668。经过统计检验分析结果可知,男生在上台恐惧上的得分显著地小于女生的得分($p<0.001$)。

这可能是由于男女大学生受到不同传统文化的影响,传统家庭教养观念都认为男孩应该独立、主动、大胆,敢于竞争,努力表现自己;女孩应该乖巧、贤惠、心思细腻,善于为他人着想。这导致男孩有更多的机会表现自己,而且也在生活经验中得到更多的正强化,使得男生形成落落大方、从容不迫的行为特点;而女生更容易在众人面前羞羞答答、不能勇于表达独特的观点想法,容易在与他人交流时产生焦虑的情绪状态,表现为更高的上台恐惧。这种现象也符合性别角色理论的观点。性别角色理论的传统观念是男性应有进取心、事业心和独立性,行为粗犷豪爽、敢于竞争,即具有“男子气概”;女性则

应富有同情心和敏感性，善于理家和哺育子女、对人温柔体贴、举止文雅娴静，即具有“女性气质”。其行为模式与所期望的性别角色一致，便会受到社会的接纳和赞许；否则，很多时候会遭到周围人群的冷嘲热讽或排斥。

（二）年级为什么影响大学生的上台恐惧

西南地区大学生在上台恐惧上的得分按照大一、大二、大三和大四的年级分类，其平均得分分别为 14.228、14.772、13.863、14.290，而且经过单因素方差分析，结果显示其在统计学意义上显著（$p<0.001$）。将得分按照从高到低的顺序排列，依次为大二、大四、大一、大三，见图 4-5。

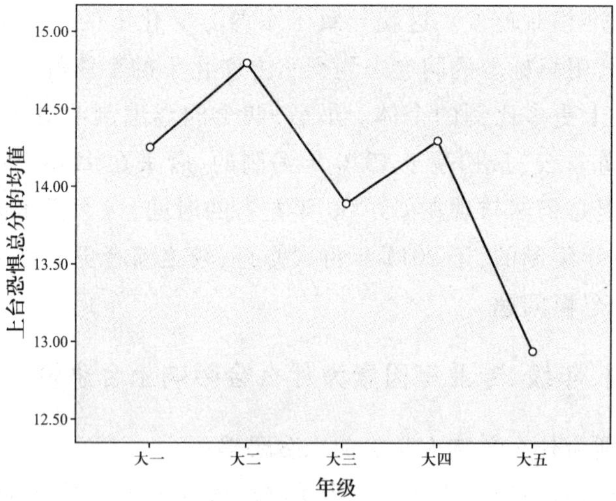

图 4-5 不同年级大学生的上台恐惧总分的均值图

大学生在开始大学生活之前很少有在课堂上讲课、做报告、演讲的机会，在中学的课程设置上也很少有能提供学生讨论或者其他在众人面前表达个人观点的机会，因此大一学生对上台恐惧这一维度所涉及情境的经验很少。这不仅是由于学生面临高考的巨大压力造成的，也是现行教育制度下普遍存在的问题。由于这种情况，大一新生刚刚入学，所学的课程大部分是公共课和基础专业课，这些课程没有提供学生较多的机会让同学们讨论和表达个人观点，所以对在课堂中由于讨论、个人表述所产生的焦虑、害怕等情绪经历的较少，因此在上台恐惧上的得分趋于中等水平。大四的学生在经历了大学几年的学习生活后，经过了各种该类情境中的锻炼，包括在课堂中在众人的关注下进行讲演的经历，在各种学校、院系活动中展示自己的经历，大多数人对上台情境中的交流、陈述等表达个人观点的事件已经游刃有余。而且学生在升入大四后，课程基本已经修完，经历的课堂中的交流情境也逐渐减少，其主要面临着能够顺利毕业、如何找工作的压力，其注意力主要在选择个人的发展道路，即找工作、考研、创业等各种选择上，对于上台恐惧这种情境的知觉不敏感。如果对面众交流存在恐惧的话，很有可能出现在面试恐惧上。大二的学生在经历了大学一年级的学习之后，普遍经历了在课堂或者小组中讨论、表达个人意见的经历，如果其在个体早期经验中没有得到过相关的训练或锻炼，个人表达能力存在问题，或是有不自信、自卑等问题，那么其上台恐惧的问题就会逐渐彰显出来，所以大二学生在上台恐惧上得分最高。大学课程设置中将绝大多数安排在前三学年中，尤其是大一和大二学年。大三学生在经历了大一、大二的学习后，在各种课程和团体活动中锻炼了上台恐惧维度中所涉及的各种情景下的面众交流的能力，其上台恐惧上的得分普遍下降，所以平均分位于四个年级的倒数第二位。大五学生专业一般是医学类或工科类，这类学生因为学科的特殊性，其学习年限相对长于其他专业的学生。在长期的学习过程中，这类学生普遍经历了各种各样的交流、讲演等上台情境，对于这些情境拥有更多的经验，即使存在问题也可以在较长的时期内慢慢调整，所以其上台恐惧的得分位于最低的位置。

（三）专业为什么会影响大学生的上台恐惧

西南地区大学生由于专业的差异，在上台恐惧上的得分也不同，经过单因素方差分析可知，不同专业的大学生在上台恐惧上的得分具有显著性差异。经过事后检验分析可知，文科类专业的大学生在上台恐惧上的得分显著高于艺术类的大学生（$p<0.05$），见图 4-6。

这可能是因为艺术类大学生本身性格就比较开放，自我表露程度较高，勇于表现，喜欢向他人展示自己。艺术类大学生一般都具有某方面的特长、才艺，在向他人展示时也比较自信。所以艺术类大学生在课堂中讨论或者表达自己观点时也能够大方、得体地交谈，不会有焦虑、害怕的情绪。其他学科的大学生在进入大学生活之前除了在课程知识学习上，在其他才艺方面很少有一技之长，缺乏这种在他人面前锻炼、展示自己的机会。国外有研究表明，高自我表露与社交焦虑在统计学意义上存在负相关关系。国内学者张利兵

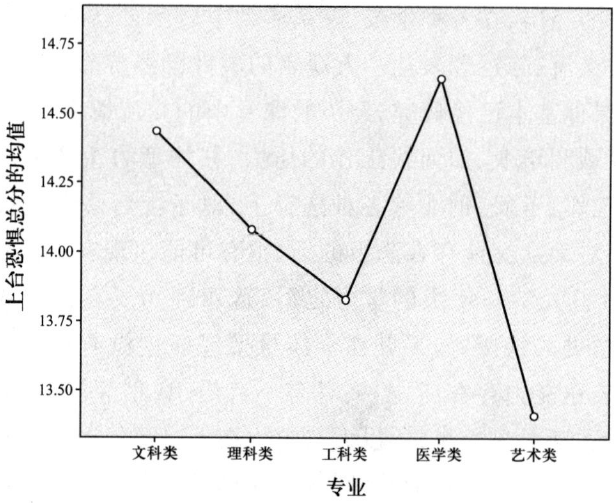

图 4-6 不同专业大学生在上台恐惧总分的均值图

对自我表露与社交焦虑的关系研究表明①,自我表露中人际关系、生活学习、个性情绪、个人经历四个分维度与社交焦虑存在统计学意义上的显著负相关关系,自我表露总体与社会焦虑之间存在显著负相关关系(张利兵,2011)。陈振帮的研究显示②:自我表露与社会焦虑之间存在显著负相关关系(陈振帮,2011)。工科类大学生虽然在上台恐惧上得分与其他学科的学生没有统计学意义上的显著差异,但其平均值相对较低,这可能是跟学科性质有一定关系。相对于理科更注重自然科学理论研究和学习来说,工科更注重自然科学的应用研究。相比于其他学科的学生,工科类大学生的动手能力很强,所学知识与生活联系更加紧密,掌握更多生活中运用到的技术、技巧,更容易形成自信、大方的人格特点,所以在上台恐惧上程度也较低。文科类的学生所学知识更偏于理论,缺少实践、动手的能力,在与理科、工科等专业学生比较中,上台恐惧更明显。所以上台恐惧程度在前四个专业中不显著,而且文科类专业的学生显著地高于艺术类专业的学生。

---

① 张利兵.大学生自我表露与社交焦虑及其关系的调查分析[J].高校辅导员,2011,6:64—68.

② 陈振帮.大学生社交焦虑与自我监控、自我表露的关系研究[J].社会心理科学,2011,Z1:148—151.

（四）学校类型的不同为什么会影响大学生的上台恐惧

根据所在院校是否为师范类学校进行分类，本次调查研究中的大学生有919人为非师范学院，1 890人属于师范学院，其在上台恐惧上的得分分别为14.246、14.200，见图4-7。

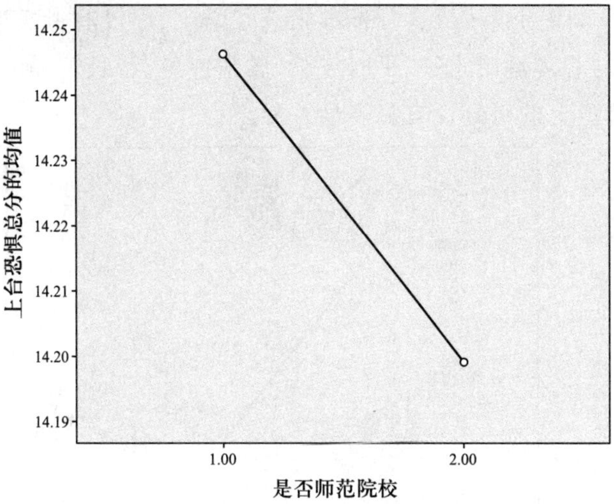

图4-7　是否师范院校的大学生上台恐惧总分均值图

以学校类型为自变量，以上台恐惧为因变量进行 t 检验结果显示：学校类型在上台恐惧上的差异不显著，但师范院校大学生在上台恐惧的平均分要低于非师范院校的大学生。出现这种情况的原因可能是因为师范学院的大学生在平时的课堂学习过程中会接受许多教师各种课程教学的训练，比非师范院校的大学生具有更多的机会在课堂中经历各种自我陈述、交流的情境，所以其上台恐惧得分平均要低于非师范院校的大学生。但是现在很多师范院校也开始招收很多非师范类的大学生，其课程安排更偏向于非师范学院的教学计划，所以导致了这种上台恐惧得分不显著的情况。

将学校类型按照是否是省属重点大学进行划分可分为：省属重点大学和一般大学。经过统计分析，本次调查研究中两类大学的被试在上台恐惧上的得分见图4-8。

由图4-8所示，省属重点大学和一般大学的学生在上台恐惧上的平均分分别为14.320、14.165，标准差分别为4.489、4.759。将学校类型作为自变量，上台恐惧总分为因变量进行独立样本 t 检验,结果显示,两类学校的学生在上台恐惧上的得分不具有统计学意义上的显著性。出现这种现象的原因可能是:决定个人能否进入省属重点大学的决定性原因是该生在高考时的成绩,成绩好排名较高的学生进入了省属重点大学,成绩一般或较差的学生进入了一般大学。因为只按照这种标准筛选了学生,而没有考虑学生的综合素质,比如学生的心理健康水平、平时成绩、教师评价、特长等,所以两类大学的学生在上台恐惧上的得分没有显著性差异。

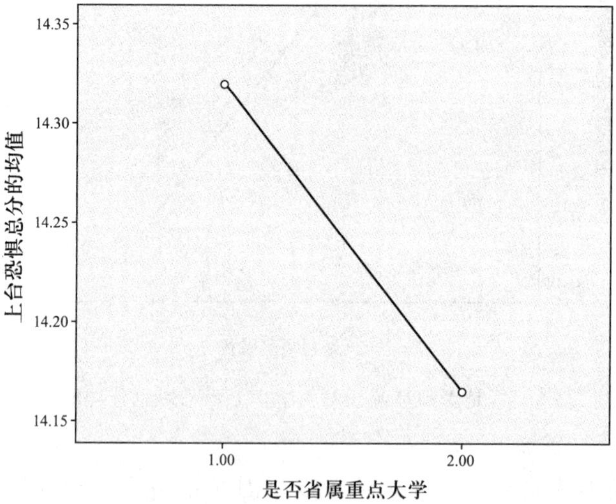

图 4-8 是否为省属重点大学的大学生在上台恐惧上的差异

四、家庭因素为什么会影响大学生的上台恐惧

(一)是否为独生子女或者出生顺序的不同对大学生上台恐惧的影响

在本次对西南地区大学生的面众恐惧的调查研究中,独生子女、出生顺序为老大、老二、老三和老四的大学生人数分别为 467 人、1 057 人、814 人、302 人和 169 人,见图 4-9。经过数据分析,其在上台恐惧这一维度上的得分分别为 13.677、14.363、14.214、14.199、14.805,而且其得分在统计学意义上显著,得分从高到低排列依次为老四、老大、老二、老三、独生子女。事后检验分析发现:独生子女在上台恐惧上的得分显著低于老大、老二和老四的得分。

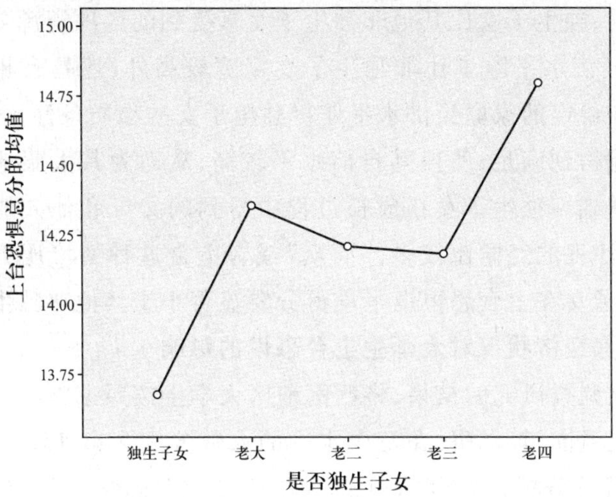

图 4-9　是否为独生子女对于大学生在上台恐惧上的影响

黄艳苹等曾研究出生顺序对大学生人格及心理健康的影响（黄艳苹，李玲，2011），结果显示：在人格特征方面，独生子女最外向，长子最内向，次子次之；在神经质因子上，长子最易焦虑与紧张，次子次之，独生子女情绪最稳定；在心理健康方面，独生子女的心理健康水平最高，长子、次子和幼子的心理健康之间没有显著性差异。这项研究的结果也可以解释本次研究中上台恐惧维度在是否是独生子女和不同出生顺序方面的差异。独生子女性格外向，勇于和善于表现自己，能在多人场合中大方、得体地表达观点、想法，其情绪稳定性相比长子、次子、幼子都要高，情绪状态比较稳定，比较容易保持良好的心境。从总体健康水平来看，独生子女要显著高于长子、次子、幼子，而且后三者在心理健康水平上不显著。① 面众恐惧、交流焦虑、社交焦虑等问题作为一种人际交往中的障碍，会使人产生社交回避的情况，而社交回避会引发苦恼、焦虑、强迫等心理症状，这与曾雅丽等人（曾雅丽，蔡茂华，宋迎秋，2011）所做的人际敏感与社交焦虑相关因素的分析结果是一致的②。从家庭

① 黄艳苹，李玲.出生顺序对大学生人格及心理健康的影响研究[J].医学与社会，2011，8：89—91+95.

② 曾雅丽，蔡茂华，宋迎秋.高校大学生人际敏感与社交焦虑相关因素分析[J].社会心理科学，2011，Z1：5—8+35.

环境方面来看，独生子女比其他非独生子女享受到的各项资源要充足。独生子女家庭的经济水平除了比非独生子女家庭较高外，还具有相对稳定的特点。较高的和稳定的家庭经济水平使得独生子女的物质条件比较充裕，各种生活需要都能得到满足，使得其自信水平较高，从而为其大胆地展现自己打下了良好的基础。独生子女在成长过程中得到的父母和他人的关注也比较多，对受多人注视的经验比较多，“面众”或者上台这种情境压力对其影响很小，所以独生子女在上台恐惧上平均得分要显著小于其他非独生子女。

（二）家庭经济状况对大学生上台恐惧的影响

根据本次调查研究的结果，将西南地区大学生按照家庭经济水平分成三个维度：贫困、温饱、较富裕，在三个水平的人数分别为：1 152 人，1 181 人和 76 人。经过统计分析，三个水平上的大学生在上台恐惧上的差异非常显著，其上台恐惧的得分从高到低排列依次为贫困、温饱、较富裕水平，见图 4-10。经过事后检验分析显示，贫困水平的大学生其在上台恐惧上的得分显著大于温饱水平。

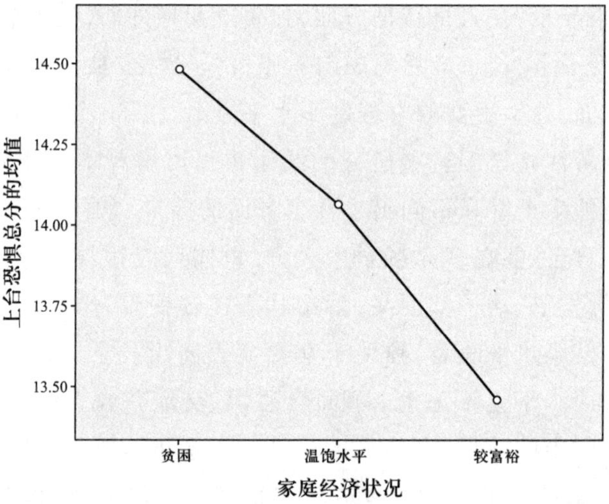

图 4-10　不同家庭经济状况的大学生在上台恐惧上的差异

家庭环境作为个人成长中的第一环境，对于个体认知、情绪的发展具有重要影响。家庭经济水平不高的大学生在其成长经历中，经常面临物质要求匮乏的状况，经常有低人一等的感觉，对于个体自信心的培养、自尊的建立具有明显的负面作用。家庭经济水平较低的大学生容易产生自卑、自信心不足等心理问题，有的贫困生甚至对他人的评价和关注都感到畏惧，有的贫困生还因过多的勤工助学工作而影响了学习、身体健康和生活质量，这些生活问题都会引起因经济困难而产生的孤独、烦恼、焦虑和自卑等心理问题，都会导致其上台恐惧上得分较高。家庭经济水平较好的大学生拥有较好的物质条件，在社会交往的过程中能处于比较优势的地位，这有利于他们建立良好的自信水平。家庭经济水平较高的大学生也拥有比较充分的金钱满足其社会交往的需要，能够积极地参加各种聚会、集体出游等社会交往活动，在参与社会交往活动时往往处于主动地位。由于其社会交往经验丰富，自然不会在众人面前有怯场的情况发生，因而其上台恐惧的得分偏低。

（三）父母文化程度对大学生上台恐惧的影响

1. 父母文化程度对大学生上台恐惧的总影响

本次调查研究中将大学生父母的文化水平分为 7 个层次，分别是：文盲、小学、初中、高中或中专、专科和本科以上。每个层次上的人数分布依次为：220、743、1 066、534、106 和 140 人。经过统计检验分析，不同父母文化水平的大学生在上台恐惧上的得分有非常显著的差异，其分值高低按照从大到小的水平排列依次为：文盲、小学、初中、高中或中专、专科、本科以上，见图4-11。

从图 4-11 可以看出，西南地区大学生上台恐惧随着父母文化水平的提高而降低。父母文化水平较高，家庭经济水平一般也较高，大学生学习生活的物质条件就比较充裕。父母文化水平较高也会使得父母教养方式也较为合理、恰当。薛敏、廖大凯等在家庭教养方式与大学生人际交往能力的关系的研究中发现①：父母家庭教养方式和子女的人际交往能力有显著相关，家庭教养方式对大学生的人际交往能力有很大影响。具体来说，积极的教养方式和大学生子女的人际交往能力之间为正相关关系，消极的教养方式和其呈负相关关系。父母情感越温暖，越多地理解子女，子女的社交兴趣越广泛。如果父母越多地使用惩罚，对子女越严厉，大学生子女在人际交往中社交兴

① 薛敏，廖大凯，薛涛.家庭教养方式与大学生人际交往能力的关系[J].中国健康心理学杂志，2011，3：358—361

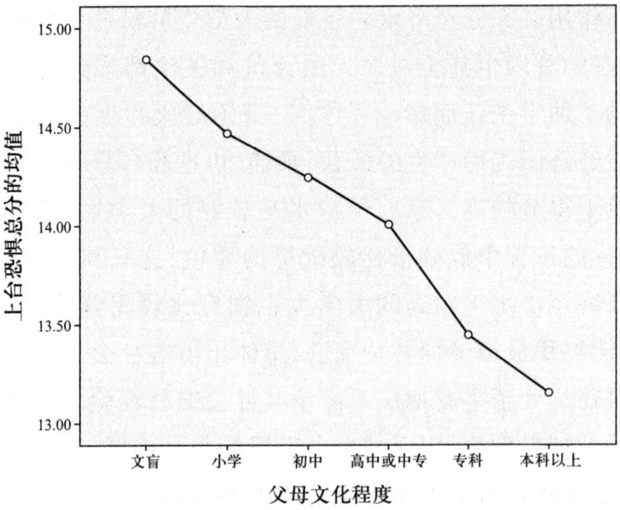

图 4-11 父母文化程度不同的大学生在上台恐惧上的差异

趣越不广泛,越不宽容、平和。在一般情况下,父母较高的文化水平不仅能够为子女提供更牢固的物质基础,而且在教育子女的过程中也会更加注重子女德智体美的全面发展。有些父母会着重培养其某方面的能力,让其参加某些兴趣班、特长班,发展子女的兴趣爱好,使其拥有某方面的特长。这对于培养个人的自信心具有非常重要的作用,有利于降低学生的上台恐惧水平。

2. 父亲文化水平、母亲文化水平对大学生上台恐惧的影响

(1) 父亲文化水平的影响

以父亲文化水平为自变量,上台恐惧总分为因变量,对西南地区大学生上台恐惧总分作单因素方差分析,结果显示父亲文化水平不同的大学生在上台恐惧上的得分差异不显著。事后检验分析,父亲文化水平为专科以上的大学生,其上台恐惧得分显著低于文化水平为文盲、小学、初中、高中或专科的大学生。

本研究所调查大学生平均年龄为 20.9 岁,他们的父亲是 20 世纪 60 年代或 20 世纪 70 年代初生人,上学时期应该是在 20 世纪 70 年代或 20 世纪 80 年代。这个年代的人,大部分人只是读完了小学、初中便不再上学了。家庭经济条件好,父母文化水平较高的人可能会上到高中或中专,能上到专科及专科以上的人很少。这部分人不仅要家庭经济条件充裕,父母长辈的支持,

而且自己要有强烈的上学意愿，要有主动学习并学好的能力。专科及专科以上的人跟其他学历的人有较大的差异。这些人学习能力强，文化水平高，一般毕业后找到的工作也较好，家庭经济水平自然较高。这些人受到的教育年限较长，教育程度较高，自身的文化素养自然也较高，这对于他们教育自己的子女也是有较大的帮助。这些子女受到良好的早期教育和家庭教育对于其全面发展也有较大帮助，对于预防和减轻上台恐惧也是有效的。

中国传统文化对父母在家庭中发挥的作用和角色分配有不一样的要求，一般认为“男主外，女主内”。男性主要负责家庭经济的来源和大事的决策，女性一般负责对家人生活和子女的教育。所以，父亲的受教育文化水平对子女的教养影响不大，这可能是为文盲、小学、初中、高中或中专的父亲教育水平对子女在上台恐惧上的影响无显著差异的原因。受教育程度达到专科以上的人，可能已在一定程度上突破了传统文化的束缚，在子女教育方面大多能发挥正面的作用，从而导致子女在上台恐惧上的问题较轻。

（2）母亲文化水平的影响

以母亲文化水平为自变量，上台恐惧总分为因变量，对西南地区大学生上台恐惧总分进行单因素方差分析，结果显示：母亲文化水平不同的大学生在上台恐惧上的差异显著，按照上台恐惧得分从高到低依次排序，见图4-12。

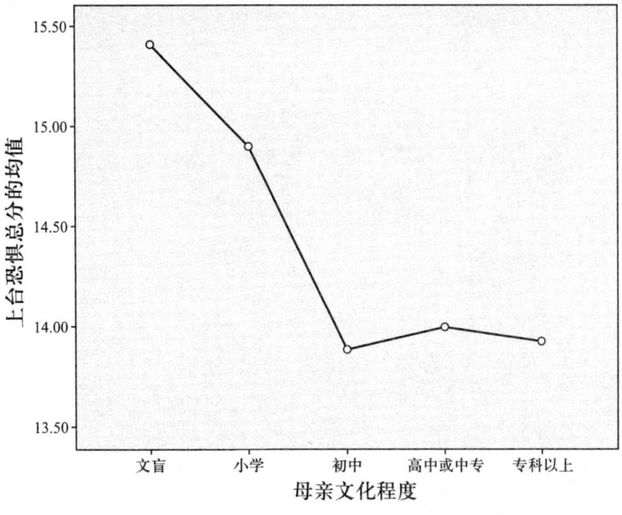

图 4-12 母亲文化水平不同的大学生在上台恐惧上的差异

事后检验结果显示:母亲文化水平为文盲的大学生在上台恐惧上的得分显著高于文化水平为初中的大学生的得分;母亲文化水平为文盲的大学生的得分显著高于文化水平为高中或中专的大学生的得分;母亲文化水平为小学的大学生在上台恐惧上的得分显著高于初中的大学生的得分。

一般认为,父亲、母亲文化程度越高,子女的受教育程度就越好,发展就越全面、完善。从图 4-12 可以看出,大学生上台恐惧的得分基本上是随着母亲文化水平的提高而降低,这是因为母亲受到良好的教育对子女各方面发展会带来正面的促进作用。而且,由于中国传统文化下社会要求的影响,在子女成长和教育的方面母亲相比父亲倾注了更多的精力和时间,所以,母亲的受教育程度在子女的发展和教育中起到了更大的作用,这就可以解释父亲受教育的程度对子女上台恐惧影响不显著而母亲的受教育的程度对子女的上台恐惧影响显著的缘由。

第五章
西南地区大学生面众恐惧中的面试恐惧调查研究

第一节 研究背景

一、问题提出

面试恐惧①主要指大学生在参加校内外的各种面试中,面对面试官回答有关问题或展示自己的本领时,往往出现紧张、词不达意、焦虑等现象而不能很好地展示自己时出现的恐惧。

大学生的人际交往问题一直受到广泛关注,而其中的面试交流是大学生即将跨入社会所必要的,大学生的面试恐惧问题亟须解决,因此需要编制大学生面试恐惧调查量表来了解大学生面试恐惧的现状和特点。本研究在国内外已有研究的基础上,主要考察西南地区大学生的面试恐惧的现状和特点。本研究旨在结合西南地区大学生面试恐惧的现状和特点,为减轻与矫治大学生面试恐惧,提高大学生的面试技能提供研究资料,同时也为高校大学生心理咨询与心理健康教育提供一些启示。

二、研究方案

(一) 被试

采取分层随机抽样方法,在西南地区的云南、贵州、四川和重庆四省(市)的 12 所高校抽取 3 277 名大学生为被试,最后获得有效被试 2 809 名,有效率为 85.7%。其中男生 992 名,女生 1 817 名;大一 578 名,大二 760 名,

① 王洪礼,邹维兴,刘红,等.中国大学生面众恐惧的心理测量学再探[J].心理科学,2012,35(5):1218—1224.

大三 1 030 名，大四 365 名，大五 76 名；文科（文史哲法）类 1 363 名，理科类 1 098名，工科类 92 名，医学类 85 名，艺术类 171 名。

（二）方法

采用王洪礼主持编制的《中国大学生面众交流恐惧调查量表》（2011 修订版）中的分量表《面试恐惧量表》，该量表有 8 个关于面试恐惧的题项，其内部一致性信度为 0.824，重测信度为 0.746。在问卷答题时被试对题项符合自己情况的程度进行 1 至 5 级评定。被调查的大学生在每个题项上回答"1"即"完全不符合"，回答"2"即"不太符合"，就认为该被试的面试恐惧在该题项上程度较低，分数越高说明面试恐惧越严重。

以班级为单位进行团体施测调查，主试由心理学硕士毕业的教师担任，被试在课堂上统一作答，匿名填写，采用统一的指导语，当场收回问卷。对收回的有效数据录入计算机，运用 SPSS19.0 管理数据，兼用独立样本 T 检验、多因素方差分析（MNOVA）等统计检验方法。

第二节 西南地区大学生面试恐惧的总体状况

一、西南地区大学生面试恐惧程度的分布情况

根据西南地区大学生在《面试恐惧分量表》上的得分绘制出次数分布的直方图，见图 5-1。

从图 5-1 可以得到西南地区大学生上台恐惧的得分呈正态分布，偏度为 0.169，峰度为-0.183。大学生上台恐惧的平均得分为 21.47，标准差为 5.914。

二、西南地区大学生面试恐惧的一般特点

在《中国大学生面众恐惧调查量表》（2011 修订版）的计分标准中，面试恐惧总分不大于 8 分则认为无面试恐惧；9～16 分则认为存在较低的面试恐惧；17～24 分则认为存在中等程度的面试恐惧；25～32 分则认为存在较高的面试恐惧；33～40 分则认为存在高度面试恐惧，具体调查的西南地区大学生面试恐惧的情况见表 5-1。

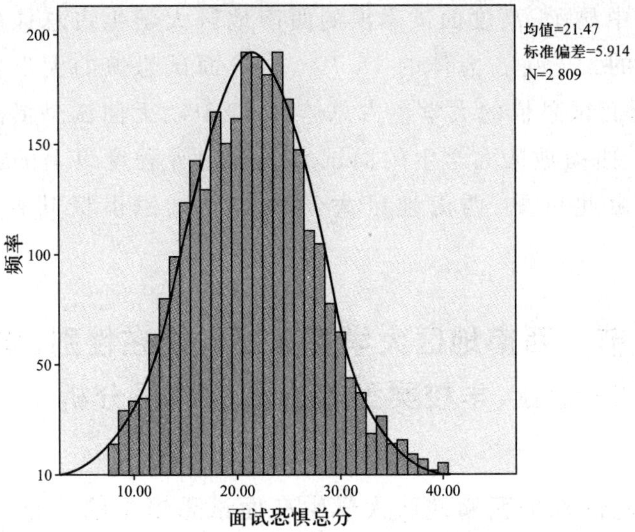

图 5-1　西南地区大学生面试恐惧总体情况分布图

表 5-1　西南地区大学生面试恐惧和面众恐惧程度分布情况

	面试恐惧	面众恐惧
平均分(M)	14.22	71.22
标准差(SD)	4.67	18.51
最大值(MAX)	40	149
最小值(MIN)	8	30
题项总均分	2.68	2.37
高度恐惧	2.6%	0.9%
较高恐惧	15.7%	14.3%
中等恐惧	42.1%	54.8%
较低恐惧	37.3%	29.9%
无恐惧	2.3%	0.1%
有恐惧	97.7%	99.9%

表5-1中显示，高度面试恐惧的西南地区大学生占总体的2.6%，较高面试恐惧的大学生占总体的15.7%，中等面试恐惧的大学生占总体的42.1%，较低面试恐惧的大学生占总体的37.3%，无面试恐惧的大学生占总体2.3%。西南地区大学生的面试恐惧在中等程度以上的占总体比例的60.4%。由此可见，西南地区大学生的面试恐惧极其普遍，且亟须解决。

第三节 西南地区大学生面试恐惧在性别、年级、专业、学校类型等方面的差异分析

一、不同性别的西南地区大学生在面试恐惧上的差异

以性别为自变量，面试恐惧总分为因变量，对西南地区大学生的面试恐惧进行独立样本 t 检验，结果见表5-2。

表5-2 西南地区大学生面试恐惧的性别差异

	N	面试恐惧		*t*	*Sig*
		M	*SD*		
男	992	20.249	5.790	−8.172	0.000
女	1 817	22.135	5.876		

表5-2显示，西南地区大学生在面试恐惧上存在极其显著的性别差异，即女大学生在面试恐惧上的得分极其显著地高于男大学生（$p<0.001$）。

二、不同年级的西南地区大学生在面试恐惧上的差异

以年级为自变量，面试恐惧总分为因变量，对西南地区不同年级大学生面试恐惧差异进行单因素方差分析，结果见表5-3。

表 5-3 西南地区大学生的面试恐惧在年级上的差异

年级	N	面试恐惧		F	Sig	Post Hoc
		M	SD			
大一①	578	20.578	6.048	8.425	0.000	②>①***,③>①** ④>①***,②>⑤** ③>⑤*,④>⑤** ②>③**
大二②	760	22.172	5.983			
大三③	1 030	21.378	6.033			
大四④	365	22.022	5.045			
大五⑤	76	19.803	5.241			

（注：***表示 $p<0.001$，**表示 $p<0.01$，*表示 $p<0.05$）

表 5-3 显示，面试恐惧得分从最高到最低排列，依次为大二、大四、大三、大一、大五。西南地区大二学生面试恐惧最严重，大五严重程度最低，而且不同年级间在面试恐惧上的差异存在极其显著地差异（$p<0.001$）。经过事后检验显示，大二、大四学生的面试恐惧得分极其显著地大于大一学生（$p<0.001$），大三学生的面试恐惧得分非常显著地大于大一学生（$p<0.01$），大二、大四学生的面试恐惧得分非常显著地大于大五的学生，大三学生面试恐惧的得分显著地大于大五的学生（$p<0.05$），大二学生面试恐惧的得分非常显著地大于大三的学生（$p<0.01$）。

三、不同专业的西南地区大学生在面试恐惧上的差异

以专业类型为自变量，面试恐惧总分为因变量，对西南地区不同专业类型大学生的面试恐惧差异进行单因素方差分析，结果见表 5-4。

表 5-4 西南地区大学生的面试恐惧在专业上的差异

专业	N	面试恐惧		F	Sig	Post Hoc
		M	SD			
文科类①	1 363	21.881	5.818	12.510	0.000	①>⑤*** ②>⑤*** ③>⑤*** ④>⑤***
理科类②	1 098	21.461	6.086			
工科类③	92	20.870	5.709			
医学类④	85	21.482	4.810			
艺术类⑤	171	18.850	5.337			

（注：***表示 $p<0.001$）

表5-4显示，从专业上来看，大学生的面试恐惧得分从高到低依次为文科类、医学类、理科类、工科类、艺术类，且各个专业在面试恐惧上的得分有极其显著的差异（$p<0.001$）。经过事后检验表明，文科类专业、理科类专业、工科类专业和医学类专业的大学生在面试恐惧上的得分极其显著地高于艺术类的大学生（$p<0.001$）。换言之艺术类大学生的面试恐惧程度最低，面试恐惧情况较少，而文科类大学生的面试恐惧情况较为严重，程度最高。

四、西南地区大学生的面试恐惧在是否为师范类院校上的差异

根据本研究在西南地区的调查对象，把被试分为师范类大学生和非师范类大学生，并以是否师范院校为自变量，面试恐惧为因变量，进行独立样本 t 检验，结果见表5-5。

表5-5 是否为师范类院校的西南地区大学生在面试恐惧上的差异

	N	面试恐惧		*t*	*Sig*
		M	*SD*		
非师范学校	919	21.085	5.930	−2.402	0.016
师范学校	1 890	21.656	5.899		

表5-5显示，西南地区是否为师范院校的大学生在面试恐惧上存在显著差异（$p<0.05$），且师范类大学生在面试恐惧上要显著高于非师范院校的大学生（$p<0.05$），即师范类院校的大学生更容易出现面试恐惧。

五、西南地区大学生的面试恐惧在不同院校类型上的差异

根据本研究的调查对象，把西南地区的被试分为省级重点院校大学生和省级一般院校大学生，并以省级院校类型为自变量，面试恐惧为因变量，进行独立样本 t 检验，结果见表5-6。

表5-6 不同省级院校类型的大学生在面试恐惧上的差异

	N	面试恐惧		*t*	*Sig*
		M	*SD*		
省级一般院校	1 360	22.179	5.997	6.210	0.000
省级重点院校	1 449	20.802	5.758		

表 5-6 显示,西南地区省级一般院校的大学生有 1 360 人,在面试恐惧上的平均分为 22.179,标准差为 5.997;省级重点院校的大学生有 1 449 人,在面试恐惧上的平均分为 20.802,标准差为 5.758。西南地区大学生的面试恐惧在省级院校类型上的差异极其显著($p<0.001$),省级一般院校大学生的面试恐惧显著高于省级重点院校大学生。

第四节　西南地区大学生面试恐惧的家庭影响因素分析

一、不同家庭排行的西南地区大学生在面试恐惧上的差异

以家庭排行为自变量,面试恐惧总分为因变量,对西南地区不同家庭排行大学生的面试恐惧差异进行单因素方差分析,结果见表 5-7。

表 5-7　不同家庭排行的西南地区大学生面试恐惧上的差异

出生顺序	*N*	面试恐惧		*F*	*Sig*	*Post Hoc*
		M	*SD*			
独生子女①	467	20.272	5.632			②>①***
老大②	1 057	21.641	5.961			③>①***
老二③	814	21.741	5.844	7.013	0.000	④>①*
老三④	302	21.361	5.962			⑤>①***
老四⑤	169	22.580	6.206			④>③*

(注:* 表示 $p<0.05$,* * 表示 $p<0.01$,* * * 表示 $p<0.001$)

表 5-7 显示,在本研究的调查中,不同家庭排行的大学生在面试恐惧上的得分从高到低依次为老四、老二、老大、老三、独生子女,而且他们在面试恐惧上具有极其显著的差异($p<0.001$)。经过事后检验分析,在家是老大、老二、老四的大学生在面试恐惧上极其显著地高于独生子女大学生($p<0.001$),在家是老三的大学生在面试恐惧上显著高于独生子女大学生($p<0.05$),在家是老三的大学生在面试恐惧上显著高于在家是老二的大学生($p<0.05$)。

二、不同家庭经济状况的西南地区大学生在面试恐惧上的差异

在本调查研究中,按照自评的家庭经济状况来划分被试的家庭经济状况,

因此以自评的家庭经济状况为自变量，面试恐惧总分为因变量，对西南地区不同家庭经济状况大学生的面试恐惧差异进行单因素方差分析，结果见表5-8。

表5-8 不同家庭经济状况的大学生在面试恐惧上的差异

家庭经济状况	*N*	面试恐惧		*F*	*Sig*	*Post Hoc*
		M	*SD*			
贫困①	1 152	21.673	6.172	3.769	0.023	①>③** ②>③*
温饱水平②	1 581	21.400	5.748			
较富裕③	76	19.816	5.022			

（注：*表示 $p<0.05$，**表示 $p<0.01$）

表5-8显示，西南地区处于贫困、温饱水平、较富裕三个不同家庭经济状况水平上的大学生在面试恐惧上的差异显著（$p<0.05$），其恐惧程度从高到低依次为贫困水平大学生、温饱水平大学生、较富裕水平大学生。经过事后检验分析表明，处于贫困水平的大学生在面试恐惧上的得分非常显著地高于较富裕水平的大学生（$p<0.01$），处于温饱水平的大学生在面试恐惧上的得分显著高于较富裕水平的大学生（$p<0.05$）。

三、父母文化程度不同的西南地区大学生在面试恐惧上的差异

以父母文化程度为自变量，面试恐惧总分为因变量，对西南地区父母文化程度不同的大学生的面试恐惧差异进行单因素方差分析，结果见表5-9。

表5-9 不同父母文化程度的大学生在面试恐惧上的差异

父母文化程度	*N*	面试恐惧		*F*	*Sig*	*Post Hoc*
		M	*SD*			
文盲①	220	22.009	6.478	5.997	0.000	①>⑤*， ①>⑥*** ②>⑥***， ③>⑤*， ③>⑥*** ④>⑥**
小学②	743	21.551	5.863			
初中③	1 066	21.815	6.008			
高中或中专④	534	21.236	5.668			
专科⑤	106	20.406	5.186			
本科⑥	140	19.243	5.432			

（注：*表示 $p<0.05$，**表示 $p<0.01$，***表示 $p<0.001$）

表5-9显示,父母文化水平不同的大学生在面试恐惧上的得分有极其显著的差异($p<0.001$),其面试恐惧程度按照从高到低的水平依次排列为:文盲、初中、小学、高中或中专、专科、本科。经过事后检验分析结果显示,父母是文盲的大学生在面试恐惧上的得分显著高于父母是专科文化的大学生($p<0.05$),父母是文盲的大学生在面试恐惧上的得分极其显著高于父母是本科文化的大学生($p<0.001$),父母是小学文化的大学生在面试恐惧上的得分极其显著地高于父母是本科文化的大学生($p<0.001$),父母是初中文化的大学生在面试恐惧上的得分显著高于父母是专科文化的大学生($p<0.05$),父母是初中文化学历的大学生在面试恐惧上的得分极其显著地高于父母是本科文化学历的大学生($p<0.001$),父母是高中或者中专文化学历的大学生在面试恐惧上的得分非常显著高于父母是本科文化学历的大学生($p<0.01$)。

由于在青少年的成长过程中,家庭中父母教养方式对其心理的影响是巨大的,而母亲与父亲的教养方式往往是不同的。因此在本研究中,为了更详细地探讨母亲与父亲对个体的具体影响,抽取被试中的617名大学生并分别调查其父亲的文化程度与母亲的文化程度来分别考察分析父亲与母亲分别对大学生面众恐惧的影响。

以抽取的这617名大学生为样本,以西南地区大学生面众恐惧总分为因变量,以大学生的父亲的文化程度为自变量进行单因素方差分析(One-Way ANOVA),结果如表5-10所示。

表5-10 父亲文化程度不同的大学生在面试恐惧上的差异

	N	面试恐惧		*F*	*Sig*	*Post Hoc*
		M	*SD*			
文盲①	44	22.126	6.268	1.573	0.180	②>⑤* ③>⑤* ④>⑤*
小学②	163	22.509	5.554			
初中③	261	22.379	5.592			
高中或中专④	111	22.306	6.012			
专科以上⑤	38	20.026	5.345			
总计	617	22.238	5.706			

(注:* 表示 $p<0.05$)

表5-10表明,单独从父亲文化程度来看,父亲文化程度不同的大学生的

面试恐惧不存在显著差异。进一步的事后检验分析得到,父亲学历为小学、初中、高中或中专的西南地区大学生的面试恐惧显著高于父亲学历是专科以上的大学生。而从面试恐惧的平均得分来看,父亲学历为小学的西南地区大学生的面试恐惧得分最高为 22.509,父亲学历为专科以上的西南地区大学生的面众恐惧得分最低为 20.026。

同样以抽取的这 617 名大学生为样本,以西南地区大学生面众恐惧总分为因变量,以大学生的母亲的文化程度为自变量进行单因素方差分析(One-Way ANOVA),结果如表 5-11 所示。

表 5-11 母亲文化程度不同的大学生在面试恐惧上的差异

	N	面试恐惧		*F*	*Sig*	*Post Hoc*
		M	*SD*			
文盲①	169	22.858	5.955	1.881	0.112	①>⑤* ②>⑤*
小学②	221	22.348	5.668			
初中③	134	22.105	5.194			
高中或中专④	65	21.477	6.075			
专科以上⑤	28	20.036	5.554			

(注:* 表示 $p<0.05$)

表 5-11 表明,单独从母亲文化程度来看,母亲学历对西南地区大学生面试恐惧的影响不大,即母亲文化程度不同的大学生的面试恐惧不存在显著差异。进一步的事后检验分析得到,母亲学历为文盲、小学的西南地区大学生的面试恐惧显著高于母亲学历是专科以上的大学生。而从面众恐惧的平均得分来看,仍然是母亲学历为文盲的西南地区大学生的面众恐惧得分最高,为22.858,母亲学历为专科以上的西南地区大学生的面众恐惧得分最低,为 20.036。

第五节 西南地区大学生的面试恐惧在性别、年级、专业上的交互作用分析

一、西南地区大学生的面试恐惧在性别、年级上的交互作用分析

以性别、年级为自变量,面试恐惧总分为因变量,对西南地区大学生的面

试恐惧差异进行两因素交互作用分析，结果见表5-12。

表5-12 西南地区大学生各年级男女面试恐惧的状况

		大一	大二	大三	大四	大五
男	*M*	18.955	20.823	20.032	21.605	18.546
	SD	5.826	6.126	5.717	5.082	4.405
女	*M*	21.306	22.895	22.160	22.303	20.315
	SD	6.011	5.783	6.078	5.012	5.501

交互效应统计分析结果表明，两因素交互作用分析表明，性别的主效应显著，$F(1,2\ 799)=25.795$，$p<0.001$，女生的面试恐惧得分显著高于男生；年级的主效应显著，$F(4,2\ 799)=9.415$，$p<0.001$，大二学生的面试恐惧得分最高，大五学生的面试恐惧得分相对最低；同时，性别和年级的交互作用不显著，$F(4,2\ 799)=1.247$，$p>0.05$。从表5-13中的结果可以得到，对于西南地区的男大学生，大四男生的面试恐惧得分最高(平均分为21.605，标准差为5.082)，大五男生的面试恐惧得分最低(平均分为18.546，标准差为4.405)；而对于西南地区的女大学生，则大二女生的面试恐惧得分最高(平均分为22.895，标准差为5.783)，同样，大五女生的面试恐惧得分最低(平均分为20.315，标准差为5.501)。根据表5-12中西南地区各年级男女大学生的面试恐惧得分绘制出交互趋势图，如图5-2所示。

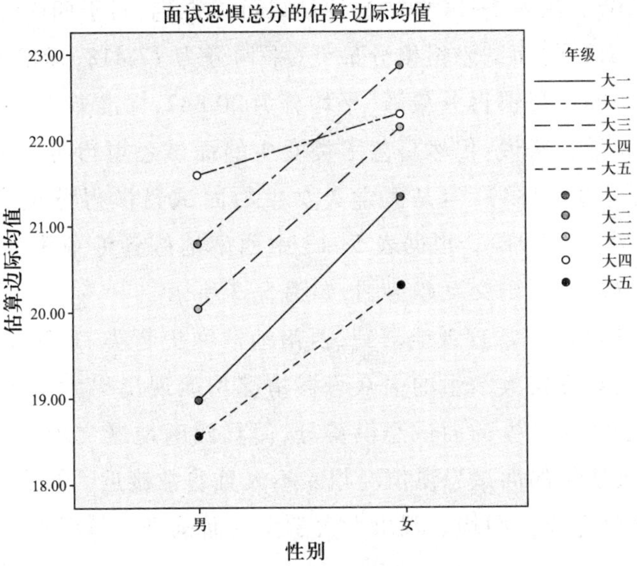

图5-2 西南地区大学生各年级男女面试恐惧的状况

从图 5-2 可以非常直观地看到，西南地区大一、大二、大三、大四和大五等五个年级大学生的面试恐惧状况均表现出男大学生的面试恐惧得分显著低于女大学生的面试恐惧得分。换言之，在西南地区大学生中，女大学生的面试恐惧普遍比男大学生严重。

二、西南地区大学生的面试恐惧在性别、专业上的交互作用分析

以性别、专业为自变量，面试恐惧总分为因变量，对西南地区大学生的面试恐惧差异进行两因素交互作用分析，结果见表 5-13。

表 5-13 西南地区大学生各专业男女面试恐惧的状况

		文科类	理科类	工科类	医学类	艺术类
男	*M*	20.847	20.290	20.214	19.222	17.418
	SD	5.657	5.932	5.723	4.326	5.322
女	*M*	22.299	22.280	21.420	22.535	19.522
	SD	5.833	6.063	5.697	4.691	5.183

两因素交互作用分析表明，西南地区大学生面试恐惧的性别主效应极其显著，$F(1,2\ 799)=23.282, p<0.001$；专业类型的主效应极其显著，$F(4,2\ 799)=10.754, p<0.001$；而性别和专业类型的交互作用不显著，$F(4,2\ 799)=0.719, p>0.05$。从表 5-14 中的统计结果可以得到，对于西南地区男大学生来说，艺术类男生的面试恐惧得分最低（平均分为 17.418，标准差为 5.322），文科类男生的面试恐惧得分最高（平均分为 20.847，标准差为 5.657）；而对于西南地区女大学生来说，仍然是艺术类女生的面试恐惧得分最低（平均分为 19.522，标准差为 5.183），但是医学类女生的面试恐惧得分最高（平均分为 22.535，标准差为 4.691）。根据表 5-13 中西南地区各专业类型男女大学生的面试恐惧得分绘制出交互趋势图，如图 5-3 所示。

从图 5-3 可以非常直观地得到，西南地区文史哲类、理科类、工科类、医学类和艺术类共五类大学生的面众恐惧情况均表现出男大学生的面试恐惧得分显著低于女大学生的面试恐惧得分，而且西南地区文史哲类、理科类和医学类的女大学生的面试恐惧情况相差不大且非常接近。换言之，西南地区大学生中，任何专业类型均表现出女大学生的面试恐惧情况严重于男大学生的面试恐惧。

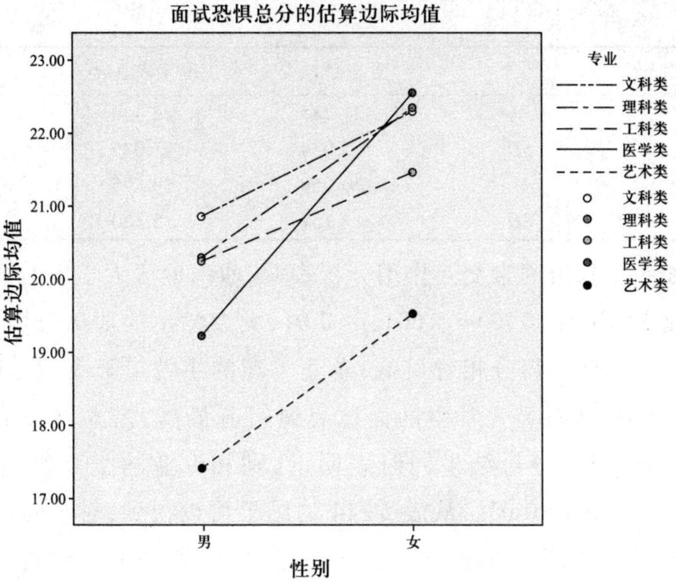

图 5-3　西南地区大学生各专业男女面试恐惧的状况

三、西南地区大学生的面试恐惧在年级、专业上的交互作用分析

为了更好地分析年级与专业类型对面众恐惧的交互影响，把所有被试的专业类型合并为三类（文史哲法类、理工农医类、艺术类）进行 5×3 的两因素交互效应分析。以年级、专业为自变量，面试恐惧总分为因变量，对西南地区大学生的面试恐惧差异进行两因素交互作用分析，结果见表 5-14。

表 5-14　西南地区大学生各年级各专业面试恐惧的状况

		文史哲法学	理工农医类	艺术类
大一	*M*	21.108	20.310	18.644
	SD	5.930	6.299	4.918
大二	*M*	22.995	21.915	18.522
	SD	5.684	6.191	5.346
大三	*M*	21.723	21.346	18.509
	SD	5.963	6.064	5.723

续表

		文史哲法学	理工农医类	艺术类
大四	*M*	21.285	22.430	
	SD	5.034	5.016	
大五	*M*	20.059	19.595	
	SD	5.158	5.360	

年级和专业的两因素交互作用分析表明,西南地区大学生面试恐惧的年级主效应显著,$F(4,2\ 796)=3.601$,$p<0.01$,大二学生的面试恐惧得分最高,大五学生的面试恐惧得分相对最低;专业类型的主效应显著,$F(4,2\ 796)=20.859$,$p<0.001$,文科类大学生的面试恐惧得分最高,艺术类大学生的面试恐惧得分相对最低;分析结果同时表明,性别和专业的交互作用不显著,$F(6,2\ 796)=1.910$,$p>0.05$。从表 5-14 的结果可以得到,对于西南地区文史哲的大学生,其大二学生的面试恐惧得分最高,大五学生的面试恐惧得分最低;对于理工农医类大学生来说,其大四学生的面试恐惧得分最高,大五学生的面试恐惧得分最低;对于艺术类大学生,大一、大二和大三的艺术生面试恐惧的得分相差非常小。根据表 5-14 中西南地区各专业类型大学生在各年级上的面试恐惧得分绘制出交互趋势图,如图 5-4 所示。

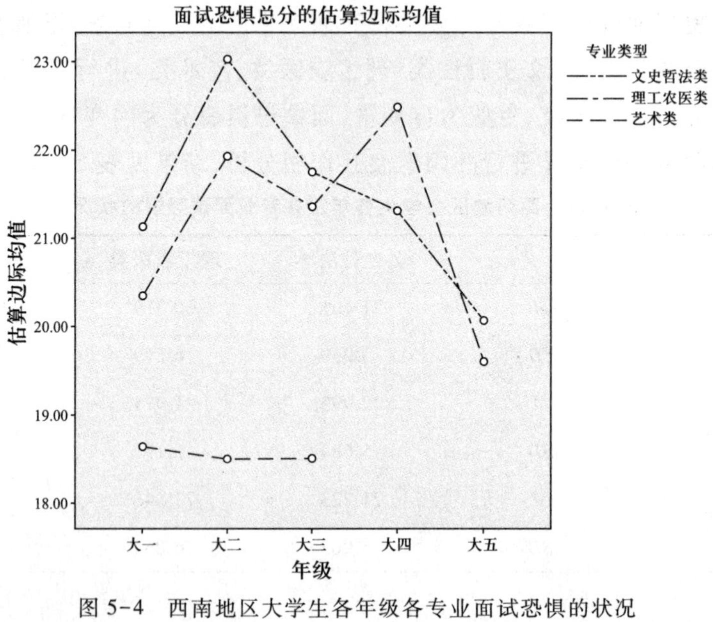

图 5-4 西南地区大学生各年级各专业面试恐惧的状况

从图 5-4 中可明显地看出，西南地区各个年级的大学生中艺术类专业大学生的面试恐惧的得分比其他专业的大学生都低，是所有年级的谷点，而峰点为文史哲法类大二学生和理科农医类大四学生；西南地区大学生面试恐惧各专业类型在年级上的变化趋势均不相同，各有各的特点。

第六节 结果分析与讨论

一、西南地区大学生面试恐惧的总体状况

从西南地区大学生面试恐惧的数据分布特点可看出，西南地区大学生的面试恐惧总体呈正态分布，但有面试恐惧的大学生占所调查大学生的97.7%，面试恐惧在中等程度以上的占总体比例的60.4%。由此可见，西南地区大学生的面试恐惧比较普遍地存在，应该受到大学生本人、家长和高校教育工作者的重视，并通过大学生对自己的不断锻炼来改善面试恐惧状况，在越来越激烈的求职竞争中表现得更好以获得面试官的青睐。

二、西南地区不同性别大学生的面试恐惧差异讨论

本研究发现西南地区男大学生在面试恐惧的程度上显著低于女大学生，这与本调查之前所做的访谈相类似。所调查访谈的男女生数量基本相等，但整理分析之后也大致推出男生在面试恐惧上的平均得分会低于女生。这种性别差异与前人在大学新生中的交流恐惧的研究一致①，这可能与男女生从小所受的不同家庭教育有关。我国根深蒂固的传统家庭教育大多要求，女生要乖巧顺从，男生则要主动大胆、有男子汉气概等。在传统家庭教育的影响下，女生更容易胆怯且被动，男生则更愿意去表现自己。男生在面试这种实际场景下可能会更加开放，更能有办法去获得关注，吸引大家的眼球；而女生在面临实际场景时很容易紧张退缩，其现场表现也就不尽如人意。这样，男生可能比女生更善于表现，因此其面试时表现地也就相对要好。

---

① 王洪礼，胡寒春，潘运.大学新生交流恐惧与自我概念的关系[J].心理科学，2006，29(6)：1464—1465，1473.

三、西南地区不同年级大学生的面试恐惧差异讨论

本调查研究显示出西南地区大二学生的面试恐惧程度最高，大四其次，如图 5-5。在西南地区大学生的大学生涯中，大二和大四是面试恐惧的峰点，大一和大五是面试恐惧的谷点。

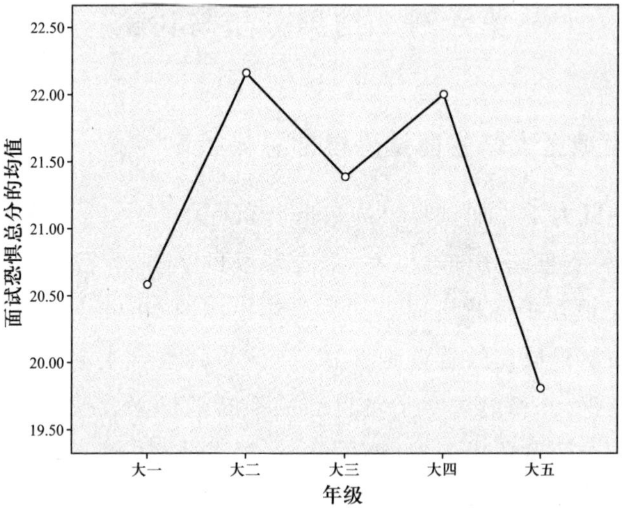

图 5-5 西南地区大学生的面试恐惧在各年级上的状况

不同年级的大学生在面试恐惧上存在极其显著差异，这可能与大二学生在经历过大一时期的彷徨后才开始拼搏有关。大二是大一过渡到大三的关键时期，这个时期如果还不能顺利认知和判断自己、发现自己感兴趣的事情、找到自己的目标，就可能会浪费大学生涯，感觉大学生活很没趣，每天只是沉浸在游戏和网络中。不和同伴朋友多做交流和接触，自然就不能锻炼自己并学习一些面试的技能和知识。而掌握面试的技能技巧则能有效增强面试自信，减轻面试恐惧的程度，因而这可能是大二学生的面试恐惧会显著高于大一和大三的主要原因。大四学生虽然面临就业压力，但同时也会接受到有关老师的就业指导和规划。大五的学生一般为医学类专业的大学生或建筑类的大学生，他们一般在大四的时候有一年的实习时间，他们在实习期间就必然得有一个和长辈同事相互了解的过程，在这个过程中就能够学到对自己以后有用的求职就业的面试体态和交流能力，因此西南地区大四和大五学生的

面试恐惧就会比大二要相对低些。

四、西南地区不同专业大学生的面试恐惧差异讨论

在不同的专业类型中,西南地区文科类专业大学生的面试恐惧是不同专业类型中的峰点,而艺术类专业大学生是不同专业类型中的谷点,这从图5-6可以直观地看出。

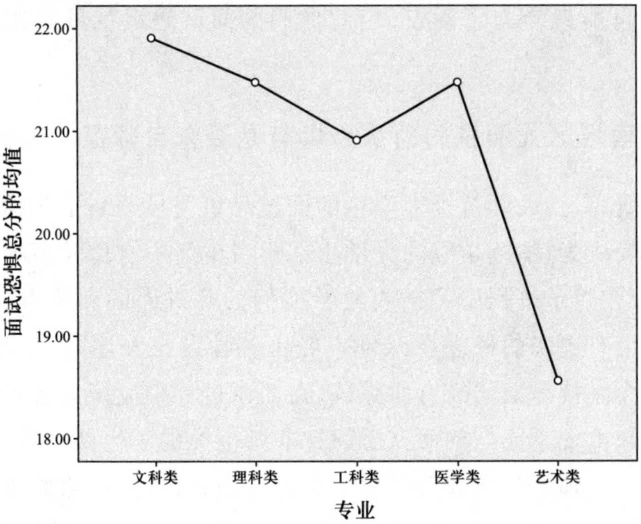

图 5-6 西南地区大学生的面试恐惧在各专业上的状况

本调查研究显示艺术类专业的大学生在面试恐惧上的得分最低,这很有可能与艺术类的大学生经常会接受训练,经常参与表演和演出有关,还可能与艺术类专业学生的性格特征有关。艺术类学生的这些训练、展示、表演或演出,使他们的面众恐惧逐步得到了减少或克服,他们可能相对有比较多的上台表现机会,更会抓住一些面试的机会;一般艺术类学生从小可能会有某方面的天赋,他们可能比较开朗活泼,可能更愿意活跃于不同场合,不容易紧张与胆怯。而文科类专业的大学生面试恐惧最突出,这是与以往研究不一致的地方,这可能与当前经济发展的大趋势有很大联系。当前经济发展的形势决定了理工科专业的大学生成为就业的主流,文科类大学生在择业、面试等方面有更多的焦虑和压力。因此文科类专业的大学生在面试恐惧的得分上

显著地高于艺术类专业的大学生。作为理工类大学生，其接受的专业训练又相对艺术类的大学生要少些，由于专业特点，理工类大学生得到的教师帮助与培训也会比艺术类大学生少得多，这样理工科类大学生面试恐惧程度也显著高于艺术类大学生也应该是在情理之中。医学类专业的大学生虽然有不同程度的实习和动手操作的机会，在医院也要和病人、医师打交道，但真正要进手术室或者急救室时会很紧张，对他们的专业要求也会很高，他们在竞争相关职位时可能就会忐忑不安，因此他们的面试恐惧就可能比艺术类大学生高。

五、西南地区大学生的面试恐惧与是否来自师范类院校的讨论

本调查研究显示，师范类大学生的面试恐惧要显著高于非师范类院校的大学生。一般认为，师范学院的大学生在学习生活中有比较多的机会上台讲课，教师也会在教学过程中穿插着给予他们公开讲课的训练，他们比非师范院校的大学生有更多的机会在课堂中经历各种自我陈述、交流的情境，他们在与他人的交流技巧上已经有所熟练，在面试过程中应该也会表现自如。但是调查结果却出现了他们的面试恐惧比非师范类的学生要高，这势必会引起研究者的关注。师范生虽然已经有了讲课的经验，可能讲课的技巧已经掌握得较好，但是在求职面试时可能表现得太过骄傲和自信而适得其反，面试官甚至会觉得他们过于浮躁而做事不够认真和谨慎。而非师范大学生可能在面试能够更真诚地表达自己，不温不火地表现而得到肯定。这很有可能就是师范类大学生的面试恐惧要显著高于非师范类院校大学生的原因。

六、西南地区大学生的面试恐惧在不同院校类型上的差异讨论

本调查研究表明西南地区省级一般院校大学生的面试恐惧极其显著地高于省级重点院校大学生。这可能与西南地区省级一般院校与重点院校的教学侧重点与教学条件不一致有关。省级重点院校会给大学生提供较好的硬件设施，比如教室多媒体、专门的就业就职辅导等，来为提高大学生面试技能技巧服务。省级重点院校也会有比较多的资金支持来帮辅大学生的面试培训，同时他们的教师教学侧重点会倾向于面向实际应用的教学为主，他们为大学生的就业面试提供充足的信息和资源，让大学生多方面地了解各方信

息和大部分招聘方所需的人才类型,充分地认识到面试对自己就业的重要性。省级重点院校的大学生还会受到学校教学方式的影响也早早地为自己就业的问题做出了准备和谋划。由于他们在一定程度上有了相应的内外在因素的支持,因此这可能是西南地区省级重点院校大学生的面试恐惧显著低于省级一般院校大学生的原因。

七、西南地区不同家庭排行大学生的面试恐惧差异讨论

本调查研究显示西南地区独生子女大学生的面试恐惧显著低于非独生子女大学生,从图5-7中可直观地看出,随着出生顺序的增大,西南地区大学生的面试恐惧总体上大致呈上升趋势,但是在家是老三的大学生的面试恐惧在稍微的下降后又很快地升高。

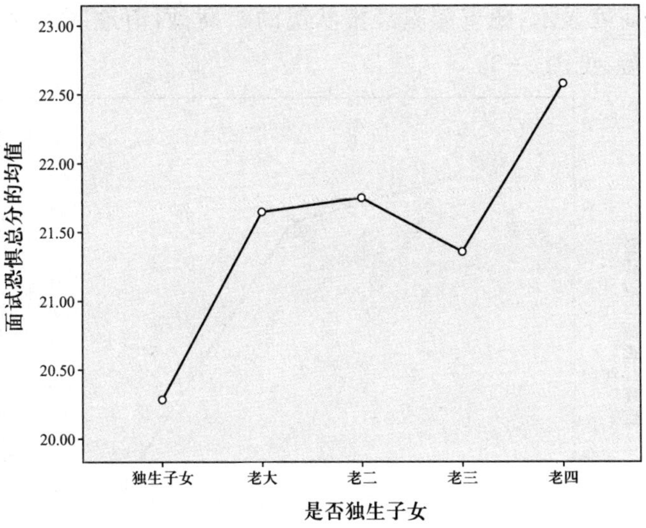

图5-7 西南地区大学生的面试恐惧在不同家庭排行上的状况

这其中原因可能是,老大作为家中长子,自然免不了会承担更多的家务责任或者是照顾弟妹的任务,更容易形成默默分担家务、为家庭做事的习惯,自己较少受到关照而是更多地在照顾家人,在与同伴交流交往时也大多流露出关怀和细心的品质。但由于他们从小以来所接触的面试方面的训练就相对甚少,在面对面试情境时会容易不知所措,容易产生恐惧害怕的心理。而

在家是老四的大学生可能是家里的老幺，一般能得到父母和兄姐们细致的照顾，做的家务事也少，在家容易被过度溺爱，甚至自理能力都不够，入大学后更易造成适应不良，而产生孤僻、自卑的心理，在面试方面也很容易不尽如人意。独生子女的家长认为要好好培养自己唯一的孩子，要让孩子能够积极应对成长的诸多不同实践，使他们能够全面发展，因此家长在独生子女大学生的青少年时期会给予他们有关生活和学习的更多关注和开导。在面试恐惧方面，他们的父母能够提出一些指导性的建议。他们一般在面试场景中不怯场，表现得体大方。这些因素造成了非独生子女大学生在面试恐惧得分上显著地高于独生子女的结果。

八、西南地区不同家庭经济状况大学生的面试恐惧差异讨论

本调查研究显示，随着家庭经济状况的提高，西南地区大学生的面试恐惧呈下降趋势，见图 5-8。

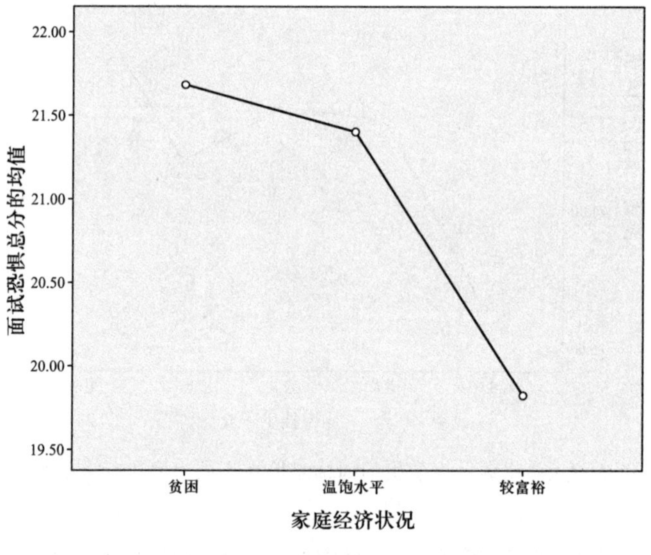

图 5-8 西南地区大学生的面试恐惧在不同家庭经济状况上的比较

家庭经济状况会影响大学生的面试恐惧，家庭贫困的大学生面试恐惧最高，家庭较富裕和实现温饱水平的大学生面试恐惧相对较少。其原因可能是：家庭经济状况较好的大学生，他们的父母可能会提供充足的物质条件去

满足他们各方面的需求,包括在开阔视野、增长见识方面的需求。这些大学生愿意在面试方面做出经济补偿以取得“真经”,花费物质代价去进行培训。他们的父母可能给予的支持力度也较大,觉得有经济条件满足自己孩子学习和生活的需要就可以付出。家庭经济状况较好的大学生能够为自己在面试方面的较好培训提供不错的物质环境,这样他们的见多识广就容易降低他们的自卑,以至降低其面试恐惧。

九、西南地区不同父母文化程度大学生的面试恐惧差异讨论

本调查研究结果可以直观地看出,随着西南地区大学生父母文化程度的提高,大学生的面试恐惧大致也呈下降趋势,见图 5-9。

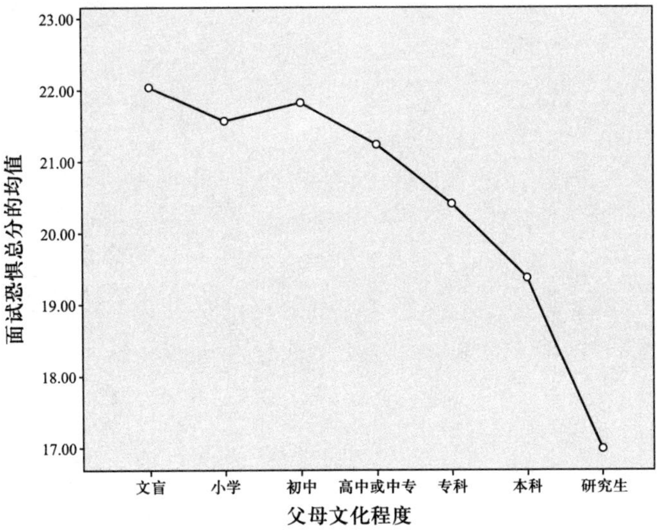

图 5-9　西南地区大学生的面试恐惧在不同父母文化程度上的状况

通过数据结果分析得出,父母文化程度是本科的西南地区大学生,其面试恐惧显著低于父母文化程度是文盲和初中的大学生;父母文化程度是文盲的大学生,其面试恐惧最突出。因此父母文化程度较高的大学生,其面试恐惧程度也相对较低。其原因可能是,父母文化程度较高的大学生可能会较深地受父母文化的熏陶,他们的父母在教育孩子的时候可能也会更倾向于实际生活知识的授传,更具实践性,他们父母的认知行动、知识框架和情绪表达特

点或直接或间接地传递到他们身上;同时他们的父母可能会在他们面试交流方面做专门的指导,比如如何表现得大方得体、如何使众人对他们印象深刻等,使他们在应对面试场景时不良反应相对较少。而父母文化程度相对较低(文盲、初中)的大学生,其父母对他们在克服面试交流恐惧方面的帮助相对较少,由于文化认知方面的局限,他们父母不能给他们以指导,也提不出好的建议。因此就有了父母文化程度较高的大学生其面试恐惧程度相对较低的结果。

第六章
西南地区大学生面众恐惧中的办事恐惧调查研究

第一节　研究背景

一、问题提出

办事恐惧主要指当前大学生在日常生活与社会实践中，需要找相关部门的人员办事（如办理各种手续等）而产生的恐惧心理。

大学生的办事能力无论是对于生活、学习，还是对于未来就业都有着重要的实际意义，而办事恐惧则严重影响着办事能力的发挥，因此大学生的办事恐惧急需解决。本研究在国内外已有研究的基础上，主要考察西南地区大学生的办事恐惧的现状和特点。本研究旨在结合西南地区大学生办事恐惧的现状和特点，为减轻与矫治大学生办事恐惧，提高大学生的办事能力提供研究资料，同时也为高校大学生心理咨询与心理健康教育提供一些启示。

二、研究方案

（一）被试

采取分层随机抽样方法，在西南地区的云南、贵州、四川和重庆四省（市）的 12 所高校抽取 3 277 名大学生为被试，最后获得有效被试 2 809 名，有效率为 85.7%。其中男生 992 名，女生 1 817 名；大一 578 名，大二 760 名，大三 1030 名，大四 365 名，大五 76 名；文科（文史哲法）类 1 363 名，理科类 1 098名，工科类 92 名，医学类 85 名，艺术类 171 名。

（二）方法

采用王洪礼主持编制的《中国大学生面众恐惧调查量表》（2011 修订

版）中的分量表《办事恐惧量表》，该量表有 8 个关于办事恐惧的题项，其内部一致性信度为 0.870，重测信度为 0.692。在问卷答题时被试对题项符合自己情况的程度进行 1 至 5 级评定。被调查的大学生在每个题项上回答“1”即“完全不符合”，回答“2”即“不太符合”，就认为该被试的办事恐惧在该题项上程度较低，分数越高说明办事恐惧越严重。

以班级为单位进行团体施测调查，主试由心理学硕士毕业的教师担任，被试在课堂上统一作答，匿名填写，采用统一的指导语，当场收回问卷。对收回的有效数据录入计算机，运用 SPSS19.0 管理数据。

第二节　西南地区大学生办事恐惧的总体状况

一、西南地区大学生办事恐惧程度的分布情况

通过 SPSS19.0 的分析，根据西南地区大学生在《上台恐惧分量表》上的得分绘制出次数分布的直方图，见图 6-1。

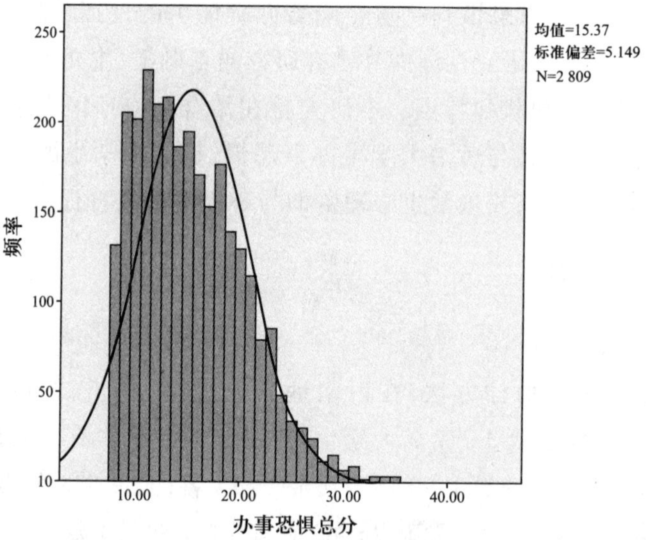

图 6-1　上台恐惧总体分布情况

西南地区大学生上台恐惧的得分呈正态分布，偏度为 0.741，峰度为

0.360。大学生上台恐惧的平均得分为 15.372，标准差为 5.149。

二、西南地区大学生办事恐惧的一般特点

在《中国大学生面众恐惧调查量表》（2011 修订版）的计分标准中，办事恐惧总分不大于 8 分则认为无办事恐惧；9～16 分则认为存在较低的办事恐惧；17～24 分则认为存在中等程度的办事恐惧；25～32 分则认为存在较高的办事恐惧；33～40 分则认为存在高度办事恐惧，具体调查的贵州省大学生办事的情况见表 6-1。

表 6-1　西南地区大学生办事恐惧和面众恐惧程度分布情况

	M	*SD*	高度恐惧	较高恐惧	中等恐惧	较低恐惧	无恐惧
办事恐惧	15.372	5.149	0.39%	4.70%	32.86%	57.35%	4.70%
面众恐惧	71.22	18.51	0.90%	14.30%	54.80%	29.90%	0.10%

表 6-1 中显示，高度办事恐惧的西南地区大学生占总体的 0.39%，较高办事恐惧的大学生占总体的 4.70%，中等办事恐惧的大学生占总体的 32.86%，较低办事恐惧的大学生占总体的 57.35%，无办事恐惧的大学生占总体 4.70%。西南地区大学生的办事恐惧在中等程度以上的占总体比例的 37.95%，而面众恐惧在中等程度以上的占总体比例的 70%。由此可见，西南地区大学生的办事恐惧比较面众恐惧，相对要低，但还是比较严重，需要引起关注。

第三节　西南地区大学生办事恐惧在性别、年级、专业、学校类型等方面的差异分析

一、不同性别的西南地区大学生在办事恐惧上的差异

以性别为自变量，办事恐惧总分为因变量，对西南地区大学生的办事恐惧进行独立样本 t 检验，结果见表 6-2。

表 6-2 西南地区大学生办事恐惧的性别差异

	N	办事恐惧		t	Sig
		M	SD		
男	992	14.789	5.095	-4.449	0.000
女	1 817	15.691	5.153		

表 6-2 显示，西南地区男女大学生 t 检验结果表明，女大学生在办事恐惧上的得分极其显著地高于男大学生（$p<0.001$）。

二、不同年级的西南地区大学生在办事恐惧上的差异

以年级为自变量，办事恐惧总分为因变量，对西南地区不同年级大学生办事恐惧差异进行单因素方差分析，结果见表 6-3。

表 6-3 西南地区大学生的办事恐惧在年级上的差异

	N	办事恐惧		F	Sig	Post Hoc
		M	SD			
大一①	578	15.26	5.09	3.046	0.016	②>①* ②>③**
大二②	760	15.88	5.28			
大三③	1 030	15.08	5.10			
大四④	365	15.48	4.62			
大五⑤	76	14.71	5.15			

（注：* 表示 $p<0.05$，* * 表示 $p<0.01$）

表 6-3 显示，办事恐惧得分从最高到最低排列，依次为大二、大四、大一、大三、大五。西南地区大二学生办事恐惧最严重，大五严重程度最低，而且不同年级间在办事恐惧上的差异显著（$p<0.05$）。经过事后检验显示，大二学生的办事恐惧得分显著地高于大一学生（$p<0.05$），同时大二学生的办事恐惧得分还非常显著地高于大三学生（$p<0.01$）。

三、不同专业的西南地区大学生在办事恐惧上的差异

以专业为自变量，办事恐惧总分为因变量，对西南地区不同专业大学生办事恐惧差异进行单因素方差分析，结果见表 6-4。

表 6-4 西南地区大学生的办事恐惧在专业上的差异

	N	办事恐惧		*F*	*Sig*	*Post Hoc*
		M	*SD*			
文科类①	1 363	15.63	5.18	3.470	0.008	①>⑤** ②>⑤**
理科类②	1 098	15.28	5.21			
工科类③	92	15.41	4.71			
医学类④	85	14.84	5.23			
艺术类⑤	171	14.18	4.50			

（注：**表示 $p<0.01$）

表 6-4 显示，从专业上来看，大学生的办事恐惧得分从高到低依次为文科类、工科类、理科类、医学类、艺术类，且各个专业在办事恐惧上的得分有非常显著的差异（$p<0.01$）。经过事后检验表明，文科类专业、理科类专业的大学生在办事恐惧上的得分非常显著地高于艺术类的大学生（$p<0.01$）。

四、西南地区大学生的办事恐惧在是否为师范类院校上的差异

根据本研究在西南地区的调查对象，把被试分为师范类大学生和非师范类大学生，并以是否是师范院校为自变量，办事恐惧为因变量，进行独立样本 t 检验，结果见表 6-5。

表 6-5 是否为师范类院校的西南地区大学生在办事恐惧上的差异

	N	办事恐惧		*t*	*Sig*
		M	*SD*		
师范类院校	1 890	15.408 5	5.135 98	0.533	0.594
非师范类院校	919	15.298 2	5.178 54		

表 6-5 显示，西南地区师范学校的大学生有 1 890 人，西南地区是否是师范院校的大学生在办事恐惧上不存在显著差异。

五、西南地区大学生的办事恐惧在不同院校类型上的差异

根据本研究的调查对象，把西南地区的被试分为省级重点院校大学生和省级一般院校大学生，并以是否为省级院校类型为自变量，办事恐惧为因变

量,进行独立样本 t 检验,结果见表 6-6。

表 6-6 不同省级院校类型的大学生在办事恐惧上的差异

	N	办事恐惧		*t*	*Sig*
		M	*SD*		
省级重点院校	1 449	15.484 5	5.100 50	1.191	0.234
省级一般院校	1 360	15.252 9	5.199 97		

表 6-6 显示,西南地区省级重点院校的大学生有 1 449 人,省级一般院校的大学生有 1 360 人,而从办事恐惧得分上来看,西南地区省级重点以上院校的大学生和一般院校的大学生在办事恐惧上相差无几,即西南地区大学生的办事恐惧在省级院校类型上的差异不显著。

第四节 西南地区大学生办事恐惧的家庭影响因素分析

一、不同家庭排行的西南地区大学生在办事恐惧上的差异

以家庭排行为自变量,办事恐惧总分为因变量,对西南地区不同家庭排行大学生的办事恐惧差异进行单因素方差分析,结果见表 6-7。

表 6-7 不同家庭排行的西南地区大学生办事恐惧的差异

	N	办事恐惧		*F*	*Sig*	*Post Hoc*
		M	*SD*			
独生子女①	467	15.447 5	4.997 31	0.679	0.679	–
老大②	1 057	15.369 0	5.303 13			
老二③	814	15.280 1	5.060 05			
老三④	302	15.728 5	5.114 55			
老四⑤	169	14.994 1	5.092 59			

表 6-7 显示,在本研究的调查中,不同家庭排行的大学生在办事恐惧上的得分从高到低依次为老三、老大、老二、独生子女、老四,但是他们在办事恐惧上没有显著差异。

二、不同家庭经济状况的西南地区大学生在办事恐惧上的差异

在本调查研究中，按照自评的家庭经济状况来划分被试的家庭经济状况，因此以自评的家庭经济状况为自变量，办事恐惧总分为因变量，对西南地区不同家庭经济状况大学生的办事恐惧差异进行单因素方差分析，结果见表6-8。

表6-8 不同家庭经济状况的大学生在办事恐惧上的差异

家庭经济状况	*N*	办事恐惧		*F*	*Sig*	*Post Hoc*
		M	*SD*			
贫困①	1 152	15.217 9	5.151 09			
温饱水平②	1 581	15.497 8	5.161 15	1.090	0.336	-
较富裕③	76	15.105 3	4.856 83			

表6-8显示，处于贫困、温饱水平、较富裕三个不同家庭经济状况水平上的大学生在办事上的恐惧程度从高到低依次为贫困水平大学生、温饱水平大学生、较富裕水平大学生。但是三者之间的差异不显著。

三、不同父母文化程度的西南地区大学生在办事恐惧上的差异

以父母文化程度为自变量，办事恐惧总分为因变量，对西南地区不同父母文化程度大学生的办事恐惧差异进行单因素方差分析，结果见表6-9。

表6-9 不同父母文化程度的大学生在办事恐惧上的差异

父母文化程度	*N*	办事恐惧		*F*	*Sig*	*Post Hoc*
		M	*SD*			
文盲①	220	15.418 2	5.709 69			
小学②	743	15.414 5	5.004 08			
初中③	1 066	15.495 3	5.153 10			
高中或中专④	534	15.295 9	5.114 64	0.902	0.479	③>⑥*
专科⑤	106	15.226 4	5.026 18			
本科及以上⑥	140	14.542 9	4.747 39			

（注：* 表示 $p<0.05$）

表6-9显示，在本调查研究中不同父母文化水平的大学生在办事恐惧上的得分没有显著差异，其办事恐惧程度按照从高到低的水平排列依次为：初中、文盲、小学、高中或中专、专科、本科及以上。经过事后检验分析结果显示，父母是初中文化的大学生在办事恐惧上极其显著地高于父母是本科及以上文化水平的大学生（$p<0.01$）。

由于在青少年的成长过程中，家庭中父母教养方式对其心理的影响是巨大的，而母亲与父亲的教养方式往往是不同的。因此在本研究中，为了更详细地探讨母亲与父亲对个体的具体影响，抽取研究被试中的617名大学生单独调查其父亲的文化程度与母亲的文化程度来分别考察分析父亲与母亲分别对大学生办事恐惧的影响。

以抽取的这617名大学生为样本，以父亲文化程度为自变量，办事恐惧总分为因变量，对西南地区不同父亲文化程度大学生的办事恐惧差异进行单因素方差分析，结果见表6-10。

表6-10 父亲不同文化程度的大学生在办事恐惧上的差异

父亲文化程度	*N*	办事恐惧		*F*	*Sig*	*Post Hoc*
		M	*SD*			
文盲①	44	15.409 1	7.101 65			
小学②	163	14.889 6	5.340 28			
初中③	261	14.455 9	5.197 91	1.151	0.331	–
高中或中专④	111	14.459 5	4.370 94			
专科及以上⑤	38	13.184 2	4.459 16			

表6-10显示，在本调查研究中父亲不同文化水平的大学生在办事恐惧上的得分没有显著差异，其办事恐惧程度按照从高到低的水平排列依次为：文盲、小学、高中或中专、初中、专科及以上。

同样以母亲文化程度为自变量，办事恐惧总分为因变量，对西南地区母亲不同文化程度大学生的办事恐惧差异进行单因素方差分析，结果见表6-11。

表 6-11　母亲不同文化程度的大学生在办事恐惧上的差异

母亲文化程度	N	办事恐惧		F	Sig	Post Hoc
		M	SD			
文盲①	169	14.319 5	5.826 23			
小学②	221	14.751 1	5.208 08			
初中③	134	14.552 2	4.748 67	0.207	0.935	-
高中或中专④	65	14.707 7	4.612 22			
专科及以上⑤	28	14.214 3	5.173 70			

表 6-11 显示，在本调查研究中母亲文化水平不同的大学生在办事恐惧上的得分没有显著差异，其办事恐惧程度按照从高到低的水平排列依次为：小学、高中或中专、初中、文盲、专科及以上。

第五节　西南地区大学生的办事恐惧在性别、年级、专业上的交互作用分析

一、西南地区大学生的办事恐惧在性别、年级上的交互作用分析

以性别、年级为自变量，办事恐惧总分为因变量，对西南地区大学生的办事恐惧差异进行两因素交互作用分析，结果见表 6-12。

表 6-12　西南地区大学生各年级男女办事恐惧状况

		大一	大二	大三	大四	大五
男	M	14.313	14.981	14.438	15.708	16.273
	SD	4.998	5.143	4.979	5.319	4.978
女	M	15.679	16.356	15.461	15.289	14.074
	SD	5.083	5.288	5.142	5.032	4.360

两因素交互作用分析表明，西南地区大学生办事恐惧的性别主效应不显著，$F(1,2\ 799)=0.538, p>0.05$；年级的主效应显著，$F(1,2\ 799)=2.490, p<0.05$；性别和年级的交互作用显著，$F(4,2\ 799)=3.555, p<$

0.01。从表 6-12 的结果可以得出,在西南地区男大学生中,大五男生的办事恐惧得分最高,大一男生的办事恐惧得分最低;而在西南地区女大学生中,大二女生的办事恐惧得分最高,大五女生的办事恐惧得分最低。根据表 6-12 中西南地区各年级男女大学生的办事恐惧得分绘制出交互趋势图,如图 6-2 所示。

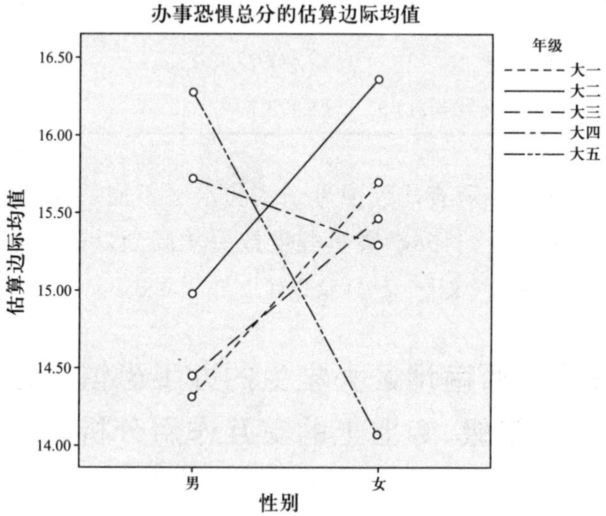

图 6-2 西南地区大学生各年级男女办事恐惧状况

从图 6-2 可以直观地看出,西南地区大学生的办事恐惧在各年级男女学生的表现情况上存在差异,在西南地区大一、大二和大三学生中均表现出女大学生的办事恐惧比男大学生的办事恐惧严重,而在大四和大五学生中则为男大学生的办事恐惧严重于女大学生的办事恐惧。换言之,西南地区男女大学生的办事恐惧状况在各年级上均有各自的特点。

二、西南地区大学生的办事恐惧在性别、专业上的交互作用分析

以性别、专业为自变量,办事恐惧总分为因变量,对西南地区大学生的办事恐惧差异进行两因素交互作用分析,结果见表 6-13。

表 6-13　西南地区大学生各专业男女办事恐惧状况

		文科类	理科类	工科类	医学类	艺术类
男	*M*	15.171	14.529	15.905	14.519	13.886
	SD	5.434	4.830	5.309	5.184	4.518
女	*M*	15.814	15.802	15.000	14.983	14.435
	SD	5.066	5.403	4.145	5.283	4.490

两因素交互作用分析表明，西南地区大学生办事恐惧的专业主效应显著，$F(1,2\ 799)=2.827, p<0.05$，工科类大学生的办事恐惧得分最高，艺术类大学生的办事恐惧得分相对最低；性别主效应不显著，$F(1,2\ 799)=1.210, p>0.05$；性别和专业的交互作用不显著，$F(4,2\ 799)=1.299, p>0.05$。在西南地区男大学生中，工科类男大学生的办事恐惧得分最高，艺术类男大学生的办事恐惧得分最低；而在西南地区女大学生中，文科类女大学生的办事恐惧得分最高，同样为艺术类女大学生的办事恐惧得分最低。根据表 6-13 中西南地区各专业类型男女大学生的面众恐惧得分绘制出交互趋势图，如图 6-3 所示。

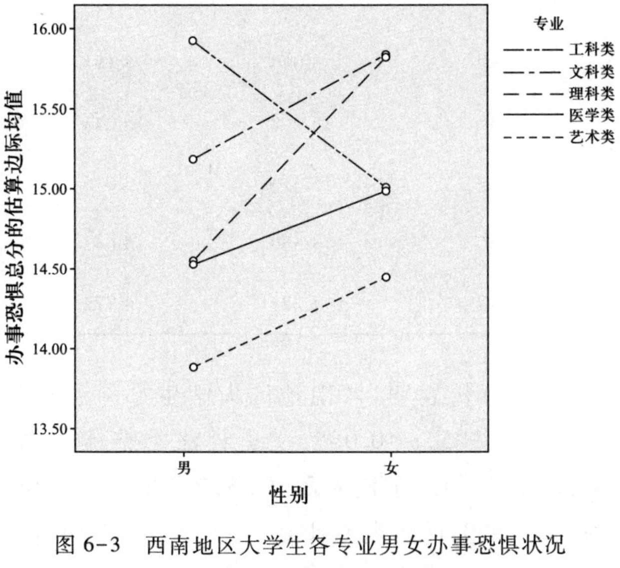

图 6-3　西南地区大学生各专业男女办事恐惧状况

从图 6-3 可以非常直观的看出，西南地区文科类、理科类、医学类和艺术类大学生中均表现出女大学生的办事恐惧高于男大学生，而对于西南地区工科类的大学生则有男大学生的办事恐惧严重于女大学生。

三、西南地区大学生的办事恐惧在年级、专业上的交互作用分析

为了更好地分析年级与专业类型对面众恐惧的交互影响,把所有被试的专业类型合并为三类(文史哲法类、理工农医类、艺术类)进行 5×3 的两因素交互效应分析。以西南地区大学生办事恐惧总分为因变量,以年级、专业类型为自变量建立一般线性模型分析年级与专业类型对办事恐惧的交互作用,结果见表 6-14。

表 6-14 西南地区大学生各年级各专业办事恐惧状况

		文史哲法学	理工农医类	艺术类
大一	*M*	15.292	15.518	13.600
	SD	4.927	5.394	4.136
大二	*M*	16.314	15.628	14.406
	SD	5.466	5.136	4.394
大三	*M*	15.277	14.959	14.368
	SD	5.044	5.191	4.916
大四	*M*	16.208	15.043	
	SD	5.313	5.015	
大五	*M*	13.559	15.643	
	SD	4.223	4.772	

两因素交互作用分析表明,西南地区大学生办事恐惧的专业主效应显著,$F(2,2\ 796)=5.505$,$p<0.005$,文史哲法类整体偏高,艺术类整体偏低;年级和专业的交互作用不显著,$F(6,2\ 796)=1.655$,$p>0.05$。表 6-14显示,西南地区文史哲法类专业在大二、大三、大四等年级大学生的办事恐惧都比其他专业的各年级要高,但是此类大五学生的办事恐惧却是最低的。在文史哲法类大学生中,大二学生的办事恐惧得分最高,大五学生的得分最低;在理工农医类大学生中,则为大五学生和大二学生

的办事恐惧得分较高，大三学生的得分较低；而艺术类大学生中，大一学生的办事恐惧程度最低。

从图 6-4 能直观得到，西南地区大学生中，文史哲法类大学生的办事恐惧相对来说较严重，而艺术类大学生的办事恐惧比较乐观。文史哲法类大学生和理工农医类大学生的办事恐惧随年级升高而变化不统一，这两个专业类型在各年级上表现不一，时高时低；而对于艺术类大学生的办事恐惧则随年级的升高而趋于严重化。

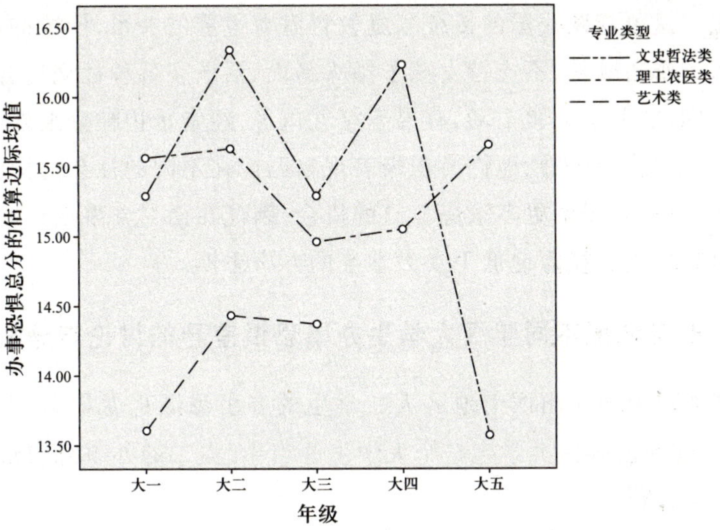

图 6-4 西南地区大学生各年级各专业办事恐惧状况

第六节 结果分析与结论

一、西南地区大学生办事恐惧的总体状况

西南地区大学生的办事恐惧在中等程度以上的占总体比例的 37.95%，而面众恐惧在中等程度以上的占总体比例的 70%。可见，西南地区大学生的办事恐惧比较于面众恐惧，相对要低。这可能跟办事的场合特殊性有关。相对于上台、面试和校外交流等场合，一方面，办事面对的群体人数最少，通常

是一到两人,人数少的场合交流起来更直接更轻松;另一方面,办事往往有着既定程序,相比于别的面众场合难度更小,多数的大学生对办事都有着相当的胜任力,因而办事恐惧明显小于面众恐惧也就在情理之中了。但是中度程度以上的办事恐惧达到37.95%,也是一个不容忽视的状况,需要引起关注。

二、西南地区不同性别大学生办事恐惧差异的讨论与分析

本研究发现西南地区女大学生的办事恐惧极其显著地大于男大学生的办事恐惧。这可能跟我国的传统家庭教育有着重要的关系,传统的家庭教育要求女孩子乖巧顺从,不支持女孩子抛头露面、活跃在各种社交场合;但是男孩子则不同,被要求大胆主动,有男子汉气概等,经常承担被分配外出办事的任务,或在社交场合鼓励他们要积极表现自己。在不同的社会期待和家庭教育条件下,男孩子得到更多锻炼自己的机会,因此在面对办事场景时,男大学生的办事恐惧极其显著地低于女大学生的办事恐惧。

三、西南地区不同年级大学生办事恐惧差异的讨论与分析

本调查研究显示出西南地区大二学生的办事恐惧程度最高,大四其次,如图6-5,在西南地区大学生整个大学生涯当中,大二的办事恐惧最高,大五的办事恐惧最低。

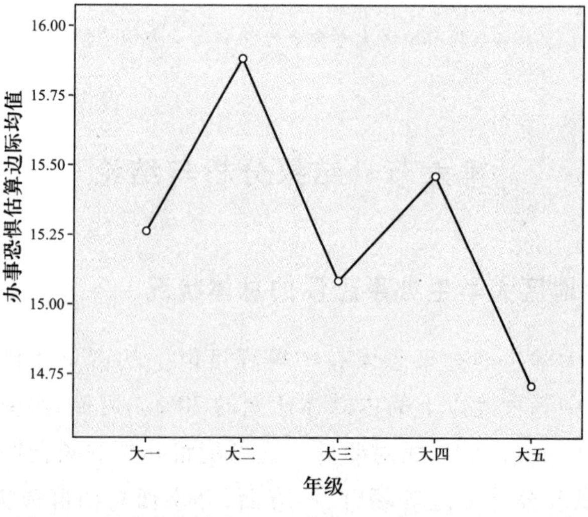

图6-5 西南地区大学生的办事恐惧在各年级上的状况

不同年级的大学生在办事恐惧上的差异是显著,大二显著地高于大一,且非常显著地高于大三。大一新生都有着新鲜感,多少有些无畏的精神,对社交或外出办事有着更多的积极性;进入大二,新鲜感一过,而自身对环境也基本适应下来,开始着相对固定的社交,固定的生活作息,逐渐将自己封闭下来,与此同时对未来也难有明确的目标与规划,大学生活相对随意混沌,如此状态下的大二学生,比其他年级的大学生压力少,生活积极性也弱,因而导致最缺乏锻炼自己办事能力的机会,这可能是导致大二学生办事恐惧最高的重要原因。进入大三,出于对未来的思考,而自身心智也更成熟,大学生又开始回升对生活的积极主动,因此办事恐惧出现降低。大四学生一边面临就业压力,一边接受有关老师与家庭的指导与支持,办事恐惧维持在中等水平;大五的学生一般为医学类专业的大学生或建筑类的大学生,他们一般在大四的时候有一年的实习时间,他们在实习期间得到更多实践机会,因此大五的办事恐惧是西南大学生中最低的。

四、西南地区不同专业大学生办事恐惧的讨论与差异分析

在不同的专业类型中,西南地区文科类专业大学生的办事恐惧是不同专业类型中的峰点,而艺术类专业大学生是不同专业类型中的谷点,这从图6-6可以直观地看出。

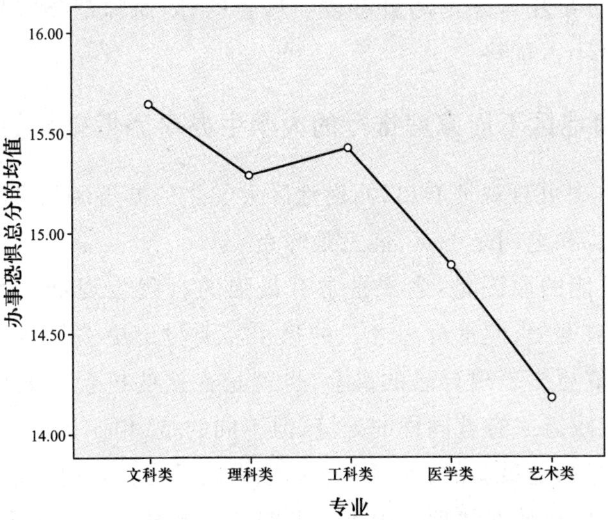

图 6-6 西南地区大学生的办事恐惧在各专业上的状况

本调查研究显示艺术类专业的大学生的办事恐惧的得分最低,这可能与艺术类的大学生经常会接受训练,经常参与表演和演出有关,还可能与艺术类专业学生的性格特征有关。艺术类学生的这些训练、展示、表演或演出使他们的面众恐惧逐步得到了减少或克服,他们可能相对更喜欢表现自我,能够积极争取更多办事的机会;一般艺术类学生从小可能会有某方面的天赋,他们可能比较开朗活泼,可能更愿意活跃于不同场合,不容易紧张与胆怯。而文科类专业的大学生办事恐惧最突出。文科类的大学生往往言语能力更强,但是可能因为他们所学的知识太过于理论与文学,与生活实践联系不够紧密,因此文科类大学生在办事的场合有着更多的焦虑和压力。因此文科类专业的大学生在办事恐惧的得分上显著地高于艺术类专业的大学生。作为理工类大学生,由于专业特点,他们得到的实践指导与培训比文科类的学生要多,但是其接受的专业训练又相对艺术类的大学生要少些,这样理工类大学生办事恐惧程度显著高于艺术类大学生也是情理之中的。

五、西南地区大学生办事恐惧与是否是师范类院校的讨论

师范类院校与非师范类院校大学生在办事恐惧上的差异不显著,但是师范类院校的办事恐惧略高于非师范类院校,师范类学生更倾向于教室教学场合的锻炼,而办事场合是远离教室教学场合的,因而师范类院校的学生在这种场合的表现不占优势。

六、西南地区不同家庭排行的大学生办事恐惧差异的讨论与分析

从图6-7中可直观地看出,西南地区大学生的办事恐惧在不同家庭排行上的差异,老二和老四是谷点,老三是峰点。

这其中可能的原因是:老二常常有最强的自我表现欲。大的容易被重用,小的容易被宠爱,使得身为老二的孩子需要付出更多努力来获得父母关注,因此会争取更多表现自己的机会,也就是在这些机会下锻炼了老二的办事能力。老三跟老二有着同样的处境,但不同的是,相比于老二,无论是担当还是关注,老三都是最弱的,因而老三的能力或是自信也是最弱的,因此有着最高的办事恐惧也就在情理之中了。老四基本是最小的孩子了,最小的孩子往往受到的关注最多,得到的鼓励也最多,因此老四往往有更多的自信心,从

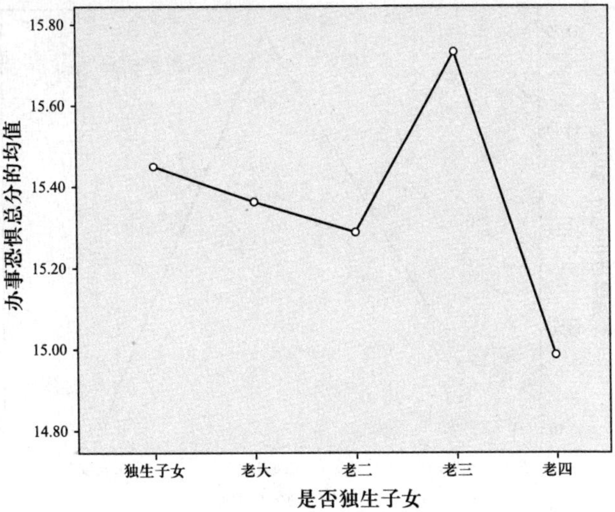

图 6-7 西南地区大学生的办事恐惧在不同家庭排行上的状况

而办事恐惧为最低。独生子女因为有多方宠爱,因而自信度很高,但是由于独生子女容易被过度宠爱,孩子缺乏足够的办事能力训练,因而办事恐惧处于中等水平。

七、西南地区不同家庭经济状况的大学生办事恐惧差异的讨论与分析

本研究显示,温饱水平家庭的大学生办事恐惧最高,较富裕家庭办事恐惧最低。如图 6-8 所示。

家庭经济状况会影响大学生的办事恐惧,贫困的和较富裕的家庭的大学生的办事恐惧较低。其原因可能是:家庭经济状况较好的大学生,他们的父母可能会给他们提供充足的物质条件去满足自己各方面的需求,包括开阔视野、增长见识方面,他们有着更多的自信与更开阔的眼界,使得他们在办事的场合更从容而不畏惧;与此同时,家庭贫困的大学生虽无充足的物质条件,但是从小就得学会自立自强,处理各种事务,使得办事能力得到了充分的锻炼,因而办事恐惧也不高。反倒是温饱家庭的大学生,相对来说锻炼的机会很少,而物质条件带来的自信或见识也是有限的,因而有着最高的办事恐惧。

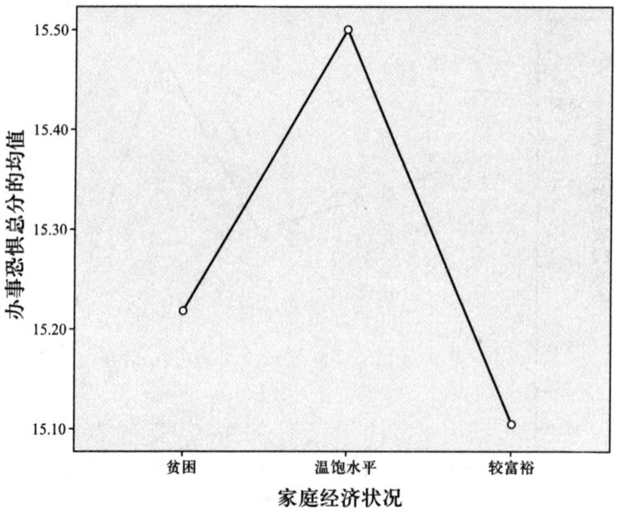

图 6-8 西南地区大学生的办事恐惧在不同家庭经济状况上的比较

八、西南地区父母文化程度不同的大学生办事恐惧差异的讨论与分析

随着父母文化程度的提高,西南地区大学生的办事恐惧呈现逐渐降低的趋势。如图 6-9 所示。

父母的文化程度带给孩子的影响是很大的。一方面,父母文化程度越高,越能带给孩子更好的教育、支持与鼓励。另一方面,父母文化程度越高,其自身的见识越广,处理事务更从容,他们的孩子就可能会因此受到熏陶。在双重影响下,父母文化程度较高的大学生比父母文化程度较低的大学生更自信、更有能力处理各种事务,因而随着父母文化程度的提高,大学生的办事恐惧呈现下降的趋势。其中,父母文化程度为初中的大学生的办事恐惧要显著高于父母文化程度为本科及以上的大学生。这里的原因可能是:初中文化的父母吃着文化的亏,但是自身又有着一定的文化基础,因而有着更强烈的望子成龙与望女成凤的想法,而这种太过强烈的想法往往带给孩子的是难以承受的压力,在这种压力下,孩子不容易建立起自信,更害怕自己不行,因为有着较高的办事恐惧。

将父母的文化程度分开来分析,得到父亲的文化程度和母亲的文化程度

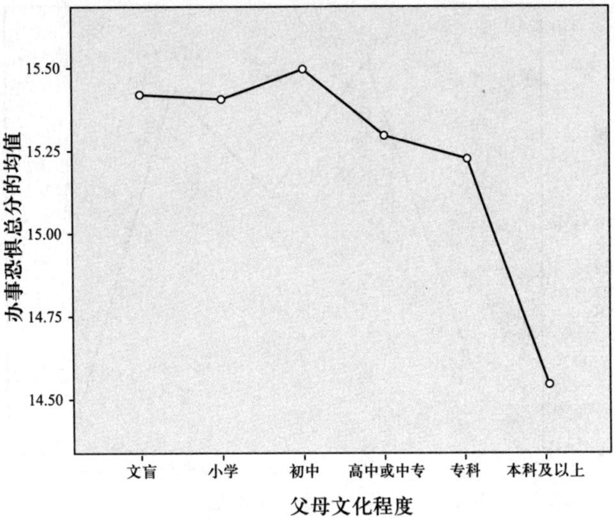

图 6-9 西南地区大学生的办事恐惧在不同父母文化程度上的状况

分别对大学生办事恐惧的影响,如图 6-10 和图 6-11 所示:随着父亲文化程度的提高,大学生的办事恐惧呈现逐渐降低的趋势;而随着母亲文化程度的提高,大学生的办事恐惧却没有呈现逐渐降低的趋势,母亲文化程度为文盲和专科及以上的是谷点,而母亲文化程度为小学和高中或中专的为峰点。

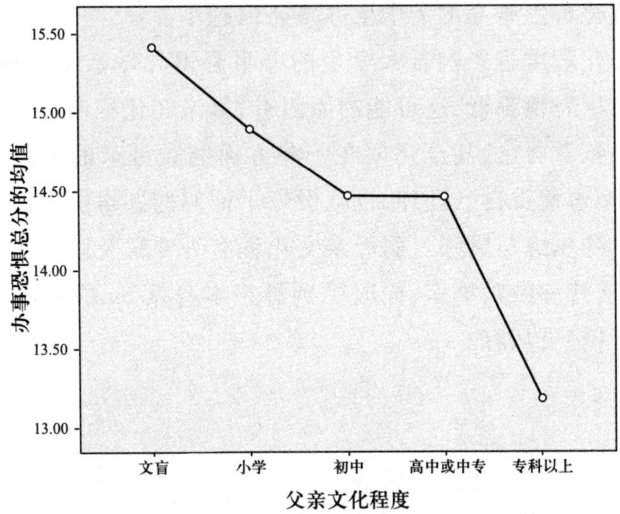

图 6-10 西南地区大学生的办事恐惧在不同父亲文化程度上的状况

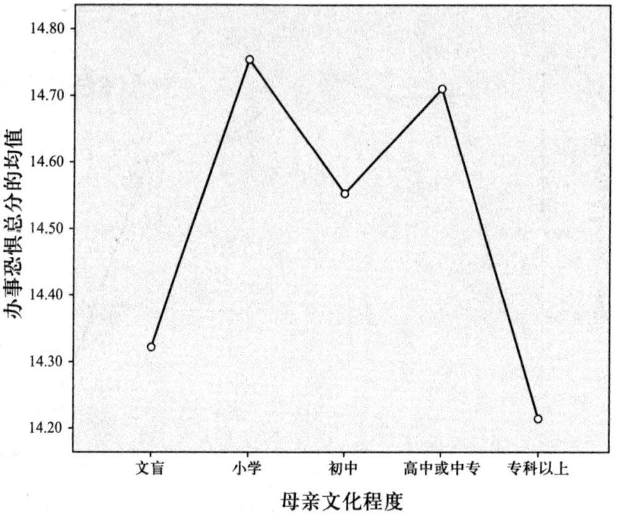

图 6-11 西南地区大学生的办事恐惧在不同母亲文化程度上的状况

可见父亲的文化程度高对孩子办事能力的影响是有着积极作用的。这可能跟传统家庭中父亲主要负责外面事务的决策与处理有关,孩子的办事能力多数还是受到父亲办事能力的影响。文化程度越高的父亲,越能有意识地培养孩子的办事能力,带着孩子出入一些社交场合,培养孩子的勇气与见识。因而父亲的文化程度越高的大学生办事恐惧越小。

母亲的文化程度也影响着大学生的办事恐惧。母亲文化程度最低和最高的大学生办事恐惧都低,这可能的原因有:母亲文化程度为文盲,意味着大学生要更多地依靠自己,甚至还要在一些方面照顾母亲的不足,使得他们更自立自强,很多事情得自己处理,也就锻炼了他们的办事能力,因而在办事的场合有着更少的焦虑与紧张。而母亲文化程度为专科及以上的大学生,受到母亲的教育、支持和鼓励更多,同时受到母亲本身认知、能力的熏陶,因而在办事场合更自信、更从容。

第七章
西南地区大学生面众恐惧中的团组与校外交流恐惧现状研究

第一节 研究背景

一、问题提出

团组与校外交流恐惧是指大学生在课堂上或校内外会议上参加各种小组学习交流、交谈时所表现出的一种焦虑害怕的状况，以及大学生在与校外人员交流时所产生的恐惧心理。学习是学生的天职，也是正要踏入社会的大学生们的重要任务。随着教育的发展和改革，学生们的学习生活也在发生着变化，但目前调查的在读大学生在中小学期间把大部分时间都用在对课本知识的学习上，很多学生只有在考场上才有以书面考试形式输出知识的机会。平时小组交流、学习以及和校外人员交流的机会少，也致使大学生很少有机会锻炼。而团组与校外交流不仅涉及基本的信息交流，也包括知识、能力的展现和学习，因此很多大学生常叹空有很多知识，却不能完美地展示出来，更有甚者不能专注地参与讨论与谈话，以致学习更多的知识和经验的机会减少。总之，很多大学生不是没有知识和能力，而是缺少团组与校外交流能力把它们显现出来。在大学生活中，学习已不限于教师在讲台上对课本知识的讲解输入，输出在纸笔考试的形式之外，并且越来越注重学生与人交流的能力。因此，研究大学生团组与校外交流恐惧的现状及分析具有现实意义。

二、研究方案

（一）被试

采取分层随机抽样方法，在西南地区的云南、贵州、四川和重庆四省（市）的12所高校抽取3 277名大学生为被试，最后获得有效被试2 809名，有效率为85.7%。其中男生992名，女生1 817名；大一578名，大二760名，大三1 030名，大四365名，大五76名；文科（文史哲法）类1 363名，理科类1 098名，工科类92名，医学类85名，艺术类171名。

（二）方法

采用王洪礼主持编制的《中国大学生面众恐惧调查量表》（2011修订版）中的分量表《团组与校外交流恐惧量表》，该量表有8个团组与校外交流恐惧的题项，其内部一致性信度为0.824，重测信度为0.746，具有较好的测量学指标。在问卷答题时，被试对题项符合自己情况的程度进行1至5级评定。“1”为“完全不符合”，“2”为“不太符合”，“3”为“不确定”，“4”为“比较符合”，“5”为“完全符合”。以班级为单位进行团体施测调查，被试在课堂上统一作答，匿名填写，采用统一的指导语，当场收回问卷。对收回的有效数据录入计算机，运用SPSS19.0处理数据。

第二节　西南地区大学生团组与校外交流恐惧方面的基本状况

一、西南地区大学生团组与校外交流恐惧程度的分布情况

根据2 809名西南高校大学生团组与校外交流恐惧调查问卷的得分分布和变异情况，绘制其团组与校外交流恐惧维度上的分布图，结果见图7-1。

图7-1表明，西南高校大学生团组与校外交流恐惧总体状况分布为负偏态，偏度值为0.743，峰度值为-0.273。

二、西南地区大学生团组与校外交流恐惧的一般特点

在《中国大学生团组与校外交流恐惧调查量表》（2011修订版）的计分

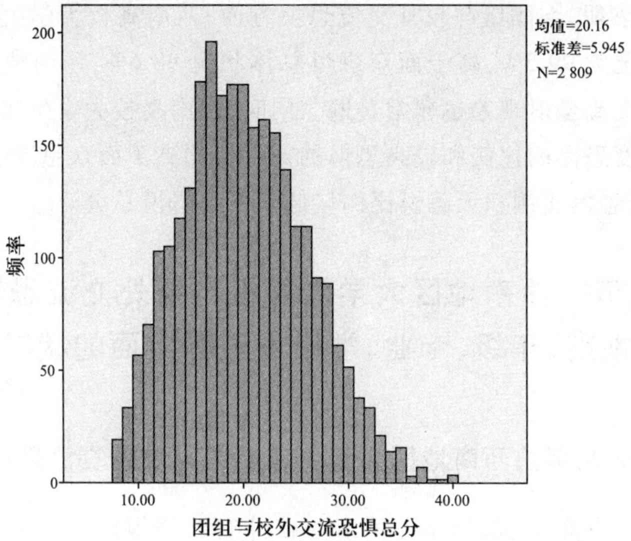

图 7-1　西南高校大学生团组与校外交流恐惧基本状况分布图

标准中,团组与校外交流恐惧总分不大于 8 分则认为团组与校外交流无恐惧;9~16 分则认为存在着团组与校外交流的较低恐惧;17~24 分则认为存在着团组与校外交流的中度(中等程度)恐惧;25~32 分则认为存在着团组与校外交流的较高恐惧;33~40 分则认为存在着团组与校外交流的高度恐惧,具体调查的西南地区大学生团组与校外交流恐惧的情况见表 7-1。

表 7-1　西南高校大学生团组与校外交流恐惧和面众恐惧的基本状况

	团组与校外交流恐惧	面众恐惧
平均分(*M*)	20.16	71.22
标准差(*SD*)	5.95	18.51
每题平均分	2.52	2.23
高度恐惧比例	2.42%	0.28%
较高恐惧比例	21.00%	8.70%
中等恐惧比例	47.56%	52.33%
较低恐惧比例	28.34%	38.55%
无恐惧比例	0.70%	0.14%

表7-1表明,在团组与校外交流恐惧方面,西南高校大学生团组与校外交流恐惧状况为99.3%,高于面众恐惧总体状况98.6%,西南地区大学生的团组与校外交流恐惧现象也非常普遍。同时,西南高校大学生团组与校外交流恐惧中高度恐惧的比例和较高恐惧的比例也均高于面众恐惧总分;中等恐惧比例、较低恐惧比例和无恐惧比例均低于面众恐惧总分。

第三节 西南地区大学生团组与校外交流恐惧在性别、年级、专业、学校类型等方面的状况

一、不同性别的西南地区大学生在团组与校外交流恐惧的差异

以性别为自变量,以个体在团组与校外交流恐惧问卷上的得分为因变量,进行 t 检验和方差分析,据此详细考察西南高校大学生的团组与校外交流恐惧与性别变量之间的关系。西南高校大学生面众恐惧中团组与校外维度在性别上的差异,见表7-2。

表7-2 西南高校大学生面众恐惧中团组与校外交流恐惧在性别上的差异

	N	团组与校外交流恐惧		t	Sig
		M	SD		
男	992	18.992	5.714	-7.769	0.000
女	1 817	20.796	5.974		

表7-2表明,西南高校大学生中,男大学生在团组与校外交流恐惧上的平均分和标准差低于女大学生在团组与校外交流恐惧上的平均分为和标准差;t 检验结果表明,女大学生在团组与校外交流恐惧上的得分显著地高于男生($p<0.001$)。

二、不同年级的西南地区大学生在团组与校外交流恐惧上的差异

以年级为自变量,团组与校外交流恐惧为因变量,对西南地区不同年级大学生团组与校外交流恐惧进行单因素方差分析,结果见表7-3。

表 7-3　西南高校大学生面众恐惧中团组与校外交流恐惧在年级上的差异

	N	团组与校外交流恐惧		F	Sig
		M	SD		
大一①	578	20.22	6.34		
大二②	760	20.50	5.92		
大三③	1 030	19.83	5.91	1.853	0.116
大四④	365	20.42	4.76		
大五⑤	76	19.47	5.95		

表 7-3 表明，团组与校外交流恐惧的平均得分从高到低排列，依次为大二、大四、大一、大三和大五。团组与校外交流恐惧上不存在显著的年级差异。根据 2 809 名西南地区大学生团组与校外交流恐惧在年级上的数据绘制出折线图，如图 7-2 所示。

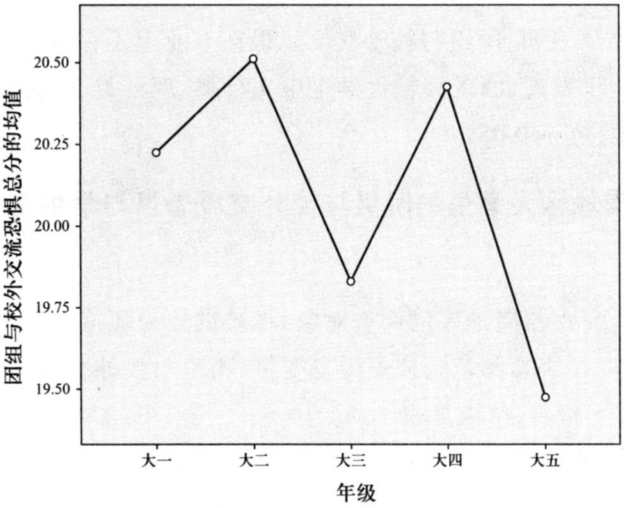

图 7-2　西南高校大学生团组与校外交流恐惧在年级上的状况分布图

从图 7-2 和表 7-3 可以看出，在团组与校外交流恐惧上，西南地区大学生大二学生得分最高，平均分为 20.50，标准差为 5.92；大五学生得分最低，平均分为 19.47，标准差为 5.95。

三、不同专业的西南地区大学生在团组与校外交流恐惧上的差异

以专业为自变量，团组与校外交流恐惧为因变量，对西南地区不同专业大学生团组与校外交流恐惧进行单因素方差分析，结果见表 7-4。

表 7-4 西南高校大学生团组与校外交流恐惧在专业上的差异

	N	团组与校外交流恐惧		*F*	*Sig*	*Post Hoc*
		M	*SD*			
文科类①	1 363	20.42	5.91	7.085	0.000	①>⑤* ②>⑤* ③>⑤* ④>⑤*
理科类②	1 098	20.22	6.06			
工科类③	92	20.16	5.39			
医学类④	85	19.69	5.02			
艺术类⑤	171	17.89	5.65			

（注：* 表示 $p<0.05$）

表 7-4 结果表明，团组与校外交流恐惧在专业上不存在显著差异。通过事后检验进一步发现，西南高校大学生中文科类、理科类、工科类和医学类均显著高于艺术生（$p<0.05$）。

四、西南地区大学生的团组与校外交流恐惧与学生是否是师范类院校的差异

根据本研究在西南地区的调查对象，把被试分为师范类大学生和非师范类大学生，并以是否是师范院校作为自变量，团组与校外交流恐惧为因变量，进行独立样本 t 检验，结果见表 7-5。

表 7-5 是否是师范类院校的西南地区大学生在团组与校外交流恐惧上的差异

	N	团组与校外交流恐惧		*t*	*Sig*
		M	*SD*		
非师范学校	919	20.294	5.885	0.837	0.403
师范学校	1 890	20.094	5.975		

表 7-5 结果显示，西南地区非师范类院校的大学生有 919 人，在团组与

校外交流恐惧上的平均分为 20.294，标准差为 5.885；师范类学校大学生有 1 890 人，在团组与校外交流恐惧上的平均分为 20.094，标准差为 5.899。西南地区是否是师范院校的大学生在团组与校外交流恐惧上不存在显著差异。

五、西南地区大学生的团组与校外交流恐惧在不同省级院校类型上的差异

根据本研究的调查对象，把西南地区的被试分为省级重点院校大学生和省级一般院校大学生，并以省级院校类型为自变量，团组与校外交流恐惧为因变量，进行独立样本 t 检验，结果见表 7-6。

表 7-6　不同省级院校类型的大学生在团组与校外恐惧上的差异

	N	团组与校外交流恐惧		*t*	*Sig*
		M	*SD*		
省级一般院校	1 360	20.373	6.079	1.846	0.065
省级重点院校	1 449	19.959	5.812		

表 7-6 结果显示，西南地区省级一般院校的大学生有 1 360 人，在团组与校外交流恐惧上的平均分为 20.373，标准差为 5.997；省级重点院校的大学生有 1 449 人，在团组与校外交流恐惧上的平均分为 19.959，标准差为 5.812。西南地区大学生的团组与校外交流恐惧在省级院校类型上的差异不显著。

第四节　西南地区大学生团组与校外交流恐惧的家庭因素分析

一、不同家庭排行的西南地区大学生在团组与校外交流恐惧上的差异

以家庭排行为自变量，团组与校外交流恐惧总分为因变量，对西南地区不同家庭排行大学生的团组与校外交流恐惧差异进行单因素方差分析，结果

见表 7-7。

表 7-7 不同家庭排行的西南地区大学生在团组与校外交流恐惧的差异

	N	团组与校外交流恐惧		*F*	*Sig*	*Post Hoc*
		M	*SD*			
独生子女①	467	19.46	5.91			
老大②	1 057	20.39	6.06			②>①*
老二③	814	20.28	5.39	7.085	0.000	③>①*
老三④	302	19.82	5.02			⑤>①*
老四⑤	169	20.62	5.65			

（注：* 表示 $p<0.05$）

表 7-7 结果显示，不同家庭排行的大学生在团组与校外交流恐惧上的得分从高到低依次为老大、老二、老四、老三和独生子女，并且他们在团组与校外交流恐惧上的差异极其显著（$p<0.001$）。经事后检验分析，在家是老大、老二和老四的大学生在团组与校外交流恐惧上明显高于独生子女（$p<0.05$）。

二、不同家庭经济状况的西南地区大学生在团组与校外交流恐惧上的差异

在本调查研究中，按照自评的家庭经济状况来划分被试的家庭经济状况，因此以自评的家庭经济状况为自变量，团组与校外交流恐惧总分为因变量，对西南地区不同家庭经济状况大学生的团组与校外交流的恐惧差异进行单因素方差分析，结果见表 7-8。

表 7-8 不同家庭经济状况的大学生在团组与校外交流恐惧上的差异

家庭经济状况	*N*	团组与校外交流恐惧		*F*	*Sig*
		M	*SD*		
贫困①	1 152	20.346	6.090		
温饱水平②	1 581	21.072	5.872	1.186	0.163
较富裕③	76	19.158	5.945		

表 7-8 结果显示,处于贫困、温饱水平和较富裕三个不同家庭经济状况的大学生在团组与校外交流恐惧上的得分无显著差异,其平均分由高到低依次为贫困水平、温饱水平和富裕水平。

三、父母文化程度不同的西南地区大学生在团组与校外交流恐惧上的差异

以父母文化程度为自变量,团组与校外交流恐惧总分为因变量,对西南地区父母文化程度不同的大学生的团组与校外交流恐惧进行单因素方差分析,结果见表 7-9。

表 7-9　不同父母文化程度的大学生在团组与校外交流恐惧上的差异

父母文化程度	*N*	团组与校外交流恐惧		*F*	*Sig*	*Post Hoc*
		M	*SD*			
文盲①	220	22.832	6.620	5.705	0.000	①>④*,①>⑤*,①>⑥* ②>⑤*,②>⑥*, ③>⑤*,③>⑥* ④>⑤*,④>⑥*
小学②	743	20.417	6.082			
初中③	1 066	20.387	5.875			
高中或中专④	534	19.869	5.774			
专科⑤	106	18.585	5.302			
本科及以上⑥	140	20.159	5.186			

(注:* 表示 $p<0.05$)

表 7-9 结果显示,父母文化水平不同的大学生在团组与校外交流恐惧上的得分差异极其显著($p<0.001$),其团组与校外恐惧程度按照从高到低的水平排列依次为:文盲、小学、初中、高中或中专、本科及以上和专科。事后检验分析结果显示,父母文化程度是文盲的大学生在团组与校外交流恐惧上的得分显著高于父母文化程度是高中或中专、专科和本科及以上的大学生($p<0.05$),父母文化程度是小学、初中和高中或中专的大学生在团组与校外交流恐惧上的得分显著高于父母文化程度是专科和本科及以上的大学生($p<0.05$)。

青少年在其成长过程中,父母教养的方式对其心理的影响是巨大的,而母亲与父亲的教养方式往往是不同的。因此在本研究中,为了更详细地探讨母亲与父亲对儿女个体的具体影响,抽取研究被试中的617名大学生单独调查其父亲的文化程度与母亲的文化程度来分别考察分析父亲与母亲分别对大学生面众恐惧的影响。

以抽取的617名大学生为样本,以西南地区大学生团组与校外交流恐惧分数为因变量,以大学生的父亲的文化程度为自变量进行单因素方差分析(One-Way ANOVA),结果如表7-10所示。

表7-10 父亲文化程度不同大学生的团组与校外交流恐惧差异

	N	团组与校外交流恐惧		*F*	*Sig*	*Post Hoc*
		M	*SD*			
文盲①	44	20.546	6.529	1.912	0.107	②>⑤* ④>⑤*
小学②	163	21.037	5.657			
初中③	261	20.130	5.641			
高中或中专④	111	20.505	6.108			
专科以上⑤	38	18.316	4.344			
总计	617	20.355	5.747			

(注:* 表示 $p<0.05$)

表7-10结果表明,父亲文化程度对西南地区大学生团组与校外交流恐惧的影响不存在显著差异。事后检验分析得到,父亲文化程度为小学和高中或中专的西南地区大学生团组与校外交流恐惧显著高于父亲文化程度为专科以上的大学生($p<0.05$)。在团组与校外交流恐惧上,不同父亲文化程度的西南地区大学团组与校外交流恐惧的平均分由高到低依次为小学、文盲、高中或中专、初中和专科以上。

同样以抽取的这617名大学生为样本,以西南地区大学生团组与校外交流恐惧得分为因变量,以大学生的母亲的文化程度为自变量进行单因素方差分析(One-Way ANOVA),结果如表7-11所示。

表 7-11　母亲文化程度不同大学生的团组与校外交流恐惧差异

	N	团组与校外交流恐惧		*F*	*Sig*	*Post Hoc*
		M	*SD*			
文盲①	169	21.124	6.067	2.784	0.026	①>③ * ②>③ *
小学②	221	20.765	5.892			
初中③	134	19.269	5.943			
高中或中专④	65	19.739	5.943			
专科以上⑤	28	19.107	4.425			

（注：* 表示 $p<0.05$）

表 7-11 结果表明，母亲文化程度对西南地区大学生团组与校外交流恐惧的影响非常显著。事后检验分析得到，母亲文化程度为文盲和小学的西南地区大学生，在团组与校外交流恐惧上显著高于母亲文化程度为初中的大学生。

第五节　西南地区大学生的团组与校外交流恐惧在性别、年级、专业上的交互作用分析

一、西南地区大学生的团组与校外交流恐惧在性别、年级上的交互作用分析

以性别、年级为自变量，团组与校外交流恐惧为因变量，对西南地区大学生的团组与校外交流恐惧差异进行两因素交互作用分析，结果见表 7-12。

表 7-12　西南地区大学生各年级男女团组与校外交流恐惧的状况

		大一	大二	大三	大四	大五
男	*M*	18.983	19.279	18.599	19.537	18.727
	SD	5.975	5.794	5.599	5.715	4.334
女	*M*	20.777	21.152	20.548	21.018	19.778
	SD	6.429	5.895	5.978	5.476	4.928

表 7-12 结果显示，两因素交互作用分析表明，西南地区大学生团组与校

外交流恐惧性别的主效应显著，$F(1,2\ 799)=20.527$，$p<0.001$；年级的主效应不显著，$F(4,2\ 799)=1.786$，$p>0.05$；性别和年级的交互作用也不显著，$F(4,2\ 799)=0.172$，$p>0.05$。从表7-12的数据结果可以看出，西南地区男大学生中，大四男生的团组与校外交流恐惧程度最高，大三男生的团组与校外交流恐惧程度最低；而对于西南地区女大学生，则是大二女生的团组与校外交流恐惧程度最高，大五女生的团组与校外交流恐惧程度最低。根据表7-12中西南地区各年级男女大学生面众恐惧的得分情况绘制出交互趋势图，见图7-3。

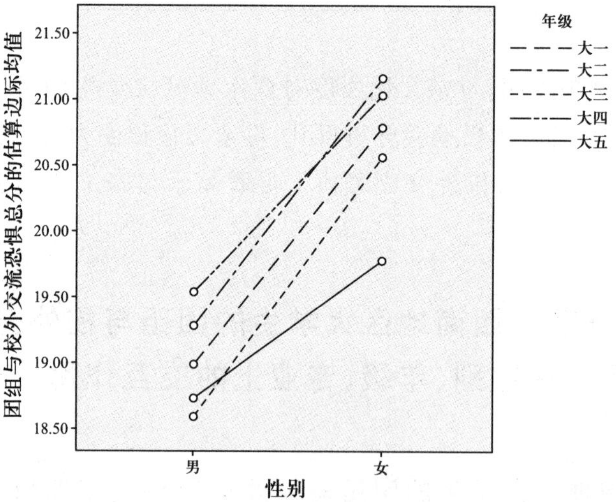

图7-3 西南地区大学生各年级男女团组与校外交流恐惧的状况

从图7-3可以非常直观地得到，西南地区大一、大二、大三、大四、大五五个年级大学生的团组与校外交流恐惧均表现出女大学生的得分显著低于男大学生得分的情况，换言之，在西南地区大学生中，女大学生的团组与校外交流恐惧均显著高于男大学生。

二、西南地区大学生的团组与校外交流恐惧在性别、专业上的交互作用分析

以性别、专业为自变量，团组与校外交流恐惧总分为因变量，对西南地区大学生的团组与校外交流恐惧差异进行两因素交互作用分析，结果见表7-13。

表 7-13 西南地区大学生各专业男女团组与校外交流恐惧的状况

		文科类	理科类	工科类	医学类	艺术类
男	*M*	19.408	19.120	20.000	16.926	16.367
	SD	5.681	5.860	4.752	4.323	5.135
女	*M*	20.830	20.994	20.300	20.983	19.207
	SD	5.968	6.088	5.922	4.836	5.773

表 7-13 交互效应统计分析结果表明，西南地区大学生团组与校外交流恐惧的性别效应极其显著，$F(1,2\ 799)=24.861$，$p<0.001$；专业类型主效应极其显著，$F(4,2\ 799)=6.629$，$p<0.001$；性别与专业类型的交互效应不显著，$F(4,2\ 799)=1.679$，$p>0.05$。对于西南地区男大学生，艺术类男大学生的团组与校外交流恐惧程度最低，工科类男大学生的团组与校外交流恐惧程度最高；而对于女大学生，理科类和医学类的女大学生团组与校外交流恐惧程度最高，仍然是艺术类女大学生的团组与校外交流恐惧程度最低。根据表 7-13 中西南地区各专业类型男女大学生的面众恐惧得分绘制出交互趋势图，见图 7-4。

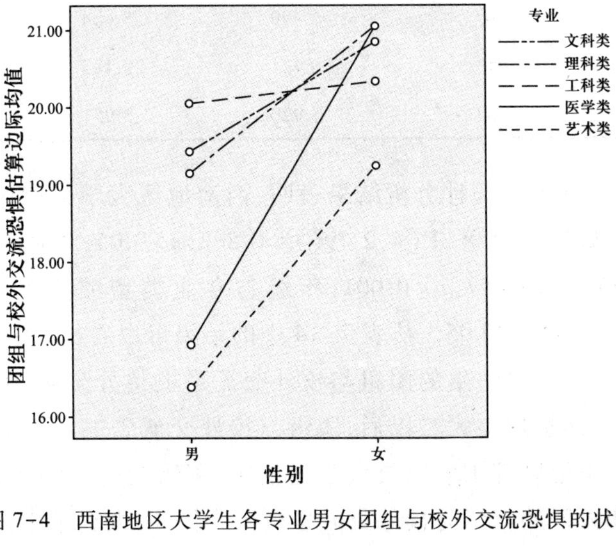

图 7-4 西南地区大学生各专业男女团组与校外交流恐惧的状况

三、西南地区大学生的团组与校外交流恐惧在年级、专业上的交互作用分析

为了更好地分析年级与专业类型对团组与校外交流恐惧的交互影响，把所有被试的专业类型合并为三类（文史哲法类、理工农医类、艺术类）进行 5×4 的两因素交互效应分析。以西南地区大学生团组与校外交流恐惧总分为因变量，以年级、专业类型为自变量建立一般线性模型，分析年级与专业类型对团组与校外交流恐惧的交互作用，结果如表 7-14 所示。

表 7-14　西南地区大学生团组与校外交流恐惧年级与专业的交互效应

	文史哲法类	理工农医类	艺术类	
大一	*M*	20.611	20.90	17.356
	SD	6.272	6.461	5.461
大二	*M*	20.917	20.512	18.029
	SD	5.878	5.900	5.773
大三	*M*	20.078	19.763	18.158
	SD	5.928	5.897	5.725
大四	*M*	20.223	20.532	
	SD	5.499	5.684	
大五	*M*	20.421	20.183	
	SD	5.920	5.951	

表 7-14 交互效应统计分析结果表明，西南地区大学生团组与校外交流恐惧的年级主效应不显著，$F(4,2\ 796)=0.862, p>0.05$；专业类型主效应显著，$F(2,2\ 796)=13.857, p<0.001$；年级与专业类型的交互效应不显著，$F(6,2\ 796)=0.502, p>0.05$。从表 7-14 中的结果可以看出，在西南地区文史哲法类大学生中，大二学生的团组与校外交流恐惧得分最高，大五学生的恐惧得分最低，整体呈现出大二以后，团组与校外交流恐惧随年级增高而下降的趋势。在西南地区理工农医类大学生当中，年级变化趋势不统一，即理工农医类大二和大四的团组与校外交流恐惧得分较高，大五学生的团组与校外交流恐惧的得分最低。而对于艺术类的大学生来说，则为艺术类大二和大三

学生表现出较高的团组与校外交流恐惧，艺术类大一学生的团组与校外交流恐惧反而较低。根据表 7-14 西南地区各专业类型大学生在不同年级的团组与校外交流恐惧得分绘制出交互趋势图，如图 7-5 所示。

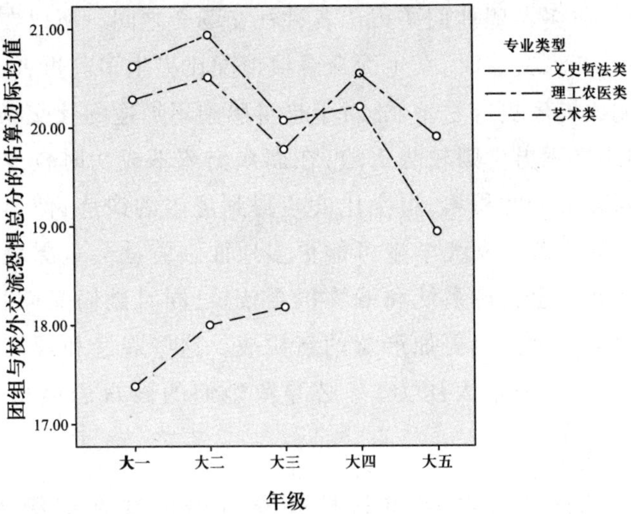

图 7-5　西南地区大学生各年级各专业团组与校外交流恐惧的状况

从图 7-5 可以非常直观地得到，西南地区文史哲法类、理工农医类和艺术类三类大学生中，不管是哪个年级，艺术类学生的团组与校外交流恐惧都远远低于其他专业类型的大学生；艺术类专业大学生团组与校外交流恐惧随着年级的增长有降低的趋势。

第六节　结果讨论与分析

一、西南地区女大学生团组与校外交流恐惧显著高于男大学生的原因讨论

调查发现，西南地区女大学生的团组与校外交流恐惧极其显著地高于男大学生。其中原因可能是团组与校外交流恐惧是指大学生在课堂上或校内外会议上参加各种小组学习交流、交谈时所表现出的一种焦虑害怕的状况，

以及大学生在与校外人员交流时所产生的恐惧心理，男女生由于所受文化和教育的影响不同而出现显著差异。在中国传统文化下，女生更多被要求要乖巧、安静，与之相反，男生则被赋予更多人际交流上的社会期许，特别是有良好的交流技巧，更多期望他们游刃于各种社交场合之间。所以在会议上或各种讨论小组中，与人交流时，女生面众恐惧情况比男生多。再者，在性格气质方面女生可能比男生更容易羞怯，对于自身感到不舒适的社交场合更多地会选择回避；相比之下男生则较为勇敢，在面众交流不成功时较少选择一味退缩。随着时间和机会的积累，男生比女生得到更多的锻炼，使男女生之间面众恐惧状况差异显著。女大学生可能更多地面临着社会重男轻女的传统观念，相比男生，其社会支持系统和锻炼机会较少，同时她们又面临着在学业、就业中压力大于男生甚至更加严苛的新挑战。这些观念和现实状况都在无形中给女大学生带来很大压力，势必导致她们的面众恐惧得分显著高于男生。

二、西南地区大学生团组与校外交流恐惧存在年级差异的原因讨论

本研究结果表明，西南地区大学生在团组与校外交流恐惧上存在着年级差异，在事后检验中，大二学生的团组与校外交流恐惧显著高于大一学生。从图 7-2 中可以看出，西南地区高校各年级大学生的团组与校外交流恐惧得分呈双峰分布，大二最高，大四次之，大五最低。大一学生的团组与校外交流恐惧得分居于中等的原因可能是，大一学生作为新生刚进入学校，对于很多小组或社团不熟悉，也不需要经常与校外人员打交道，因此大一学生在很大程度上不会经常接触与校外交流的情景，因此其团组与校外交流恐惧没有达到最高。而大二学生团组与校外交流恐惧得分迅速上升的原因也在于此，大二学生经过一年时间对学校和周围学习环境日渐熟悉，参加小组讨论和社团、与校外人员沟通的机会变多，在这种情况下，很多大学生对初次遇到的小组交流或和校外人员交流无经验，极易出现团组与校外交流恐惧的情况。大三学生团组与校外交流恐惧得分最低的原因可能是经过大一大二的学习的适应，大三学生对学校环境特别是小组和与校外人员交流的情景非常熟悉，应对自如。大四学生的团组与校外交流恐

惧得分在此升高的原因可能是，大四学生面临毕业找工作的压力，找工作时团组与校外的情景是大学生以前没有遇到过的新情景，团组与校外交往经验的不足也是其团组与校外交流恐惧得分高的主要原因。大五的学生一般都经历了较长时间的社会实习实践，在实习期间接触真实社会的机会较多，也有机会在小组讨论和与他人交流中锻炼自己，因此大五学生的团组与校外交流恐惧得分相对较低。

三、西南地区大学生团组与校外交流恐惧存在显著的专业差异的原因讨论

调查结果表明，西南地区大学生在团组与校外交流恐惧上存在显著的专业类型差异，文科类、理科类、工科类和医学类均显著高于艺术类（$p<0.05$）。其中原因可能是，音体美专业的艺术类大学生在平时学习生活中接触到更多的小组交流，如分组排练节目，分队进行训练放松和外出写生等，在这些情景下他们有更多的机会与其他人交流，可以说小组交流和与学校外的人员交流是艺术生学习生活中的一部分；而对于其他专业类型的大学生来说，在教室里听老师讲课的部分占比重较大，因而艺术类专业大学生的团组与校外交流恐惧得分显著低于其他专业类型的大学生。在团组与校外交流的平均分方面，文科类学生最高，其次是理科类大学生、工科类大学生和医学类大学生。这其中原因可能是文科类大学生更倾向于把大量的学习生活的时间用来看书、写文章，平时不会涉及太多团组交流和与校外人员交流的情况，而理工医学类的大学生则用更多的时间来做题、做实验、编程等，他们在学习中会更多地遇到需要讨论和与他人交流的情况。

四、师范类院校大学生团组与校外交流恐惧并未比非师范类院校大学生乐观，以及重点与非重点院校大学生团组与校外交流恐惧无差别的原因讨论

师范院校的师范类专业办学宗旨在于培养合格教师，所以在教学计划的实施上，在对师生应如何交流上应与其他院校的大学生有所不同。但是调查结果发现，师范院校与非师范院校的大学生在团组与校外交流恐惧上不存在显著的差异。这其中原因可能是师范类学校和非师范类学校都有师范类和

非师范类的学生,而调查没有把他们进一步区分清楚,仅以师范类非师范类的学校来划分,不能很好地代表师范类学生和非师范类学生之间的差异。此外,师范类学生在教学内容与非师范类学生的不同之处应主要是在上台讲课这一环节,在团组与校外交流的内容上,师范类学生和非师范生的锻炼机会是一样的。在以后的研究中应注意这一点。

研究结果还表明,省级重点高校的大学生和省级一般高校的大学生在团组与校外交流恐惧上存在着显著差别。省级一般院校大学生平均分高于省级重点院校大学生。究其原因首先可能是在生源方面,能进入省级重点院校的大学生,其自身的团组与校外交流恐惧比省级一般院校的大学生低。其次,省级重点院校比较注重大学生在团组与校外交流方面的教学并提供机会进行实践,促进其大学生在此方面有所收获,出现明显的进步和提高。

五、西南地区的独生子女大学生出现较少的团组与校外交流恐惧的原因讨论

调查结果显示,独生子女大学生的团组与校外交流恐惧显著低于家庭排行中的老大、老二和老幺(即最末)。这其中原因可能是独生子女有更多的机会与家庭中的成年人交流互动,在与成年人的交流互动中潜移默化地学习到与其他人的交流方式和技巧,这些都是他们可以直接应用到与校外人员的交流和小组讨论中的,因而仅出现较少的团组与校外交流恐惧。相比之下,非独生子女要共同分配父母家人的注意力和交流的机会,他们更多的是与同龄或年龄相仿的兄弟姐妹交流,与成人之间的不同形式的交流机会较少,这致使他们在与校外人员和团组等较为正式的交流场合中易产生交流恐惧。数据分析结果同时表明,在家庭排行是老幺的大学生的团组与校外交流恐惧情况最严重,这可能是作为家庭中最小的孩子,其有更多的可能得到家庭其他成员的关爱,许多事情都不必亲手去做,受到过多的保护性关爱,这样就使他们形成了遇事更倾向于求助他人、无主见等性格特点,从而使他们在与校外人员交流和参加小组讨论等场合需要有自己的观点时,这类大学生往往因不适应当众发言而表现出较严重的面众恐惧状况。

六、家庭经济状况对西南地区大学生团组与校外交流恐惧不存在显著影响的原因讨论

调查结果显示，家庭经济状况对西南地区大学生的团组与校外交流恐惧不存在显著差异。其中原因可能是，与校外陌生人和学校内团组交流的场合对所有大学生来说都是类似的，并不因家庭经济状况的好坏而各有不同。校外人员对于大学生来说都是陌生人，与其交流类似于和陌生人交流，不涉及家庭经济状况，这方面大学生的交流经验差距不大。团组交流情景中，大学生交流的对象大部分是同龄人，小组中成员的身份和年龄等的"高相似性"会使交流氛围更轻松，同时大学生进行团组交流的内容多为学习和学校生活方面，家庭经济状况很少会被作为讨论话题。这些因素都使得家庭经济状况对西南地区大学生的团组与校外交流恐惧不产生显著影响。

七、父母文化程度对西南地区大学生团组与校外交流恐惧有显著影响的原因讨论

父母的文化程度对少数民族大学生的团组与校外交流恐惧影响显著，父母文化程度为文盲的西南地区大学生在团组与校外交流恐惧上的得分显著高于父母文化程度为高中及以上的西南地区大学生；父母文化程度为小学、初中和高中或中专的西南地区大学生在团组与校外交流恐惧上的得分显著高于父母文化程度为专科及以上的西南地区大学生。原因可能如下：面众交流能力涉及交流技巧及面众经验，其中有些方面不能通过文字信息传授，甚至是不可言传的，需要个体在正确指导中亲身体验，并从中获取经验。文化水平较低的少数民族大学生父母自身知识面不广，认识事物可能存在欠缺和不全面的问题，他们很多时候不能对孩子的面众恐惧进行正确的指导教育，在家庭的教育和影响中就减少了少数民族大学生在实际的人际交流情景中学习关于与他人交流知识和经验的机会。

第八章
西南地区大学生面众恐惧总体调查研究

第一节　研究背景

一、问题提出

绝大多数人都体验过面众恐惧。面众恐惧对人的情绪情感、行为方式、人际关系、职业选择与竞聘、人生发展与成功、受教育程度的机会、创造创新能力和创新精神的充分焕发等等，都会产生负面影响。① 因此，对大学生面众恐惧基本现状调查研究以及探讨对促进当代大学生心理素质的提高，对全面推进大学生素质教育、更好地促进大学生健康成长与发展具有重要现实意义。

二、研究方法

（一）研究工具

采用《中国大学生面众恐惧调查量表》（2011 修订版）进行调查，该量表包括大学生面众恐惧的四个维度共 32 个题项，四个维度分别是上台恐惧、面试恐惧、办事恐惧、团组与校外交流恐惧。32 个题项分别为：上台恐惧 6 个题项，面试恐惧 8 个题项，办事恐惧 8 个题项，团组与校外交流恐惧 8 个题项，另外增加了两个测谎题项。总量表的内部一致性 α 信度系数和重测信度分别为 0.922 和 0.831，四个维度的内部一致性 α 信度系数和重测信度分别在 0.749～0.846 与 0.622～0.781 范围之间，均达到了心理测量学的要求。

---

① 王洪礼，邹维兴，潘运，等.大学生面众恐惧现状调查与矫治对策——基于西南地区的实证分析[J].教育研究，2013，34(10)：134-141.

（二）被试与主试

采取分层随机抽样方法，在西南地区的云南、贵州、四川和重庆四省（市）的12所高校抽取3 277名大学生为被试，最后获得有效被试2 809名，有效率为85.7%。其中男生992名，女生1 817名；大一578名，大二760名，大三1 030名，大四365名，大五76名；文科（文史哲法）类1 363名，理科类1 098名，工科类92名，医学类85名，艺术类171名。

主试由心理学硕士毕业的教师担任。实施调查时以学校班级为单位，统一指导语，被试以匿名方式填答问卷，当场收回问卷。采用SPSS15.0统计软件包进行数据录入分析，兼用独立样本T检验、多因素方差分析（MNOVA）等统计检验方法。

（三）面众恐惧计分评判标准

被调查的大学生在每个题项上回答是“2”（不太符合）或“1”（完全不符合），就判定为该被试的面众恐惧在该题项上程度较低。每个维度至少有6个题项，以个人的面众恐惧维度题项均分为1分时，判定为无面众恐惧；维度题项均分在1.01～2之间时，判定为有较低面众恐惧；在2.01～3之间时，判定为有中等程度面众恐惧；在3.01～4时，判定为有较高面众恐惧；在4.01～5之间时，判定为有高度面众恐惧。

第二节　西南地区大学生面众恐惧的一般特点

一、西南地区大学生面众恐惧程度的分布情况

以西南地区大学生在《中国大学生面众恐惧调查量表》（2011修订版）的面众恐惧总分为基础，描绘西南地区大学生面众恐惧得分的次数分布直方图，结果如图8-1所示。

图8-1表明，西南地区大学生面众恐惧总体上基本呈正态分布，其中整体分布的偏度为0.354，面众恐惧的平均得分为71.22，标准差为18.508。

二、西南地区大学生面众恐惧的一般特点

根据调查结果的分布以及面众恐惧程度的计分标准，统计西南地区大学

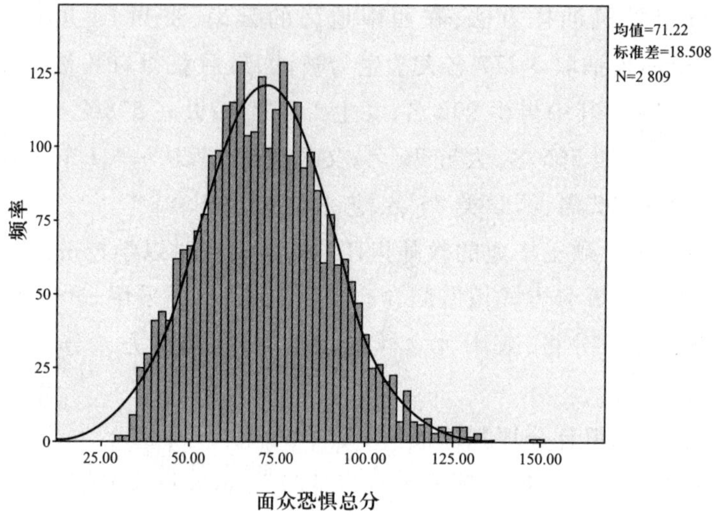

图 8-1 西南地区大学生面众恐惧程度的分布情况

生面众恐惧各程度的比例大小,结果如表 8-1 所示。

表 8-1 西南地区大学生面众恐惧各维度总体基本情况

	面众恐惧
平均分(*M*)	71.22
最大值(MAX)	149
最小值(MIN)	30
标准差(*SD*)	18.51
维度题项总均分	2.37
高度面众恐惧	0.9%
较高面众恐惧	14.3%
中等面众恐惧	54.8%
较低面众恐惧	29.9%
无面众恐惧者	0.1%
有面众恐惧者	99.9%

表 8-1 表明：99.9%的大学生都有面众恐惧，其中，高度面众恐惧者占 0.9%，较高面众恐惧占 14.3%，中等面众恐惧者 54.8%，较低面众恐惧者占 29.9%，而无面众恐惧者仅占 0.1%。概言之，西南地区大学生面众恐惧极其普遍，99.9%的大学生都有面众恐惧。在面众恐惧所包含的四个主要方面，第一严重是面试恐惧，占 99.5%；其次是团组与校外交流恐惧，占 99.3%；再次是上台恐惧，占 97.7%；第四是办事恐惧，占 95.3%。

第三节　西南地区大学生面众恐惧在性别、年级、专业和学校类型等方面的差异分析

一、西南地区大学生面众恐惧在性别上的差异

以西南地区大学生面众恐惧总分为因变量，性别为自变量进行独立样本 T 检验，结果如表 8-2 所示。

表 8-2　西南地区大学生面众恐惧的性别差异

	N	面众恐惧		*t*	*Sig*
		M	*SD*		
男	992	67.415	17.782	-8.132	0.000
女	1 817	73.290	18.573		

表 8-2 表明，独立样本 T 检验的结果显示，西南地区大学生在面众恐惧上存在极其显著地性别差异（$p<0.001$），即女大学生的面众恐惧程度显著高于男大学生的面众恐惧。

二、西南地区大学生面众恐惧在年级上的差异

以西南地区大学生面众恐惧总分为因变量，年级为自变量进行单因素方差分析（One-Way ANOVA），结果如表 8-3 所示。

表 8-3 西南地区大学生面众恐惧的年级差异

	N	面众恐惧		F	Sig	Post Hoc
		M	SD			
大一①	578	70.284	19.476	4.972	0.001	①<②** ②>③*** ②>⑤** ④>⑤*
大二②	760	73.320	18.731			
大三③	1 030	70.155	18.406			
大四④	365	72.192	17.033			
大五⑤	76	66.921	14.511			

（注：＊＊＊表示 $p<0.001$，＊＊表示 $p<0.01$，＊表示 $p<0.05$，下同不再加注）

表 8-3 表明，西南地区大学生面众恐惧在年级上存在非常显著的差异（$p<0.01$）。具体表现为西南地区大二学生的面众恐惧最严重，其次为大四、大一和大三学生，而大五学生的面众恐惧相对最少。进一步的多重事后检验发现，西南地区大一学生的面众恐惧非常显著地低于大二学生，大二学生则极其显著高于大三学生和大五学生，大四学生面众恐惧也显著高于大五学生。

三、西南地区大学生面众恐惧在专业类型上的差异

以西南地区大学生面众恐惧总分为因变量，专业类型为自变量进行单因素方差分析，结果如表 8-4 所示。

表 8-4 西南地区大学生面众恐惧的专业类型差异

	N	面众恐惧		F	Sig	Post Hoc
		M	SD			
文史哲法类①	1 363	72.366	18.355	7.927	0.000	①>⑤*** ②>⑤*** ③>⑤** ④>⑤**
理科类②	1 098	71.027	18.759			
工科类③	92	70.271	17.497			
医学类④	85	70.635	16.755			
艺术类⑤	171	64.041	17.952			

表 8-4 表明，西南地区大学生面众恐惧在专业类型上存在着极其显著的差异（$p<0.001$）。具体表现为文史哲法类的西南地区大学生面众恐惧情况最严重，而西南地区艺术类的大学生面众恐惧程度最低。进一步的事后多重检验显示，文史哲法类和理科类的西南地区大学生面众恐惧极其显著地高于艺术类的大学生；工科类和医学类大学生的面众恐惧也显著地高于艺术类大学生。换言之，在西南地区所有专业类型的大学生中，艺术类大学生出现面众恐惧的情况较少。

四、西南地区大学生面众恐惧在学校类型上的差异

以西南地区大学生面众恐惧总分为因变量，以是否是师范院校大学生为自变量进行独立样本 T 检验，结果如表 8-5 所示。

表 8-5 西南地区师范与非师范院校的大学生面众恐惧差异

	N	面众恐惧		t	Sig
		M	SD		
师范院校	1 890	71.357	18.546	0.584	0.560
非师范院校	919	70.923	18.438		

表 8-5 表明，西南地区师范与非师范院校的大学生在面众恐惧上不存在显著的差异（$p>0.05$）。从数据结果来看，西南地区师范院校的大学生面众恐惧平均得分为 71.36，略高于非师范院校的平均得分 70.92。换言之，非师范院校的大学生在面众恐惧上略好于师范院校的大学生。

同时以西南地区大学生面众恐惧总分为因变量，以是否省级重点院校为自变量进行独立样本 t 检验，结果如表 8-6 所示。

表 8-6 西南地区重点与非重点院校大学生的面众恐惧差异

	N	面众恐惧		t	Sig
		M	SD		
重点院校	900	71.659	17.502	0.873	0.383
非重点院校	1 909	71.006	18.965		

表 8-6 表明，西南地区省级重点与非重点院校的大学生在面众恐惧上不存

在显著的差异($p>0.05$)。从数据结果来看,西南地区重点院校的大学生面众恐惧平均得分为71.659,其与非重点院校的平均得分71.006相差非常小。换言之,省级重点院校的大学生在面众恐惧上与非重点院校的大学生程度基本一样。

第四节 西南地区大学生面众恐惧的家庭影响因素分析

一、西南地区大学生面众恐惧在是否是独生子女上的差异

以西南地区大学生面众恐惧总分为因变量,以是否是独生子女为自变量进行单因素方差分析,结果如表8-7所示。

表8-7 西南地区大学生面众恐惧的家庭排行差异

	N	面众恐惧		*F*	*Sig*	*Post Hoc*
		M	*SD*			
独生子女①	467	68.857	17.412			
老大②	1 057	71.768	19.090			①<②**
老二③	814	71.515	18.013	2.589	0.035	①<③*
老三④	302	71.116	18.458			⑤>①*
老四⑤	169	73.006	19.810			

表8-7表明,西南地区大学生面众恐惧在是否是独生子女上存在显著的差异($p<0.05$)。具体表现为西南地区独生子女的大学生面众恐惧程度最低,而非独生子女中排行为老四的大学生面众恐惧情况最严重。进一步的事后检验得到,西南地区是独生子女大学生面众恐惧非常显著地低于非独生子女中排行为老大的大学生,同时独生子女大学生的面众恐惧显著低于非独生子女中排行为老二的大学生,排行为老四(排行最末)的大学生的面众恐惧也显著高于独生子女大学生。

二、西南地区大学生面众恐惧在家庭经济状况上的差异

以西南地区大学生面众恐惧总分为因变量,大学生的家庭经济状况为自变量进行单因素方差分析,结果如表8-8所示。

表 8-8　西南地区不同家庭经济状况大学生的面众恐惧差异

	N	面众恐惧		F	Sig	Post Hoc
		M	SD			
贫困①	1 152	71.711	19.120			
温饱水平②	1 581	71.030	18.131	1.992	0.137	
较富裕③	76	67.540	16.479			

表 8-8 表明，西南地区大学生面众恐惧在家庭状况上不存在显著的差异($p>0.05$)。进一步的事后检验分析得到，只有西南地区家庭贫困大学生的面众恐惧程度高于家庭较富裕的大学生，差异接近于显著水平($p=0.057$)。从面众恐惧的平均得分来看，家庭经济状况为贫困的大学生为 71.711，与家庭经济状况为温饱水平的大学生的 71.030 相差非常小，而家庭经济状况为较富裕的大学生面众恐惧得分相对较低，为 67.540。换言之，家庭经济状况较富裕的大学生，其面众恐惧状况相对较少。

三、西南地区大学生面众恐惧在父母文化程度上的差异

由于父母文化为研究生的大学生在调查样本中较少，仅有 7 个被试，因此将父母文化为研究生的极少量样本并入父母文化为本科的大学生中，统合为本科以上进行数据统计分析。以西南地区大学生面众恐惧总分为因变量，大学生父母的文化程度为自变量进行单因素方差分析，结果如表 8 -9 所示。

表 8-9　父母文化程度不同大学生的面众恐惧差异

	N	面众恐惧		F	Sig	Post Hoc
		M	SD			
文盲①	220	73.100	20.968			①>⑤*
小学②	743	71.851	18.468			⑥>①***
初中③	1 066	71.925	18.449			②>⑤*
				4.873	0.000	⑥<②***
高中或中专④	534	70.406	18.174			③>⑤*
专科⑤	106	67.660	16.655			⑥<③***
本科以上⑥	140	65.250	16.234			④>⑥**

表 8-9 表明,父母文化程度不同的西南地区大学生,其面众恐惧程度差异显著。具体表现为,西南地区大学生中,父母文化程度为本科以上的大学生的面众恐惧得分最低,说明其面众恐惧相对较少、不很严重;而父母文化程度为文盲的大学生的面众恐惧得分最高,说明其面众恐惧相对较高、最严重,即父母文化程度越低的大学生,其面众恐惧越严重。通过进一步的事后多重检验分析表明,在西南地区大学生中父母文化程度为初中及以下的大学生,其面众恐惧显著高于父母文化程度为专科和本科以上的大学生,父母文化程度是本科以上的大学生面众恐惧极其显著低于父母文化为本科以上的大学生;同时,父母文化程度为高中或中专的大学生,其面众恐惧又非常显著高于父母文化程度为本科以上的大学生。

概言之,大学生的面众恐惧程度与其父母的受教育程度大致呈反比例关系。

由于在青少年的成长过程中,家庭中父母教养方式对其心理的影响是巨大的,而母亲与父亲的教养方式往往是不同的。因此在本研究中,为了更详细地探讨母亲与父亲对子女的具体影响,特对被试中的 617 名大学生的父亲与母亲的文化程度分别予以考察分析,从而考察父亲与母亲分别对大学生面众恐惧的影响。

以抽取的 617 名大学生为样本,以西南地区大学生面众恐惧总分为因变量,以大学生的父亲的文化程度为自变量进行单因素方差分析,结果如表 8-10 所示。

表 8-10 父亲文化程度不同大学生的面众恐惧差异

	N	面众恐惧		*F*	*Sig*	*Post Hoc*
		M	*SD*			
文盲①	44	74.705	21.534	1.730	0.142	②>⑤* ④>⑤*
小学②	163	74.663	17.632			
初中③	261	72.054	17.305			
高中或中专④	111	74.063	20.033			
专科以上⑤	38	67.053	16.003			
总计	617	72.985	18.201			

表 8-10 表明,单独从父亲文化程度来看,父亲文化对西南地区大学生面

众恐惧的影响不大,即父亲文化程度不同的大学生的面众恐惧不存在显著差异。进一步的事后检验分析得到,父亲文化为小学和高中或中专的西南地区大学生的面众恐惧显著高于父亲文化是专科以上的大学生。而从面众恐惧的平均得分来看,仍然是父亲文化程度为文盲的大学生的面众恐惧得分最高(74.705),父亲文化程度为专科以上的大学生的面众恐惧得分最低(67.053)。

同样以抽取的617名大学生为样本,以西南地区大学生面众恐惧总分为因变量,以大学生的母亲的文化程度为自变量进行单因素方差分析,结果如表8-11所示。

表8-11 母亲文化程度不同大学生的面众恐惧差异

	N	面众恐惧		*F*	*Sig*	*Post Hoc*
		M	*SD*			
文盲①	169	75.201	19.094			
小学②	221	73.774	18.365			
初中③	134	70.821	16.332	1.802	0.127	①>③*
高中或中专④	65	70.739	19.341			
专科以上⑤	28	68.964	15.897			

表8-11表明,单独从母亲文化程度来看,母亲文化对西南地区大学生面众恐惧的影响不大,即母亲文化程度不同的大学生的面众恐惧不存在显著差异。进一步的事后检验分析得到,母亲文化程度为文盲的西南地区大学生的面众恐惧显著高于母亲文化程度是初中以上的大学生。而从面众恐惧的平均得分来看,仍然是母亲文化为文盲的西南地区大学生的面众恐惧得分最高(75.201),母亲文化为专科以上的西南地区大学生的面众恐惧得分最低(68.964)。

第五节 西南地区大学生面众恐惧在性别、年级和专业类型上的交互作用分析

一、西南地区大学生面众恐惧在性别与年级上的交互作用分析

以西南地区大学生面众恐惧总分为因变量,以性别、年级为自变量建立一般

线性模型,分析性别与年级对面众恐惧的交互作用,结果如表 8-12 所示。

表 8-12 西南地区大学生面众恐惧性别与年级的交互效应

		大一	大二	大三	大四	大五
男	*M*	65.475	69.113	65.945	70.565	67.046
	SD	18.623	18.435	17.177	17.200	12.756
女	*M*	72.441	75.572	72.607	73.289	66.870
	SD	19.487	18.517	18.664	16.870	15.281

交互效应统计分析结果表明,西南地区大学生面众恐惧的性别主效应显著,$F(1,2\ 799) = 14.220, p<0.01$;年级主效应不显著,$F(4,2\ 799) = 3.567, p>0.05$;而性别与年级的交互效应不显著,$F(4,2\ 799) = 1.349, p>0.05$。从表 8-12 中的结果可以得到,对于西南地区男大学生来说,大一男生的面众恐惧得分最低(平均分为 65.475,标准差为 18.623),而大四男生的面众恐惧得分最高(平均分为 70.565,标准差为 17.177);而西南地区女大学生中,大五女生的面众恐惧得分最低(平均分为 66.870,标准差为 15.281),大二女生的面众恐惧得分最高(平均分为 75.572,标准差为 18.517)。根据表 8-12 中西南地区各年级男女大学生的面众恐惧得分绘制出交互趋势图,如图 8-2 所示。

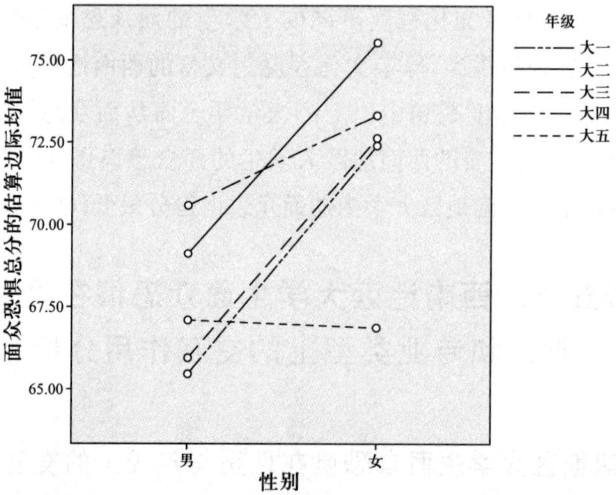

图 8-2 西南地区大学生面众恐惧的性别与年级交互作用分析

从图 8-2 可以较直观地看到，西南地区大一、大二、大三和大四四个年级大学生的面众恐惧情况均表现出男大学生的面众恐惧得分显著低于女大学生的面众恐惧得分，而西南地区大五的学生中男大学生与女大学生的面众恐惧得分基本相差不大。换言之，在西南地区大学生中，基本上是女大学生的面众恐惧程度均较严重地高于男大学生的面众恐惧程度。

二、西南地区大学生面众恐惧在性别与专业类型上的交互作用分析

以西南地区大学生面众恐惧总分为因变量，以性别、专业类型为自变量建立一般线性模型，分析性别与年级对面众恐惧的交互作用，结果如表 8-13 所示。

表 8-13　西南地区大学生面众恐惧性别与专业的交互效应

		文科类	理科类	工科类	医学类	艺术类
男	*M*	69.145	67.281	69.810	63.370	59.709
	SD	17.944	17.650	17.216	15.581	16.752
女	*M*	73.666	73.649	70.660	74.017	67.761
	SD	18.369	19.078	17.895	16.320	18.201

交互效应统计分析结果表明，西南地区大学生面众恐惧的性别主效应极其显著，$F(1,2\ 799)=21.627, p<0.001$；专业类型主效应极其显著，$F(4,2\ 799)=6.669, p<0.001$；而性别与专业类型的交互效应不显著，$F(4,2\ 799)=1.296, p>0.05$。从表 8-13 中的结果分析可以获知，就西南地区男大学生来看，艺术类男生的面众恐惧得分最低（平均分为 59.709，标准差为 16.752），而工科类与文科类男生的面众恐惧得分最高（平均分分别为 69.810 和 69.145，标准差分别为 17.216 和 17.944）；就西南地区女大学生来看，仍然是艺术类女生的面众恐惧得分最低（平均分为 67.761，标准差为 18.201），医学类和文科类的女大学生的面众恐惧得分最高（平均分分别为 74.017 和 73.666，标准差分别为 16.320 和 18.369）。根据表 8-13 中西南地区各专业类型男女大学生的面众恐惧得分绘制出交互趋势图，如图 8-3 所示。

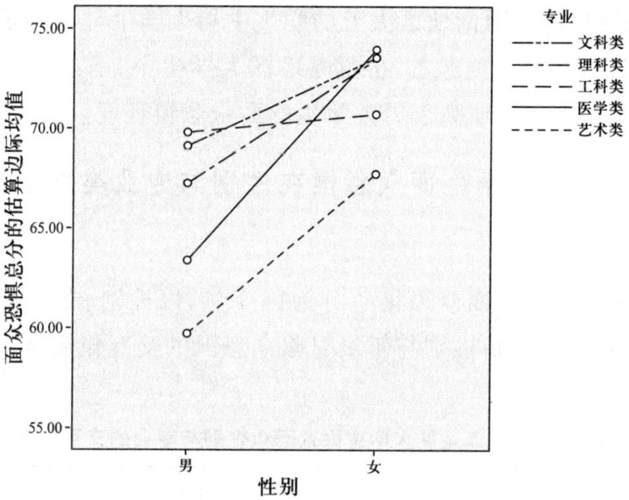

图 8-3 西南地区大学生面众恐惧的性别与年级交互作用分析

从图 8-3 可以非常直观地得到,西南地区文史哲法类、理科类、工科类、医学类和艺术类共五类大学生的面众恐惧情况均表现出男大学生的面众恐惧得分显著低于女大学生的面众恐惧得分,工科类男女大学生的面众恐惧情况基本无差异,而且西南地区文史哲法类、理科类和医学类的女大学生的面众恐惧情况相差不大且非常接近。换言之,在西南地区大学生中,任何专业类型的女大学生的面众恐惧情况均严重高于男大学生。

第六节 结果讨论与分析

一、西南地区女大学生面众恐惧显著高于男大学生的原因探讨

调查发现,西南地区女大学生的面众恐惧极其显著地高于男大学生。这一结果与中国传统的家庭文化观念相一致,在中国家庭的传统文化中,往往男生在家庭中比较得宠,相对于男生,女生在家中得宠者要少得多。长期的家庭传统,导致女性面对公众可能较敏感、情绪波动大、自卑感强,再加上当

今社会压力较大,在求职面试、各种招聘、人才选拔等方面仍存在较大的性别歧视与偏见等不公平的观念,因而西南地区大学生中的女大学生在面众恐惧各方面都极其显著高于男大学生。

二、西南地区大学生面众恐惧存在显著年级差异的原因分析

本研究结果表明西南地区高校中各年级大学生面众恐惧情况不一样,从总体上看,多是低年级大学生的面众恐惧高于高年级大学生。但是对于大二学生来说是一个特例,大二学生在面众恐惧的多个方面都显著高于大一新生,这说明大二对于大学生来说是整个大学时期的重要阶段。大二年级是大学生阶段课程最多的一个年级,并且大学学生在这个年级开始接触本专业的核心专业课,既要在公共课等课程上全方面学习发展,又要把自己本专业的核心专业课掌握得非常牢固,所以"大二学生"的学习压力是非常大的,同时"大二时期"又是学习适应、人际交往和向各方面发展的关键期,由于"大二学生"对大学生活已经有了一定了解,对自己的大学阶段学习也有较好的规划,各种要求也随之增多,因此作为大二学生他们在这个时期压力较大,接触的事物也较多。他们与还比较朦胧的大一年级学生和已经成熟的大三等高年级的大学生来说,可能会表现出更高的面众恐惧。调查结果同时发现,大四年级的学生面众恐惧仅次于大二年级,是面众恐惧较高的一个群体。这可能是大四是绝大多数专业大学生的毕业阶段,在这个阶段考研或找工作是他们的主要任务,而在这些过程中,试讲、面试等场合是他们所必须碰到的,往往由于当前大学生的工作压力大,导致他们的动机过高,害怕失去每一次机会,因而在每次碰到试讲或面试等关键时候时会有不少焦虑与紧张甚至害怕等状况出现,即会产生较高的面众恐惧。大五年级的学生面众恐惧情况最乐观,这可能是由于对于大五学生来说,他们已经经历了较长时期的实习阶段,在各方面都已经得到了较多的锻炼,心智也比较成熟,有些学生也已经踏入了社会,因而面众恐惧的程度就低了。

三、文史哲法等文科类专业大学生面众恐惧较严重的原因分析

调查结果表明,文史哲法等文科类专业大学生的面众恐惧程度最严重,艺术类专业大学生在面众恐惧的各个方面均显著低于其他专业的大学生。这说明艺术类大学生面众恐惧较少,这可能是因为艺术类专业的大学生从小

就有在别人面前表演或展示自己的多种经历与经验，加之艺术类专业的大学生在校期间经常参加各种文艺演出等多种表演活动，促使他们已经擅长于在他人面前展示自己，所以出现面众恐惧的情况较少见。但是文史哲法类专业大学生面众恐惧最严重，则使人感到意外，特别值得深思和反思。对文史哲法类专业大学生而言，其语言表达能力和所掌握的语言文化知识应该是比较强的，为何他们还会出现最严重的面众恐惧呢？究其原因，这可能就不仅仅是大学教育的问题了，这在很大程度上可能要回到他们所受的中小学教育尤其是中学教育上去找原因了。众所周知，我国当前的中学教育，特别是高中教育，主要受高考指挥棒左右，高考考试的内容和方法，除了艺术体育极少数专业外，其他专业主要是纸笔考试，主要依靠考生在考场上根据试题，结合中学阶段所学和所记的知识，独立思考、回忆、书写、思索解答来完成考试，最后按高考分数的高低排列，录取达到分数线以上的考生进入大学。高考招生的录取模式如此，中学阶段的教育就极少有对学生进行上台演讲训练、面试训练、团组与校外交流及发言训练，文史哲法类专业大学生在高中教育教学中受到的学习和训练自然也是死记硬背的纸笔考试类的学习和训练，因而他们在上台、面试、团组与校外交流、办事等方面出现严重的面众恐惧也不奇怪。文史哲法类专业大学生面众恐惧严重可能还有其他原因，其他原因可能是由当前较激烈的社会竞争所致，因为文史哲法专业的内容和思维方式在当前时代不太具有竞争力，使得他们的自信心降低而导致了较严重的面众恐惧。

四、师范类院校大学生面众恐惧并未比非师范类院校大学生乐观，以及重点与非重点院校大学生面众恐惧无差别的原因探讨

师范类院校是培养教师的摇篮，怎么样去训练师范类大学生上台试讲等是这类大学的强项。而调查结果分析发现，师范院校与非师范院校的大学生在面众恐惧上不存在显著的差异，甚至从大学生面众恐惧的平均得分来看，师范院校大学生的面众恐惧的情况还较之非师范院校的大学生严重，这个结果值得教育反思。当前师范院校的特色到底在哪里？师范院校应该是培养能说会讲的各级各类教师的主要阵地，而其培养的大学生在面众恐惧上依然同非师范院校的大学生一样严重，这一方面说明了面众恐惧在当前大学生中的极其普遍性，是影响绝大多数大学生身心发展的一个重要因素；另一方面

也说明了由于我国近些年来高校的扩招，导致高校教学资源的不足，而对于师范院校来说，由于招生规模过大等原因，师范院校各教学培养单位未能真正严格按照师范生的培养要求，对师范院校的大学生进行切实的严格试教、试讲等方面的培养和训练。

数据调查结果还表明，不管是省级重点高校的大学生还是非重点的普通高校大学生，他们的面众恐惧状况不存在差异，相差非常小。这一结果又直接证明了面众恐惧在高校大学生中的普遍存在性，虽然省级重点以上高校在学科等方面强于其他普通高校，但是他们在教书育人、培养大学生的全面发展等方面或许并未好于一般普通院校，特别是在对大学生的综合素质培养等方面。因此，国家与省级重点高校的大学生面众恐惧仍然非常普遍，他们在上台试教、试讲、应聘面试等方面仍然与普通院校的大学生一样存在较严重的面众恐惧状况。

五、为何西南地区的独生子女大学生存在较少的面众恐惧

调查结果显示，独生子女大学生的面众恐惧都显著低于非独生子女大学生。对这一结果不难解释，独生子女大学生一般都是家中的“小太阳”和“掌上明珠”，从小到大在家里一直享有家长极多和极高的关注与教导，这样就使他们面对外人时的表现有了更足的底气和勇气，具有较之非独生子女有更多的信心和更好的行为，而且他们在家人面前也比较自由，极少受约束，较少受到父母的严厉批评与责备，做事情也很少考虑或担心后果，因此面众恐惧的情况较少。而对于非独生子女大学生来说，他们在家庭中的优越感相对较少，平时在为人处世上就得处处较多考虑别人怎么看待自己、自己的行为举止会不会被别人责备，因而进入大学后就会表现出较严重的面众恐惧。数据分析结果同时表明，在家庭排行是最末的大学生的面众恐惧情况最严重，这可能是由于作为家庭中最小或较小的孩子，在农村往往得到家庭其他成员的溺爱，许多事情都不用自己亲手去做，受到过多的保护性关爱，这样就使他们形成了一种胆小怕事、无主见等过于懦弱的性格成分，从而在进入大学等需要自己独立的环境中时，这类大学生往往表现出较严重的面众恐惧状况。

六、家庭经济状况对西南地区大学生面众恐惧存在显著影响的原因

调查结果显示,家庭经济状况好的大学生相对于经济状况差的大学生在面众恐惧上显著较少、较低。这可能是因为家庭经济状况好的大学生,其生活较宽裕,性格中的自信成分较高,从小就被培养出了优越感,因此在各种场合的表现欲望也较强,另外他们更容易得到在各种场合与他人交流的机会,他们的所见所闻可能较之家庭经济困难的大学生更多更广,家庭给他们提供的学习和锻炼的机会也较多,这就使得他们的面众恐惧较少。

七、为何父母文化程度高的西南地区大学生的面众恐惧较低

调查表明,在面众恐惧的各个方面,父母文化程度越高,大学生的面众恐惧程度越低,其原因可能是父母文化程度越高,他们对自己的子女在面众交流上能给予更多的支持、帮助和指导,以及给予更广的知识面与更多的课本之外的知识及训练。这就有利于促成这些大学生的面众恐惧程度显著较低。为了更清楚地探讨父亲与母亲在青少年成长过程中对大学生的具体影响,本研究又单独抽取了部分被试,考察了其父亲文化程度和母亲文化程度分别对大学生面众恐惧的影响。考察结果仍然表明,不管是大学生的父亲方面还是母亲方面,均表现出文化程度越低,其面众恐惧程度就愈严重的情况。

第九章
大学生面众恐惧的主客观因素分析

第一节　大学生面众恐惧的主体因素与客观因素探讨

随着大学生群体的壮大和大学生面众恐惧问题的日渐突出,大学生面众恐惧的原因已成为研究者必须回答的问题。本节简单从大学生的自身主体因素和外界环境因素两大方面探讨大学生产生面众恐惧的原因,发现大学生面众恐惧的主体因素包括生物遗传因素、人格特质、认知偏差、自信心缺乏、交流技能匮乏和个体动机不恰当等;外界环境因素包括社会文化环境、家庭因素、学校环境、同伴关系和特殊场合等。

随着我国社会经济的发展和高校教育规模的不断扩大,大学生面临着越来越多的压力和挑战,作为祖国未来建设者的大学生,他们的成长发展备受社会各界瞩目。面众恐惧和社交焦虑等方面的体验普遍存在于人们的生活中,一定程度的面众恐惧与社交焦虑对个体的正常生存和生活是必需的,但过分的面众交流恐惧和社交焦虑则会阻碍个体的日常生活和社会交往。可见,高度的面众恐惧是大学生健康成长发展道路上不可忽视的阻碍因素,因此分析大学生面众恐惧的成因和矫治对策对大学生的健康成长具有重大的现实意义。

不同心理学派对交流恐惧和焦虑的原因提出了不同的解释,为探讨大学生的面众交流恐惧影响因素提供了多种分析视角。人格特质学派主张:交流恐惧和焦虑是一种遗传特质,类似于人的智力。行为主义者认为:交流恐惧和焦虑产生的原因是没有形成与其他人交往的社交技巧。精神分析学家认为:交流恐惧和焦虑是个体潜意识下内心激烈冲突的一种外在表现。新精神分析理论则更强调受社会文化影响的早年经历。行为和学习理论认为恐惧和焦虑是通过经典条件反射学习获得的。社会心理学家则指出:交流恐惧是由于个体在社会生活中被贴上标签——自认为自己有交流恐惧,或是别人认为自己具有交流恐惧。认知理论认为不正确的认知导致了个体交流时焦虑情绪的产生,最终导致回避交流和恐惧行为①。参照麦克罗斯基的研究②,本文进一步从个体的需要、自信心、主动锻炼等个体自身努力方面和文化模式、家庭中父母的教育和学校教师的指导等因素进行探讨,总结了一些导致大学生面众恐惧的原因。

一、大学生面众恐惧的自身因素探讨

(一)生物遗传因素

遗传因素和神经生化异常是导致某些大学生出现面众恐惧的重要因素。囿于面众恐惧是新提出的概念,其影响因素的相关研究尚无,但与面众恐惧相关的社交回避和障碍的研究中显示,生物遗传因素是个体在交流时产生回避和恐惧的重要影响因素。肯德勒(Kendler)等研究显示,女性群体中,同卵双生子社交焦虑障碍发生一致率为24.4%,异卵双生子只有15.3%,男性双生子中遗传因素可以解释社交焦虑障碍25%~37%的病因,起中度作用③。托格森(Torgersen)研究发现,在诸如害怕在陌生人面前书写、做事或进食等的相似性上,同卵双生子比异卵双生子明显得多。亲属中有社交恐惧症者会加大个体的患病几率,一级亲属患广泛性社交恐惧症的几率比控制组高10倍多④。哈迪森(Hudson)等研究发现,被确诊为儿童分离性焦虑障碍(separation anxiety disorder,SAD)的儿童中,其母亲有1/4有焦虑障碍,包括社交恐惧障碍⑤。还有研究发现,遗传因素能够对焦虑障碍和抑郁症作一定的

---

① 张天航.社交焦虑研究综述[J].黑河学刊,2011(1):156—157.

② James,C.,& McCroskey.(2009).Communication apprehension: What have we learned in the last four decades.*Human Communication*.12(2),157—171.

③ Kendler,K.S.,Karkowski,L.M,& Prescott,C.A.(1999).Fears and phobias: Reliability and heritability. *Psychological Medicine*,29,539—553.

④ 施旺洪.社交恐怖症的森田疗法[M].西安:第四军医大学出版社,2008.

⑤ Hudson,J.L.,& Rapee,R.M.(2001).Parent-child interactions and anxiety disorders: An observational study.*Behaviour Research and Therapy*.39(12),1411—1427.

解释①。

5-羟色胺(5-hydroxy tryptamine,5HT)等神经递质的改变也会引起面众恐惧的产生。有研究报道,交流恐惧者的特殊神经系统发生了改变,特别是5HT、去甲肾上腺素和多巴胺系统。5HT的多态现象与情绪中心杏仁核的功能存在联系,国外研究者已通过实验证实,携带5HT转运体基因多态性(5-HTTLPR S)等位基因的健康被试,志愿者和有社交恐惧症病人,有显著的杏仁核过度反应的现象②。另外研究发现,社交恐怖患者与控制组相比心率增加,针对体位诱发试验或Valsalva动作所引起的去甲肾上腺素的反应也有增大。对15例SAD患者与15例正常对照组的比较研究发现,在应激前,两组对象的肾上腺皮质激素及促肾上腺皮质激素(adreno-cortico-tropic-hormone,ACTH)水平无显著差异。在应激后,SAD患者组肾上腺皮质激素水平升高幅度显著高于对照组,而ACTH水平升高幅度在两组间无显著性差异,结果提示,SAD患者肾上腺皮质对心理应激反应性较高③。

(二)人格特质

人格是构成一个人思想、情感及行为的特有模式,包含了一个人区别于他人的稳定而统一的心理品质。人格是一个复杂的结构系统,其中性格和气质是其重要成分。严重面众恐惧者常有不正常的性格基础,这也是他们出现面众焦虑、紧张和恐惧的重要原因。林雄标等人报告,EPQ测查结果显示社交恐怖症患者神经质得分和精神质得分显著高于控制组,外向分数显著低于控制组④。曹建琴等进行的逐步回归分析发现,人格特征中的内外向、神经质为社交焦虑的有效影响因素,其联合解释变异量为23.7%⑤。彭纯子等对大学生进行社交焦虑团体干预的研究发现,社交焦虑水平得到显著改善的个

---

① Russell,C.,C.,Amy,K,& Erin,L.S.(2004).Understanding and treating social phobia.*Journal of Counseling and Development*.82(1),3—9.

② 刘东台,李小健.社交焦虑障碍发展成因探讨心理干预与心理咨询[J].2008,22(15):376—381.

③ Condren,R.M.,O' Neill,A,Ryan,M.C.M.,Barrett,P.,& Thakore,J.H.(2002).HPA axis response to a psychological stressor in generalized social phobia.*Psyehoneuroendocrinology*,27(6):693—703.

④ 林雄标,胡纪泽.社交恐怖症患者的认知特征及相关因素[J].中国心理卫生杂志,2003,17(6):423—425.

⑤ 曹建琴.大学生人格特征与社交焦虑的相关性研究[J].护理研究(上旬版),2009(10):2563—2564.

体,其人格特征中的内外向、神经质分值的改善也达到显著性水平,而精神质和掩饰性改善不明显。内向敏感、情绪不稳定的个体,在面临生活事件时易表现出较低的自我效能感,倾向于采取消极应对方式处理生活事件,如回避退缩、自责幻想等,导致人际敏感、抑郁焦虑水平的增高,易出现高社交焦虑①。雷雳等的研究发现,神经质人格的个体具有情绪化、易激动、逃避现实等特征,在现实生活中易出现社交问题,易对生活表现出沮丧情绪②。内向、情绪不稳定的大学生对各种刺激反应较强烈,对自己过度否定,注重依赖外界评价,不善于缓解内心紧张与压力,在体验到焦虑情绪时有渺小感,更多的是对行为的掩饰及对现实的逃避,因此较难适应环境,特别是对需要临场应变能力要求较高的面众交流。

大学生在婴儿和幼儿早期的社会焦虑的气质倾向会对其大学生活的面众交流状况产生影响。研究者在婴儿和幼儿早期发现一种社会焦虑的气质倾向,表现为在陌生人或陌生环境面前极度的行为抑制(behavioral inhibition to the unfamiliar,BI)。凯根(Kagan)最早的追踪和观察研究指出BI气质增加了儿童发生多种焦虑和恐惧障碍的危险,可能是社交焦虑障碍的先兆③。按凯根以及其他人近二十年的研究结果,BI气质从婴儿期到儿童期到青春期有中度的稳定性。儿童期被认为有严重的BI气质的青少年和成人比其他人更可能出现社交恐惧症或焦虑障碍④。另外,传统气质类型划分法把气质划分为四种类型:多血质、胆汁质、黏液质和抑郁质。多血质典型特征是活泼、好动、反应快、善于交际、兴趣与情绪易转换;胆汁质典型特征是直率、热情、精力旺盛、情绪兴奋性高、反应迅速快;黏液质典型特征是安静、稳定、反应迟缓、情绪不易外露;抑郁质典型特征是情绪体验深刻、孤僻、行动迟缓,感受性强、敏感、细致。气质虽无好坏之分,但气质会影响活动的方向和效率。不同

---

① 彭纯子,燕良轼,马晓虹,等.大学生社交焦虑团体治疗的比较研究[J].中国心理卫生杂志,2003,17(4):229—231.

② 雷雳,杨洋,柳铭心.青少年神经质人格、互联网服务偏好与网络成瘾的关系[J].心理学报,2006,38(3):375—381.

③ Kagan, J., Reznick S. J., & Snidman, N. (1988). Biological bases of childhood shyness. *Science*, 240 (4849), 160—171.

④ James C.& McCroskey. (2009), Communication apprehension: What have we learned in the last four decades. *Human Communication*, 12(2), 157—171.

气质类型的人在学习工作中各自有自己的优势，但面众交流是一种外显的交流环境，在这种既定的情况下，需要的是与乐于交际，反应快类似的特征，多血质气质类型的大学生相比其他气质类型的大学生会更积极主动，得到更多的锻炼机会。与之相对的黏液质类型的大学生则相反，在面众交流的情境下，也就更多地会出现面众恐惧的状况。

（三）自信心缺乏

个体的自信心问题是面众恐惧的核心问题，个体的不自信，自我评价低是导致面众恐惧的主要因素。研究表明，自我评价越高，则社交焦虑越低①。自信心与否关乎个体的自我认知，即对自我存在的各个方面做出的估价，以确定自己在交往中的位置。认识自己、接近自己、洞察自己是许多健康人格理论的核心，然而，同样是自我分析、评价自己的想法感受，一旦沉溺于其中，就会造成心理紊乱，造成个体极度不自信。有面众恐惧的大学生更倾向于过度分析检测自己的缺点。然而过度分析强调自己的缺点会造成自信心下降，这也是面众交流时的不利因素。而这种现象最糟糕的影响是人们给自己贴上面众恐惧的标签，并且这个标签将与自己形影不离，导致人们看不到自己优秀的一面，缺乏面众交流的勇气和信心。面众交流能力的自我效能感低是自信心缺乏的另一个表现。自我效能感是班杜拉（Bandura）社会认知理论中的核心概念，是指人们对自己在特定领域实现预期结果所需行为能力的知觉或信念，是人们在生活中能否利用拥有的技能完成工作或行为的自信程度，大学生的自我效能感水平对问题解决、学习及交友等方面都会产生重要的影响。学生的天职是学习，学习能力和成绩是衡量学生的重要指标。无论是家长、学校还是社会各界，都会关注学生的学习能力。学习能力高的学生比学习能力差的学生面众交流恐惧要少，这与学业成功为他们带来的高自我效能感也不无相关。研究显示：个体交流自我效能感与交流恐惧呈负相关关系②。对自我面众交流能力持否定态度的大学生更容易产生面众交流恐惧。当个体对自己的面众交流能力不自信时，其面众状况也会随之受到影响，通常会低于其实际面众交流能力。

---

① 郭晓薇.大学生社交焦虑成因的研究[J].心理学探新，2000，20(1)：55—58.

② James，C.& McCroskey.(2009).Communication apprehension：What have we learned in the last four decades.*Human Communication*，12(2)，157—171.

（四）认知偏差

认知偏差是指有问题的、错误的、不良的观念或想法，这种观念或想法会导致个人在学习、工作、生活或交往方面产生问题，造成不适应的情况，甚至会导致情绪障碍①。这也是造成大学生面众恐惧的重要因素。认知偏差包括对客观事件、环境、他人和自己的认知偏差。大学生涯处于人生发展的重要阶段，此阶段也是大学生汲取知识，淬砺性格的黄金时期，但囿于大学生正处于汲取知识的关键时刻，社会经验较少，阅历不丰富，虽然研究表明当前大学生的认知偏差整体情况尚属乐观②，但也不容忽视其负面及不乐观的个案问题。

对自身的定位偏差会促使大学生产生面众恐惧。高考是一个对优秀者的选拔过程，学生进入大学之后，如果不能适应中学和大学生活的差异，仍然一味追求佼佼者的地位，就会给自己带来不必要的负担。能力与高要求如果不符合，本我、自我、超我三者之间整合失败会给个体带来高压力和高焦虑水平，内心的高要求会使原来能达到正常面众交流的活动得不到内心的肯定体验，进而个体会进入负面经验体验的恶性循环，从而惧怕面众交流。完美主义也是其中一个重要方面，追求完美是人类最纯净最本质的动机，但对完美主义不恰当的追求会使个体产生诸多心理问题和心理障碍。比零（Bieling）认为，完美主义包括适应性和非适应性两个方面。适应性完美主义是指设置高成就标准、努力追求成功的倾向；非适应性完美主义是一种关注错误、苛刻的标准，强迫自己去达到目标的倾向③。在对完美追求的道路上，当今大学生从未停止自己的脚步，但对目标的过高期望会给自己带来不必要的压力和焦虑，产生不必要的心理障碍，造成面众恐惧。

对他人的认知偏差中，观点采择的影响最大。大学生观点采择能力的发展速度和发展水平有个体差异，这导致不同大学生对相同事件的认知差异，

---

① 倪婕.中小学生的认知偏差及其影响因素的结构研究[D].上海：华东师范大学，2006.

② 李静.大学生认知偏差问卷的编制及信效度检验[J].中国健康心理学杂志，2011，19(4)：483—486.

③ Bieling, P.J., Israeli, A., Smith, J., & Antony, M.M.(2003).Making the grade: the behavioral consequences of perfectionism in the classroom.*Personality and Individual Differences*, 35(1), 163—178.

使大学生对他人行为结果的动因产生不同推测①。在面众演讲或小组讨论时，对他人行为的原因推测会影响到个体的发挥。比如，善意的微笑被误解成嘲笑，就容易造成个体敏感、紧张。这种情况就增加了个体的面众恐惧的可能性。

（五）认知模式和应对方式

认知模式是个体对外部客观世界的心理反应方式。社交恐惧者在参与活动过程中的认知模式存在三个认知阶段：预先设想、情景当中、事后分析②。在预先设想阶段，社交恐惧者过度关注和担心即将进行的交往活动；在情景当中阶段，社交恐惧者过度关注内心体验，影响工作记忆加工，导致交往中预料之外的事情发生；在事后分析阶段，社交恐惧者对发生的交往活动详细分析检查。这些偏颇的认知观念，使其每参加一次社会交往活动，就会提高他的焦虑水平，增强对社交环境的恐惧，从而更加惧怕面众交流场合。

应对方式是个体对环境或内在需求及其冲击所做出的恒定的认知和行动努力，是应激与心理健康的中介机制，对人的身心健康起着调节作用。积极有效、接近问题的应对和良好适应密切相关，但消极无效、回避问题的应对则有可能导致焦虑、恐惧等不良适应③。通过大学生应对方式对社交焦虑的多元回归分析发现，合理化和自责两个变量对社交焦虑有较显著的预测作用。以上研究说明采用合理化应对方式会降低社交焦虑，而采用自责应对方式会加强社交焦虑④。在面众交流时，大多数大学生都会有脸红的表现，有时候会感到心跳加速，正常的认知会把这些反应当作轻微的不适，并把注意力转移到即将发生的积极事件；但有面众恐惧倾向的大学生会把注意聚焦在生理反应上，甚至有自责倾向，结果导致他们常常还没有等到身临面众情境，就先有紧张焦虑等生理反应，由此他们对面众情境更不会热衷参加。

---

① 段忠阳，杨小芳.合理情绪疗法纠正大学生认知偏差的个案研究[J].中国健康心理学杂志，2009(11)：1407—1408.

② Curtis, R.C., Kimball, A., & Stroup, E.L.(2004). Understanding and treating social phobia. *Journal of Counseling and Development*, 82(1), 3—9.

③ 王桢，陈雪峰，时勘.大学生应对方式，社会支持与心理健康的关系[J].中国临床心理学杂志，2006, 14(4)：378—380.

④ 答会明.高师大学生心理健康水平、社会支持、应付方式的关系研究[J].中国临床心理学杂志，2003, 11(4)：292—293.

（六）交流技能的匮乏

缺乏有效的交流技能也是引起面众恐惧的一个原因,良好的交流技能可以使谈话顺利进行,防止在面众交流时出现尴尬氛围和不愉快现象。研究表明,除了自我评价,社交技能缺乏也是引起社交焦虑的关键性原因。研究显示,自我评价越高,社交技能越高,则社交焦虑越低①。有些大学生因为缺乏交流和人际交往的技巧,不能恰当地表达自己的想法而被他人误解,从而感到不愉快。这些不愉快的经历,导致害怕在众人面前讲话,常感到自己底气不足、结巴,从而采取了一味地回避,喜欢独处,由此使自己渐渐失去了交流的兴趣和勇气,最后出现面众交流时紧张或恐惧。

大学生活是学校走向社会的过渡准备阶段,很多面众情景是初次遇到,但此时大学生社会经验不足,与他人交流技能不够,往往会导致面众恐惧的产生。然而语言是一门艺术,同时也是一种技能,不管是演讲,还是小组讨论,抑或出门办事,都离不开必要的言语交流技能。一些大学生由于缺乏与同学、老师或上级的交流技巧,特别面对不熟悉的同学、老师或领导时,往往心生胆怯,不知如何与他们对话,不能实现有效交流。面对由此产生的无效沟通和不愉快体验,很多大学生会采取回避的措施,也因此使自己失去面众交流的勇气,最终导致面众恐惧。

（七）个体动机

利里(1983)的自我推荐学说认为,社交必须有动机,一个人只有当他希望在别人心目中造成某种特殊的印象,才可能会感到紧张不安甚至恐惧。在大学生活的新环境中,大学生欲表现优秀的动机很强,然而大学生是经过高考选拔的优秀学子,大家都是来自各地的佼佼者,来到新的环境,并不是每个人都还能维持佼佼者的位置,优秀的人聚到一起,相比之下一些大学生必然会被视为平庸。问题的关键在于很多大学生不能正确面对现实情况,往往确定更高的目标,产生高强度的动机。然而心理学研究表明,动机强度与工作效率之间的关系是倒U形曲线关系,中等强度的动机最有利于任务的完成。大学生面众交流时产生焦虑和恐惧现象,如果动机更强,就导致自身焦虑加重和面众恐惧恶性循环。

---

① 郭晓薇.大学生社交焦虑成因的研究[J].心理学探新,2000,20(1):55—58.

兴趣是社会性动机的一方面，是人们探究某种事物或从事某种活动的心理倾向，它以认识或探索外界的需要为基础，是推动人们认识事物、探求真理的重要动机。人对感兴趣的事情会展现出巨大的积极性，反之，则会毫无积极性，不会投入自己的精力和热情。对于面众交流这一情景，有些大学生很乐意参加，他们对上台发言、演讲等面众交流很感兴趣，也从中得到锻炼，但相当一部分大学生并不是如此，他们不积极参与上台发言等面众交流活动，同时也就得不到相应的锻炼，而面众交流不是毫无经验和交流技巧的人能完美把握的，缺乏主动锻炼势必造成面众交流不畅、无效沟通等现象的出现，使大学生产生挫败感，导致面众恐惧。

二、大学生面众恐惧的外界因素探讨

（一）社会文化环境

人类创造了文化，同时文化也不断影响着人类。特定人格的结构是特定文化结构的缩影，人类许多的心理疾病从深层次的角度来讲，与其所在的社会文化因素关系密切。研究表明，文化模式是产生交流恐惧的因素之一，亚洲国家交流恐惧的现象特别严重①。其中，中国文化崇尚含蓄、内敛，相比西方开放式的文化氛围，这种文化氛围为大学生提供较少的面众机会，同时很多大学生也不会主动争取面众交流机会，这导致众多大学生丧失了上台锻炼的机会，久而久之，致使许多极度缺乏锻炼的大学生产生面众恐惧现象，甚至呈高度的面众恐惧。同时，在中国集体主义价值观的文化背景下，人们不以自我成就来衡量个人价值，而是以他人的标准来评价自身的价值；再加上中国的面子文化，当一个人不能达到他人的期望时，就会面临巨大的压力。大学生面众交流亦是如此，大部分大学生带着好学生的光环进入大学校园，对于他们而言，面众交流表现不优秀的情况是决不能接受的，但自己又不愿意放下优秀的枷锁，轻装上阵，从基本方面提高自己，致使他们在自我的面众交流高标准和自身面众交流能力欠佳的状况里迷失自我提升的方向，沉溺于焦虑和自责当中，面众交流恐惧状况难以克服，甚至不断加重。

---

① Daly, J.A., & McCroskey, J.C.(Eds). (1984). Avoiding communication: Shyness, reticence, and communication apprehension. *Communication Education*. 37(1), 84—86.

（二）家庭环境

研究显示在相同的社会文化环境、教育条件和家庭结构下，儿童社交恐惧症患儿在家庭情感表达、知识性、娱乐性上明显低于正常组；在矛盾性、成功性、控制性上高于正常组①。父母对子女的关注和理解可以降低子女的焦虑水平，而儿童社交恐惧症患儿的家庭情感表达与交流的程度较低，家庭生活模式化、固定化，娱乐性差，使子女在为人处世方面，不善于变通，在面对新环境时，常会产生焦虑恐惧的情绪，从而出现回避行为，由此产生面众恐惧。在中国各种政策的背景下，目前大学生一部分为独生子女，这种成长环境导致很多大学生多以自我为中心，过度关注自我。然而，在上台演讲、小组讨论或办事时，如果过度关注自我，就不能对所要进行的活动调动充分的精力和热情，进而影响活动的进行，影响自我预期，导致面众恐惧，并形成恶性循环。

研究表明儿童社交恐惧症的形成与父母不良的养育方式有关②，与个体早期与其父母的依恋情感联结有关③。部分大学生家庭成员较多，再加上父母方面的原因，很多大学生没能得到父母的充分关注，致使他们与父母的交流缺少，为他们在进入大学生活这种与中小学教学模式截然不同的校园学习生活时可能产生的各种面众恐惧埋下隐患。家庭养育方式也尤为重要，父母对子女控制、限制越高，会导致子女焦虑水平提高，这些因素不利于面众恐惧交流，会使他们在面众交流时的产生恐惧体验。

另外，社交恐怖症除与家庭结构、家庭教养方式有关系外，与父母的文化程度以及出生次序等都有着密切的关系。父母文化程度高意味着父母会以更为科学的方式教养孩子，会对各种交流情景提出更为合理的建议并传授交流技巧；出生次序影响了父母对孩子的关注程度和兄弟姐妹之间的交流模式。美国心理学会第118届年会上宣布的研究发现，出生顺序影响孩子的个性，弟弟妹妹们性格更外向（善于社交、性格外露）、更乐于接受新事物，而老大们则趋向于追求完美。然而追求完美，性格偏内向会进一步导致面众恐

---

① 苏程，黄钢，胡连新.家庭环境对社交恐惧症的影响[J].中国实用儿科杂志，2008，23(7)：515—516.

② 王丽颖，杨蕴萍，林涛.社交焦虑障碍与人格障碍的共病及父母养育方式的影响[J].中国临床心理学杂志，2004，12(2)：196—197.

③ 吴薇莉，张伟.社交焦虑障碍患者的成人依恋类型与其认知、行为关系的研究[J].四川大学学报(医学版)，2005，36(2)：271—273.

惧,所以很多在兄弟姐妹中排行老大的大学生会更多地体验到面众交流恐惧。

(三) 学校环境

虽然各地一直在进行课改,可是很多地方的教育模式仍是传统的灌输式,学生在中小学阶段的学习主要是上课听老师讲课,学生主动发言,上台交流锻炼的机会非常少。再加上升学压力大,学生课业负担重,造成在中小学阶段的几年里面众交流问题不能引起老师和学生的注意,有面众恐惧的学生得不到老师的充分关注,学生自己也意识不到其严重性,直到大学阶段,课业压力缓解,面众交流情况增多,面众恐惧现象才凸显出来。进入大学校园后,学生获得较多的面众交流机会,但由于长时间没有有效的锻炼,很多大学生的面众交流表现并非如学习成绩一样优秀,这种情况对于大学生面众交流产生广泛的消极影响,严重者会因此产生习得性无助,进一步形成面众恐惧。

体育活动的减少也是大学生出现面众恐惧的原因之一。体育锻炼能使人体血液中产生让人愉悦的内啡肽,内啡肽可以增强人的心理承受力,相对而言,很少或不进行体育活动会增加个体产生焦虑、紧张、恐惧等负面情绪的可能性,增加出现面众恐惧的几率。刘春通过体育社团活动对 32 名社交焦虑较为明显的大学生进行了干预实验,结果表明:有目的的体育社团干预措施对于改善大学生人际交往中的交往焦虑、交流恐惧、社交回避与苦恼等问题会产生积极的作用①。美国学者考克斯(Cox)的生物化学假说认为,体育活动可以使人释放令人愉快和减少疼痛的儿茶酚胺,有利于形成积极的心境状态;体育活动可以导致内啡肽的释放,使人的抑郁、焦虑、困惑等消极情绪水平显著降低。进行体育锻炼时,参与者把注意力集中在体育项目上,可有效转移对面众交流时产生的紧张和恐惧的回忆,使大学生对抑郁、焦虑等消极心理有抵抗作用②。但现实状况是中小学生在校期间,学校几乎每天都会有规定的团体体育运动时间,而大学生不仅有课堂学习,实习和找工作的时间也占相当大的比例,不能保证足够有规律的体育锻炼时间。虽然某些大学

---

① 刘春.高校体育社团对大学生社交焦虑干预作用的实验研究[J].南京体育学院学报(社会科学版),2007,21(4):72—74.

② 肖丽琴,马俊成,严军锋,等.高校体育教学对大学生社交焦虑的影响[J].体育成人教育学刊,2011,27(4):71—75.

生仍会自发进行体育运动，但总体来看，进行体育运动的人数和次数都有明显下降。大学生体育锻炼的减少，释放焦虑、紧张的机会减少，加大了他们面众恐惧的几率。

（四）同伴关系

同伴关系是指年龄相同或相近的青少年和儿童由于共同活动和相互交往而形成的关系，虽然大部分大学生处于由青少年期过渡到青年早期的阶段，但青少年儿童期的同伴接纳程度和他们的面众恐惧情况息息相关。与同伴的交往是成功社会交往所需要的基本技能。缺少与同伴交往的机会，个体将不能学习到有效的交往技能，不利于日后社交技能和面众交流技能的形成。在面众交流活动中，如果得到同伴的接纳和支持，大学生就会表现出较少的紧张或恐惧，反之，大学生在面众交流时就会紧张，就会加剧其面众恐惧状况。研究发现，同伴关系是影响社交焦虑障碍较为突出的问题。莫里斯（Morris）用了 5 年时间进行的一项关于青少年社交焦虑障碍的纵向研究，研究发现在与社交焦虑障碍相关的因素中，同伴关系的影响位居第一①。同伴关系不好会引起青少年的焦虑，导致其出现交流退缩，也会影响他们的社交技能，进而造成再度焦虑，加重其面众恐惧的程度。

（五）特定场合

很多大学生在进入一个全新的环境时可能会产生面众恐惧，特别是面对陌生人和不熟悉的人时。研究显示，在不同的、对外的或非典型的情形下，个体会产生交流恐惧。也就是说，与他人在特殊场合下交流容易引起个体的交流恐惧。大学生所面临的面众交流情景大多是以前未经历过，或者是经历次数较少的场合，面对陌生人或人数众多时的人群，大学生更容易产生恐惧。在所有自我评价的因子中，“与人们交谈”这一因子的贡献量最大。从自我评价量表中可以看出，该维度的每一个条目都涉及在公众面前说话时的情境。在这种情境中，个体要面对一个大群体，行为表现要受到较为正式的评估（郭晓薇，2000）。这个结果说明评估性高的情境更容易在面众交流时引发大学生的焦虑和恐惧情绪，在这种特定状态下，个体更容易出现面众恐惧。

---

① 辛自强，池丽萍，刘丙元.不同社交地位初中生的社交焦虑特点［J］.中国心理卫生杂志，2005，18（4）：231—232.

三、小结

大学生面众恐惧的情况较为普遍，绝大多数大学生都体验过面众恐惧。由于过度的面众恐惧会影响大学生的情绪情感、行为方式、人际关系、职业选择、成功和受教育程度的机会等，因此找出大学生面众恐惧的各方面原因具有重要实际意义。本节从大学生的自身因素和外部环境因素探讨归纳了大学生在面众交流时产生面众恐惧的各方面原因，为进一步探讨矫正和防治大学生面众恐惧提供了一定参考依据。

第二节 贵州省大学新生面众恐惧的主客观影响因素实证研究

一、问题提出

家庭是青少年最初的生活和教育环境，同时也是青少年社会化的最重要的环境，在影响青少年社会性发展的各种家庭因素中，父母教养方式又是最主要的。大学生正处于青春发育期的晚期阶段，存在各种各样的心理冲突。而结束高中生活刚进入大学校园的大学新生还不习惯新的环境，他们仍需要得到父母的更多关爱来适应这个过渡期，因此大学新生与家庭仍保持着千丝万缕的联系，父母对大学新生而言，不仅仅是物质上的供给者，更重要的是精神上的引领者和情感上的支持者。大学新生在进入大学校园时仍然是把家庭作为自己物质与心理上的依托，尤其是和自己的父母亲依然保持着唇齿相依的关系（陈颖，2010）。因而，从父母教养方式这一客观方面探讨影响大学新生的面众恐惧因素，非常具有意义。

自尊与自信是青少年身心发展非常重要的心理品质，在青少年的从小教育中就必须积极培养青少年的自尊、自爱、自信、自立与自强等方面的心理素质。王洪礼①等分析探讨了大学生面众恐惧与心理健康素质的关系，从心理

① 姜山，王洪礼，袁宜.试论面众恐惧与心理健康素质、积极社交能力的关系[J].贵州师范大学学报（社会科学版），2012（6）：18—22.

健康素质中良好的情意素质和人格素质两大方面与大学生的面众恐惧进行了讨论。而自尊不仅是青少年心理健康素质的重要方面,而且还影响青少年其他素质的发展。自尊作为个体自我系统的重要组成部分,其发展状况直接影响着大学生的心理健康和个体人格的发展(张静,2002)。自信是人类心理生活中最基本的内在品质之一,也是个体人格结构中起驱动作用的重要因素,是持续个体一生的无价之宝。大学阶段是大学生即将就业、步入社会的关键阶段与最后储备期,也是其价值观形成、树立自信、培养健康自我与健全人格的重要时期①。自尊与自信都是大学生必须培养和发展的重要品质,同时他们对大学新生各方面的发展都起着重要作用,探讨自尊与自信对大学新生面众恐惧的具体影响就显得尤为重要和必要。

大学新生在进入大学这个半社会环境后,是个体发展出强烈而广泛的社会性和情感性需求的关键时期,但是大学新生刚开始适应大学生活时,其需求常常无法得到满足或仅仅是低水平地得到满足,因而在社会性和情感上产生不同程度的孤独感②。孤独感作为一个在大学生群体中广泛存在并对个体、社会发展有深远影响的心理现象,其与大学新生面众恐惧的产生有着十分密切的关系,非常有探讨的必要。而负面评价恐惧也是影响大学生社交焦虑的重要因素,一般认为,大学生面众恐惧的产生往往是由于大学生害怕他人的负向评价与否定性评价。

大学新生刚刚踏入校园,身心各方面都迫切需要得到发展,从大学生在家庭中所受的父母教养方式等客观因素和大学生的自尊、自信、孤独感及负面评价等主体因素出发,采用实证研究的方法去探讨这些方面对大学新生面众恐惧的具体影响机制,正是本研究的目的。

二、面众恐惧的影响因素讨论分析

面众恐惧在青少年中普遍存在,面众恐惧程度很高时会影响青少年的心理健康状况,严重地影响青少年的日常交流和正常的工作生活。面众恐惧与

① 车丽萍,庞连生,黄大伟,等.大学生心理健康与自信人格的关系研究[J].西南大学学报(社会科学版),2010(6):20—24.

② 邓丽芳,徐慷,郑日昌.大学生气质类型、父母教养方式与孤独感的关系研究[J].心理发展与教育.2006,22(3):53—59.

大学生的成长息息相关,同时也与大学生的心理健康和各种心理品质关系密切。王洪礼等(2012)从大学生面众恐惧的特点出发讨论了大学生面众恐惧与心理健康素质、积极社交能力的相关关系,探讨了心理健康素质中良好的情谊素质和人格素质两大方面与大学生面众恐惧的关系以及积极社交能力中自我认知、人际关系建立能力、自我表露和适度拒绝能力四个方面与大学生面众恐惧的关系。王洪礼等(2012)还从大学生的主体和客观两个方面讨论了影响大学生面众恐惧的因素,并认为生物遗传因素、人格特质、认知偏差、自信心缺乏、交流技能匮乏和个体动机不恰当等方面是影响大学生面众恐惧的主体因素,以及包括社会文化环境、家庭因素、学校因素、同伴关系和特殊场合等方面是影响大学生面众恐惧的客观因素。

以往国内外学者对交流恐惧和社交焦虑的相关影响因素进行了多方面的探讨。国外学者研究表明:凡高交流恐惧的学生,都较多放弃语言方面的必修课程,具有较少的自我表露,选择较少交流的职位①;老师的期望、学习氛围、学生对学校的态度都会对学生的交流恐惧(Zhao Na,2007)以影响。国内学者研究表明社会支持、自我概念、应对方式都会直接或间接影响大学新生的交流恐惧②。周永红(2005)等的研究表明:年级、文理科、家庭经济状况等因素对高师学生的交流恐惧有显著影响;大学生的领悟社会支持、情感平衡也与其交流恐惧存在显著的相关关系(刘法虎,2008);张庆娟(2011)等对贫困大学生的研究表明:人格是影响大学生交流恐惧现状的重要因素。

国内学者王大鹏研究表明:大学生拒绝的敏感性与社交焦虑存在显著正相关关系,拒绝敏感性是影响大学生社交焦虑水平的重要因素③;吴静珊研究表明:大学生的成人依恋可直接对社交焦虑起作用,也可通过自我接纳间

---

① Daly,J.A.,Stafford,L.(1984).Correlates and consequences of social communicative anxiety.In Daly,J.A.,& McCroskey,J.C.(Eds.).Avoiding communication: Shyness,reticence,and communication apprehension. Beverly Hills:Sage.125—143.

② 王洪礼,胡寒春,潘运.大学新生交流恐惧与自我概念的关系[J].心理科学,2006,29(6):1464—1465.胡寒春,王洪礼,邓云龙,等.大学新生交流恐惧的多因素影响模型[J].中国心理卫生杂志,2007,21(12):829—831.

③ 王大鹏.大学生拒绝敏感性与社交焦虑的相关研究[J].淮南师范学院学报,2012(5):102—104.

接影响社交焦虑[①];李敬阳的研究表明:渴望自尊、自我监控、私我意识的心理特质与社交焦虑情绪有关,低自尊、低自我监控和低私我意识水平可能导致大学生个体在社交情境中产生更高的社交焦虑水平和更多的回避行为[②];陈铎等[③]、高婷等[④]和周涛[⑤]的研究表明:大学生网络成瘾倾向与社交焦虑存在显著的正相关关系,有学者研究表明:得到大学生的自我和谐和社交焦虑之间均存在相关关系,自我和谐对社交焦虑具有良好的预测作用[⑥];陶琼霞的研究表明:完美主义量表的得分与交往焦虑量表的得分显著相关,掩盖不完美分量表、害怕不完美分量表得分与社交焦虑得分显著相关,即完美主义与交往焦虑的相关关系显著;汪隽等的研究表明:社会支持与社交焦虑有显著负的相关关系,社会支持对社交焦虑的发生有影响,社交焦虑与抑郁质气质类型关系密切[⑦];王大涛研究表明大学生体像烦恼与社交焦虑呈显著的相关关系,其中社交焦虑与形体烦恼、容貌烦恼两个维度呈显著相关关系[⑧];曹建琴和贾淑斌的研究表明:人格特征是社交焦虑的影响因素[⑨];黄凌云的研究表明:应对方式和社会支持对华侨女大学生的高社交焦虑具有调节作用[⑩];胡秦的研究表明:得到大学生社交焦虑和人际信任之间的关系密切,信

---

① 吴静珊.大学生成人依恋对社交焦虑的影响机制[J].太原城市职业技术学院学报,2012(2):82—83.

② 李敬阳,刘洋,万洪泉,等.大学生社交焦虑情绪影响因素分析[J].中国公共卫生,2011,27(9):1073—1075.

③ 陈铎,张继明,沈丽莉,等.大学生网络成瘾及其与社交焦虑的关系[J].中国健康心理学杂志,2009,17(2):151—152.

④ 高婷,纪琳,高玉真.大学生网络成瘾与社交焦虑关系的调查研究[J].山西青年管理干部学院学报,2008,21(1):46—48.

⑤ 周涛.大学生社交焦虑与网络成瘾的相关研究[J].湖南师范大学教育科学学报,2003,2(3):85—87.

⑥ 张灵聪,林贞,陈碧英.大学生社交焦虑与自我和谐、自我价值感的相关研究[J].临沂大学学报,2012(3):83—86.邢强,唐志文,黄裕兴.当代大学生的社交焦虑与自我和谐[J].广州大学学报(自然科学版),2009,8(1):81—86.蔡静.大学生社交焦虑与自我和谐的相关研究[J].职业时空,2010,6(11):169—171.

⑦ 汪隽,樊嘉禄,潘和平.社会支持和大学生社交焦虑的关系[J].中华疾病控制杂志,2009,13(3):293—295.

⑧ 王大涛,王大顺.353 名大学生体像烦恼与社交焦虑的关系[J].河西学院学报,2009(3):91—93.

⑨ 贾淑斌.大学生人格特征与社交焦虑的相关研究[J].现代生物医学进展,2008,8(1):144—145.

⑩ 黄凌云.应对方式、社会支持对高社交焦虑华侨女大学生的影响[J].长春理工大学学报(社会科学版),2009,22(5):810—811.

任是影响社交焦虑的重要因素①；曹莉莉的研究表明：大学生一般自我效能感和社交焦虑呈显著的负相关关系②；董廷廷关于大学生的社交焦虑与归因方式的研究表明社交焦虑与大学生归因于能力、情境、运气、内部失败、外部失败和外部成功有着显著的相关关系，但与归因于努力、内部成功无显著相关③；刘芳的研究表明：大学生社交焦虑与自我接纳呈极显著的负相关关系，自我接纳是影响大学生社交焦虑水平的重要因素④；黎琳等的研究表明：内隐社会比较与外显社会比较对我国大学生社交焦虑会产生不同的影响，并受自尊与比较方向的调节⑤；田学英的研究表明：得到个人评价对社交焦虑有直接的负向影响作用，情感表达障碍通过个人评价对社交焦虑存在着间接的正向作用，并认为提高大学生情感表达能力，形成正确的个人评价，可以有效改变大学生的社交焦虑状况，有利于促进大学生身心的健康发展⑥；孙淑晶等的研究表明：大学生的一般自我效能感、应对方式和社交焦虑存在着相互关系⑦；曹晖等研究表明社交焦虑与解决问题和合理化两种应对方式呈显著负相关，与自责应对方式呈显著正相关，同时自责、合理化应对方式这两种变量对社交焦虑有显著的预测作用，即大学生的社交焦虑和应对方式存在一定的相互关系；李波等的研究表明：羞耻感和人格因素中的精神质、内向是对大学生个体社交焦虑产生影响的主要因素，对自己行为的羞耻，不善于使用消极的应对方式，加剧了个体的焦虑体验；个性中的精神质、外倾的特征可以降低大学生的社交焦虑易感性，同时验证了羞耻感对社交焦虑的重要影响作用。郭晓薇的研究认为：自我评价和社交技能是造成社交焦虑的重要原因，

---

① 胡秦.大学生社交焦虑与人际信任关系研究[J].边疆经济与文化，2010(4)：76—77.

② 曹莉莉.大学生一般自我效能感与社交焦虑的相关研究[J].牡丹江师范学院学报（哲学社会科学版），2010(6)：138—140.

③ 董廷廷.大学生社交焦虑与归因方式关系研究[J].社会工作，2010(20)：51—53.

④ 刘芳，李松.大学生社交焦虑与自我接纳的关系研究[J].中国健康心理学杂志，2007，15(9)：784—785.

⑤ 黎琳，徐光兴，迟毓凯，等.社会比较对大学生社交焦虑影响的研究[J].心理科学，2007，30(5)：1218—1220.

⑥ 田学英.大学生情感表达和个人评价与社交焦虑的关系[J].中国学校卫生，2007，28(11)：991—992.

⑦ 孙淑晶，赵富才.大学生一般自我效能感、应对方式与社交焦虑的关系研究[J].中国健康心理学杂志，2008，16(3)：305—307.

自我评价中的"与人们交谈"和"社会交往"方面是成因中的重要一环①;郑金香的研究认为:社交焦虑与社交情景有关,家庭功能是影响社交焦虑的重要因素,家庭系统中的不同方面的家庭功能对社交焦虑影响程度不同②。

三、父母教养方式、自尊、自信、孤独感等的相关文献综述

(一) 关于父母教养方式

1. 父母教养方式的概念

国内外学者对父母教养方式概念有多重定义及看法。

国外学者达令(Darling)和斯滕伯格(Steinberg)认为父母教养方式是指父母同孩子进行交流的一系列态度方式,它们组合在一起形成一种情感气氛,父母的教养行为在这种气氛中表现出来,并对孩子产生影响③;弗朗西斯(Frances)认为父母教养方式是指一种与教养有关的、稳定的态度和信念的综合体④。教养行为既包括父母履行其职责的专门目标定向行为,又包括非目标定向的教养行为,诸如姿势、手势、语调的变化或是情绪的自然流露⑤。

国内学者对父母教养方式也有不同的定义。关颖等认为,父母的教育方式一般是指父母在对子女实施教育中所通常运用的方法和形式,并且任何一种教育方式都不是孤立存在的,具体表现为作为教育者对被教育者的教育方式,既体现不同情感的因素,也反映与客观世界的联系,还有亲子间的互动方式,等等,是不同角度、不同方面的综合体⑥;林磊认为父母教育方式指家长在教育、抚养子女的日常活动中表现出的一种行为倾向,它是对父母各种教

---

① 郭晓薇.大学生社交焦虑成因的研究[J].心理学探新,2000(1):55—58.

② 郑金香,张剑,张洪英.女大学生的社交焦虑与家庭功能关系研究[J].中华女子学院山东分院学报,2000(2):28—30.

③ Darling, N., &Steinberg, L.(1993).Parenting style as context: An integrative model.*Psychological bulletin*, 113: 487.

④ Frances, F., &Prevatt.(2003).The contribution of parenting practices in risk and resiliency model of children's adjustment.*The British Journal of Developmental Psychology*, 21(4):469—470.

⑤ 王冰洁,桑青松.父母教养方式研究及发展趋势[J].淮北煤炭师范学院学报(哲学社会科学版),2009,30(4): 136—140.

⑥ 关颖,刘春芬.父母教育方式与儿童社会性发展[J].心理发展与教育,1994(4): 47—51.

养行为的特征概括，是一种具有相对稳定性的行为风格①；曾琦等认为父母教育方式是父母在教育、抚养子女的日常活动中表现出的一种行为倾向，是其教育观念和教育行为的综合体现②；张文新认为，所谓父母教育方式，是指父母对子女抚养教育过程中所表现出的一种相对稳定的行为方式③；张松认为父母的教育方式是父母在长期的子女教育过程中形成的比较固定的行为模式或行为倾向④；李彦章等对父母教养方式试定义为：父母为了一定的教养目的，在某种家庭教养氛围下，养育子女过程中所表现出来的行为倾向；陈陈认为家庭教养方式是指父母在抚养、教育儿童的活动中通常使用的方法和形式，是父母各种教养行为的特征概括，是一种具有相对稳定性的行为风格⑤；王志梅认为父母教养方式是指父母对子女抚养、教育过程中所表现出来的一种相对稳定的行为倾向⑥；龚艺华对父母教养方式界定为：父母教养方式是指在家庭生活中以亲子关系为中心的，父母在抚养子女的日常活动中所表现出来的一种对待孩子的固定的行为模式和行为倾向，它由父母的教养态度决定并受父母的个性、教养信念和行为习惯的影响，是其教养观念和教养行为的综合体⑦。

2. 父母教养方式的结构类型及测量

国外对父母教养方式的取向和维度结构有不同的划分，西蒙兹(Symonds)是对父母教养方式影响儿童社会性发展最早作研究的心理学家，其将父母教养方式划分为“接受—拒绝”和“支配—服从”两个基本维度⑧；鲍姆林德(Baumrind)把父母教养方式划分为一致性训练、对独立性的鼓励、限制和成熟要求四个维度⑨；麦科比(Maccoby)和马利丁(Maritin)将父母教

① 林磊.幼儿家长教育方式的类型及其行为特点[J].心理发展与教育，1995(4)：43—47.

② 曾琦，芦咏莉，邹泓，董奇，陈欣银.父母教育方式与儿童的学校适应[J].心理发展与教育，1997，2：47—52.

③ 张文新.城乡青少年父母教育方式的比较研究[J].心理发展与教育，1997(3)：46—51.

④ 张松.父母教育方式对儿童社会性发展的影响[J].黑龙江教育学院学报，1999(2)：54—56.

⑤ 陈陈.家庭教养方式研究进程透视[J].南京师大学报(社会科学版)，2002(6)：95—103，109.

⑥ 王志梅.初中生父母教养方式的调查研究[J].河北师范大学学报(教育科学版)，2003，5(6)：87—93.

⑦ 龚艺华.父母教养方式问卷的初步编制[D].重庆：西南师范大学，2005.

⑧ 张丽华.父母的教养方式与儿童社会化发展研究综述[J].辽宁师范大学学报，1997；03：20—23.

⑨ Baumrind，D.(1971).Current patterns of parental authority.*Developmental psychology*，4(1p2)：1.

养方式划分为“要求—控制与无要求—无控制”和“接受—反应与拒绝—无反应”两个维度①。国内外学者对父母教养方式的类型提出了多种划分方法,普莫里(Pumory)(1966)将父母教养方式划分为:放纵、拒绝、保护和严格四种类型;鲍姆林德划分为宽容型、权威型和专制型三类;而麦科比和马利丁又在鲍姆林德的划分类型基础上将父母教养方式重新划分为:溺爱型、忽视型、权威型和专制型四类;斯滕伯格等人将其分为权威、专制、放任和溺爱四种维度(Steinberg,1994)。国内学者林磊把母亲的教育方式划分为溺爱型、极端型、成就压力型、严厉型和积极型五类②;张建新(2005)等将其划分为过分约束型、冷漠专制型、理解鼓励型和限制保护型四类③。

目前国内外使用最普遍的对父母教养方式测量的工具是1980年由瑞典于默奥大学(Umea University)卡洛佩里斯(Carlo Perris)等人共同编制的用以评价父母教养态度和行为的问卷——父母教养方式评价量表(EMBU),该量表是一个自评量表,让被试通过回忆来评价父母的教养方式。EMBU原量表共有81个条目,涉及父母15种教养行为:辱骂、剥夺、惩罚、羞耻、拒绝、过分保护、过分干涉、宽容、情感、行为取向、归罪、鼓励、偏爱同胞、偏爱被试和非特异性行为。国内学者岳冬梅(1993)对EMBU进行了修订,修订后的EMBU中文版共115个条目,其中父亲教养方式分量表6个维度共58个条目,母亲教养方式分量表由5个维度共57个条目(戴晓阳,2010)。

国外学者阿林德尔(Arrindell)等人根据题目内容和心理测量学指标从标准版EMBU中抽取46道题,形成了简式父母教养方式问卷(s-EMBU)④。国内学者蒋奖等对“简式父母教养方式问卷”(s-EMBU)进行了中文版的修订,修订后的s-EMBU中文版保留了原来英文版的3个核心维度,分为父亲版和母亲版两部分,每部分由21道题目组成,其中拒绝维度6个题目,情感

① Maccoby E.E.,& Martin J.A.(1983).Socialization in the context of the family: parent-child interaction. In P.H.Mussen(Ed).Handbook of child psychology: Volume 4: Socialization, personality, and social development. New York: John Wiley and Sons, 1—101.

② 林磊.幼儿家长教育方式的类型及其行为特点[J].心理发展与教育,1995(4):43—47.

③ 崔哲,张建新.中学生家庭教养模式及应对方式与其心理健康的关系[J].中国临床心理学杂志,2005,13(2):180—182

④ Arrindell, W.A, Sanavio, E., & Aguilar, G., et al.(1999).The development of a short form of the EMBU: Its appraisal with students in Greece, Guatemala, Hungary and Italy.*Personality and Individual Differences*.1999,27(4): 613—628.

温暖维度7个题目,过度保护维度8个题目①。澳大利亚新南威尔士大学的帕克(Parker)、图灵(Tupling)与布朗(Brown)等人于1979年发展出父母教养方式问卷(Parental Bonding Instrument,PBI),由关怀(care)和过度保护(over-protection)两个维度构成,用于测量父母对子女的教养方式②。蒋奖等也对目前国外广泛使用的"父母教养方式问卷"(Parental Bonding Instrument,PBI)进行了中文版修订,修订结果得到PBI的四因素模型,满足模型拟合良好的条件,四个维度分别为关怀、冷漠/拒绝、过度保护和自主性③。

3. 父母教养方式与交流恐惧、社交焦虑的相关研究

在家庭中父亲和母亲的教养方式对青少年的个性发展非常重要,同时对青少年的交流交往能力产生非常大的影响。李媛媛(2013)等在对父母教养方式与社交焦虑的研究中,得到父母的偏爱保护对社交焦虑有重要影响;陈晓惠(2012)研究表明:消极教养方式与社交焦虑呈相关,父母教养方式越消极,大学生的社交焦虑就越严重,消极教养方式对社交焦虑的形成具有显著影响;叶慎花(2011)经过分析,认为父母消极的教养方式是导致社交焦虑的一个非常重要的因素;张秀芳(2010)研究表明:得到大学生父母的教养方式有所差异,且父母的教养方式对大学生的交往焦虑有显著影响;王文娟(2008)等对医学新生的研究表明:得到父母养育方式对医学新生的交往焦虑有一定的影响,改善父母教养方式有利于缓解子女的交往焦虑;龚务(2010)对留守儿童的研究表明:得到父母教养方式中的支持、温暖与社交自我知觉可反向预测社交焦虑,惩罚、拒绝、过分干涉可正向预测社交焦虑;王琳(2008)和张莲(2008)对高二学生的调查研究表明:父母教养方式对高二学生的社交焦虑状况有重要影响。

(二)关于自尊、自信

1. 自尊、自信的概念

自尊(self-esteem)也称自尊心,是个体人格的核心因素之一。自尊不仅

① 蒋奖,鲁峥嵘,蒋苾菁,等.简式父母教养方式问卷中文版的初步修订[J].心理发展与教育,2010,26(1):94—99.

② Parker,G.,Tupling,H.,& Brown,L. B.(1979).A parental bonding instrument.*British Journal of Medical Psychology*,52(1):1—10.

③ 蒋奖,许燕,蒋菁,等.父母教养方式问卷(PBI)的信效度研究[J].心理科学,2009(1):193—196.

与个体的心理健康直接相关，而且对个体的认知、动机、情感和行为有广泛的影响（王铮芳，刘静）。目前国内外学者对自尊的概念存在着不同的界定。

国外学者詹姆斯（James）运用公式：自尊＝成功/抱负给自尊下定义，其认为个人对于自我价值的感受取决于实际成就与潜在能力的比值；库伯史密斯（Cooper-smith）认为自尊是个体对自己做出的并通常持有的评价，他表达了一种肯定或否定的态度，表明个体在多大程度上相信自己是有能力的、重要的、成功的和有价值的①；玛西（Marsh）把自尊定义为一个知觉到的现实自我的特征和自我评价标准之间的比较结果；罗森伯格（Rosenberg）认为，自尊反映了知觉到的个体的现实自我状态和理想或期望的自我状态之间的差异②；布兰登（Branden）认为，自尊指的是人们在应对生活基本挑战时的自信体验和坚信自己拥有幸福生活权利的意志；斯特芬哈根（Steffenhagen）定义自尊为：个体对自我知觉的总和，其中包括他的自我概念、自我意象和社会概念③。

国内心理学的研究者也对自尊有不同的界定。著名心理学家朱智贤教授在他主编的《心理学大辞典》中，对自尊定义为："自尊是社会评价与个人的自尊需要的关系的反映"④；顾明远认为："自尊是指个体以自我意象和对自身社会价值的理解为基础，对个人的值得尊重程度或其重要性所作的评价"⑤；荆其诚认为："自尊是个人自我感觉的一种方式，一种胜任愉快值得受人敬重的自我概念"⑥；林崇德在著作《发展心理学》中认为："自尊是自我意识中具有评价意义的成分，是与自尊需要相联系的、对自我的态度体验，也是心理健康的重要指标之一"⑦；魏运华在探讨尊重的结构后把自尊界定为："个体在比较过程中获得的积极的情感体验"⑧；黄希庭等认为自尊即自我价值感，并将其界定为："个体在社会生活中，认知和评价作为客体的自我对社

① Cooper-smith, S. (1967) The antecedents of self-esteem. San Francisco: WH Freeman and company.
② Rosenberg, Society and the adolescent self-image[M]. Princeton, NJ: Princeton University Press, 1965.
③ 张静.自尊问题研究综述[J].南京航空航天大学学报（社会科学版），2002(2)：82—86.
④ 朱智贤.心理学大词典[M].北京：北京师范大学出版社，1989：1159.
⑤ 顾明远.教育大辞典（第五卷）[M].上海：上海教育出版社，1990.
⑥ 荆其诚.简明心理学百科全书[M].长沙：湖南教育出版社，1991：813.
⑦ 林崇德.发展心理学[M].北京：人民教育出版社，1995：522.
⑧ 魏运华.自尊的结构模型及儿童自尊量表的编制[J].心理发展与教育，1997(3)：31—38.

会主体(包括群体和他人)以及对作为主体的自我的正向的自我情感体验"①;张静在总结了以往对自尊概念的基础上认为:"自尊是个体在社会实践过程中所获得的对自我的积极的情感性体验,它是主客体相互作用的产物,由自我效能或自我胜任和自我悦纳或自爱两部分组成"。

自信是人类心理生活中最基本的内在品质之一,也是个体人格结构中起驱动作用的重要因素,是持续个体一生的无价之宝。自信是一个具有复杂层次结构的心理构成物,是个体对自己的积极肯定和确认程度,是对自身能力、价值等作出客观、正向认知与评价的一种稳定性格特征,它与其他人格系统密切联系、相互作用②。毕重增和黄希庭认为自信作为一种人格研究主题,具有丰富的内涵和重要地位,自信人格与语义自信、大众理解是相近的,但又具有其特定的内涵,自信是以客观理性为基础的主观性自我结构,它表达了个体对自我的确认,包含肯定的情感和与之相对应的行为倾向,其核心是个体对自己的判断和能力的确信、有信心③。自信功能也非常大,其至少具有自我调控、价值认同、知识线索和心理健康多方面的功能。自信作为健全人格的基础,它对个体的心理活动和心理发展有着重要影响,同时研究发现自信不仅与心理健康及健康人格之间存在显著相关,而且对人际关系的好坏也有重要影响④。大学阶段是大学生即将就业、步入社会的关键阶段与最后储备期,也是其价值观形成、树立自信、培养健康自我与健全人格的重要时期。这一时期自信能否形成、稳固,直接影响到大学生的就业、生活态度乃至今后整个人生⑤。自信品质对大学生非常重要,自信是大学生取得成功的前提和重要精神支柱,一个人只有先取得了成功的自信,才能保持最佳状态,将所有精力集中在目标上,取得最后的成功。同时自信是心理健康的重要因素,自信心影响着大学生的各种心理品质,自信对于大学生交流恐惧和社交焦虑等产生重要影响。

---

① 黄希庭.青年学生自我价值感量表的编制[J].心理科学.1998,21(4):289—292.

② 车丽萍.自信的概念、心理机制与功能研究[J].西南师范大学学报(人文社会科学版),2002,28(2):86—89.

③ 毕重增,黄希庭.中国文化中自信人格的内涵和功能[J].心理科学进展.2007,15(2):224—229.

④ 张继元,毕重增.自信与人际困扰的关系:清晰度的中介效应[J].西南大学学报(自然科学版).2012,34(8):145—148.

⑤ 车丽萍.大学生自信与内外控倾向的关系研究[J].心理科学,2007,30(6):1385—1388.

2. 自尊与社交焦虑等的相关研究

自尊是大学生的重要心理品质，其对大学生各方面均产生重要影响，而自尊对大学生的交流恐惧、社交焦虑等也影响深刻。国内学者闫秀峰等人的研究表明，自尊与社交焦虑存在显著负相关，自尊在自我效能与社交焦虑之间起完全中介作用①；李敬阳等的研究表明，自尊与社交焦虑情绪有关，低自尊可能导致大学生个体在社交情境中产生更高的社交焦虑水平和更多的回避行为②；吴伟炯的研究表明：自尊水平能够预测大学生的社交焦虑水平；汪涛等对医学院学生社交焦虑的研究表明，自尊是大学生社交焦虑重要的预测因素③；王文娟等的研究表明，父母教养方式和自尊水平对医学院新生的社交焦虑有一定的影响；司徒巧敏等的研究表明，大学新生社交焦虑与外显自尊和内隐自尊均有显著关系，外显自尊对社交焦虑有更好的预测作用④；高文凤等的研究表明，大学生在社交方面存在一定程度的社交焦虑，自尊与自我接纳是影响大学生社交焦虑的重要因素之一⑤。

（三）关于孤独感、负面评价恐惧

1. 孤独感、负面评价恐惧的概念

孤独感是人类普遍的情绪体验，近年来国内外非常重视对大学生孤独感的研究。孤独是个体对交往的渴望与实际水平产生差距时引起的一种主观心理体验，常伴有寂寞、孤立、无助、郁闷等不良情绪反应和难耐的精神空虚感⑥。国外学者对于孤独有多种理解。韦斯（Weiss）最早提出孤独这一概念，认为孤独感是个体感到缺乏令人满意的人际关系时，自己对交往的渴望与交际的交往水平产生差距时的一种主观心理感受或体验。韦斯后来又指

---

① 闫秀峰，冯淑丹，李艳霞，等.青少年自我效能、自尊与社交焦虑的关系研究［J］.教育测量与评价（理论版）.2012（7）：41—44.

② 李敬阳，刘洋，万洪泉，等.大学生社交焦虑情绪影响因素分析［J］.中国公共卫生，2011，27（9）：1073—1075.

③ 汪涛，谭静，李敏，等.医学生社交焦虑与自尊和人格特征的关系［J］.第三军医大学学报，2009（11）：1095—1097.

④ 司徒巧敏，黎建斌.大学新生自尊与社交焦虑的关系［J］.中国健康心理学杂志，2007，15（11）：1005—1007.

⑤ 高文凤，丛中.社交焦虑与大学生自尊、自我接纳的关系［J］.健康心理学杂志，2000，8（3）：276.

⑥ 邓丽芳，徐慷，郑日昌.大学生气质类型、父母教养方式与孤独感的关系研究［J］.心理发展与教育，2006，22（3）：53—59.

出,当人际关系网络出现某种质或量的重要缺陷时,人们所产生的不愉快感即为孤独感①。佩里曼(Perlman)和佩普劳(Peplau)认为孤独感是指个体在社会关系网络不足时的不快乐的体验,包括社会关系在数量上和质量上的低下,并且他们还提出了孤独感的三个重要特征:第一为孤独感源自于人际关系缺陷,第二为孤独感是一种主观体验或心理感受,第三为孤独感体验是不愉快的,令人痛苦的②。拉塞尔(Russal)与佩普劳对孤独进行了系统研究,并创制了在国内外广泛采用的测量工具 UCLA 孤独感量表,还对孤独进行了理论上的系统研究分析③。对于孤独感的类型与结构,国内外学者均有不同的分类:韦斯(1973)将孤独分为情绪孤独感和社会孤独感两类;杨格和贝克(1979)将孤独感区分为长期孤独、情境性孤独和暂时性孤独;加森(Garson)和佩尔曼以及谢弗(Shaver)认为孤独既可以为短期的、一时性的、境遇性的,也可以是长期性的或特质性的。国内学者李艺敏④和蒋艳菊 ⑤对大学生的孤独感结构进行了研究,他们将孤独感分为社会孤独感、人际孤独感、自我孤独感和发展孤独感几个方面。

负面评价恐惧(fear of negative evaluation,FNE)又称惧怕否定评价,该概念是由华生和弗伦德于 1969 年提出的,并将其定义为:"对他人的评价担忧,为别人负面或否定评价而苦恼,以及预期自己会遭到他人的否定评价"⑥。在日常生活中,人们常常评价他人及被他人评价,并在意自己会得到他人怎样的评价。积极的评价能给人以自信和满足感,而对否定评价的畏惧不仅可能成为阻碍个体自我实现的绊脚石,甚至有可能导致个体产生心理障碍⑦。

---

① Weiss,R.S.,Riesman,D.,& Bowlby J.(1973).Loneliness: The experience of emotional and social isolation.Cambridge,MA:MIT press.

② Peplau,L. A.,Perlman,D.(1982).Loneliness: A sourcebook of current theory,research,and therapy. New York:John Wiley & Sons Inc.

③ 答会明,李利琴,李晓红.十年来我国大学生孤独感研究综述[J].内蒙古师范大学学报(教育科学版),2009,22(1): 85—90.

④ 李艺敏,蒋艳菊,李新旺.大学生孤独感结构研究[J].心理科学,2006,29(2): 465—468.

⑤ 蒋艳菊,李艺敏,李新旺.大学生孤独感结构特点的初步研究[J].心理科学,2005,28(3): 690—693.

⑥ 陈祉妍.中学生负面评价恐惧与考试焦虑的相关性[J].中国心理卫生杂志,2002,16(12): 855—857.

⑦ 华元杰,胡金生.大学生惧怕否定评价心理及其与演讲焦虑的关系[J].中国健康心理学杂志,2010(5): 608—610.

负面评价恐惧是引起一般性恐惧、焦虑和心理障碍的3种基本恐惧之一。根据认知行为模式理论，引起社交恐怖症的重要原因之一是负面评价恐惧与过度自我关注之间的相互作用[①]。负面评价恐惧描述的是演讲、聚会等情景中广泛的社会评价焦虑，其属于与不利评价有关的恐惧感，同时负面评价恐惧的结构不同于社交焦虑但又与之紧密相关[②]。目前测量负面评价恐惧的工具主要有两种，负面评价恐惧量表（fear of negative evaluation scale，FNES）和简明负面评价恐惧量表（BFNES）。负面评价恐惧量表（FNES）采用自我报告法评估社会评价性焦虑的不同维度（如，苦恼、回避、预期）[③]，并得到广泛的应用，该量表共30道“是—否”题构成，其中17道正向题和13道反向题。简明负面评价恐惧量表（BFNES）由利里（1983）开发并弥补了FNES中的一些不足[④]，共12道题，包括8个正向计分题和4个反向计分题，采用5点计分，BFNES具有简洁、反应灵敏等优点，高分者更关注是否给他人留下好印象，更在意他人的负面评价（刘洋，张大均，2010）。

2. 孤独感、负面评价恐惧与交流恐惧等的相关研究

国内已有许多学者对大学生的孤独感进行了各种探讨，并得出了大学生的孤独感受各种人口变量信息影响的结论，他们还就孤独感与大学生的手机成瘾、网络成瘾、宿舍亲密度、适应性、自我概念、自尊、人际信任、社会支持、父母教养方式、应对策略、社交能力和气质类型等多方面的关系进行了探讨。本书中仅重点阐述以往研究中关于孤独感与交流恐惧、社交焦虑的关系。

衡书鹏对大学生社交焦虑、情绪智力与孤独感的关系研究表明，与一般社交焦虑相比，交流焦虑和孤独感的相关度更高[⑤]；王贺立的研究表明：高中生的自尊和孤独感对社交焦虑均有显著的预测作用[⑥]；陈熙维通过对大学生

---

① Rapee, R. M., & Heimberg, R.G. (1997). A cognitive-behavioral model of anxiety in social phobia. *Behaviour research and therapy*. 35(8): 741—756.

② 刘洋，张大均.评价恐惧理论及相关研究述评[J].心理科学进展，2010(1)：106—113.

③ Collins, K.A., Westra, H. A., & Dozois, D. J., et al. (2005). The validity of the brief version of the Fear of Negative Evaluation Scale. *Journal of Anxiety Disorders*, 19(3): 345—359.

④ Carleton, R.N., Mccreary, D.R., & Norton, P. J., et al. (2006). Brief fear of negative evaluation scale revised. *Depression and anxiety*, 23(5): 297—303.

⑤ 衡书鹏.大学生社交焦虑、情绪智力与孤独感的关系研究[J].临沂大学学报，2012(3)：80—82.

⑥ 王贺立.高中生孤独感、自尊与社交焦虑的相关研究：中国心理学会成立90周年纪念大会暨第十四届全国心理学学术会议[Z].中国陕西西安：2011:364.

社会支持、社交焦虑与孤独感之间的关系的研究，得出了孤独感与社交焦虑呈显著正相关①；胡宁和方晓义等的研究表明，流动儿童存在着较高的社交焦虑和孤独感水平，且社交焦虑能够显著预测孤独感；张瑾的研究认为，孤独感得分与社交焦虑得分呈显著正相关②。

在以往的实证研究中，国内外学者考察了负面评价恐惧与社交焦虑的关系，认为社交焦虑个体对负向评价敏感，在负面评价恐惧量表上的得分较高。国外学者卡尔顿(Carleton)的研究认为，负面评价恐惧与社交焦虑之间存在中等程度的相关；柯林斯(Collins)认为，消极评价敏感性能够显著预测个体的社交焦虑；科托夫(Kotov)的研究表明，社交焦虑患者在简明负面评价恐惧量表上的得分显著高于其他被试组的得分③。国内学者的研究表明，负面评价恐惧与社交焦虑显著相关，其在大学生的自尊与社交焦虑之间起着部分中介作用④；肖融等的研究表明，负面评价恐惧是大中学生社交焦虑障碍的发病影响因素；彭纯子等对大中学生社交焦虑特征的研究表明，社交焦虑者一般具有内向、孤独、害怕否定评价等特征⑤；华元杰等的研究认为，大学生惧怕否定评价心理比较普遍，惧怕否定评价与演讲焦虑显著相关⑥；王井云对大学生的研究表明，自尊、惧怕否定评价是影响公众演讲焦虑的重要因素，惧怕否定评价在自尊与公众演讲焦虑之间发挥重要的中介作用⑦；唐继亮等的研究认为，大学生的惧怕否定评价与社交回避之间存在显著的相关关系，并且惧怕否定在完美主义和社交回避之间具有部分中介作用⑧。

---

① 陈熙维.大学生社会支持、社交焦虑与孤独感间的关系[J].黑龙江高教研究，2011(5)：121—123.

② 张瑾.大学生孤独感及其与社交焦虑的关系研究[J].管理观察，2008(17)：162—163.

③ Kotov, R., Watson, D., & Robles, J.P., et al.(2007).Personality traits and anxiety symptoms: The multi-level trait predictor model.*Behaviour Research and Therapy*, 45(7): 1485—1503.

④ 钟佑洁，张进辅.大学生评价恐惧在自尊与社交焦虑间的中介效应分析[J].心理发展与教育，2011，27(5)：506—512.

⑤ 彭纯子，邓盘月，马惠霞，等.大中学生社交焦虑特征初探[J].中国健康心理学杂志，2004，12(4)：241—243.

⑥ 华元杰，胡金生.大学生惧怕否定评价心理及其与演讲焦虑的关系[J].中国健康心理学杂志，2010(5)：608—610.

⑦ 王井云.自尊、惧怕否定评价对公众演讲焦虑的影响[J].中国健康心理学杂志，2011，19(9)：1115—1117.

⑧ 唐继亮，宣宾，李群.高中生完美主义与社交回避的关系及惧怕否定的中介作用[J].健康研究，2011，31(2)：115—118.

四、研究假设与研究方法

（一）中介效应及其检验程序

中介效应(mediating effect)指的是，若自变量 X 对因变量 Y 的影响是通过第三个变量 M 实现的，则称 M 为中介变量，亦称变量 M 在自变量 X 与因变量 Y 之间的中介效应显著①。温忠麟等强调中介变量 M 必须与自变量 X、因变量 Y 相关都显著②。中介变量是自变量对因变量产生影响的中介，是自变量对因变量产生影响的实质性的、内在的原因(卢谢峰，韩立敏，2007)。中介变量可用路径图和相应的方程来说明变量之间的关系，如图 9-1 所示。

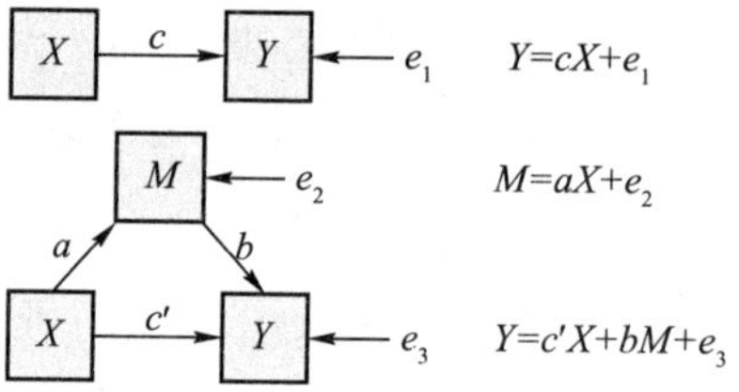

图 9-1 中介变量示意图

图 9-1 表明，c 是 X 对 Y 的总效应，ab 是经过中介变量 M 的中介效应，c' 是直接效应。当只有一个中介变量时，效应之间的关系为 $c=c'+ab$，可用中介效应与总效应之比 $ab/(c'+ab)$ 来衡量中介效应的相对大小。

当自变量 X 对因变量 Y 的影响主要由中介变量 M 实现时称为完全中介效应；当自变量 X 对因变量 Y 的影响是部分通过中介变量 M 实现时称为部分中介效应。为了能既可以检验完全中介效应，又可以检验部分中介效应，温忠麟(2004，2005)等提出中介检验程序，如图 9-2③。

从图 9-2 可以得到，自变量 X 影响因变量 Y 的回归系数 c 必须显著，若不显著则说明自变量与因变量之间不存在任何关系，自然无中介效应之谈。同时对于完全中介与部分中介的判断在于加入中介变量 M 后，自变量 X 影响因变量 Y 的回归系数 c' 是否仍然显著。

---

① 温忠麟，张雷，侯杰泰，等.中介效应检验程序及其应用[J].心理学报，2004(5)：614—620.

② 温忠麟，侯杰泰，张雷.调节效应与中介效应的比较和应用[J].心理学报，2005(2)：268—274.

③ 温忠麟，侯杰泰，张雷.调节效应与中介效应的比较和应用[J].心理学报，2005(2)：268—274.

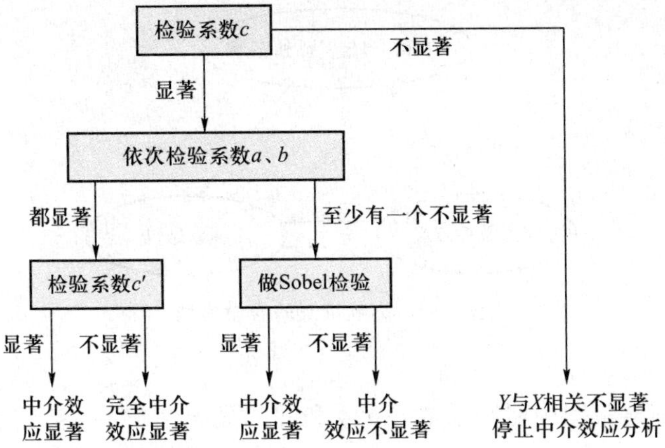

图 9-2　中介效应检验程序

（二）研究假设

为了探讨父母教养方式、自尊和自信等各种主客体因素对大学新生面众恐惧的具体影响机制，本研究提出以下研究假设：

假设 1：各人口变量学信息对贵州大学新生面众恐惧存在一定的影响；

假设 2：父母教养方式对贵州大学新生面众恐惧各方面均存在显著影响；

假设 3：大学新生的自尊与自信对其面众恐惧各方面均存在显著的影响；

假设 4：孤独感和负面评价恐惧是大学新生面众恐惧的重要影响因素；

假设 5：父母教养方式与大学新生的自尊、自信、孤独感和负面评价恐惧存在显著相关关系；

假设 6：大学新生的自尊、自信、孤独感和负面评价恐惧在父母教养方式与面众恐惧各方面之间的中介作用显著。

根据中介效应的定义，本研究为了探讨大学新生的父母教养方式通过自尊、自信、孤独感等因素间接影响其面众恐惧的具体影响机制，提出如图 9-3 所示的研究假设模型。

从图 9-3 的假设模型来看，要探讨自尊、自信和孤独感等在父母教养方式与面众恐惧之间的中介效应是否存在，必须依次检验各变量之间的相关关

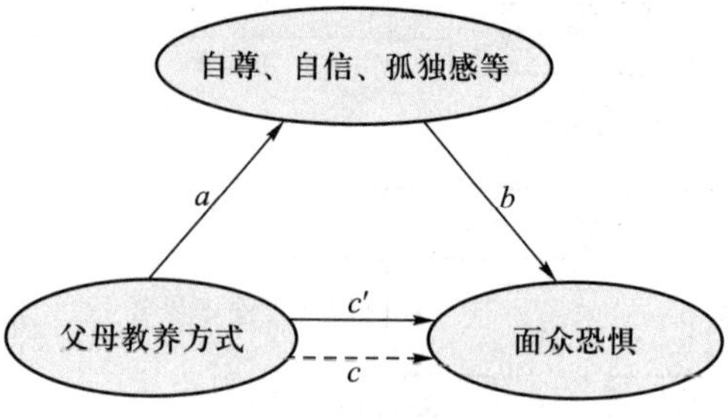

图 9-3 影响机制的假设模型

系,以及分别检验图中回归系数 c、a、b 和 c' 的显著性。

(三)研究方法

1. 被试

本研究在贵州师范大学、贵州师范学院、贵州财经大学和贵州民族大学四所本科院校抽取大学一年级新生为研究对象,以班级为单位进行团体调查,统一指导语,共发放问卷 1 200 份,经过筛选得到有效问卷 1 072 份,有效率为 89.33%,其中有 6 份问卷除性别、年龄、专业和民族信息外其他人口学变量信息缺失,在有关差异检验中不参与分析。被试样本的具体结构如表9-1 所示:

表 9-1 贵州省大学新生面众恐惧的基本状况

	类别	人数	百分比(%)
性别	男	485	45.2
	女	587	54.8
专业	文史哲法类	345	32.2
	理工农医类	601	56.1
	艺术体育类	126	11.8
民族	汉族	547	51.0
	少数民族	525	49.0
家庭所在地	城区	149	13.9
	乡村	917	85.5
是否独生子女	独生子女	128	11.9

续表

	类别	人数	百分比(%)
	非独生子女	938	87.5
是否班干部	班干部	402	37.5
	未担任班干	664	61.9

2. 研究工具

(1)《中国大学生面众恐惧调查量表》(2011 修订版)

在本书第三章已对其具体的编制过程进行了详细的介绍。该量表是以面众恐惧为核心概念而编制的针对大学生面众交流恐惧测查的心理测量量表,其包括大学生面众恐惧四个维度共 32 个题项。四个维度分别是上台恐惧、面试恐惧、办事恐惧、团组与校外交流恐惧,32 个题项分别为:上台恐惧 6 个题项,面试恐惧 8 个题项,办事恐惧 8 个题项,团组与校外交流恐惧 8 个题项,另外增加了两个测谎题项,量表采用 5 级记分。总量表的内部一致性 α 信度系数和重测信度分别为 0.922 和 0.831,四个维度的内部一致性 α 信度系数和重测信度分别在 0.749~0.870 与 0.622~0.781 范围之间,验证性因素分析得到量表结构的拟合指标 χ^2/df 为 1.771, CFI 为 0.943,TLI 为 0.938,IFI 为 0.944,GFI 为 0.915,NFI 为 0.879,RMSEA 为 0.035。说明该量表具有良好的信效度。

(2) 简式父母教养方式问卷中文版(s-EMBU-C)

该问卷由蒋奖(2010)等人翻译并修订,包括父亲与母亲两个分问卷共 42 个题项,共包含母亲情感温暖、母亲过度保护、母亲拒绝、父亲情感温暖、父亲过度保护、父亲拒绝 6 个维度。问卷要求被试回想从小以来母亲与父亲在日常生活中对待和与之相处的方式,从“1—从不”到“4—总是”进行四级评定。以维度得分代表被试知觉到的该种父母教养方式,维度分越高说明其父母在该种教养方式上采取的措施越频繁。该问卷在翻译修订时母亲和父亲两部分各维度的内部一致性 α 信度系数在 0.74~0.84 之间,重测信度在 0.70~0.81 之间,s-EMBU-C 具有良好的信效度。

为了更好地综合讨论母亲与父亲对大学新生的教养方式,本研究参照前人的研究①,对母亲和父亲教养方式的6个维度做了进一步的因素分析,经过最大正交旋转后共产生两个高阶因子即父母关怀(care)和父母控制(control),一共能解释原有变量的68.315%的变异。其中父母控制因子能解释40.252%的变异,主要在过度保护和拒绝上载荷较高;父母关怀因子功能解释28.063%的变异,主要在情感温暖上的载荷较高。各维度具体的因子载荷和在本研究中的内部一致性α信度系数如表9-2所示。

表9-2 父母教养方式的因素分析结果及各维度的α系数

维度	因子载荷		内部一致性α信度系数
	控制因子	关怀因子	
父亲过度保护	0.835	0.050	0.666
父亲拒绝	0.774	-0.241	0.816
母亲拒绝	0.751	-0.262	0.743
母亲过度保护	0.738	0.115	0.617
父亲情感温暖	-0.023	0.878	0.833
母亲情感温暖	-0.099	0.877	0.780

从表9-2可以得到,在本研究中大学新生的父母教养方式可以综合分为两大方式即父母关怀和父母控制,这与以往的研究结果是一致的②。

(3) 罗森伯格自尊量表(RSES)

自尊(self-esteem)是指个体对自身的一种积极或消极的态度(Rosenberg,1965),RSES由罗森伯格于1965年编制,是用于测量整体自尊的经典量表。该量表由10个题项组成,用于测量单一维度的整体自尊水平,其中5个正向表述,5个负向表述。罗森伯格自尊量表中文版由王孟成等修订,量表采用李科特四点记分,1代表"很不符合";2代表"不符合";3代表"符合";4代表"非常符合"。得分越高表明自尊水平越高。罗森伯格自尊量表是在自尊这一研究领域使用最广泛的工具,其具有使用方便、信效度良

① 刘方琳,温红博,张云运,等.父母教养方式对子女焦虑的影响:认知情绪调节策略与男性化特质的中介作用[J].心理科学,2011,34(6):1390—1396.

② 刘方琳,温红博,张云运,等.父母教养方式对子女焦虑的影响:认知情绪调节策略与男性化特质的中介作用[J].心理科学,2011,34(6):1390—1396.

好、跨文化的适应性等诸多优点(戴晓阳,2010)。在本研究中该量表的内部一致性 α 信度系数为 0.808。

(4) 总体自信问卷大学生版

该问卷是毕重增(2006)在已有的五维自信问卷的基础上,为了给自信提供一个简短的测查工具,以及从不同角度验证自信结构的层次而设计编制的一种总体自信测查问卷。该问卷由 12 个题项组成,为一维自信结构,总体自信问卷的内部一致性性 α 信度系数为 0.88,重测信度为 0.85。问卷的每个题项描述一些常见的自信体验,要求被试根据自己的真实状况,用"1 很不符合、2 较不符合、3 中等、4 比较符合、5 很符合"为尺度作出判定,得分越高说明自信水平越高。本研究中该自信问卷的内部一致性 α 信度系数为 0.892。

(5) UCLA 孤独量表

UCLA 孤独量表由拉塞尔(Russell)(1980,1996)等编制,是在孤独领域研究中使用频率最多的量表之一,中文版由王登峰修订。本研究采用该量表的第三版,共由 20 个关于孤独感体验频率的句子组成,采用四点记分,针对每个条目所涉及的主观体验进行评分,1 分表示"从不";2 分表示"很少";3 分表示"有时";4 分表示"一直"(戴晓阳,2010)。该量表在本研究中的内部一致性 α 信度系数为 0.822。

(6) 简明负面评价恐惧量表(BFNES)

该量表是由利里(1983)为了弥补负面评价恐惧量表的不足而开发的。简明负面评价恐惧量表(BFNES)为单因素结构,有 12 道题项,采用 5 点记分,从 1(一点不符合)到 5(非常符合),包括 8 道正向计分题和 4 道反向计分题。量表各题项与总分的相关系数范围从 0.43 到 0.75,内部一致性 α 信度系数为 0.90,重测信度为 0.75(汪向东,1999)。BFNES 量表具有简洁、反应灵敏等优点,高分者更关注是否给他人留下好印象,更在意他人的负面评价。本研究中该量表的内部一致性 α 信度系数为 0.757。

3. 数据处理与分析方法

问卷数据录入计算机,采用 SPSS18.0 和 AMOS18.0 对数据进行整理与统计分析,本研究中主要采用独立样本 T 检验、方差分析、相关与回归分析、潜变量矩结构方程模型分析等数据统计分析方法。针对零假设检验受样本容量影响而存在的不足,当前研究在报告检验结果的同时还要报告效应量

(effect size)供参考①。因此本研究在零假设检验结果有显著差异时同时参考效果量大小,本研究对两个独立组平均数之间进行差异检验时用 d 作为效应量,变量间关联强度分为小($d<0.2$),中($0.2<d<0.7$),大($d>0.7$)三类;方差分析时用 ω^2 作为效应量,变量间的关联强度为弱($\omega^2<6\%$),中($6\%<\omega^2<16\%$),强($\omega^2>16\%$)②。

五、研究结果

(一) 人口变量学等信息对贵州大学新生面众恐惧的影响分析

1. 贵州大学新生面众恐惧的基本状况

贵州大学新生面众恐惧基本状况如表 9-3 所示。

表 9-3 贵州省大学新生面众恐惧的基本状况

	N	平均数	标准差	最大值	最小值	每题平均得分
上台恐惧	1 072	14.40	4.96	30	6	2.40
面试恐惧	1 072	20.66	6.07	40	8	2.58
办事恐惧	1 072	16.24	5.80	37	8	2.03
团组与校外交流恐惧	1 072	19.90	6.40	40	8	2.49
面众恐惧	1 072	71.21	20.55	142	30	2.37

表 9-3 表明,贵州省大学新生面众恐惧四个方面中,面试恐惧最严重,而办事恐惧则得分相对较低。

2. 性别对大学新生面众恐惧的影响分析

以上台恐惧、面试恐惧、办事恐惧、团组与校外交流恐惧以及面众恐惧总分为因变量,性别为自变量进行独立样本 T 检验。结果如表 9-4 所示。

---

① 郑昊敏,温忠麟,吴艳.心理学常用效应量的选用与分析[J].心理科学进展,2011(12):1868—1878.

② 权朝鲁.效果量的意义及测定方法[J].心理学探新,2003,23(2):39—44.卢谢峰,唐源鸿,曾凡梅.效应量:估计、报告和解释[J].心理学探新,2011(3):260—264.

表 9-4 贵州省大学新生面众恐惧的性别差异

	男生($n=485$)		女生($n=587$)		t	d
	M	SD	M	SD		
上台恐惧	13.46	4.72	15.18	5.02	−5.723***	0.364
面试恐惧	19.56	5.80	21.57	6.14	−5.466***	0.347
办事恐惧	15.61	5.90	16.74	5.67	−3.208***	0.199
团组与校外交流恐惧	18.61	5.99	20.97	6.54	−6.104***	0.394
面众恐惧	67.25	19.66	74.47	20.71	−5.815***	0.367

(注:* 表示 $p<0.05$;* * 表示 $p<0.01$;* * * 表示 $p<0.001$;下同不另注)

表 9-4 表明,贵州省大学新生面众恐惧存在显著的性别差异,即女大学新生的面众恐惧显著高于男大学新生。同时,在上台恐惧、面试恐惧、办事恐惧、团组与校外交流恐惧四个方面也均表现出同样的显著差异。这与西南地区大学生面众恐惧的调查结果相同。

3. 专业类型对大学新生面众恐惧的影响分析

以上台恐惧、面试恐惧、办事恐惧、团组与校外交流恐惧以及面众恐惧总分为因变量,专业类型为自变量进行单因素方差分析,结果如表 9-5 所示。

表 9-5 贵州省大学新生面众恐惧的专业类型差异($M±SD$)

	文史哲法类($n=345$)	理工农医类($n=601$)	艺术体育类($n=126$)	F
上台恐惧	14.21±4.92	14.62±5.09	13.90±4.33	1.504
面试恐惧	20.39±6.15	20.93±6.12	20.15±5.58	1.347
办事恐惧	15.70±5.57	16.47±5.98	16.57±5.51	2.196
团组与校外交流恐惧	19.54±6.26	20.24±6.56	19.29±6.00	1.965
面众恐惧	69.85±20.15	72.26±21.09	69.90±18.80	1.801

表 9-5 表明,贵州省大学不同专业类型的大学新生在面众恐惧及其四个方面均不存在显著差异。

4. 城乡差异对大学新生面众恐惧的影响分析

以上台恐惧、面试恐惧、办事恐惧、团组与校外交流恐惧以及面众恐惧总分为因变量，对分别来自城区和乡村的大学新生进行独立样本 T 检验。结果如表 9-6 所示。

表 9-6 贵州省大学新生面众恐惧的城乡差异

	城区($n=149$)		乡村($n=917$)		t	d
	M	SD	M	SD		
上台恐惧	13.41	4.90	14.53	4.93	-2.575^{*}	0.229
面试恐惧	18.89	6.17	20.93	6.00	-3.844^{***}	0.340
办事恐惧	15.21	5.76	16.39	5.90	-2.301^{*}	0.205
团组与校外交流恐惧	18.48	6.54	20.11	6.36	-2.888^{**}	0.256
面众恐惧	65.99	20.69	71.96	20.41	-3.307^{***}	0.293

表 9-6 表明，来自乡村和来自城区的贵州大学新生在面众恐惧各个方面及总分上均存在显著的差异，且表现出来自城区的大学新生在面众恐惧各方面均显著低于来自乡村的大学新生的情况。

5. 家庭经济状况对大学新生面众恐惧的影响分析

以上台恐惧、面试恐惧、办事恐惧、团组与校外交流恐惧以及面众恐惧总分为因变量，以家庭经济状况水平为自变量进行单因素方差分析，结果如表 9-7 所示。

表 9-7 贵州省大学新生面众恐惧的家庭经济状况差异($M±SD$)

	较好($n=34$)	一般($n=508$)	较差($n=524$)	F
上台恐惧	14.85±5.55	14.03±4.76	14.68±5.05	2.378
面试恐惧	20.18±6.28	20.47±6.13	20.85±5.99	0.629
办事恐惧	18.03±5.98	16.24±5.73	16.10±5.86	1.769
团组与校外交流恐惧	20.38±6.99	19.48±6.16	20.23±6.59	1.918
面众恐惧	73.44±22.76	70.21±20.14	71.86±20.78	1.055

表 9-7 表明，贵州省大学不同家庭经济状况水平的大学新生在面众恐惧

及其四个方面均不存在显著的差异。这与西南地区大学生面众恐惧的调查结果相同。

6. 是否独生子女对大学新生面众恐惧的影响分析

以上台恐惧、面试恐惧、办事恐惧、团组与校外交流恐惧以及面众恐惧总分为因变量，以是否是独生子女为自变量对大学新生进行独立样本 T 检验。结果如表 9-8 所示。

表 9-8　贵州省大学新生面众恐惧的是否是独生子女差异

	独生子女（$n=128$）		非独生子女（$n=938$）		t	d
	M	SD	M	SD		
上台恐惧	13.30	5.12	14.52	4.90	−2.616**	0.249
面试恐惧	18.89	5.94	20.88	6.04	−3.555***	0.335
办事恐惧	15.44	5.59	16.34	5.83	−1.643	
团组与校外交流恐惧	18.40	6.40	20.08	6.39	−2.793**	0.263
面众恐惧	66.03	20.55	71.82	20.46	−3.002**	0.283

表 9-8 表明，贵州省独生子女和非独生子女大学新生在面众恐惧上表现出显著的差异，具体表现在上台恐惧、面试恐惧、团组与校外交流恐惧三个方面。且在这几个方面均是独生子女大学新生的面众恐惧程度显著低于非独生子女的大学新生。

7. 是否担任班干部对大学新生面众恐惧的影响分析

以上台恐惧、面试恐惧、办事恐惧、团组与校外交流恐惧以及面众恐惧总分为因变量，以是否担任班干部为自变量对大学新生进行独立样本 T 检验。结果如表 9-9 所示。

表 9-9　贵州省大学新生面众恐惧的是否是班干部差异

	未担任班干部（$n=664$）		班干部（$n=402$）		t	d
	M	SD	M	SD		
上台恐惧	15.17	4.99	13.05	4.57	6.943***	0.464
面试恐惧	21.38	5.96	19.43	6.04	5.140***	0.327
办事恐惧	16.64	5.89	15.54	5.61	2.989**	0.196

续表

	未担任班干部(n=664)		班干部(n=402)		t	d
	M	SD	M	SD		
团组与校外交流恐惧	20.67	6.29	18.57	6.39	5.230***	0.397
面众恐惧	73.86	20.34	66.61	20.11	5.668***	0.361

表9-9表明，担任班干部和未担任班干部的贵州大学新生在面众恐惧上表现出显著的差异，具体为上台恐惧、办事恐惧、面试恐惧、团组与校外交流恐惧四个方面均存在显著的差异，且都是未担任班干部的大学新生在面众恐惧程度上显著高于担任班干部的大学新生。

8. 学习成绩水平对大学新生面众恐惧的影响分析

以上台恐惧、面试恐惧、办事恐惧、团组与校外交流恐惧以及面众恐惧总分为因变量，以学习成绩水平为自变量进行单因素方差分析，并采用 Tukey HSD 方法进行事后检验。结果如表9-10所示。

表9-10　贵州省大学新生面众恐惧的学习成绩水平差异(M±SD)

	较好①(n=231)	中等②(n=674)	较差③(n=161)	F	Post Hoc	ω^2
上台恐惧	13.20±4.80	14.43±4.80	15.84±5.31	13.979***	①<②③;②<③	0.024
面试恐惧	19.33±5.86	20.74±5.97	22.15±6.38	10.622***	①<②③;②<③	0.018
办事恐惧	15.74±6.02	15.95±5.55	18.07±6.22	9.797***	①②<③	0.016
团组与校外交流恐惧	18.62±6.19	19.85±6.29	21.80±6.79	11.953***	①<②③;②<③	0.020
面众恐惧	66.90±20.06	70.97±19.98	77.86±21.90	13.888***	①<②③;②<③	0.002

表9-10表明，不同学习成绩水平的大学新生在面众恐惧及其四个方面均存在极其显著的差异，即成绩越好的大学新生在面众恐惧上均显著低于成绩较差的大学新生。事后检验发现，在上台恐惧、面试恐惧、团组与校外交流恐惧及面众恐惧总体上均表现为：成绩较好的大学新生面众恐惧程度显著低于成绩中等和成绩较差的大学新生、成绩中等的大学新生面众恐惧程度显著低于成绩较差的大学新生；而在办事恐惧上，成绩较好和成绩中等的大学生

新生面众恐惧程度显著低于成绩较差的大学新生。

9. 家庭气氛对大学新生面众恐惧的影响分析

以上台恐惧、面试恐惧、办事恐惧、团组与校外交流恐惧以及面众恐惧总分为因变量，家庭气氛类型为自变量进行单因素方差分析，并采用 Tukey HSD 方法进行事后检验。结果如表 9-11 所示。

表 9-11 贵州省大学新生面众恐惧的家庭气氛差异(M±SD)

	较融洽① (n=403)	一般② (n=435)	较紧张③ (n=228)	F	*Post Hoc*	ω^2
上台恐惧	13.73±5.14	14.29±4.65	15.65±4.88	11.297***	①②<③	0.019
面试恐惧	19.71±6.12	20.77±5.92	22.06±5.96	11.353***	①<②③;②<③	0.019
办事恐惧	15.31±5.92	16.46±5.57	17.41±5.81	10.265***	①<②③	0.017
团组与校外交流恐惧	18.82±6.52	19.92±5.94	21.67±5.68	14.810***	①<②③;②<③	0.025
面众恐惧	67.57±21.08	71.45±19.49	76.79±20.28	15.158***	①<②③;②<③	0.026

表 9-11 表明，不同家庭气氛类型的大学新生在面众恐惧及其四个方面均存在极其显著的差异，即家庭气氛融洽的大学新生在面众恐惧上均显著低于家庭气氛较紧张的大学新生。事后检验发现，在上台恐惧方面，家庭气氛较融洽和气氛一般的大学新生恐惧程度显著低于家庭气氛较紧张的大学新生；在办事恐惧方面，家庭气氛较融洽的大学新生恐惧程度显著低于家庭气氛一般和较紧张的大学新生；而在面试恐惧、团组与校外交流恐惧及面众恐惧总体上均表现为，家庭气氛较融洽和气氛一般的大学新生恐惧程度显著低于家庭气氛较紧张的大学新生，家庭气氛较一般的大学新生恐惧程度显著低于家庭气氛较紧张的大学新生。

10. 父亲关心学习程度对大学新生面众恐惧的影响分析

以面众恐惧各方面为因变量，对父亲关心重视学习程度不同的大学生进行单因素方差分析，并采用 Tukey HSD 方法进行事后检验。结果如表 9-12 所示。

表 9-12 贵州省大学新生面众恐惧的父亲关心学习程度差异(M±SD)

	非常重视① (n=457)	一般② (n=397)	关心较少③ (n=211)	F	*Post Hoc*	ω^2
上台恐惧	13.88±5.07	14.33±4.74	15.55±4.85	8.380***	①②<③	0.014
面试恐惧	19.77±6.35	20.76±5.64	22.34±5.85	13.370***	①②<③;①<②	0.023
办事恐惧	15.35±5.72	16.35±5.51	17.94±6.15	14.875***	①②<③;①<②	0.025
团组与校外交流恐惧	19.10±6.49	19.92±6.17	21.52±6.40	10.487***	①②<③	0.018
面众恐惧	68.10±20.86	71.35±19.40	77.35±20.59	15.055***	①②<③;①<②	0.026

表 9-12 表明,父亲对大学生的学习生活关心程度不同,大学生的面众恐惧及其各个方面均表现出显著的差异,即父亲对学习非常重视的大学新生在面众恐惧上均显著低于父亲对学习不重视的大学新生。事后检验发现,在上台恐惧、面试恐惧、办事恐惧、团组与校外交流恐惧以及面众恐惧总分上均表现为,父亲对大学生学习非常重视和关心一般的大学新生,在面众恐惧各方面均显著低于关心较少的大学新生;在面试恐惧、办事恐惧和面众恐惧总分上还表现出,父亲对学习非常重视的大学新生面众恐惧程度显著低于父亲关心一般的大学新生。

11. 母亲关心学习程度对大学新生面众恐惧的影响分析

以上台恐惧、面试恐惧、办事恐惧、团组与校外交流恐惧以及面众恐惧总分为因变量,对母亲关心重视学习程度不同的大学生进行单因素方差分析,并采用 Tukey HSD 方法进行事后检验。结果如表 9-13 所示。

表 9-13 贵州省大学新生面众恐惧的母亲关心学习程度差异(M±SD)

	非常重视① (n=474)	一般② (n=417)	关心较少③ (n=173)	F	*Post Hoc*	ω^2
上台恐惧	13.74±4.99	14.51±4.75	15.77±5.00	11.137***	①②<③	0.019
面试恐惧	19.77±6.33	20.89±5.53	22.51±6.11	13.756***	①②<③;①<②	0.023
办事恐惧	15.35±5.74	16.50±5.39	18.01±6.48	14.360***	①②<③;①<②	0.024

续表

	非常重视①（$n=474$）	一般②（$n=417$）	关心较少③（$n=173$）	F	*Post Hoc*	ω^2
团组与校外交流恐惧	18.99±6.51	20.13±6.07	21.73±6.55	12.294***	①②<③;①<②	0.021
面众恐惧	67.86±20.79	72.03±19.09	78.02±21.48	16.593***	①②<③;①<②	0.028

表 9-13 表明,母亲对大学生的学习生活关心程度不同,大学生的面众恐惧及其各个方面的程度均表现出显著的差异,即在大学学习中受到母亲非常重视的大学新生在面众恐惧上均显著低于母亲对学习重视不够的大学新生。事后检验发现,在面试恐惧、办事恐惧、团组与校外交流恐惧以及面众恐惧总分上均表现为,母亲对大学生学习非常重视和关心一般的大学新生在恐惧程度上均显著低于关心较少的大学新生,母亲对学习非常重视的大学新生恐惧程度显著低于母亲关心一般的大学新生;而在上台恐惧上表现出,母亲对大学生学习非常重视和关心一般的大学新生在恐惧程度上均显著低于关心较少的大学新生。

（二）贵州省大学新生面众恐惧与父母教养方式的关系

1. 贵州省大学新生父母教养方式的聚类分析

为了探讨不同类型父母教养方式对贵州大学新生面众恐惧的影响,分别以大学新生母亲教养方式的 3 个维度和父亲教养方式的 3 个维度为分析变量,进行 K-均值快速聚类分析。结果如表 9-14 所示。

表 9-14 贵州省大学新生父亲和母亲教养方式的聚类分析

	母亲教养方式		F	父亲教养方式		F
	类型 1	类型 2		类型 1	类型 2	
拒绝	7.67	10.70	456.682***	7.10	11.26	818.880***
情感温暖	21.66	16.08	1026.533***	20.89	15.89	459.460***
过度保护	15.57	18.14	175.206***	14.19	18.32	493.542***
n	585	481		637	429	

表 9-14 表明,贵州省大学新生在父亲教养方式和母亲教养方式上都可以聚类成两类具有代表性的教养方式。第一类为积极民主型,在该种类型的

父母教养方式下，大学新生得到的情感温暖最多，而过度保护和拒绝的情况较少；第二类为消极专制型教养方式，在该种类型的父母教养方式下，大学新生受过度保护的情况最严重，拒绝也相应较多，而得到的情感温暖则较少。

2. 不同类型父母教养方式下的贵州省大学新生的面众恐惧差异

以大学生面众恐惧的上台恐惧、面试恐惧、办事恐惧、团组与校外交流恐惧及总分为因变量，母亲的教养方式类型为自变量进行独立样本 T 检验。结果如表 9-15 所示。

表 9-15 贵州省大学新生面众恐惧的母亲教养方式类型差异

	积极民主型（$n=585$）		消极专制型（$n=481$）		t	d
	M	SD	M	SD		
上台恐惧	13.72	4.98	15.24	4.79	-5.048^{***}	0.317
面试恐惧	19.86	6.05	21.70	5.94	-4.970^{***}	0.410
办事恐惧	15.03	5.41	19.18	6.46	-7.780^{***}	0.767
团组与校外交流恐惧	19.18	6.46	20.84	6.22	-4.245^{***}	0.267
面众恐惧	67.79	20.09	75.54	20.29	-6.235^{***}	0.386

表 9-15 的结果显示，母亲教养方式类型不同的大学新生在面众恐惧的各个方面均表现出极其显著的差异，即母亲是积极民主型教养方式的大学新生面众恐惧程度显著低于消极专制型的大学新生。

同样以大学生面众恐惧各个方面为因变量，父亲的教养方式类型为自变量进行独立样本 T 检验。结果如表 9-16 所示。

表 9-16 贵州省大学新生面众恐惧的父亲教养方式类型差异

	积极民主型（$n=637$）		消极专制型（$n=429$）		t	d
	M	SD	M	SD		
上台恐惧	14.04	5.00	14.96	4.86	-2.975^{**}	0.189
面试恐惧	20.27	6.09	21.26	6.00	-2.617^{**}	0.165
办事恐惧	15.30	5.59	17.64	5.83	-6.566^{***}	0.401
团组与校外交流恐惧	19.42	6.56	20.65	6.11	-3.137^{**}	0.201
面众恐惧	69.04	20.53	74.51	20.19	-4.300^{***}	0.271

表9-16的结果显示,不同父亲教养方式类型的大学新生在面众恐惧的各个方面均表现出非常显著的差异,在消极专制型教养方式下的大学新生的面众恐惧程度显著高于积极民主型的大学新生。

3. 贵州省大学新生面众恐惧与父母教养方式的相关分析

大学新生面众恐惧的上台恐惧、面试恐惧、办事恐惧、团组与校外交流恐惧与父母亲教养方式的情感温暖、拒绝、过度保护等维度的相关分析如表9-17所示。

表9-17 贵州省大学新生面众恐惧与父母教养方式的相关分析

	上台恐惧	面试恐惧	办事恐惧	团组与校外交流恐惧	面众恐惧
母亲情感温暖	-0.152**	-0.153**	-0.189**	-0.148**	-0.182**
母亲过度保护	0.103**	0.075**	0.170**	0.111**	0.130**
母亲拒绝	0.121**	0.105**	0.208**	0.112**	0.154**
父亲情感温暖	-0.131**	-0.124**	-0.164**	-0.119**	-0.152**
父亲过度保护	0.123**	0.112**	0.182**	0.125**	0.153**
父亲拒绝	0.086**	0.083**	0.229**	0.112**	0.145**
父母关怀	-0.159**	-0.153**	-0.201**	-0.151**	-0.188**
父母控制	0.139**	0.120**	0.251**	0.148**	0.186**

表9-17表明贵州省大学新生面众恐惧各个方面与父母教养方式各维度均存在显著相关。具体表现为,母亲的情感温暖与上台恐惧、面试恐惧、办事恐惧、团组与校外交流恐惧及面众恐惧总体上均存在显著的负相关,而母亲的过度保护和拒绝维度与大学新生面众恐惧的各个方面均存在显著正相关;同样,父亲的情感温暖与上台恐惧、面试恐惧、办事恐惧、团组与校外交流恐惧及面众恐惧总体上均存在显著的负相关,而父亲的过度保护和拒绝维度与大学新生面众恐惧的各个方面也均存在显著正相关;父母关怀与面众恐惧各个方面存在显著负相关,父母控制与面众恐惧各个方面存在显著正相关。

(三)贵州省大学新生面众恐惧、父母教养方式与自尊、自信、孤独感和负面评价恐惧的相关分析

1. 贵州省大学新生面众恐惧与自尊、自信、孤独感和负面评价恐惧的相

关分析

大学新生面众恐惧的上台恐惧、面试恐惧、办事恐惧、团组与校外交流恐惧跟自尊、自信、孤独感和负面评价恐惧的相关分析如表 9-18 所示。

表 9-18 大学新生面众恐惧与自尊、自信、孤独感和负面评价恐惧的相关分析

	自尊	自信	孤独感	负面评价恐惧
上台恐惧	-0.356**	-0.245**	0.355**	0.368**
面试恐惧	-0.331**	-0.240**	0.326**	0.398**
办事恐惧	-0.362**	-0.305**	0.427**	0.347**
团组与校外交流恐惧	-0.358**	-0.286**	0.404**	0.399**
面众恐惧	-0.397**	-0.305**	0.428**	0.429**

表 9-18 表明贵州省大学新生面众恐惧的各个方面与自尊、自信、孤独感和负面评价恐惧之间均存在显著相关。具体表现为，贵州省大学新生的面众恐惧在各方面与其自尊、自信均存在显著的负相关，而孤独感、负面评价恐惧与贵州省大学新生的面众恐惧在各方面均存在显著的正相关。

2. 贵州省大学新生父母教养方式与自尊、自信、孤独感和负面评价恐惧的相关分析

大学新生父母教养方式的各维度与自尊、自信、孤独感和负面评价恐惧的相关分析如表 9-19 所示。

表 9-19 大学新生父母教养方式与自尊、自信、孤独感、负面评价恐惧的相关分析

	自尊	自信	孤独感	负面评价恐惧
母亲情感温暖	0.313**	0.345**	-0.256**	-0.005
母亲过度保护	-0.148**	-0.060*	0.181**	0.084**
母亲拒绝	-0.260**	-0.157**	0.268**	-0.025
父亲情感温暖	0.307**	0.333**	-0.273**	-0.007
父亲过度保护	-0.254**	-0.114**	0.241**	0.080**

续表

	自尊	自信	孤独感	负面评价恐惧
父亲拒绝	-0.317**	0.203**	0.293**	-0.018
父母关怀	0.350**	0.383**	-0.297**	-0.009
父母控制	-0.311**	-0.167**	0.312**	0.048

表9-19表明贵州省大学新生父母教养方式的各个维度与自尊、自信、孤独感和负面评价恐惧之间均存在显著相关。具体表现为,贵州省大学新生的母亲情感温暖、父亲情感温暖与自尊、自信均存在显著正相关;母亲、父亲的过度保护、拒绝与自尊、自信均存在显著负相关;父母亲的情感温暖与孤独感存在显著负相关,父母亲过度保护和拒绝维度与孤独感存在显著正相关;母亲和父亲过度保护与负面评价存在显著正相关,但相关较弱。父母亲的情感温暖、拒绝以及父母关怀、父母拒绝与负面评价恐惧相关均不显著;父母关怀与自尊、自信存在显著正相关,与孤独感存在显著负相关;父母控制与自尊、自信存在显著负相关,与孤独感存在显著正相关。

(四)贵州省大学新生面众恐惧对父母教养方式的回归分析

1. 大学新生面众恐惧对母亲教养方式的回归分析

为了进一步探讨父母教养方式对面众恐惧的影响,分别以面众恐惧各个维度及总分为因变量,母亲教养方式各维度为自变量,进行逐步多元回归分析。结果如表9-20所示。

表9-20　贵州省大学新生面众恐惧对母亲教养方式的回归分析

因变量	预测变量	R	R^2	F	B	$Beta(\beta)$	t
上台恐惧		0.180	0.032	17.827***			
	母亲情感温暖				-0.185	-0.148	-4.894***
	母亲过度保护				0.141	0.097	3.208**
面试恐惧		0.168	0.028	15.381***			
	母亲情感温暖				-0.230	-0.150	-4.964***

续表

因变量	预测变量	R	R^2	F	B	$Beta(\beta)$	t
	母亲过度保护				0.122	0.068	0.024*
办事恐惧		0.265	0.07	26.803***			
	母亲拒绝				0.231	0.109	3.100**
	母亲情感温暖				−0.221	−0.151	−4.832***
	母亲过度保护				0.191	0.112	3.334**
团组与校外交流恐惧		0.181	0.033	18.055***			
	母亲情感温暖				−0.232	−0.143	−4.750***
	母亲过度保护				0.197	0.105	3.474**
面众恐惧		0.219	0.048	26.678***			
	母亲情感温暖				−0.914	−0.176	−5.885***
	母亲过度保护				0.735	0.122	4.071***

表9-20表明母亲教养方式中的情感温暖能显著负向预测贵州大学新生面众恐惧的各个方面，而母亲的过度保护则能显著正向预测大学新生面众恐惧的各个方面，并且母亲拒绝会正向预测大学新生的办事恐惧。

2. 大学新生面众恐惧对父亲教养方式的回归分析

分别以面众恐惧各个维度及总分为因变量，以父亲教养方式各维度为自变量，进行逐步多元回归分析。结果如表9-21所示。

表9-21 贵州省大学新生面众恐惧对父亲教养方式的回归分析

因变量	预测变量	R	R^2	F	B	$Beta(\beta)$	t
上台恐惧		0.177	0.031	17.260***			
	父亲情感温暖				−0.142	−0.128	−4.223***
	父亲过度保护				0.164	0.119	3.944***

续表

因变量	预测变量	R	R^2	F	B	$Beta(\beta)$	t
面试恐惧		0.164	0.027	14.778***			
	父亲情感温暖				-0.164	-0.120	-3.971***
	父亲过度保护				0.183	0.108	3.580***
办事恐惧		0.265	0.070	26.805***			
	父亲拒绝				0.272	0.145	3.724***
	父亲情感温暖				-0.168	-0.129	-4.204***
	父亲过度保护				0.142	0.088	2.324*
团组与校外交流恐惧		0.170	0.029	15.756***			
	父亲过度保护				0.215	0.121	3.991***
	父亲情感温暖				-0.166	-0.115	-3.814***
面众恐惧		0.212	0.045	25.070***			
	父亲过度保护				0.846	0.148	4.945***
	父亲情感温暖				-0.677	-0.147	-4.903***

表 9-21 表明父亲教养方式中的父亲情感温暖能显著负向预测贵州省大学新生面众恐惧的各个方面，而父亲过度保护会显著正向预测大学新生面众恐惧的各个方面，并且父亲拒绝会正向预测大学新生的办事恐惧。

（五）贵州省大学新生面众恐惧对自尊、自信、孤独感和负面评价恐惧的回归分析

1. 贵州省大学新生面众恐惧对自尊的回归分析

分别以面众恐惧各个维度及总分为因变量，自尊为自变量，进行一元线性回归分析。结果如表 9-22 所示。

表 9-22 贵州省大学新生面众恐惧对自尊的回归分析

因变量	预测变量	R	R^2	F	B	$Beta(\beta)$	t
上台恐惧	自尊	0.356	0.126	154.405***	-0.383	-0.356	-12.426***
面试恐惧		0.331	0.109	131.197***	-0.437	-0.331	-11.454***
办事恐惧		0.362	0.131	160.420***	-0.456	-0.362	-12.666***
团组与校外交流恐惧		0.358	0.128	157.276***	-0.499	-0.358	-12.541***
面众恐惧		0.397	0.158	200.115***	-1.776	-0.397	14.146***

（注：* * * 表示 $p<0.001$）

表 9-22 表明贵州省大学新生的自尊均能显著负向预测上台恐惧、面试恐惧、办事恐惧、团组与校外交流恐惧和面众恐惧。

2. 贵州省大学新生面众恐惧对自信的回归分析

分别以面众恐惧各个维度及总分为因变量，自信为自变量，进行一元线性回归分析。结果如表 9-23 所示。

表 9-23 贵州省大学新生面众恐惧对自信的回归分析

因变量	预测变量	R	R^2	F	B	$Beta(\beta)$	t
上台恐惧	自信	0.245	0.060	68.223***	-0.152	-0.245	-8.260***
面试恐惧		0.240	0.057	65.081***	-0.182	-0.240	-8.067***
办事恐惧		0.305	0.093	109.920***	-0.222	-0.305	-10.484***
团组与校外交流恐惧		0.286	0.082	95.431***	-0.230	-0.286	-9.769***
面众恐惧		0.305	0.093	109.879***	-0.787	-0.305	-10.482***

（注：* * * 表示 $p<0.001$）

表 9-23 表明贵州省大学新生的自信能显著负向预测上台恐惧、面试恐惧、办事恐惧、团组与校外交流恐惧和面众恐惧。

3. 贵州省大学新生面众恐惧对孤独感的回归分析

分别以面众恐惧各个维度及总分为因变量，孤独感为自变量，进行一元线性回归分析。结果如表 9-24 所示。

表 9-24 贵州省大学新生面众恐惧对孤独感的回归分析

因变量	预测变量	R	R^2	F	B	$Beta(\beta)$	t
上台恐惧	孤独感	0.355	0.126	154.082***	0.226	0.355	12.413***
面试恐惧		0.326	0.106	126.760***	0.254	0.326	11.259***
办事恐惧		0.427	0.182	238.377***	0.319	0.427	15.439***
团组与校外交流恐惧		0.404	0.163	208.264***	0.333	0.404	14.431***
面众恐惧		0.428	0.183	240.192***	1.132	0.428	15.498***

（注：*** 表示 $p<0.001$）

表 9-24 表明贵州省大学新生的孤独感能显著正向预测上台恐惧、面试恐惧、办事恐惧、团组与校外交流恐惧和面众恐惧。

4. 贵州省大学新生面众恐惧对负面评价恐惧的回归分析

分别以面众恐惧各个维度及总分为因变量，负面评价恐惧为自变量，进行一元线性回归分析。结果如表 9-25 所示。

表 9-25 贵州省大学新生面众恐惧对负面评价恐惧的回归分析

因变量	预测变量	R	R^2	F	B	$Beta(\beta)$	t
上台恐惧	负面评价恐惧	0.355	0.126	154.082***	0.226	0.355	12.413***
面试恐惧		0.326	0.106	126.760***	0.254	0.326	11.259***
办事恐惧		0.427	0.182	238.377***	0.319	0.427	15.439***
团组与校外交流恐惧		0.404	0.163	208.264***	0.333	0.404	14.431***
面众恐惧		0.428	0.183	240.192***	1.132	0.428	15.498***

（注：*** 表示 $p<0.001$）

表 9-25 表明贵州省大学新生负面评价恐惧能显著正向预测上台恐惧、面试恐惧、办事恐惧、团组与校外交流恐惧和面众恐惧。

（六）贵州省大学新生面众恐惧的影响因素模型分析

1. 贵州省大学新生父母教养方式对其面众恐惧的直接影响

根据中介效应的检验程序必须先探讨父母教养方式对面众恐惧的直接影响，因此采用结构方程模型的方法，分别探讨潜变量父母关怀和父母控制对面众恐惧影响的直接效应。

首先用母亲情感温暖和父亲情感温暖两个维度生成潜变量父母关怀，上台恐惧、面试恐惧、办事恐惧、团组与校外交流恐惧四个维度生成潜变量面众恐惧。然后分别以父母关怀为自变量，以面众恐惧为因变量，建立父母关怀对面众恐惧直接预测模型，命名为：直接预测模型 1。结果如图 9-4 所示，模型的拟合指数见表 9-26。

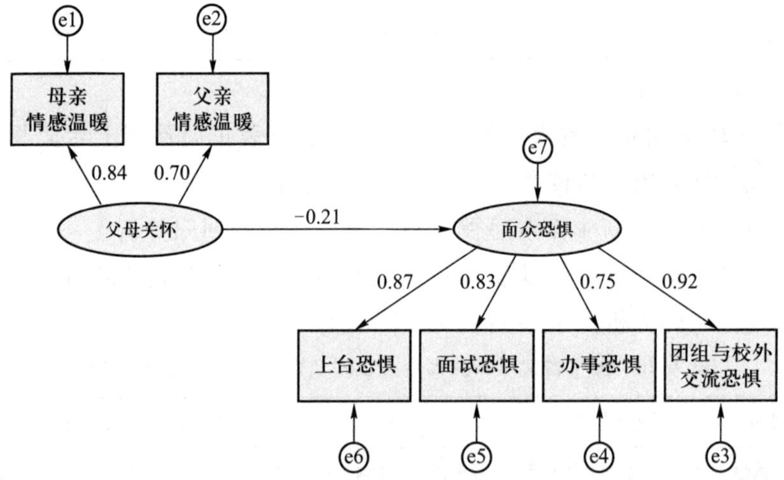

图 9-4 父母关怀直接预测面众恐惧的模型（直接预测模型 1）

从图 9-4 可以看出，在潜变量的结构方程模型中，大学新生父母教养方式中的父母关怀可以显著预测大学新生的面众恐惧，即父母关怀可直接负向影响大学新生的面众恐惧。

表 9-26 父母教养方式直接预测面众恐惧的模型拟合指数

MODEL	χ^2/df	*NFI*	*IFI*	*TLI*	*CFI*	*GFI*	*RMSEA*
直接预测模型 1	5.258	0.988	0.990	0.981	0.990	0.988	0.063
直接预测模型 2	15.398	0.933	0.937	0.907	0.937	0.945	0.117

其次用母亲过度保护、母亲拒绝、父亲过度保护和父亲拒绝四个维度生

成潜变量父母控制,用上台恐惧、面试恐惧、办事恐惧、团组与校外交流恐惧四个维度生成潜变量面众恐惧。然后以父母控制为自变量,面众恐惧为因变量,建立父母控制对面众恐惧直接预测模型,命名为直接预测模型 2,结果如图 9-5 所示,模型的拟合指数见表 9-26。

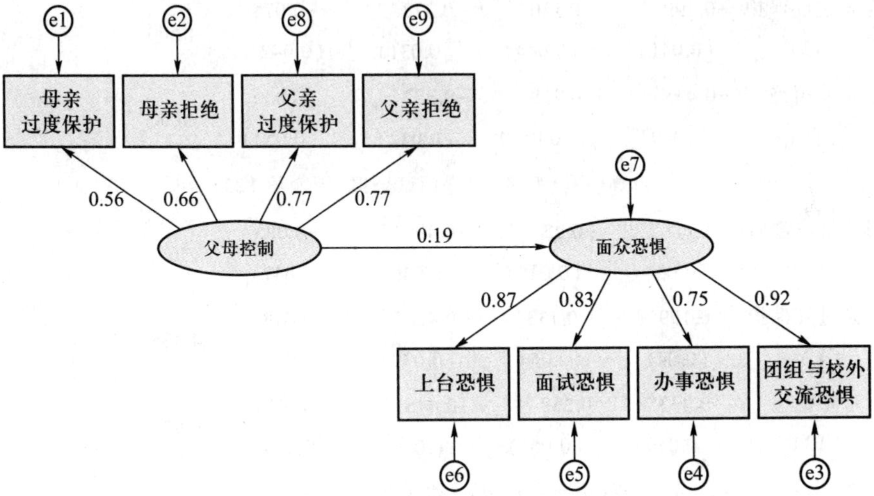

图 9-5　父母控制直接预测面众恐惧模型(直接预测模型 2)

从图 9-5 可以看出,在潜变量的结构方程模型中,大学新生父母教养方式中的父母控制可以显著正向预测大学新生的面众恐惧,即父母控制可直接负向影响大学新生的面众恐惧。

2. 贵州省大学新生父母教养方式对其面众恐惧的具体影响机制:自尊的中介效应分析

(1) 自尊在母亲教养方式与面众恐惧之间的中介作用分析

分别以面众恐惧各个维度为因变量(Y),母亲教养方式的各维度为自变量(X),以大学新生的自尊为中介变量(M)。按照温忠麟等建议的中介效应检验程序,依次检验系数 c,a,b 和 c'的显著性,同时采用 Sobel 检验方法验证中介效应的有效性,并运用 $ab/(c'+ab)$ 计算中介效应的相对大小。结果如表 9-27 所示。

表 9-27 自尊在母亲教养方式与面众恐惧间的中介作用分析

自变量(X)	$a(Sa)$	$c(Sc)$	$b(Sb)$	$c'(Sc')$	Sobel(Z)	$ab/(c'+ab)$
自尊(中介变量 M)—上台恐惧(因变量 $Y1$)						
母亲情感温暖	0.362***	−0.190***	−0.366***	−0.055	−7.681***	
($X1$)	(0.034)	(0.038)	(0.033)	(0.038)		
母亲过度保护	−0.199***	0.150**	−0.372***	−0.078	4.500***	
($X2$)	(0.041)	(0.044)	(0.031)	(0.042)		
母亲拒绝	−0.433***	0.218***	−0.372***	0.056	7.035***	
($X3$)	(0.049)	(0.055)	(0.032)	(0.053)		
自尊(中介变量 M)—面试恐惧(因变量 $Y2$)						
母亲情感温暖	0.362***	−0.234***	−0.408***	−0.085	7.365***	
($X1$)	(0.034)	(0.046)	(0.040)	(0.047)		
母亲过度保护	−0.199***	0.133*	−0.426***	0.048	−4.435***	
($X2$)	(0.041)	(0.054)	(0.039)	(0.052)		
母亲拒绝	−0.433***	0.232***	−0.446***	−0.048	−6.925***	
($X3$)	(0.049)	(0.067)	(0.040)	(0.060)		
自尊(中介变量 M)—办事恐惧(因变量 $Y3$)						
母亲情感温暖	0.362***	−0.277***	−0.423***	−0.124**	7.694***	0.553
($X1$)	(0.034)	(0.044)	(0.038)	(0.044)		
母亲过度保护	−0.199***	0.289***	−0.435***	0.201***	−1.977*	0.301
($X2$)	(0.041)	(0.051)	(0.201)	(0.049)		
母亲拒绝	−0.433***	0.438***	−0.417***	0.258***	−6.954***	0.412
($X3$)	(0.049)	(0.063)	(0.037)	(0.062)		
自尊(中介变量 M)—团组与校外交流恐惧(因变量 $Y4$)						
母亲情感温暖	0.362***	−0.239***	−0.480***	−0.063	7.790***	
($X1$)	(0.034)	(0.049)	(0.042)	(0.049)		
母亲过度保护	−0.199***	0.209***	−0.484***	0.116*	−4.505***	0.454
($X2$)	(0.041)	(0.057)	(0.040)	(0.055)		
母亲拒绝	−0.433***	0.260***	−0.489***	0.047	−7.100***	
($X3$)	(0.049)	(0.071)	(0.041)	(0.069)		

(注：* 表示 $p<0.05$，* * 表示 $p<0.01$，* * * 表示 $p<0.001$)

表9-27表明,自尊在母亲教养方式各方面与上台恐惧、面试恐惧、团组与校外交流恐惧之间起完全中介作用,自尊在母亲教养方式各方面与办事恐惧之间起着部分中介作用。

(2)自尊在父亲教养方式与面众恐惧之间的中介作用分析

同样分别以面众恐惧各个维度为因变量(Y)和父亲教养方式的各维度为自变量(X),以大学新生的自尊为中介变量(M),检验自尊的中介作用。结果如表9-28所示。

表9-28 自尊在父亲教养方式与面众恐惧间的中介作用分析

自变量(X)	$a(Sa)$	$c(Sc)$	$b(Sb)$	$c'(Sc')$	Sobel(Z)	$ab/(c'+ab)$
自尊(中介变量 M)—上台恐惧(因变量 $Y1$)						
父亲情感温暖 ($X1$)	0.317*** (0.030)	−0.146*** (0.034)	−0.375*** (0.032)	−0.025 (0.034)	−7.848***	
父亲过度保护 ($X2$)	−0.325*** (0.038)	0.170*** (0.042)	−0.372*** (0.032)	0.049 (0.041)	6.889***	
父亲拒绝 ($X3$)	−0.471*** (0.043)	0.138** (0.049)	−0.392*** (0.033)	−0.046 (0.048)	8.053***	
自尊(中介变量 M)—面试恐惧(因变量 $Y2$)						
父亲情感温暖 ($X1$)	0.317*** (0.030)	−0.168*** (0.041)	−0.426*** (0.040)	−0.032 (0.041)	−7.501***	
父亲过度保护 ($X2$)	−0.325*** (0.038)	0.189*** (0.051)	−0.425*** (0.040)	0.050 (0.051)	6.662***	
父亲拒绝 ($X3$)	−0.471*** (0.043)	0.163** (0.060)	−0.446*** (0.040)	−0.048 (0.060)	7.814***	
自尊(中介变量 M)—办事恐惧(因变量 $Y3$)						
父亲情感温暖 ($X1$)	0.317*** (0.030)	−0.214*** (0.039)	−0.431*** (0.038)	−0.077* (0.039)	−7.731***	0.640
父亲过度保护 ($X2$)	−0.325*** (0.038)	0.293*** (0.049)	−0.423*** (0.037)	0.154** (0.048)	6.848***	0.472

续表

自变量(X)	$a(Sa)$	$c(Sc)$	$b(Sb)$	$c'(Sc')$	Sobel(Z)	$ab/(c'+ab)$
父亲拒绝 ($X3$)	-0.471*** (0.043)	0.429*** (0.056)	-0.403*** (0.038)	0.237*** (0.056)	7.619***	0.445
自尊(中介变量 M)—团组与校外交流恐惧(因变量 $Y4$)						
父亲情感温暖 ($X1$)	0.317*** (0.030)	-0.171*** (0.044)	-0.493*** (0.042)	-0.012 (0.043)	-7.853***	
父亲过度保护 ($X2$)	-0.325*** (0.038)	0.221*** (0.054)	-0.484*** (0.041)	0.065 (0.053)	6.926***	
父亲拒绝 ($X3$)	-0.471*** (0.043)	0.233*** (0.063)	-0.497*** (0.042)	-0.001 (0.063)	8.038***	

(注：* * * 表示 $p<0.001$)

表 9-28 表明，自尊在父亲教养方式各方面与上台恐惧、面试恐惧、团组与校外交流恐惧之间起完全中介作用，自尊在父亲教养方式各方面与办事恐惧之间起着部分中介作用。

(3) 自尊在父母教养方式与面众恐惧之间的中介效应模型分析

以面众恐惧总分为因变量(Y)和父母关怀、父母控制分别为自变量(X)，以大学新生的自尊为中介变量(M)，检验自尊的中介作用。结果如表 9-29 所示。

表 9-29 自尊在父母关怀、父母控制与面众恐惧间的中介作用分析

自变量(X)	$a(Sa)$	$c(Sc)$	$b(Sb)$	$c'(Sc')$	Sobel(Z)	$ab/(c'+ab)$
自尊(中介变量 M)—面众恐惧(因变量 Y)						
父母关怀	0.214*** (0.018)	-0.515*** (0.083)	-1.670*** (0.135)	-0.154 (0.082)	-8.572***	
父母控制	-0.142*** (0.013)	0.380*** (0.062)	-1.660*** (0.133)	0.144* (0.061)	8.220***	0.621

(注：* * * 表示 $p<0.001$)

表 9-29 表明，自尊在父母关怀与面众恐惧之间起完全中介作用，而在父母控制与面众恐惧之间起着部分中介作用。

根据前面中介作用路径分析的结果，为了更深层次地分析各潜变量之间的具体影响机制，本研究进一步用矩结构方程模型分析贵州省大学新生的自尊在父母教养方式与面众恐惧之间各潜变量的中介效应模型。

以父母关怀为自变量，面众恐惧为因变量，引入贵州省大学新生的自尊为中介变量建立中介效应结构模型 1-1，结果如图 9-6 所示，模型的拟合指数见表 9-30。

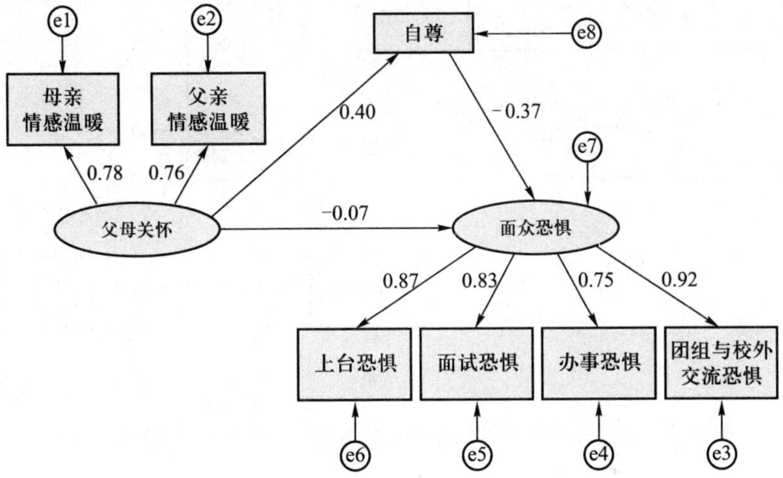

图 9-6　自尊在父母关怀与面众恐惧间的中介效应模型(模型 1-1)

从图 9-6 可以看出，在加入自尊作为中介变量之后得到的中介模型 1-1 跟直接预测模型 1 相比，父母关怀对面众恐惧的预测作用不再显著，而父母关怀能显著正向预测大学新生的自尊，自尊又能显著负向预测大学新生的面众恐惧，这说明自尊在大学新生的父母关怀与面众恐惧之间起着完全中介作用。

表 9-30　自尊的中介作用模型拟合指数

MODEL	χ^2/df	*NFI*	*IFI*	*TLI*	*CFI*	*GFI*	*RMSEA*
模型 1-1	4.235	0.986	0.989	0.981	0.989	0.987	0.055
模型 1-2	12.329	0.933	0.939	0.911	0.938	0.947	0.103

同样以父母控制为自变量，面众恐惧为因变量，引入贵州省大学新生的

自尊为中介变量建立中介效应结构模型1-2,结果如图9-7所示,模型的拟合指数见表9-30。

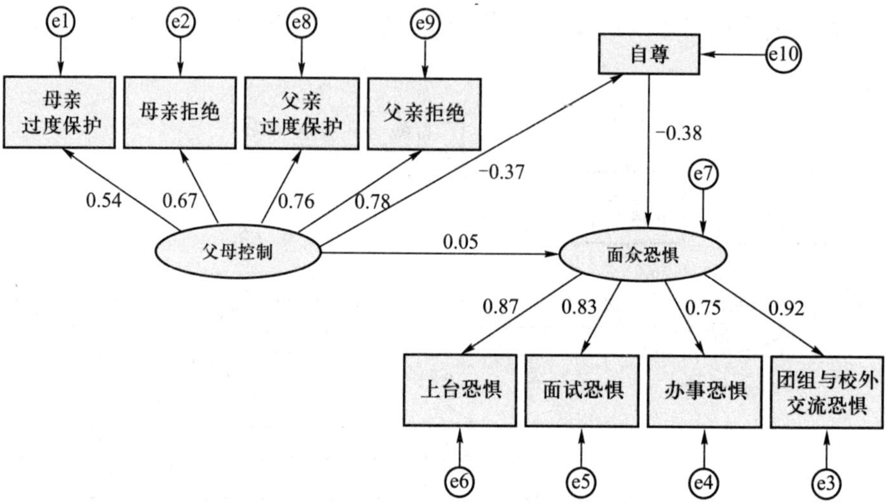

图9-7 自尊在父母控制与面众恐惧间的中介效应模型(模型1-2)

从图9-7可以看出,在加入自尊作为中介变量之后的中介模型1-2跟直接预测模型2相比,父母控制对面众恐惧的预测作用不再显著,而父母控制能显著负向预测大学新生的自尊,自尊又能显著负向预测大学新生的面众恐惧,这说明自尊在大学新生的父母控制与面众恐惧之间起着完全中介作用。

3. 贵州省大学新生父母教养方式对其面众恐惧的具体影响机制:自信的中介效应分析

分别以面众恐惧各个维度为因变量(Y),母亲教养方式的各维度为自变量(X),以大学新生的自信为中介变量(M)。依次检验系数c,a,b和c'的显著性,同时采用Sobel检验中介效应的有效性,并运用$ab/(c'+ab)$计算中介效应的相对大小。结果如表9-31所示。

表 9-31　自信在母亲教养方式与面众恐惧间的中介作用分析

自变量(X)	$a(Sa)$	$c(Sc)$	$b(Sb)$	$c'(Sc')$	Sobel(Z)	$ab/(c'+ab)$
自信(中介变量 M)—上台恐惧(因变量 $Y1$)						
母亲情感温暖	0.692***	-0.190***	-0.138***	-0.094*	-5.93***	0.504
($X1$)	(0.058)	(0.038)	(0.020)	(0.040)		
母亲过度保护	-0.141*	0.150**	-0.151***	0.129**	1.907	0.142
($X2$)	(0.072)	(0.044)	(0.018)	(0.043)		
母亲拒绝	-0.454***	0.218***	-0.146***	0.150**	4.283***	0.306
($X3$)	(0.088)	(0.055)	(0.019)	(0.054)		
自信(中介变量 M)—面试恐惧(因变量 $Y2$)						
母亲情感温暖	0.692***	-0.234***	-0.165***	-0.120*	-5.957***	0.488
($X1$)	(0.058)	(0.046)	(0.024)	(0.048)		
母亲过度保护	-0.141*	0.133*	-0.183***	0.108*	1.902	0.193
($X2$)	(0.072)	(0.054)	(0.023)	(0.053)		
母亲拒绝	-0.454***	0.232***	-0.178***	0.152*	4.293***	0.347
($X3$)	(0.088)	(0.067)	(0.023)	(0.066)		
自信(中介变量 M)—办事恐惧(因变量 $Y3$)						
母亲情感温暖	0.692***	-0.277***	-0.201***	-0.138**	-7.050***	0.502
($X1$)	(0.058)	(0.044)	(0.023)	(0.045)		
母亲过度保护	-0.141*	0.289***	-0.218***	0.258***	1.924	0.106
($X2$)	(0.072)	(0.051)	(0.021)	(0.049)		
母亲拒绝	-0.454***	0.438***	-0.206***	0.345***	4.566***	0.213
($X3$)	(0.088)	(0.063)	(0.021)	(0.061)		
自信(中介变量 M)—团组与校外交流恐惧(因变量 $Y4$)						
母亲情感温暖	0.692***	-0.239***	-0.218***	-0.088	-7.040***	
($X1$)	(0.058)	(0.049)	(0.025)	(0.051)		
母亲过度保护	-0.141*	0.209***	-0.229***	0.177**	1.918	0.154
($X2$)	(0.072)	(0.057)	(0.024)	(0.055)		
母亲拒绝	-0.454***	0.260***	-0.225***	0.157*	4.520***	0.394
($X3$)	(0.088)	(0.071)	(0.024)	(0.069)		

(注：* 表示 $p<0.05$；*** 表示 $p<0.001$)

表 9-31 表明，除自信在母亲情感温暖跟团组与校外交流恐惧之间起着完全中介作用外，自信在母亲教养方式各方面与上台恐惧、面试恐惧、办事恐惧、团组与校外交流恐惧之间均起着部分中介作用。

4. 自信在父亲教养方式与面众恐惧之间的中介作用分析

同样分别以面众恐惧各个维度为因变量（Y）和父亲教养方式的各维度为自变量（X），以大学新生的自信为中介变量（M），检验自信的中介作用。结果如表 9-32 所示。

表 9-32　自信在父亲教养方式与面众恐惧间的中介作用分析

自变量（X）	$a(Sa)$	$c(Sc)$	$b(Sb)$	$c'(Sc')$	Sobel（Z）	$ab/(c'+ab)$
自信（中介变量 M）—上台恐惧（因变量 $Y1$）						
父亲情感温暖（$X1$）	0.595*** (0.052)	−0.146*** (0.034)	−0.140*** (0.020)	−0.062 (0.035)	−5.971***	
父亲过度保护（$X2$）	−0.252*** (0.067)	0.170*** (0.042)	−0.145*** (0.019)	0.133** (0.041)	3.374***	0.216
父亲拒绝（$X3$）	−0.523*** (0.077)	0.138** (0.049)	−0.147*** (0.019)	0.062 (0.049)	5.104***	
自信（中介变量 M）—面试恐惧（因变量 $Y2$）						
父亲情感温暖（$X1$）	0.595*** (0.052)	−0.168*** (0.041)	−0.168*** (0.024)	−0.069 (0.043)	−5.97***	
父亲过度保护（$X2$）	−0.252*** (0.067)	0.189*** (0.051)	−0.174*** (0.023)	0.146** (0.050)	3.368***	0.231
父亲拒绝（$X3$）	−0.523*** (0.077)	0.163** (0.060)	−0.176*** (0.071)	0.071 (0.060)	2.329***	
自信（中介变量 M）—办事恐惧（因变量 $Y3$）						
父亲情感温暖（$X1$）	0.595*** (0.052)	−0.214*** (0.039)	−0.203*** (0.022)	−0.093* (0.040)	−7.183***	0.565
父亲过度保护（$X2$）	−0.252*** (0.067)	0.293*** (0.049)	−0.208*** (0.021)	0.241*** (0.047)	3.516***	0.179

续表

自变量(*X*)	*a*(*Sa*)	*c*(*Sc*)	*b*(*Sb*)	*c*′(*Sc*′)	Sobel(*Z*)	*ab*/(*c*′+*ab*)
父亲拒绝 (*X*3)	−0.523*** (0.077)	0.429*** (0.056)	−0.195*** (0.021)	0.327*** (0.055)	5.482***	0.238
自信(中介变量 *M*)—团组与校外交流恐惧(因变量 *Y*4)						
父亲情感温暖 (*X*1)	0.595*** (0.052)	−0.171*** (0.044)	−0.220*** (0.025)	−0.040 (0.045)	−6.976***	
父亲过度保护 (*X*2)	−0.252*** (0.067)	0.221*** (0.054)	−0.219*** (0.024)	0.166** (0.052)	3.477***	0.250
父亲拒绝 (*X*3)	−0.523*** (0.077)	0.233*** (0.063)	−0.219*** (0.024)	0.118 (0.062)	5.449***	

(注：** 表示 $p<0.01$，*** 表示 $p<0.001$)

表 9-32 表明，自信在父亲情感温暖、父亲拒绝跟上台恐惧、面试恐惧、团组与校外交流恐惧之间起着完全中介作用，而自信在父亲过度保护跟上台恐惧、面试恐惧、办事恐惧、团组与校外交流恐惧之间起着部分中介作用。

5. 自信在父母教养方式与面众恐惧之间的中介效应模型分析

以面众恐惧总分为因变量(*Y*)和父母关怀、父母控制分别为自变量(*X*)，以大学新生的自信为中介变量(*M*)，检验自信的中介作用。结果如表 9-33 所示。

表 9-33　自信在父母关怀、父母控制与面众恐惧间的中介作用分析

自变量(*X*)	*a*(*Sa*)	*c*(*Sc*)	*b*(*Sb*)	*c*′(*Sc*′)	Sobel(*Z*)	*ab*/(*c*′+*ab*)
自信(中介变量 *M*)—面众恐惧(因变量 *Y*)						
父母关怀	0.405*** (0.030)	−0.515*** (0.083)	−0.710*** (0.082)	−0.226** (0.086)	−7.288***	0.560
父母控制	−0.132*** (0.024)	0.380*** (0.062)	−0.733*** (0.076)	0.283*** (0.060)	4.778***	0.255

(注：*** 表示 $p<0.001$)

表 9-33 表明，自信在父母关怀、父母控制与面众恐惧间均起着部分中介作用。

根据前面中介作用路径分析的结果，为了更深层次地分析各潜变量之间的具体影响机制,本研究进一步用矩结构方程模型分析贵州省大学新生的自信在父母教养方式与面众恐惧之间各潜变量的中介效应模型。

以父母关怀为自变量,面众恐惧为因变量,引入贵州省大学新生的自信为中介变量建立中介效应结构模型 2-1,结果如图 9-8 所示,模型的拟合指数见表 9-34。

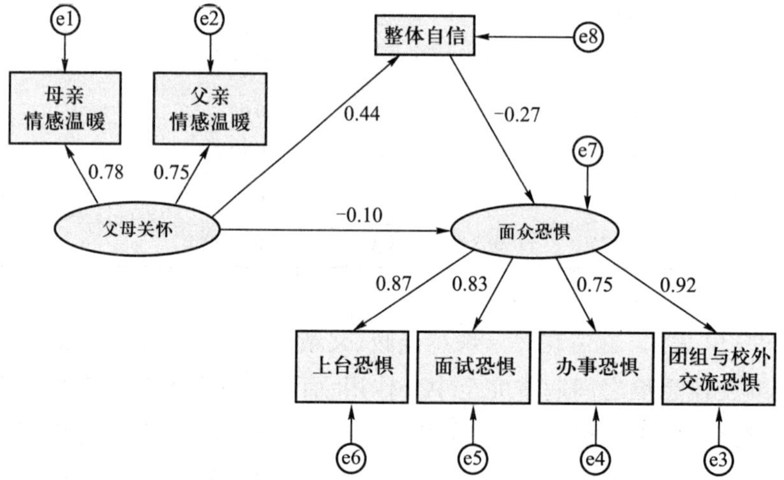

图 9-8 自信在父母关怀与面众恐惧间的中介效应模型(模型 2-1)

从图 9-8 可以看出,在加入自信作为中介变量之后的中介模型 2-1 跟直接预测模型 1 相比,父母关怀对面众恐惧的预测作用不再显著,而父母关怀能显著正向预测大学新生的自信,自信又能显著负向预测大学新生的面众恐惧,这说明自信在大学新生的父母关怀与面众恐惧之间起着完全中介作用。

表 9-34 自信的中介作用模型拟合指数

MODEL	χ^2/df	*NFI*	*IFI*	*TLI*	*CFI*	*GFI*	*RMSEA*
模型 2-1	4.561	0.985	0.974	0.988	0.988	0.986	0.058
模型 2-2	12.676	0.930	0.935	0.906	0.935	0.945	0.105

以父母控制为自变量,面众恐惧为因变量,引入贵州省大学新生自信为中介变量建立结构模型 2-2,结果如图 9-9 所示,模型的拟合指数见表9-34。

从图 9-9 可以看出,在加入大学新生的自信作为中介变量之后的中介模型 2-2 跟直接预测模型 2 相比,父母控制仍然能显著预测面众恐惧(p<

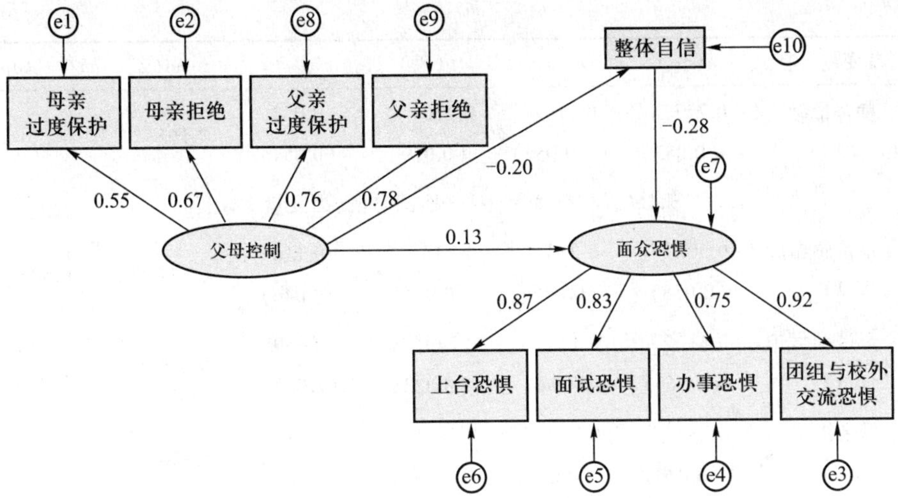

图 9-9 自信在父母控制与面众恐惧间的中介效应模型(模型 2-2)

0.001),而父母控制能显著负向预测大学新生的自信水平,自信又能显著负向预测大学新生的面众恐惧,这说明自信在大学新生的父母控制与面众恐惧之间起着部分中介作用。

6. 贵州省大学新生父母教养方式对其面众恐惧的具体影响机制:孤独感的中介效应分析

(1) 孤独感在母亲教养方式与面众恐惧之间的中介作用分析

分别以面众恐惧各个维度为因变量(Y)以及母亲教养方式的各维度为自变量(X),以大学新生的孤独感为中介变量(M)。检验其中介效应的有效性,并运用 $ab/(c'+ab)$ 计算中介效应的相对大小。结果如表 9-35 所示。

表 9-35 孤独感在母亲教养方式与面众恐惧间的中介作用分析

自变量(X)	$a(Sa)$	$c(Sc)$	$b(Sb)$	$c'(Sc')$	Sobel(Z)	$ab/(c'+ab)$
孤独感(中介变量 M)—上台恐惧(因变量 $Y1$)						
母亲情感温暖($X1$)	-0.502*** (0.058)	-0.190*** (0.038)	0.214*** (0.019)	-0.083* (0.037)	-6.863***	0.564
母亲过度保护($X2$)	0.412*** (0.069)	0.150** (0.044)	0.220*** (0.019)	0.059 (0.042)	5.307***	

续表

自变量(X)	$a(Sa)$	$c(Sc)$	$b(Sb)$	$c'(Sc')$	Sobel(Z)	$ab/(c'+ab)$
母亲拒绝 ($X3$)	0.757*** (0.083)	0.218*** (0.055)	0.220*** (0.019)	0.052 (0.054)	7.165***	
孤独感(中介变量 M)—面试恐惧(因变量 $Y2$)						
母亲情感温暖 ($X1$)	-0.502*** (0.058)	-0.234*** (0.046)	0.237*** (0.023)	-0.116* (0.046)	-6.627***	0.506
母亲过度保护 ($X2$)	0.412*** (0.069)	0.133* (0.054)	0.249*** (0.023)	0.030 (0.053)	5.228***	
母亲拒绝 ($X3$)	0.757*** (0.083)	0.232*** (0.067)	0.247*** (0.024)	0.045 (0.066)	6.826***	
孤独感(中介变量 M)—办事恐惧(因变量 $Y3$)						
母亲情感温暖 ($X1$)	-0.502*** (0.058)	-0.277*** (0.044)	0.302*** (0.021)	-0.126** (0.042)	-7.416***	0.546
母亲过度保护 ($X2$)	0.412*** (0.069)	0.289*** (0.051)	0.305*** (0.021)	0.163** (0.048)	5.523***	0.435
母亲拒绝 ($X3$)	0.757*** (0.083)	0.438*** (0.063)	0.298*** (0.021)	0.212*** (0.060)	7.672***	0.516
孤独感(中介变量 M)—团组与校外交流恐惧(因变量 $Y4$)						
母亲情感温暖 ($X1$)	-0.502*** (0.058)	-0.239*** (0.049)	0.320*** (0.024)	-0.078 (0.047)	-7.260***	
母亲过度保护 ($X2$)	0.412*** (0.069)	0.209*** (0.057)	0.325*** (0.024)	0.075 (0.054)	5.463***	
母亲拒绝 ($X3$)	0.757*** (0.083)	0.260*** (0.071)	0.330*** (0.024)	0.011 (0.068)	7.600***	

(注: * 表示 $p<0.05$, ** 表示 $p<0.01$, *** 表示 $p<0.001$)

表 9-35 表明,孤独感在母亲情感温暖与上台恐惧、面试恐惧之间起部分中介作用;孤独感在母亲过度保护、母亲拒绝与上台恐惧、面试恐惧之间起完全中介作用;孤独感在母亲教养方式各方面与办事恐惧之间均起部分中介作用;但孤独感在母亲教养方式各方面跟团组与校外恐惧之间均起着完全中介

作用。

(2) 孤独感在父亲教养方式与面众恐惧之间的中介作用分析

同样分别以面众恐惧各个维度为因变量(*Y*)和父亲教养方式的各维度为自变量(*X*),以大学新生的孤独感为中介变量(*M*),检验孤独感的中介作用。结果如表 9-36 所示。

表 9-36 孤独感在父亲教养方式与面众恐惧间的中介作用分析

自变量(*X*)	*a*(*Sa*)	*c*(*Sc*)	*b*(*Sb*)	*c*'(*Sc*')	Sobel(*Z*)	*ab*/(*c*'+*ab*)
孤独感(中介变量 *M*)—上台恐惧(因变量 *Y*1)						
父亲情感温暖(*X*1)	-0.475*** (0.051)	-0.146*** (0.034)	0.219*** (0.019)	-0.044 (0.033)	-7.244***	
父亲过度保护(*X*2)	0.520*** (0.064)	0.170*** (0.042)	0.220*** (0.019)	0.055 (0.041)	6.651***	
父亲拒绝(*X*3)	0.737*** (0.074)	0.138** (0.049)	0.229*** (0.019)	-0.030 (0.048)	7.677***	
孤独感(中介变量 *M*)—面试恐惧(因变量 *Y*2)						
父亲情感温暖(*X*1)	-0.475*** (0.051)	-0.168*** (0.041)	0.245*** (0.024)	-0.056 (0.041)	-6.880***	
父亲过度保护(*X*2)	0.520*** (0.064)	0.189*** (0.051)	0.247*** (0.023)	0.060 (0.050)	6.479***	
父亲拒绝(*X*3)	0.737*** (0.074)	0.163** (0.060)	0.256*** (0.024)	-0.024 (0.060)	7.280***	
孤独感(中介变量 *M*)—办事恐惧(因变量 *Y*3)						
父亲情感温暖(*X*1)	-0.475*** (0.051)	-0.214*** (0.039)	0.306*** (0.021)	-0.071 (0.037)	-7.848***	
父亲过度保护(*X*2)	0.520*** (0.064)	0.293*** (0.049)	0.302*** (0.021)	0.135** (0.046)	7.074***	0.538
父亲拒绝(*X*3)	0.737*** (0.074)	0.429*** (0.056)	0.292*** (0.021)	0.215*** (0.054)	8.097***	0.500
孤独感(中介变量 *M*)—团组与校外交流恐惧(因变量 *Y*4)						

续表

自变量(X)	$a(Sa)$	$c(Sc)$	$b(Sb)$	$c'(Sc')$	Sobel(Z)	$ab/(c'+ab)$
父亲情感温暖 ($X1$)	-0.475^{***} (0.051)	-0.171^{***} (0.044)	0.329^{***} (0.024)	-0.017 (0.042)	-7.704^{***}	
父亲过度保护 ($X2$)	0.520^{***} (0.064)	0.221^{***} (0.054)	0.326^{***} (0.024)	0.051 (0.051)	6.973^{***}	
父亲拒绝 ($X3$)	0.737^{***} (0.074)	0.233^{***} (0.063)	0.333^{***} (0.024)	-0.011 (0.061)	8.091^{***}	

(注：* * 表示 $p<0.01$，* * * 表示 $p<0.001$)

表 9-36 表明，孤独感在父亲教养方式各个方面跟上台恐惧、面试恐惧、团组与校外交流恐惧之间均起着完全中介作用，而孤独感在父亲过度保护、父亲拒绝跟办事恐惧之间起着部分中介作用。

(3) 孤独感在父母教养方式与面众恐惧之间的中介效应模型分析

以面众恐惧总分为因变量(Y)和父母关怀、父母控制分别为自变量(X)，以大学新生的孤独感为中介变量(M)；检验孤独感的中介作用。结果如表9-37 所示。

表 9-37 孤独感在父母关怀、父母控制与面众恐惧间的中介作用分析

自变量(X)	$a(Sa)$	$c(Sc)$	$b(Sb)$	$c'(Sc')$	Sobel(Z)	$ab/(c'+ab)$
孤独感(中介变量 M)—面众恐惧(因变量 Y)						
父母关怀	-0.307^{***} (0.030)	-0.515^{***} (0.083)	1.069^{***} (0.077)	-0.186^{*} (0.080)	-8.237^{***}	0.638
父母控制	0.242^{***} (0.023)	0.380^{***} (0.062)	1.073^{***} (0.077)	0.120^{*} (0.060)	8.397^{***}	0.684

(注：* 表示 $p<0.05$，* * 表示 $p<0.01$，* * * 表示 $p<0.001$)

表 9-37 表明，孤独感在父母关怀、父母控制与面众恐惧之间均起着部分中介作用。

根据前面中介作用路径分析的结果，为了更深层次地分析各潜变量之间的具体影响机制，本研究进一步用矩结构方程模型分析贵州大学新生的孤独感在父母教养方式与面众恐惧之间各潜变量的中介效应模型。

以父母关怀为自变量，面众恐惧为因变量，引入贵州省大学新生的孤独感为中介变量建立中介效应结构模型 3-1,结果如图 9-10 所示,模型的拟合指数见表 9-38。

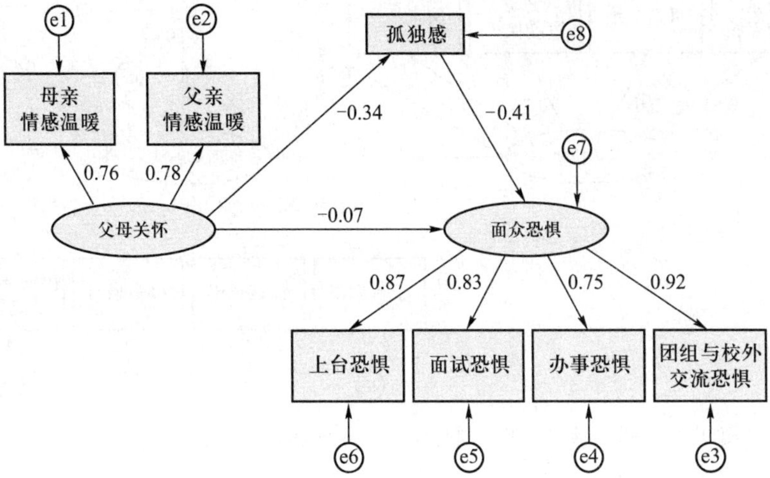

图 9-10　孤独感在父母关怀与面众恐惧间的中介效应模型(模型 3-1)

从图 9-10 可以得到,在加入孤独感作为中介变量之后中介模型 3-1 跟直接预测模型 1 相比,父母关怀仍然能显著负向预测大学新生的面众恐惧($p<0.05$),父母关怀也能负向显著预测大学新生的孤独感,孤独感又能显著正向预测大学新生的面众恐惧,这说明孤独感在大学新生的父母关怀与面众恐惧之间起着部分中介作用。

表 9-38　孤独感的中介作用模型拟合指数

MODEL	χ^2/df	*NFI*	*IFI*	*TLI*	*CFI*	*GFI*	*RMSEA*
模型 3-1	6.456	0.979	0.982	0.969	0.982	0.980	0.072
模型 3-2	12.797	0.931	0.936	0.908	0.936	0.945	0.106

以父母控制为自变量,面众恐惧为因变量,引入贵州省大学新生的孤独感为中介变量建立结构模型 3-2,结果如图 9-11 所示,模型的拟合指数见表 9-38。

从图 9-11 可以看出,在加入孤独感作为中介变量之后中介效应模型 3-2 跟直接预测模型 2 相比,父母控制对面众恐惧的预测作用不再显著,而父

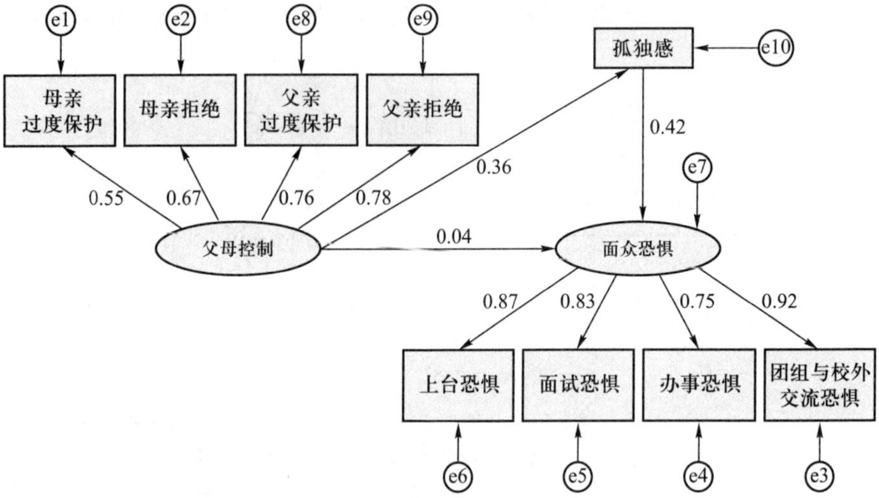

图 9-11 孤独感在父母控制与面众恐惧间的中介效应模型(模型 3-2)

母控制能显著正向预测大学新生的孤独感,孤独感又能显著正向预测大学新生的面众恐惧,这说明孤独感在大学新生的父母控制与面众恐惧之间起着完全中介作用。

六、讨论

(一)是否担任班干部、学习成绩、城乡来源和家庭气氛等多方面对贵州省大学新生面众恐惧的影响讨论

担任班干部的贵州省大学新生在面众恐惧的各个方面均显著低于没有担任班干部的大学新生。这说明担任班干部的大学新生由于在班干部这个特殊职位上锻炼,非常有利于避免面众恐惧的出现。担任班干部的大学新生往往能在合作能力上得到很好的锻炼,也能在组织和管理班级体中的各种活动中得到充分的锻炼,这有效地使他们面众恐惧程度显著低于未担任过班干部的大学新生。担任班干部的大学新生往往需要协助辅导员管理和组织好班集体中的事情,因此担任班干部的大学新生从一进大学校园开始在担任这一角色的过程中,就必须经常在班集体的同学面前或在各种其他学校内的公共场所表达交流和表现自己,这不仅锻炼提高了班干部大学新生的胆量,同时各种表达和表现能力也得到了积极的锻炼,从而上台恐惧、面试恐惧、团组

与校外交流恐惧、办事恐惧等多方面的面众恐惧情况相对来说都会较少出现。

学习成绩的好坏同样是影响大学新生面众恐惧的又一重要因素，本研究的调查结果显示不同学习成绩水平的大学新生在面众恐惧上表现出非常显著的差异。学习成绩水平越好的大学新生往往在上台恐惧、面试恐惧、办事恐惧、团组与校外交流恐惧多方面的面众恐惧情况都相对乐观，而学习成绩差的大学新生面众恐惧情况最为严重。这说明学习成绩越好，大学新生的优越感就越强，而学习成绩的好坏是评判一个学生优秀与否的最大标准，对于学习成绩好的大学新生来说，往往一进入大学校园就得到老师们的青睐，经常得到老师们的表扬与认可，这极大地提高了学习成绩好的大学新生的自信与自强，有效防止了如上台、面试、团组交流等面众场合中的恐惧情况。而且，对于那些学习成绩好的大学新生，包括辅导员在内的各种老师往往会给这部分学生在学习、课余活动等方面更多更广的展现他们能力的机会，因此这部分学生在其他学生面前表达与展现自己的机会就会非常的多，各方面的能力又能得到全面的锻炼，从而能非常有信心有能力去胜任各种面众场合，有效降低面众恐惧的出现。所以学习成绩水平好坏对于大学新生来说，是影响其面众恐惧的重要方面。

调查结果发现，不同专业类型的大学新生在面众恐惧各方面均不存在显著差异，原因可能是大学新生刚进入大学校园，开始接触大学环境还不久，接触自己本专业课的课程知识也较少，专业素养还较低。因此，不同专业类型的大学新生在面众恐惧上还未能由于自己的专业特点表现出不同的显著差异。

来自城区大学新生的面众恐惧显著低于来自乡镇农村大学新生的面众恐惧。这一结果体现了当前城区与乡村生活条件与生活方式的差异。在城市城区成长起来的孩子，了解的事物多，接触经历的东西也多，城区成长起来的大学新生在各种环境与场合中得到锻炼的机会都比农村成长起来的大学新生多得多。这些由于在成长环境中造成的不同，使来自城区的大学新生在多种面众场合已经得到了不少锻炼，而在农村成长起来的大学新生则很少。因此来自城区的大学新生面众恐惧程度显著低于来自乡村的大学新生。

家庭氛围对青少年的成长起着重要作用，对青少年各方面的发展影响巨大。本研究结果表明,处于不同家庭气氛类型的大学新生在面众恐惧各方面均存在显著差异,即家庭气氛是否和谐是影响大学生面众恐惧程度的又一重要方面。家庭气氛会影响家庭内每一个成员的心境,特别是对青少年成长中人格的形成有较深刻的作用。本研究结果表明,家庭气氛和谐融洽的大学新生在面众恐惧各方面都显著低于那些家庭气氛较紧张的大学新生,这说明家庭气氛紧张会使大学新生更容易产生面众恐惧。吴芸杉等的研究发现,和谐的家庭气氛对培养良好的性格、对健康的心理和高学业成就水平都有相当积极的作用(吴芸杉,林燕,张进辅,2010)。因此和谐融洽的家庭气氛能降低大学新生进入大学校园后的面众恐惧。首先,家庭气氛和谐融洽的家庭成员之间有非常高的亲密度,并且所有成员之间都能做到互相尊重以及组织性明确,而在这种气氛中成长起来的大学新生往往自信心强、活泼开朗,这极大地帮助了他们在各种面众场合敢于表达和大胆表现自己,不存在怯场等情况,较少地出现面众恐惧;其次,家庭气氛融洽和谐能使家庭成员之间团结一致,在每一个家庭成员遇到困难时都能在一种合作、谅解的整体氛围内倾诉各自的想法,这能使青少年从家庭这个接触最多的小环境就开始学习与人沟通、交流以及合作的方法与技能,这些对在此种环境下成长起来的大学新生在各种面众交流场合胜任职责是十分有利的,他们的面众恐惧情况也会相对较少。徐燕的研究认为,良好的家庭氛围还能促使青少年体格健壮,活泼聪明,乐于助人,积极进取,具有健康的心理和健全的人格(徐燕,2009)。还有研究发现,许多有主见、心智良好、比较成熟的青少年,他们的成长几乎都与平等的家庭氛围有关。在家里,他们具有独立的地位,能对各种家庭问题发表自己的看法,而家长也非常注意营造平等的氛围,即使有些问题青少年还不足以正确判断,但父母还是让他们发表意见,让他产生表达的欲望,在这种家庭气氛成长起来的大学新生进入大学这个新环境之后,都能乐于与身边的新面孔交往,同时会用一种积极向上的面貌开始大学的新生活,面众恐惧也自然较少。

不良的家庭气氛往往会对青少年的个性心理产生极大的负面影响,会使青少年形成不良的个性与人格。本书从另一角度也或许验证了这一结果,即家庭气氛较紧张的大学新生面众恐惧最为严重。在家庭气氛紧张的家庭中,家长经常吵架,甚至有肢体冲动,父母感情的长期不和会给青少年带来不安、脆弱、孤独和自信心的缺乏。这种家庭气氛中成长起来的大学新生往往害怕在别人面前表现自己,不习惯过多与其他人进行交流,喜欢独处。在较紧张的家庭气氛中,家庭成员之间往往寡言少语,孩子们往往面对的是家长阴沉的面孔,这就压抑了儿童天真无邪的天性而形成诸如冷傲、孤僻、执拗等不良性格。在这种环境下,青少年长期被忽视或者经常受到打击,其自尊心由于遭到伤害,这就易于产生自卑心理。这些不良性格,导致了这类大学新生进入大学这个陌生的校园之后,或者性情孤僻、处事冷漠,或者自私狭隘、心理脆弱、胸无大志,他们找不到学会与别人很好交流的情感与技巧,因此面众恐惧也就比较严重。

从父母对大学生学习关心重视的程度来看,研究结果认为,父母较少关心其学习的大学新生面众恐惧最为严重,这类大学新生面众恐惧显著高于父母对其学习关心的大学新生。学习是学生最主要的任务,同时大学新生在刚接触大学学习任务时也会遇到各种新的困难与挑战,父母非常重视和关心大学新生学习的同时,也会经常与他们交流沟通各种想法,大学新生能从父母那里得到更多的安慰与鼓励,获得不少安全感,自信心也能不断提高,因此这类大学新生更有信心在别人面前表现好自己,也更敢于去表现自己,往往出现面众恐惧较少。那些父母对其学习关心较少的大学新生,进入大学校园这个新环境后可能无所适从,加之父母对他们的关心也较少,他们无法获得心灵上的支持和呵护,这就容易使他们产生对人冷漠的心理以及寡欢和孤独的情感,甚至进入自我封闭的状态。他们一般都不会正确处理新环境下的人际关系,有时甚至还拒绝与人交往,从而产生较严重的面众恐惧。

(二) 父母教养方式对贵州省大学新生面众恐惧的影响

1. 不同父母教养方式类型中贵州省大学新生面众恐惧的特点

根据聚类分析的研究结果,可将大学新生的父母教养方式分成两种类型,即积极民主型和消极专制型。对于父母教养方式是积极民主型的大学新生,在家庭中受到母亲情感温暖和父亲情感温暖的时候最多,而父母亲过度保护和拒绝的情况则较少;而消极专制型父母教养方式的大学新生情况则相反,往往是经常受到拒绝或过度保护,无法获得更多的情感温暖,能民主发表意见的情况较少,而更多的是接受父母亲的强制性教育。研究结果表明在不同父母教养方式下的大学新生,在上台恐惧、面试恐惧、办事恐惧、团组与校外交流恐惧以及面众恐惧总的方面均存在非常显著的差异，即处于积极民主型父母教养方式家庭环境中的大学新生在面众恐惧上显著乐观于父母教养方式是消极专制型的大学新生。在积极民主型父母教养方式环境下的大学新生，在日常生活中能经常与父母进行有效的沟通，对各种事情都能提出自己的看法与建议，同时遇到困难时能够及时与父母交流，得到父母的支持、帮助和鼓励。这类大学新生从小就学会了与人交流沟通、体会别人情感的交流表达技巧，因此他们在进入大学校园后往往就能比较轻松地与身边同学、老师进行交流交往。而在消极专制型父母教养方式下成长起来的大学新生，往往表现得更加内向与沉默，由于父母教养方式的专制，这类大学新生缺乏各种交流交往技巧，他们很难做到跟新环境中的同学迅速进行活泼轻松的交流，更多的是选择逃避，害怕与新事物、新面孔接触，在面对同学和老师时会产生较大的面众恐惧。

2. 父母教养方式对贵州省大学新生面众恐惧的影响

研究结果表明，父母教养方式中的母亲情感温暖、父亲情感温暖与大学新生的上台恐惧、面试恐惧、办事恐惧、团组与校外交流恐惧四方面及面众恐惧总体上均存在显著的负相关，即父母教养方式中的父母情感温暖跟大学新生的面众恐惧状况的关系十分密切，获得父母情感温暖越多的大学新生面众恐惧情况就越乐观，获得父母情感温暖越少的大学新生的面众恐惧情况就越严重。多元回归分析表明，父母教养方式中的母亲情感温暖、父亲情感温暖均能显著负向预测大学新生的上台恐惧、面试恐惧、办事恐惧、团组与校外交流恐惧四个方面，因此父母情感温暖是影响大学新生面众恐惧的重要因素。在青少年成长过程中获得父母情感温暖多的大学新生，说明这类大学新生经常得到父母亲的赞美，父母总是去试图鼓励他们成为佼佼者，在遇到不顺心的事时总是有父母在身边安慰与鼓励，当取得成功时，父母能时时为他们喝彩与自豪。这种教养方式能使大学新生在整个成长过程中都能和自己父母之间存在着一种非常积极的交流关系，使他们从小就敢于想出新颖的主意，敢于在老师和同学面前或者到课堂上去发表自己的看法，使自己在各方面的行为都充满了自信。他们在进入大学校园的新环境后，就敢于在各个场合中去展示自己，在诸如上台、面试、团组交流等场合中，他们的面众恐惧就非常少。经常得到父母情感温暖的大学新生的独立性也能得到很好发展并能被适度控制，由于有父母经常的情感温暖与理解，使他们在遇到各种困难时都能感受到父母的关心、尊重与信任。这类大学新生从小就具有很强的归属感和安全感，在他们开始接触大学校园这个半社会的生活环境后，就往往能表现出情绪稳定、兴趣广泛，善于与他人相处的品质。如在大学新的课堂环境中，碰到大学老师让大家积极发言等交流机会时，这类大学新生往往能轻松自然地非常主动地表达自己的意见，也乐于参与同学之间的话题讨论，较少出现面众恐惧。

父母中的母亲过度保护和父亲过度保护跟大学新生面众恐惧中的上台恐惧、面试恐惧、办事恐惧、团组与校外交流恐惧均存在显著的正相关。即在大学新生的成长过程中，父母对其生活学习方面过度保护的情况越多，他们面众恐惧的情况就越严重。研究结果同时表明，父母的过度保护均能显著正向预测大学新生面众恐惧的各个方面，这说明父母对子女的过度保护是导致大学新生面众恐惧的重要因素。受到父母过多保护的大学新生在成长过程中往往由于父母多方面的干涉和保护而被剥夺了独立面对和解决问题、锻炼意志的机会。这类大学新生由于总是在父母的过多保护下生活，独立意识就会减弱，缺乏独立生活的能力，由于比较被动、顺从、依赖性强而容易引发面众交流恐惧，不会与同学和老师之间进行过多的交流与交往，难与他人形成良好的人际关系。同时父母的过度干涉、过度保护，父母亲的溺爱会削弱子女发展的潜力，让子女形成自我评价较低的心理趋势，不利于子女的成长与发展。进入大学校园这个陌生的环境后，这些学生会因各方面能力不足而产生自卑感，同时自我接纳程度低，在与老师和同学的交往中缺乏安全感，对别人的否定特别敏感，在各种面众场合比较容易出现较严重的面众恐惧。

研究结果表明，贵州省大学新生的母亲拒绝、父亲拒绝与上台恐惧、面试恐惧、办事恐惧、团组与校外恐惧等方面也存在非常显著的正相关关系，即大学新生在家庭中遇到父母拒绝的情况越多，其面众恐惧的情况就越严重，即受到父母的拒绝是导致大学新生面众恐惧的重要因素。在家庭中经常受到父母的拒绝或否认会使这类大学新生形成较差的自我概念，更加容易形成内向、害羞、胆怯、压抑、自我否定、易紧张敏感、被动和退缩的消极人格，而这会较严重影响青少年的自信心，久而久之就会形成较大的自卑心理，在人际交流与交往方面表现为较严重的面众恐惧情况。首先这类大学新生也会由于经常受到拒绝而缺乏交流交往中所必要的安全感与信任感，进而严重影响他们在同学和老师面前进行顺利地面众交流，他们更多的是感到孤独无助和面众恐惧；其次由于拒绝而导致的自我效能感低会使这类大学新生常体验到自己做不好很多事情，总是觉得自己能力低，而在各种面众交流场合不敢于去表现自己，没有勇气向周围的同学展现自己的才华，面众恐惧情况经常出现；同时父母过多的严厉与拒绝会使这类大学新生做事小心翼翼或过于谨慎，生怕做错事而被否定，因此这类大学新生在与同学和老师交流时往往缺乏积极主动勇气，常恐怕自己做得不好而在老师和同学面前丢面子，过于关注别人对自己言行举止的评价，羞耻感和自责感的过高，导致了极严重的面众恐惧。

（三）自尊与自信对贵州省大学新生面众恐惧的影响

本研究结果表明，大学新生的自尊水平与上台恐惧、面试恐惧、办事恐惧、团组与校外交流恐惧和面众恐惧总体上，均存在显著的负相关关系，即大学新生的自尊水平越高，其面众恐惧程度就越低。而一元线性回归分析的结果得到自尊均能显著负向预测大学新生面众恐惧的各个方面，换言之高自尊水平的大学新生会有较少的面众恐惧，自尊水平低的大学新生面众恐惧较严重。这可能是由于自尊水平高的大学新生，在各方面都对自己持非常肯定的看法，非常愿意在别人面前表现自己，并且对自己有良好的评价和积极的情感体验，因而乐于与别人交流交往，喜欢参与老师和同学们的话题，能顺利完成各种面众交流任务。并且他们在各方面都不甘落后，对自己评价较高、信任和看重自己，经常会激励自己不断奋发努力，同时也希望别人对自己评价高而乐于在别人面前表现，因此在碰到老师要求上台等展现自己的机会时，这类大学新生倾向于在别人面前展现和肯定自己的优点和能力，往往会去积极抓住这种机会，而较少出现面众恐惧。自尊水平高的大学新生对自我往往采取接纳的态度，在青少年的成长时期内心世界就比较和谐，他们在与别人交流交往时表现得较自信和轻松，容易接纳并理解他人，具有建立良好人际关系的能力，因此自尊水平高的大学新生在进入大学后具有较好的与同学和老师交流的技能和心态，他们往往更容易获得同学和老师的喜欢和尊重，由于渴望在与别人交往中获得别人的尊重而乐于与他人建立健康有益的关系，这样面众恐惧就自然相当乐观。

自尊水平较低的大学新生，在大学这个新的环境中碰到各种面众场合时，往往由于缺乏自我肯定，在各方面常对自己持否定态度，这类大学新生往往倾向于怀疑自己的价值和效能，否定和轻视自己，害怕在别人面前留下不好印象而缺乏在同学和老师面前表现自己的勇气，因而出现严重的面众恐惧。自尊水平较低的大学新生同时由于自我效能感较低、不善于在别人面前表现自我、社交经验较少，过度关注消极情绪和多疑敏感，导致人际关系不佳，更多的体验到许多场合下的面众恐惧。这类大学新生由于一直以来的低自尊，往往会非常自卑，总觉得自己不如人，在与别人交流时常表现为紧张、恐惧和不安，并且出现自我厌恶和自我否定。为了避免在其他人面前出丑，就选择逃避与人相处，出现较高的面众恐惧。

自信心是大学新生非常重要的心理品质，本研究结果认为，大学新生的自信心跟上台恐惧、面试恐惧、办事恐惧、团组与校外交流恐惧等面众恐惧四方面均呈显著的负相关关系，即自信心越强的大学新生面众恐惧越乐观。线性回归分析结果同时表明：大学新生的自信均能显著负向预测其面众恐惧的各个方面，这说明自信心强的大学新生面众恐惧较低，而自信心低的大学新生则面众恐惧较严重。自信心强的人往往在各方面都相信自己，对自己各方面都比较满意，在别人面前乐于积极展现自己，对于各种挑战都敢于尝试，在遇到各种任务时都相信自己有能力去做好，更多地选择具有挑战性的事情去做，如课堂上发言表达意见、参加各种竞聘招募活动、在小组中积极发言等，自信心强的大学新生会较少有面众恐惧的出现。而自信低的大学新生觉得自己总是做不好各种事情，如对自己的意见不够有自信，对展现自己的才能不够自信等，常由于缺乏自信表现出较严重的面众恐惧。

（四）孤独感和负面评价恐惧对贵州省大学新生面众恐惧的影响

本研究结果表明，贵州省大学新生面众恐惧各方面均与孤独感呈非常显著的正相关关系，且相关水平较高，即大学新生在生活中感觉到越孤独，其面众恐惧程度就越高，一元线性回归分析同时也表明，大学新生的孤独感均能显著正向预测大学新生的上台恐惧、面试恐惧、办事恐惧、团组与校外交流恐惧等面众恐惧的多个方面。换言之，孤独感是导致贵州省大学新生面众恐惧的重要因素之一。孤独感较强烈的大学新生往往喜欢上网、独处、精神封闭，常感觉到寂寞、无助、郁闷。并且他们朋友较少，不太爱与同学和老师交流，不懂得向别人倾诉自己的想法与心声，而且这类学生也往往表现出与他人交流交往的退缩行为，常将自己局限在比较狭小的圈子中，参加班级体中各种团体活动极不积极，这都极大地限制了与同学和老师的交流机会，表现出非常严重的面众恐惧状况。而孤独感体验较少的大学新生，一般都有比较多的朋友，喜欢与新环境中的人进行交往，愿意主动与他人建立良好的关系，因此这类大学新生往往表现出性格开朗，活泼好动，喜怒哀乐表现于外，容易获得别人的喜欢。此外，他们还善于宣泄情绪，不易产生负面情绪，即使有不愉快、紧张或担忧也会很快过去，在遇到上台发言、面试等场合时，往往鼓起勇气寻找积极的方式去面对，因而他们的面众恐惧程度相对较低。

担心他人给自己的负面评价是大学生在交往中常出现的现象，特别是害怕师长的负面评价。本研究结果也表明，负面评价恐惧与大学新生面众恐惧呈显著正相关关系，一元线性回归结果表明，大学新生的负面评价恐惧能显著正向预测其面众恐惧。这说明，越是害怕别人给自己不好的评价，这类大学新生就越害怕在外人面前表现自己，而出现较严重的面众恐惧。负面评价恐惧较高的大学新生往往在与比别人进行交流交往时，特别害怕别人特别是老师挑自己的毛病，或者怕表达了自己的想法之后得不到别人的认可和鼓励。如在老师要求上台发表意见时，许多同学就由于害怕自己会说错或表达的意见不被老师看好而惧怕上台发表意见，或者是在面试时，非常害怕面试官不看好自己而心里超级紧张，这些都表明负面评价恐惧高的大学新生表现出较严重的面众恐惧。但是，对于那些负面评价恐惧较低的大学新生来说，他们往往关注的是对自己各方面的展现，一点都不在乎也不担心别人怎么样去看待自己评价自己，一心想的只是怎样去把自己展现最好，非常积极乐意在别人面前展现自己，珍视每一次能展现自己才华的机会，因此这类大学新生积极乐观，较少出现面众恐惧。

（五）父母教养方式对贵州省大学新生面众恐惧的影响机制

本研究通过对显变量的回归分析和矩结构方程模型对潜变量之间的分析两种方法，依次探讨了父母教养方式对贵州省大学新生面众恐惧的具体影响机制。研究结果得到，自尊、自信和孤独感均在父母教养方式与面众恐惧之间有显著的中介效应。首先，自尊和自信在父母关怀与面众恐惧之间起着完全中介作用，孤独感在父母关怀与面众恐惧之间起着部分中介作用，从中介作用的具体模型来看，大学新生获得的母亲和父亲的情感温暖、关怀越多，就越能形成积极良好的人格,他们进入大学校园后往往表现出非常高的自尊与自信心,会以积极向上的精神开始新的大学校园生活,较少有孤独感的体验,因此他们这类大学新生面众恐惧程度就会非常低。模型结构表明,父母关怀对贵州省大学新生面众恐惧的影响是通过在大学新生的成长过程中影响他们的自尊与自信心来间接影响的。其次,自尊、孤独感分别在父母控制与面众恐惧之间起着完全中介作用,自信在父母控制与面众恐惧之间起着部分中介作用。具体的中介效应模型显示,父母控制会显著负向预测贵州省大学新生的自尊和自信心,同时也会显著正向预测大学新生的孤独感。这说明,大学新生从小得到父母的拒绝或过度保护情况越多,这类新生在青少年成长过程中自尊和自信心水平就比较低,往往害怕去接触和挑战新鲜事物,进入大学校园后较低的自尊和自信水平使他们交际面较窄且害怕与老师和同学交流交往,因而同时也产生较强的孤独感体验,最终导致了较严重的面众恐惧。同样,大学新生在家庭中所接受的父母控制越多而会通过间接负向影响他们的自尊自信,也会正向影响他们的孤独感水平,最终影响大学新生的面众恐惧。

七、研究结论与不足

(一)本研究得到的主要结论

本研究通过实证研究方法对贵州省大学新生面众恐惧的具体影响因素进行探讨,在本研究条件下获得以下结论。

1. 贵州省大学新生的面众恐惧受诸多人口变量的影响:来自城区的大学生新生面众恐惧显著低于来自乡村的大学新生;家庭气氛较紧张的大学新生面众恐惧显著高于家庭气氛较融洽和一般的大学新生;父母亲对大学生的学习越关心,其面众恐惧就越低。

2. 担任班干部的大学新生面众恐惧显著低于未担任班干部的大学新生;成绩越好的大学新生面众恐惧越低;不同专业类型大学新生的面众恐惧不存在显著差异;不同家庭经济状况大学新生的面众恐惧差异不显著。

3. 贵州省大学新生母亲和父亲的教养方式可以分为积极民主型和消极专制型两大类方式,且研究结果得出,处于积极民主型父母教养方式下的大学新生面众恐惧,显著低于处于消极专制型父母教养方式下的大学新生的面众恐惧。

4. 贵州省大学新生的面众恐惧与其父母教养方式、自尊、自信、孤独感和负面评价恐惧均存在显著相关关系；大学新生的父母教养方式与其自尊、自信、孤独感存在显著相关，但与负面评价恐惧相关不显著。

5. 大学新生的父母教养方式、自尊、自信、孤独感和负面评价恐惧均对大学新生的面众恐惧影响显著。

6. 父母教养方式不仅可以直接影响贵州省大学新生的面众恐惧，同时还可通过自尊、自信或孤独感间接影响其面众恐惧，即大学新生的自尊、自信和孤独感在父母教养方式与面众恐惧之间的中介效应显著。

（二）本研究的不足与展望

在本研究条件下，得到了导致大学新生面众恐惧的一些原因与影响因素，但是整个研究中还存在一些不足，值得进一步分析与探讨。首先，本研究的被试分布中，来自城区的大学新生仅是总样本中的13.9%，这使研究中的样本来源情况不是很均匀，可能会对研究结果造成影响；其次在本研究的有关差异检验中，数据分析结果得到的效应量指标 ω^2 水平还较低，这可能说明了变量间的关联强度还比较弱，值得在今后的研究中去具体控制与发现其中的不足与具体原因；还有本研究的相关与回归分析结果得到，父母教养方式一些方面与面众恐惧的相关较弱、预测作用较小，导致这个结果的原因可能是多方面的，在今后的研究中应充分考虑其他变量对这两个变量之间作用的额外影响，更深层次地准确探讨父母教养方式对大学生面众恐惧的影响；最后，由于自尊、自信是影响大学生的核心人格特征，而本研究未能对父母教养方式、自尊、自信、孤独感等方面对面众恐惧更加具体的综合的影响机制进行分探讨，因此这是今后研究探讨的方向。

为了更加准确地去探讨对大学新生面众恐惧的具体影响因素，在今后的研究中还需从整个大学生群体出发，即从大学各年级中抽取被试，去进行实证调查研究各种影响和导致大学生面众恐惧的主客观因素，这样才能更好地去探讨矫治大学生面众恐惧的对策，帮助大学生克服各种面众恐惧，其实践意义也将更大。

第十章
大学生面众恐惧与心理健康素质的关系

第一节　大学生心理健康素质概述

一、国内关于心理健康和素质概念的研究

个体的健康不只包括身体上的、生理上的健康，而且还应该包括心理上的健康和精神上的良好状态。心理健康的人具有良好的认知水平、正常的认知能力，有良好的情感知觉和情感表达能力，在大多数时间内保持积极向上的情绪状态，他们具有乐观的心态，能保持对未来的希望，在大部分时间里能够正常的工作、生活和学习。心理健康不仅是身心健康的重要部分，而且对于身体健康的维持也有重要作用，反之，心理功能不良或者具有心理问题的人还会导致身体健康受损，对社会功能造成负面影响。国内研究者对心理健康没有一个统一的定义，对心理健康的定义分别侧重于几个方面：(1) 心理健康是一种心理上的康宁或完好状态，在这种状态下个体拥有积极良好的内心体验，对社会适应良好并能有效地发挥个人的潜能；(2) 认为健全的人格是心理健康的核心，只有具有自我实现的健全人格的人才是心理健康的人；(3) 将心理健康理解为一种人生态度①。心理健康的人积极面对生活，乐观向上，对人友爱，具有利他精神，对生活持乐观、通达的态度。

(一) 什么是心理健康

1. 张大均的观点

---

① 刘华山. 心理健康概念与标准的再认识[J]. 心理科学，2001，24(4)：481.

张大均等人在总结分析心理健康的 30 多种定义之后发现①:心理健康有广义和狭义之分。

狭义的心理健康是指不具有某种心理疾病或病态心理。广义的心理健康是指一个人具有良好的心理品质和健全人格,具体来说指个人心理上发展健全,具有正常的智力、健全的人格、稳定的情绪和良好的社会适应能力。心理健康是一种高效、满意、持续的心理状态,是包括任职、情感和人格等内在心理活动与外部行为的和谐与协调状态。主体在这种状态下能适应当前和发展未来,能愉快而积极地学习、工作和生活,具有生命的活力,活动效率高、能充分发挥其身心潜能(张大均,吴明霞,2004)。

2. 刘华山的观点

刘华山提出心理健康指的是一种持续的心理状态。在这种状态下,个人具有生命的活力、积极的内心体验、良好的社会适应,能够有效地发挥个人的身心潜力与积极的社会功能。同时,他认为理解心理健康概念时要明确以下几个观念(刘华山,2001)。

第一,判断一个人心理健康状况应兼顾内外两个方面。从内部状况来说,心理健康的人的各项心理机能健全,人格结构完整,能用正当手段满足自己基本需要,因而主观上痛苦少,能体验到幸福感。从对外关系来说,心理健康的人的行为符合规范,人际关系和谐,社会适应良好。

第二,心理健康应有不同层次。通常把平衡、适应作为心理健康者的特征。刘华山认为趋向平衡与追求不断成长,既反映了人格完善的不同水平,也反映了一个人心理生活主动性程度不同的状态。消除过度的紧张不安而达到内部平衡状态是"消极的"或"低层次的"心理健康;有高尚的目标追求,发展建设性的人际关系,从事具有社会价值的创造,渴望生活的挑战,寻求生活的充实与人生意义才是"积极的"或"高层次的"心理健康。

第三,心理健康是一种状态更是一个过程。心理健康并不是一种静态的平衡,并不是永久性的无压力、无冲突、无痛苦,而是要在平衡—不平衡的交错中,进行有效的自我调整,与现实环境保持动态的协调,进而追求成长与发展。

---

① 张大均,吴明霞. 社会变革时期青少年心理问题及对策研究的理性思考[J]. 西南师范大学学报(人文社会科学版),2004,30(2):27—31.

第四，心理健康说到底是一种人生态度。心理健康首先反映出一个人健康的人生态度。心理健康的人对生活抱开放态度，乐于吸取新经验；心理健康的人以积极的眼光看待周围事物；富有利他精神，能在尝试付出、伸展自己的过程中增强自我价值感；追求高尚的生活目标，而且尊重现实，不盲目追逐；心理健康的人观念明确、能身体力行而又有一定弹性程度的道德准则，而不将道德作为一种束缚自身的枷锁。

总之，心理健康的人在生活中多持有一种积极的、开放的、现实的、辩证的、通达的人生态度。

（二）心理健康的标准及其相关研究

1. 确定心理健康标准的原则和依据

江光荣指出[①]，目前存在 6 种确定心理健康状况的标准。具体内容包括：① 以统计学上的常态分布为标准；② 以行为合乎社会规范为标准；③ 以个人主观经验为标准；④ 以社会生活适应状况为标准；⑤ 以医学上的病因与症状存在与否为标准；⑥ 以心理成熟与发展水平为标准。

2. 有关心理健康标准的研究成果

（1）许又新的观点

许又新提出[②]：衡量心理健康主要有三个标准，即体验标准、操作标准和发展标准。具体内容包括：① 体验标准，是以一个人的主观体验和内心世界为依据，核心要素包括良好的心境和恰当的自我评价。② 操作标准，是通过观察、实验和测验等客观方法考察心理活动的过程和效应，其核心是效率。包括个人心理活动的效率和社会功能状况，如学习效率或人际关系的和谐性等。③ 发展标准，是对人的心理状况进行纵向考察，看其是否具有不断地向更高水平发展的可能性与现实性。其核心是发展的可能。

衡量心理健康与否时，要把这三种标准联系起来全面分析，综合考察。

（2）黄坚厚的观点

黄坚厚提出的“衡量心理健康的标准”有四条[③]：

---

① 江光荣. 关于心理健康标准研究的理论分析[J]. 教育研究与实验，1996（3）：49—54.

② 郭念峰主编. 国家职业资格培训教程《心理咨询师》（基础知识）[M]. 北京：民族出版社，2012：285.

③ 黄坚厚. 青年的心理健康[M]. 台北：心理出版社，1985：3—6.

① 心理健康的人是有工作的,而且他能够把他本身的智慧和能力,从其工作中发挥出来,以获取成就,同时他常能从工作中得到满足之感,因此,他通常是乐于工作的。

② 心理健康的人是有朋友的,他乐于与人交往,而且常能和他人建立良好的关系,在人与人相处时,正面态度(如尊敬、信任、喜悦等)常多于负面态度(如仇恨、嫉妒、怀疑、畏惧、憎恶等)。

③ 心理健康的人对于他本身应有适当的了解,并进而能悦纳自己,他愿意努力发展其身心的潜能,对于无法补救的缺陷,也能安然接受,而不做无谓的怨尤。一个人在生活环境中,要经常使自己与环境相适应,则他对自己的了解十分重要,所以正确的自我概念(self-concept)是心理健康的条件,据此来选择对其本身最适合的行为。

④ 心理健康的人应能和现实环境有良好的接触,对环境能做正确的、客观的观察,并能做健全的、有效的适应,他对于生活中各项问题能以切实的方法加以处理,而不企图逃避。

(3) 马建青的观点

马建青提出,心理健康标准有以下七个方面,具体内容包括[①]:

① 智力正常;② 善于协调和控制情绪,心境良好;③ 具有较强的意志品质;④ 人际关系和谐;⑤ 能动地适应和改造现实环境;⑥ 保持人格的完整和健康;⑦ 心理和行为符合年龄特征。

(4) 莫雷等人的观点

莫雷等人提出,大学生心理健康有8个标准,具体内容包括[②]:

① 智力正常;② 能协调与控制情绪,心境良好;③ 意志坚强可控;④ 心理特点符合年龄特征;⑤ 人际关系和谐;⑥ 适应社会生活;⑦ 热爱生活;⑧ 有完整和谐的人格结构。

(5) 郭念锋的观点

郭念锋提出,心理健康有10条标准,具体内容包括[③]:

① 周期节律性;② 意识水平;③ 暗示性;④ 心理活动强度;⑤ 心理活动

---

① 马建青. 辅导人生:心理咨询学[M]. 济南:山东教育出版社, 1992.

② 莫雷, 张卫. 青少年发展与教育心理学[M]. 广州:暨南大学出版社, 1997.

③ 郭念锋.临床心理学[M].北京:科学出版社,1995.

耐受力;⑥ 心理康复能力;⑦ 心理自控力;⑧ 自信心;⑨ 社会交往;⑩ 环境适应能力。

(6) 陈家麟的观点

陈家麟提出,中小学生心理健康的标准应当包括以下六项①:

① 能正确地认识现实并对之做出有效的适应;② 热爱学习和工作,能在其中发挥自己的才能并取得明显的成效;③ 乐于同人交往,人际关系融洽;④ 情绪乐观、稳定,善于排遣消极情绪;⑤ 有自知之明,严格要求自己,能做到自尊、自制;⑥ 有正常的行为方式。

(7) 郑日昌的观点

郑日昌认为②,学生心理健康的标准应该有 10 条。

① 认知功能良好;② 情感反应适度;③ 意志品质健全;④ 自我意识正确;⑤ 个性结构完整;⑥ 人际关系协调;⑦ 社会适应良好;⑧ 人生态度积极;⑨ 行为规范化;⑩ 活动与年龄相符。

(三) 当前常用的心理健康判断标准

当前我国常用的心理健康的判断标准主要有以下几种。

1. 测量统计标准

在心理评估中,经常采用一些测量工具对人们的心理健康状况进行测量,这些测量工具通常都是经过标准化,信度、效度水平达到要求的工具。研究某些人群的心理健康水平,须用测量工具测得的结果与常模对照,来衡量当事人的心理健康状况。

这一判断标准的优点是,可以对个体的心理状态进行比较精确的量化处理,可以找到一个作为参照的标准,具有较强的可操作性。但这一标准同时也存在明显的问题,具体表现是:首先,简单的数字无法反映人们心理的大量复杂丰富的信息;其次,使用任何一种测量工具时,测量的误差都难以避免。所以,即使能找到一个区分健康与否的临界值,但这一临界值本身也不一定能准确反映质与量的关系。

2. 临床病理标准

---

① 陈家麟.学校心理卫生学[M].北京:教育科学出版社,1991.

② 郑日昌.中学生心理卫生[M].济南:山东人民出版社.1994.

这是根据长期临床诊断的经验积累，将某种心理障碍或疾病常见的病理症状制定一整套系统的诊断标准，以此作为判断的依据。

如世界卫生组织（WHO）编制的《国际疾病分类》（ICD-10），美国精神病学会颁布的《精神障碍诊断和统计手册》（DSM-Ⅳ）和中国精神疾病分类与诊断标准（CCMD-3）。此类标准的优点是汇集了专家长期的临床经验，具有扎实的实践基础，对症状的描述十分具体，在应用时具有明显的可操作性。存在的问题主要是：专业性过强，需要长期的理论学习和对临床病例的见习与实习，非专业人士一般很难掌握。

3. 社会适应标准

这是以人们在各种社会活动中对各种社会规范的掌握与执行水平即社会适应能力的表现作为判断依据。包括对生活环境的适应，对人际环境的适应，对各种社会活动的适应等。这里所提到的适应概念，即个体行为要遵从主流的社会行为规范，同大多数社会成员的行为保持高度的一致性，即被认为是适应良好的表现，即所谓的行为正常。如果某人出现了同多数人不同的行为，通常会被认为在社会适应性上出现了问题，即所谓的行为异常。

此类标准的优点是：判断依据符合社会倡导的主流规范，十分生活化，符合多数人心目中正常和异常的标准，便于普通人理解和掌握。存在的问题是：由于社会规范是一种动态发展的意识形态，所以这一标准本身具有明显的发展性和相对性。随着社会政治、经济、文化环境的变化，会导致适应标准的发展和差异性，因此，缺乏统一性。

4. 个性发展标准

这是根据个性发展的全面性、充分性与和谐性的状况作为判断的依据。通常都带有一定的理想化色彩。事实上，不同的学者从不同的角度出发，可以提出许多不同的个性发展的理想模式，而这些理想模式都可以成为判断个体心理健康状况的依据。比如马斯洛提出的十条标准、黄坚厚提出的四条标准、郭念峰提出的十条标准等，都是这类标准的代表。

个性发展标准在实践中具有十分广泛的实用价值，尤其是在心理健康教育过程中，这些标准不仅可以作为衡量个体心理健康水平的尺度，也常常作为心理健康教育的目标，指引着人们努力的方向。这一标准的不足之处主要是，有些指标过于理想化，现实中很难达到；也有些指标过于抽象，缺乏可测量性,应用时很难进行准确的测量。

(四) 什么是素质

关于素质概念,李虹对其做了比较全面的分析。她指出[①]:古汉语中"素质"一词泛指事物的天然性质或人的天赋。现代汉语中,"素质"最初是一个生理学、心理学上的概念,主要指人通过遗传获得的生理上的特点。如1979年上海辞书出版社出版的《辞海》对素质一词的解释是:"素质,指人的先天的解剖生理特点,主要是感觉器官和神经系统方面的特点。素质只是人的心理发展的生理条件,不能决定人的心理的内容和发展水平。人的心理来源于社会实践,素质也是在社会实践中逐渐发育和成熟起来的,某些素质上的缺陷可以通过实践和学习获得不同程度的补偿。"林传鼎主编的《心理学词典》认为,"素质,通常指人生来具有的某些解剖生理特点,特别是神经系统、脑、感觉器官和运动器官的解剖生理特点。它是能力形成和发展的自然前提"。1983年商务印书馆出版的《现代汉语词典》将素质解释为:"素质,心理学上指人的神经系统和感觉器官上的先天的特点。"朱智贤主编的《心理学大辞典》释义,素质是"有机体天生具有的某些解剖和生理的特性,主要是神经系统、脑的特性,以及感官和运动器官的特性"。

林崇德等人主编的《心理学大辞典》中认为素质是个体与生俱来的解剖生理特点,包括脑和神经系统的结构和机能特征,感觉器官、运动器官、身体结构和机能特征等,可能包括脑和感觉器官的微观结构大脑皮层的细胞群的配置,神经细胞层的结构神经类型特征等。荆其诚主编的《简明心理学百科全书》中认为素质是由遗传或先天因素决定的神经系统和感觉器官的特点,它对一个人心理的发展有重要作用。

20世纪80年代,随着社会生活的发展,"素质"的概念逐步突破了生理学、心理学的范围,而扩大到教育学、社会学甚至哲学的领域。在正式出版物以至日常生活中,人们越来越多的使用诸如"人口素质"、"民族素质"、"职工素质"、"干部素质"、"素质教育"等词语。在这种情况下,自80年代末开始,"素质"概念的内涵发生了变化。张焕庭主编的《教育词典》对素质的释义为:"素质是指有机体与生俱来的某些解剖生理上的特点。如身体的构造、形态、感觉器官和

---

① 李虹. 素质, 心理素质与素质教育[J]. 心理与行为研究, 2004 (4): 592—596.

神经系统的特点，尤其是大脑的结构和机能的特点。素质虽然是与生俱来的，具有极大的稳定性，但在后天环境的影响下，在实践活动中，素质的某些特点也会发生缓慢的变化”。顾明远主编的《教育大词典》从另一个角度解释素质，“素质也指公民或某种专门人才的基本品质，如国民素质、民族素质、干部素质、教师素质、作家素质等，都是在后天环境、教育影响下形成的”。

在国外文献中，称为“素质”的概念，如，英文中的 disposition，德文中的 anlage，法文中的 aptitude，都是极其多义的、囊括性的概念。日本权威的《新教育学大事典》认为：“各种倾向的综合体是素质，这种素质与体质、气质等同时形成人格的基础。体质、气质以生物性、生理性要素为基础，素质具有广泛的心理性倾向。素质分为身体性素质和精神性素质，特别是精神性素质又被分为智力性素质（智能）、感情性素质（气质）、意志性素质和精神活动。”日本学者的这一论述指出素质是各种倾向的综合体。

近年来，许多研究者对素质概念进行了多方面的探讨，提出的有关素质概念的新内容可以概括为以下几方面。

第一，综合品质论。这种观点认为，素质就是一个人的品格、气质、修养、风度的综合水平。

第二，狭义、广义论。狭义的素质是指人的身体、器官及其机能上的特点，最初是通过遗传获得的，但是经过后天的活动可以有很大的改变；广义的素质，是指以先天遗传的生理特点为基础，在后天环境的作用下形成和发展起来的身体和精神各方面相对稳定的品质结构。

第三，基础+影响论。这种观点认为，素质通常指以人的先天禀赋为基础，在环境和教育影响下形成和发展起来的、相对稳定的身心组织的要素结构及其质量水平。

第四，稳固性质论。这种观点认为，人的素质是个体以先天禀赋为基础，在环境和教育影响下形成并发展起来的稳固的性质。

第五，内化素质论。这种观点认为，人的素质可总括为由先天素质——内在素质和后天素质——内化素质这两部分构成。其中内在素质系统虽然变化缓慢，但不是一成不变的，各个构成要素的可塑性也不尽相同，有着个别性和差别性；内化素质系统虽然是一个建构的过程，但由于在一定程度上要受内在素质系统的制约，因而也有个别性和差异性。因此，人的素质模式是多元化的、个性化的。

第六,理想素质论。根据马克思关于人的发展的理想素质论,理想素质包括三个方面的规定,一是指人的身心一切潜能的最充分发挥;二是指人的对象性关系的全面生成;三是指个人社会关系的高度丰富。

第七,两种含义论。这种观点认为,一般来讲,素质具有两种含义,第一种含义主要是生理性的,是指个体先天具有的解剖生理特点;第二种含义指的是教育学意义上的素质概念,是指人在先天生理的基础上后天通过环境影响和教育训练所获得的内在的、相对稳定的、长期发挥作用的身心特性及其基本品质结构,通常又称为"素养"。

第八,泛指概念论。这种观点认为,对于什么是素质这一问题,人们普遍是用发展的观点看待的,认为目前人们所说的"素质"已是一个泛指的概念,包括心理学、教育学、社会学、人类学等多方面的含义,其内涵较之最初的内涵已发生了很大改变。

二、国内关于心理健康素质的观点

沈德立等人在以积极心理学为理论基础对心理健康素质进行研究后,认为心理健康素质是:个体在遗传和环境的共同作用下形成的某些内在的、相对稳定的心理品质,这些心理品质影响或决定着个体的心理、生理和社会功能,并进而影响个体的心理健康状态①。他将心理健康素质的概念认为是一个与身体健康素质相对应的概念,而且这个概念是一个符合概念,其理论结构应该是多层次、多维度的。他认为心理健康素质的结构包括:人际交往素质、自我的结构、心理活动的动力系统、性格、认知风格、情绪调控能力和应对风格,而适应是心理健康素质的外在表现。生物学因素和外在环境因素是影响心理健康素质的两大因素。生物学因素着重从身心一体论的角度强调了神经系统对心理健康的影响,而后者主要认为是家庭环境、学校教育、社会环境等方面是影响心理健康的因素。

梁宝勇认为心理健康素质是个体在遗传和环境因素共同作用下形成的某些内在的、相对稳定的和基本的心理特质和身体特点整合,这些心理特质

① 沈德立,马惠霞.论心理健康素质[J].心理与行为研究,2004,2(4):567—571.

和身体特点的整合影响或决定着个体对于各种内外刺激的心理生理反应，并进而影响个体的心理健康状态和适应水平①。他的观点与沈德立基本一致。只是在分析心理健康素质的影响因素时，着重从生理因素和心理因素两方面进行讨论。生理因素主要包括神经类型、身体素质、疾病、遗传因素、神经内分泌和神经生化等因素。心理因素方面主要从人格这一点分析心理健康素质的结构，其中包括人格动力特点（需要、兴趣、信念、价值观等）、气质、性格和自我概念等 4 个维度。

贵州师范大学王洪礼认为，心理健康素质包括良好的情意素质和良好的人格素质。良好的情意素质指坚强的信念，坚定的信心，积极进取的竞争意识，持久的恒心，顽强的毅力，尤其是在新环境中，困难、挫折、困惑、矛盾冲突、意外打击、生活厄运降临时，能面对现实、顺应环境、平静地忍受挫折和磨难，积极进取，设法战胜困难、挫折，渡过难关、磨难、厄运的情感、意志和毅力。良好的人格素质指高尚的情操、崇高的品格和气节、独立自主精神、自强自立精神、自尊自重精神、人道主义精神、强烈的责任感和敬业奉献精神、质疑与批判性精神、开拓创新精神、团结协作精神、公平竞争精神、吃苦耐劳与艰苦奋斗精神、严于律己精神、集体主义精神、爱国主义精神等。② 良好的情意素质和人格素质不仅是心理健康的基础还是个体积极适应生活环境使得工作学习顺利进行的保证，对于克服和消除面众恐惧具有重要作用。

第二节 大学生面众恐惧与心理健康素质的关系

一、以王洪礼对心理健康素质的观点讨论大学生面众恐惧与心理健康素质的关系

心理健康素质中良好的情意素质和良好的人格素质对于干预和消除面众恐惧具有重要作用，具体包括个体对自我良好的认知，个体在面对应激事

---

① 梁宝勇. 关于心理健康素质及其结构的思考[J]. 心理与行为研究，2004，2(4)：577—581.

② 王洪礼.少数民族大学生创新精神与心理健康素质培养现状与促进的对策研究——以苗族、布依族等为例[R]. 2011:25—26.

件时表现出的忍受挫折和抗打击的能力以及正确的反应方式,良好的情绪表达、情感支持和行为控制能力,积极向上、开朗大方的良好性格。面众恐惧的直接表现是害怕面众、社交焦虑,它是个体社交失败经历积累的结果。在认知上表现出自我评价过低,从而导致自我接纳水平偏低,过度担心他人评价,倾向于将中性评价解释为负面评价。在行为上面对挫折时不能选取正确的应对方式,反应过激或者选择逃避。性格方面也不如正常个体稳定。心理健康素质较高的人,在生活各方面能够保持良好的心态,遇到挫折时也会积极应对,能够较好地建立人际关系网络,在日常交往中能够从容应对。面众恐惧与心理健康素质之间存在密切的关系,下面从两方面来讨论。

(一) 面众恐惧与情意素质的关系

情意素质包括良好的情绪情感和意志两部分。前者包括个体能够理解他人的情感,合理恰当地表达自己的情绪情感并且给予他人情感支持的能力素质。意志是个体自觉地确定目的,并根据目的支配、调节行动,克服困难,实现预定目的的心理过程。它包括个体强大的自信心,对目标的坚定不移、积极进取的态度,在行动过程中表现出的不怕困难、不畏艰险的顽强意志品质。

有面众恐惧的个体与人交流时表达不流畅、心神慌乱,面目表情紧张。语言单调平淡,不会在言谈中恰当地表达自己的情感。情感支持是个体情绪情感能力素质的一个重要部分。研究表明:社会支持与社交焦虑存在显著的负相关,即客观和主观感受到的社会支持越高,个体体验到的社会焦虑就越少。[①] 人际交往过程中不仅是活动的参与、信息的分享,更重要的是情感的交流。存在面众恐惧问题的学生所获得的社会支持(包括情感支持)比较少。陈熙维在研究大学生社会支持、社交焦虑与孤独感间的关系时发现,单亲家庭的社会支持显著低于双亲家庭,客观支持、主观支持、支持利用度、支持总分都与社交焦虑总分呈显著负相关。客观支持反映的是个体的社会参与频率、社会交际的网络大小,社交焦虑水平和客观支持的负向相关,说明个

① 汪隽,樊嘉禄,潘和平. 社会支持和大学生社交焦虑的关系[J]. 中华疾病控制杂志,2009,3:293—295.

体的社交网络越大、社交频率越高，焦虑感就越低。① 家庭破裂导致父母对子女关爱不足，子女易产生自卑感，这对其人际关系的建立发展有负面影响。情感支持能力是人际交往的重要部分，因为在早期经历中获得的情感支持不足，儿童很难学习如何在人际交往中提供情感支持，这也就导致人际交往的障碍，从而演变成面众恐惧的问题。

在社交过程中经常表现出退缩、逃避的面众恐惧患者，参与社交活动的意志就不坚定，在社交过程中遇到困难、挫折也倾向选择逃避而不是勇敢面对，意志力薄弱，缺乏积极进取的态度。培养个体的意志力是克服面众恐惧的重要手段。拥有坚定的意志力可以使得个体在困难面前永不低头，在碰到挫折时积极应对，努力寻求解决问题的方法而不是一味退缩。强大的意志力是克服面众恐惧的一剂良药。

（二）面众恐惧与精神人格素质的关系

人格是构成一个人的思想、情感及行为的特有模式，这个独特模式包含了一个区别于他人的稳定而统一的心理品质②。人格是一个复杂的结构，主要包括气质、性格、认知风格、自我调控等。人的气质、性格、认知风格和自我调控都会对面众恐惧产生不同的影响。

性格是一个人对现实生活的稳定态度和习惯行为方式中所表现出来的人格特征，主要反映人格中较为稳定的对事物认识及其变化发展的乐观与悲观态度。性格作为心理健康素质中的一个重要维度与面众恐惧具有密切关系。探讨交流恐惧与内外倾的关系时常使用艾森克人格问卷（EPQ），包括 4 个分量表，即精神质量表（P）、内外倾量表（E）、情绪稳定性量表（N）和效度量表（L），P、E、N 量表分别测量人格的精神质、内外倾向和神经质。张庆娟等人对交流恐惧和人格的关系的研究表明：人格中的内外倾、神经质、掩饰性维度与交流恐惧关系密切，与内外倾、掩饰性呈显著的正相关，与神经质呈显著的负相关；而且内外倾、掩饰性对社交焦虑具有显著的正向预测作用，神经

---

① 陈熙维. 大学生社会支持、社交焦虑与孤独感间的关系[J]. 黑龙江高教研究，2011（5）：121—123.

② 彭聃龄.普通心理学[M].北京：北京师范大学出版社，2008：440.

质对交往焦虑具有显著的负向预测作用。① 雷雳等人的研究发现,神经质人格的个体具有情绪化、易激动、逃避现实等特征,在现实生活中易出现社交问题,对生活常表现出沮丧情绪。贾淑斌曾对大学生人格特征与社交焦虑的相关关系进行研究,其研究表明:内外向、神经质为社交焦虑的有效预测因素,经逐步回归分析发现,内外向、神经质对社交焦虑的联合解释变异量为23.7%。② 彭纯子等对大学生进行社交焦虑团体治疗的比较研究发现:社交焦虑水平得到显著改善的个体,其人格特征的内外向、神经质分值的改善也达到显著性水平,此结果也间接证明以上研究的结果。③

通过探讨面众恐惧与心理健康素质中良好的情意素质和良好的精神人格素质两个方面的关系,不难发现,面众恐惧与心理健康素质有着密切的关系。对他人情绪情感敏锐洞察能力、合理地表达自身情绪情感的能力、特别是情感支持能力,对面众恐惧问题的解决具有重要作用。情感支持与面众恐惧之间应该为负相关关系。在人格素质方面,内向型性格与面众恐惧应属正相关关系;外向型性格与面众恐惧应属负相关关系;神经质性格特征与面众恐惧应属正相关关系。

二、以沈德立等人的观点讨论大学生面众恐惧与心理健康素质的关系

沈德立等认为,心理健康素质是个体在遗传和环境的共同作用下形成的某些内在的相对稳定的心理品质,它是个体维持身心健康能力的潜在特质。它包括:认知风格、归因风格、应对风格、动力系统、自我结构、个性素质、人际素质和适应等8个方面的内容。面众恐惧的直接表现是社会回避、社交焦虑,它是个体长期社交失败经历积累的结果。在认知上表现出过度担心他人评价,倾向于将中性评价解释为负面评价。它是一种心理健康水平偏低的表现。心理健康素质较高的人,在生活各方面能够保持良好的心态,遇到挫折

---

① 张庆娟,潘玉进.医学专业贫困大学生交流恐惧现状调查及其与人格的关系研究[J].中国西部科技,2011,10(19):80—81.

② 贾淑斌.大学生人格特征与社交焦虑的相关研究[J].现代生物医学进展,2008,8(1):144—145.

③ 彭纯子,燕良轼,马晓虹,等.大学生社交焦虑团体治疗的比较研究[J].中国心理卫生杂志,2003,17(4):229—231.

时也会积极应对。一般来说心理健康素质较高的人能够较好地建立人际关系网络,在日常交往中能够从容应对。

(一)面众恐惧与自我结构的关系

自我结构是心理健康素质中的一个重要维度。自我结构是指个人对自己的理解认知,对自身行为的调控监督,对个人情绪的体验和调节,它包括自我认知、自我评价、自我监督、自我调节等。自我认知指对学业自我、身体自我、社会自我、情绪自我的认识理解;自我评价包括自尊、一般自我效能感。在面众恐惧与自我结构的关系方面,国内学者的研究主要集中在交流恐惧(社交焦虑)与自我概念、自我监控、自我接纳、自尊及自我效能感方面。

自我概念是个人对自我的知觉,对自身存在的体验,它包括一个人通过经验、反省和他人反馈,逐步加深对自身的理解。王洪礼等人使用交流恐惧自陈量表和 SCT 量表调查了某大学 600 名学生,对交流恐惧和自我概念的关系进行研究,结果显示:自我概念与交流恐惧的相关系数为-0.435,自我概念和交流恐惧呈现显著的负相关关系。在进一步的回归分析后得出,自我概念中的身体自我、个人自我和现实自我对交流恐惧具有显著的预测作用,三者联合起来可解释变异的 34.6%①。陈振帮在 2011 年进行的大学生社交焦虑与自我监控、自我表露的关系研究显示:自我监控与社交焦虑的相关指数为 0.289,达到统计学上的显著水平。通过控制人口学变量的逐步多元回归分析显示,自我监控和自我表露对社交焦虑做出了增值贡献,解释的变异量增加了 10%,其中自我监控的解释力较强,占到了总变异量的 8.4%。结论表明,社交焦虑与自我监控之间存在非常显著的相关关系,且为正相关。社交焦虑与自我监控的回归分析也较明显,自我监控对社交焦虑的预测达到了相当显著的水平。② 自我接纳是自我评价的基础上形成的对自我的态度,它也是影响社交焦虑的重要因素。刘芳等人使用交往焦虑量表和自我接纳量表对在校大学生进行测查,结果显示:自我接纳和

① 王洪礼,胡寒春,潘运. 大学新生交流恐惧与自我概念的关系[J]. 心理科学,2007,29(6):1464—1465.

② 陈振帮. 大学生社交焦虑与自我监控、自我表露的关系研究[J]. 社会心理科学,2011,26(5):148—151.

社交焦虑的 Pearson 相关系数为-0.515,并在 0.001 的水平上呈现非常显著的负相关,即自我接纳水平越高,社交焦虑越低,反之亦然。在之后的回归分析中发现,自我接纳及其二因子(自我接纳和自我评价)对社交焦虑有较强的预测作用①。陈洁利用问卷调查法对自尊和社交焦虑之间的关系进行了研究,结果表明:自尊和社交焦虑的相关系数为 0.340,相关非常显著②。自我效能感是个体对自身是否能完成某一任务的推测和判断。社会交往方面的自我效能感高的人,社会焦虑应该会较低。以往的相关研究也表明:自我效能感和社会焦虑之间存在显著的负相关关系,自我效能感的提高有利于社交焦虑的下降③。

(二) 面众恐惧与认知风格的关系

认知风格是个体在认知过程中产生的一种习惯化的行为模式。威特金根据个体受所处环境的影响程度的差异,将认知风格划分为场依存性和场独立性两个维度,场独立性是指个人很容易将一个目标从背景中分离出来的能力,场依存性是指很难将一个目标从背景中分离出来的知觉特点。认知风格主要包括:认知方法、认知加工、认知决策、认知行为和认知倾向。有研究表明,场独立性者比场依存性者更容易产生焦虑和应激情绪,但是否会对交流恐惧产生影响有待考证。关于认知风格与面众恐惧之间的研究还较少,其间是否存在确切的相关关系仍需要进一步的研究。

(三) 面众恐惧与应对方式的关系

应对方式又称应对风格,是个体对环境和内在需求做出的一种习惯性的认知和行为模式,是一个人以往应对事件经验的积累,也是应对策略和方法的学习,它是应激和心理健康的中介变量。应对风格是在认知之后产生的一种行为活动,积极有效地应对会产生良好的适应,不良的应对风格会产生不安、焦虑等负面情绪。在研究应对方式时常采用应对方式问卷,它将应对方

---

① 刘芳. 河南省高校学生社交焦虑与自我接纳、家庭环境关系研究[J]. 商丘师范学院学报, 2009, 25(11): 123—125.

② 陈洁. 大学生社交焦虑、自尊与归因方式的关系研究[J]. 学理论, 2011 (35).

③ 曹莉莉. 大学生一般自我效能感与社交焦虑的相关研究[J]. 牡丹江师范学院学报(哲学社会科学版), 2010 (6): 138—140.

式分为解决问题、求助、回避、合理化、幻想和自责六个维度。曹晖等人曾进行过社交焦虑、应对方式与大学生心理健康关系的研究，结果表明：大学生解决问题和合理化两种应对方式与社交焦虑呈显著负相关，而自责应对方式与社交焦虑呈显著正相关，求助、幻想和退避这三种应对方式与社交焦虑无显著相关性。在以大学生的社交焦虑为因变量，以应对方式中的6个因子为自变量，进行多元线性回归分析，结果显示，以应对方式中6个自变量预测因变量社交焦虑时，自责、合理化对预测大学生的社交焦虑作用显著。① 孙淑晶等人曾经对大学生一般自我效能感、应对方式和社交焦虑的关系进行研究，结果表明：在应对方式与社交焦虑的关系中，解决问题和合理化与社交焦虑呈显著负相关，而自责与社交焦虑呈显著正相关，②此结果与曹晖等人的研究结果一致。这些结论表明采用积极的应对方式可以减轻社交焦虑，而不良的应对方式会导致社交焦虑的加剧，引导大学生采用积极的应对方式有助于大学生解决社交焦虑问题。

（四）面众恐惧与个性素质的关系

个性素质主要指个性中比较稳定的对事物认识及其发展变化的乐观和悲观态度。优良的个性素质主要表现为敢于作为和独立行事、敢于承担责任且能够克服困难并自我约束的意志品质，以及在挫折情境下表现出的韧性。个性素质包括：内外倾、意志、冒险、乐观—悲观、责任等。探讨交流恐惧与人格的关系时常使用艾森克人格问卷（EPQ）现有对社交焦虑和人格的关系的研究表明：人格中的内外倾和神经质维度与社交焦虑关系密切，与内外倾呈显著正相关，与神经质呈显著负相关；而且内外倾对社交焦虑具有显著的正向预测作用，神经质对社交焦虑具有显著的负向预测作用③。人格特征中的内外倾和神经质是影响社交焦虑的重要因素。内外倾不同的个体对压力的感受性不同。内向的人羞涩、敏感，倾向于采用消极应对方式处理生活事件，

---

① 曹晖，曹聘，王鹏．社交焦虑，应对方式与大学生心理健康关系研究[J]．电子科技大学学报（社科版），2009，11(3)．

② 孙淑晶，赵富才．大学生一般自我效能感，应对方式与社交焦虑的关系研究[J]．中国健康心理学杂志，2008，16(3)：305—307．

③ 贾淑斌．大学生人格特征与社交焦虑的相关研究[J]．现代生物医学进展，2008，8(1)：144—145．

社交焦虑程度也较高;外向的人开朗、大方,善于调整自己的认知、行为去适应外部环境,较少出现社交焦虑。神经质人格特征的个体具有易激动、情绪化的特征。在社交过程中喜怒无常、变幻莫测,让他人难以接受,容易遭遇交往失败,从而产生社交焦虑与面众恐惧。

第十一章
增强面众成功与积极社交能力的探讨

第一节　面众成功与积极社交能力概述

一、面众成功

国内关于面众交流、社交交流的研究主要集中在对负性情绪的研究，如交流焦虑、交流恐惧、面众交流恐惧、社交焦虑、社交恐惧症等。而针对面众交流场合的积极情绪、积极品质以及积极能力的研究不多。本课题组提出的面众成功概念就是关于面众交流的正向研究。

面众成功是面众恐惧的反向概念，是指个体面对两人以上的听众观众进行陈述性交流、伴有思考的发言、回答问题、试教、演讲、面试、办事时，个体没有明显的担心、紧张、焦虑、害怕等情绪反应状态和回避、逃避与他人交流的行为表现，而是镇定、大方、自信、主动、灵活、顺畅、积极地完成面众交流任务。

二、积极社交能力

积极社交能力是指在人际交往中表现出的良好的认知、适应、表达、协调、控制和善处人际交往关系等方面的综合能力，是一个人的社交能力在发展、形成和展示中较活跃、较成功、较优秀、较受人接受、认可和赞赏的正向的社交能力，是为了建立和保持个体与社会之间的和谐关系，在社会交往过程中表现出来的伴随智慧和积极情感的较高水平的社交能力。

积极社交能力包括对社会交往正确积极的认知能力，对社会交往活动的主动参与意识，乐于结交良师益友，乐于和善于表达自己的想法、观点，能够主动进行适度的自我表露，对社交活动结果有正确乐观的预期，对社交活动碰到的挫折、困难有正确的认识和良好的抗挫折能力，积极主动地改善与他人关系的能力；包括与他人交往时对他人情感的感知理解能力，良好的情感表达和情绪控制能力，能够识别他人的负面情感，适度给予情感支持，能够利用正面积极的情绪感染他人的能力；包括理解他人言语的表面及深层含义的能力，简明扼要地表达个人观点、看法的能力，能够与他人进行顺畅的信息沟通与交流的能力①。

积极社交能力对面众成功有着积极的促进作用，本文拟通过先探讨积极社交能力与面众成功的关系，分析在面众交流场合要获得面众成功需要具备的积极社交认知、情感、品质等，并在此基础上提出增强大学生面众成功与积极社交能力的策略。

第二节　积极社交能力与面众成功的关系

积极社交能力是在积极的社交动机基础上，产生积极的社交认知、积极的社交体验、积极的社交归因、积极的社交品质以及有效的社交沟通能力的综合反映。本节从积极社交能力这六个方面分析探讨其对面众成功的促进作用。

一、积极的社交动机是促进面众成功最基本的动力

积极的社交动机是指个体在社交活动、交流交往场合中所能发挥出来的具有积极正向引领作用的交往动机，包括主动参与意识和较少自我卷入两方面。大学生拥有了积极的社交动机才能主动去克服面众恐惧实现面众成功。

主动参与意识，意味着培养自觉动机。自觉动机是一种强而持久的内在驱动力，它使人积极主动参与到面众活动中，并集中注意力调动思维与资源，充分发挥在面众交流活动中的自主能力。兴趣是主动参与意识中的重要成分。兴趣是一个人积极探究某种事物及爱好某种活动的心理倾向。有着浓

---

① 姜山，王洪礼，袁宜.试论面众恐惧与心理健康素质、积极社交能力的关系[J].贵州师范大学学报(社会科学版)，2012(6)：18—23.

厚社交兴趣的人会对社交活动有着更多的积极与热情。然而兴趣并不是天生的，对某种事物或者某种活动感兴趣，是因为在面对这种事物或参与这种活动时能够让我们获得愉悦感、价值感或者能力感。一个对学习感兴趣的人，如果不能从学习中获得点什么，就很难将这份兴趣持续下去。正如美需要一双去发现的眼睛，兴趣也需要去发现。我们感兴趣的事物往往是我们容易从中获得快乐、有优势能够做得更好的，于是我们才能更加积极地探索下去。有着面众恐惧的人，通常在面众交流活动中体会到的是担忧、紧张等负面情绪，于是失去对面众交流活动的兴趣，但其实任何一次面众交流活动都是会带给我们以快乐感与价值感的，可能你没有做到很优秀，但是你在面众活动中也能体现一定的能力水平；可能你没有获得满堂喝彩，但是也能得到部分观众的支持与回应。我们要善于捕捉面众活动中来自情感上的、能力上的各种积极方面，因为总有一丝愉悦在触动你，总有一种能力在被启用，用心关注并积累这些弱的、强烈的积极感觉，以此来建立起对面众活动的兴趣。能力对于兴趣的培养很重要，能力强的人在面众活动中能够获得更多成功，并在成功中获得更多愉悦感和价值感，从而强化了我们对面众交流活动的兴趣。兴趣是重要的积极交往动机，培养和关注面众交流活动中的兴趣，能增强我们主动参与意识，这对面众成功有着积极的促进作用。

自我卷入，意味着个体为自我的评价和接纳设置条件，认为只有当自己的行为获得了成功，赢得他人赞许或为社会做出了贡献，才会更好的评价自己，才会接纳自己。减少自我卷入，有助于避免个体在面众交流活动中承受不必要的心理负担和压力。比如在面众上台场合的演讲情境中，可能你在演讲之前的潜台词是："如果我成功了，就会赢得别人的赞许，我就是有面子的人，就是一个有用之人。"那么同样程度出现的相反的潜台词就会是："我如果在这个重要的任务上失败了，我就完了，我就是一个无用之人。"这种在渴求成功与害怕失败之间的矛盾及其形成的张力，会令一个人将大量精力白白耗费在焦虑情绪上，而不是在活动本身上，演讲的过程将不再轻松，甚至毫无乐趣可言，反而充满了对成败得失的担忧和焦虑。所以，积极社交动机的前提是不要试图去评价自我，而是无条件接纳自我。我的价值，我的自尊，只因为我活着就存在，从而将自己的注意力集中在处理事情上，将注意力放在战胜困难上——积极的自我在于忙于做事情。在面众情境下更是如此，不要将自我过多地卷入到面众成功或失败中去，才能让我们更轻松地参与到活动中去，也才能更从容地面对并解决社交活动碰到的挫折、困难。

因此在面众交流场合，拥有兴趣带动的主动参与意识、较少的自我卷入的积极动机，会让我们更主动积极、更轻松愉快地参与到面众交流活动中去，并能将注意力集中在面众交流活动本身和应对突发事件上，从而更好地实现面众成功。

二、积极的社交认知是促进面众成功的认知基础

积极社交认知包括积极自我认知和积极他人认知。社会的海洋从来都不是波澜不惊的，我们每个人都时刻随着波澜而起伏着，不变的是我们都在围绕自己的某一水平线上下起伏，处在浪头的时候不可高看了自己，处在浪谷的时候也不可低瞧了自己。要想准确而又积极地认知自我，首先要敢于直面且正确把握自己的水平线，明确自己的优势与劣势。其次，则要以欣赏与发展的眼光看待自己，欣赏发挥自己的优点，不断将其发扬，同时不断改进自己的缺点，发展中的自我才是最好的自我。在面众交流活动中，面众交流活动的顺利进行需要的是各种能力的配合，有些能力可能是你擅长的，而有些能力则可能是你的弱项，如何在每次面众活动的成败中总结自身的优势与不足，并不断改进，是走向面众成功的关键。最后，“以人为镜”是不可避免也是很好的自我认知途径，善用这面镜子，挑选合适的竞争对手，不和巨人比身高，才能保持良好的自我认知。

积极的他人认知是面众交流活动顺利进行的重要保证。首先，认知他人是通过他人外在行为来推测他人心理性格的“黑箱子”的认知过程，因此在面众交流活动中要能积极观察并能善于观察他人的言行。如在办事情景中，感知他人当前的情绪情感，正确理解其言语的表面及深层含义，对能够顺利完成办事是有重要影响的。其次，由于他人的认知受情境情感的影响，如首因效应、近因效应、晕轮效应、刻板效应等等。无论哪种效应我们都应避免其带来的负面作用，保持客观公正地对待他人。积极准确地认知他人，不仅是要获得对他人性格行为的把握，更是对他人思想情感的理解，这有助于更好更顺利地实现面众活动。

乐观预期也是积极社交认知中的一个重要方面。社交活动前，我们常常

有对社交活动进展情况的预期,乐观的预期能带来积极的力量。关于乐观与悲观,在经典的“半杯水”测试故事中,我们深有感触。客观存在的半杯水,在乐观的人看来是“太好了,还有半杯水”,在悲观的人看来是“很不幸,只剩半杯水了”。在面试场合乐观预期的效果更为明显,在面试前出点小事件如迟到,或者面试时某个面试官有摇头等表达否定的小动作,对于悲观者来说会觉得迟到是不好的征兆,而面试官的摇头意味着否定,心中就会泄气,面试也因此陷入被动,甚至放弃敷衍应对;但是对于乐观者来说,迟到其实也是加深印象的一种,只要表现好这种印象的加深就能起正面的作用,而他也会看到还有更多的面试官是在关注他的,于是继续积极的应对面试。乐观预期不是盲目的想象着最好的结果,而是建立在客观事实的基础上的对未来结果的一种积极期待,这种预期影响着我们现在的行为,使之趋向更好的方向发展。比如对于乐观者会有:在没有把握的日子里,我常常期待最好的结果。这种期待并不同于会带给我们压力的目标或要求,它只是一种不断引领我们向前、趋向美好的类似于希望一样的力量。有着严重面众恐惧的人,往往是偏悲观的人,对失败的担忧早已让他们心慌意乱。保持乐观的预期,在积极力量的感染下,你会发现面众活动会进展得更顺利。

三、积极的社交体验是促进面众成功的先期体验

弗瑞德和布雷根的心理学实验证实:消极情绪和积极情绪导致了不同的行为倾向,积极情绪能扩展个体的行为和思想,而消极情绪则会缩小个体的行为和思想①。在面众交流活动中,总是混合着积极情绪和消极情绪,当我们关注并体验着消极情绪时,我们的意识、思维变得狭窄、收紧,进入“对抗或逃跑”模式,这就是面众紧张、焦虑的状态;如果我们的意识继续狭窄、收紧,超出威胁、超出困难,我们就会进入下行螺旋,狭隘的意识使得完成任务更加困难,而受挫的感受再次加深消极体验,使得我们从内心对面众交流活动产生恐惧感。当我们关注和体验积极情绪时,我们的思维得到了扩展,扩展的思维能够获得更多的信息资源,使得面众交流活动更能够获得成功,而交流活动的成功又将增进积极情绪,积极情绪再进一步扩展,从而形成愉快

---

① 克里斯托弗·彼得森.积极心理学[M].北京:群言出版社,2010:41—42.

面众、成功面众的良性循环。在面众交流活动中，淡化消极情绪，关注积极情绪，使社交情绪呈上行螺旋，是面众交流能力获得持续发展的重要保证。

四、积极的社交归因是促进面众成功从失败到成功的保证

对面众交流活动的正确归因也是保证大学生面众成功的重要影响因素。美国心理学家塞利格曼将归因风格分为两种：乐观的归因风格和悲观的归因风格。悲观型归因风格的人会将事件的发生归因于内在的、自身的、稳定的原因，则个体的自尊、自信心会受到很大的打击，无助感会持久存在，个体会失去做出反应的努力；而乐观型归因风格的人则会将事件归因于外在的、他人的、不稳定的原因，则其自尊完好无损，无助感会很快消失，个体会努力改变现状①。积极的乐观型归因对于增强面众成功发挥有着微妙而又强大的功效。例如在面众交流活动中的上台试教情景中，通常情况下大多数人的第一次试教难免会比较糟糕，且面对突发事件有无措感，悲观归因风格的人会将试教的不顺利归因于自身的能力问题、性格问题，觉得自己的能力不能胜任这种工作，觉得自己的性格不适合这种场合等，从而降低自尊心与自信心。而乐观型归因风格的人则不然，认为试教中的问题是突发事件，具有偶然因素，自己第一次遇到而不懂处理是正常的，下次再出现就有经验了，同时也会归因于自己准备还不够充分，继续努力，争取下次处理更好。

虽然积极的乐观型归因能在一定程度上避免对自我的低评价，但是失败挫折带来的现实打击依然是存在的。如何在面对生活的逆境、压力和挫折时仍保持良好适应的这种能力就叫做心理弹性，也称复原力，复原力对最终实现面众成功是非常重要的，只有我们真正不畏惧面众场合的压力，才不会被可能的失败挫折所击倒，我们才能从根本上消除面众恐惧。影响个体复原力有三个重要因素：保护性因素、危害因素以及价值观。保护性因素的基础与核心是外在支持和资源，如家庭、学校、社会等提供的安全保护，给个体以强有力后盾的力量，然而更重要的保护性因素是个体感知到的社会支持，有研究表明，以人际关系为基础的资产在提高复原力中起着重要的作用，拥有丰

① 刘翔平.当代积极心理学[M].北京：中国轻工业出版社，2010：82—85.

富的人际关系资源的人具有更好的复原力①。危害因素是把双刃剑,经历危害的过程使人受到一定的心理打击,从而让人获得复原力,如同对感冒病毒的抵抗力,但倘若一下子病得太重,或是还在轻微阶段时就猛治疗,放弃与危害的对抗,我们便无法获得复原力。价值观是如何增强复原力的呢?价值观能够让人们认识到人生的意义和价值,如果人们对某一理想、目标或使命有坚定的信念,你会看到他们会坚定不懈地去实现这一理想,而不会畏惧通往理想路上的荆棘。

五、积极的社交品质是促进面众成功必不可少的交流品质

积极的社交品质有很多,本研究认为爱、感恩、宽容是三个对面众成功有着重要促进作用的积极社交品质。

一个在爱中成长的人,有着更高的安全感、自信、自尊;一个相信爱的人,对社会更信任、更主动、更乐观;一个心中有爱的人,有着更好的同情心,能更好地理解他人的情绪情感。爱的品质通过影响个人的情意素质来影响着个体在面众交流活动中的表现。爱作为一种积极的人格品质,它不应只狭隘地存在于亲子与爱人之间,广义的爱是指超越功利的接纳、欣赏与付出,可以是对人也可以是对物。拥有爱的品质的人,在面众交流活动中会以他的真诚、热情获得大家的认可与欢迎,而他自己也能从面众交流活动中用一颗有爱的心体会更多、收获更多。

拥有较高感恩水平的人,他们往往关注美好的一面,对他人表现出更具亲和力,更加随和,这也使得他们在面众交流活动中更受欢迎,并获得更多的社会支持。感恩之心还有助于在逆境中消极情绪的调节,缺少感恩的人更易纠结于得失而陷入消极情绪,而倾向于感恩的人则能保持积极的心态关注活动中积极的一面。例如,懂得感恩的人在团组与校外交流中更容易交到新朋友,而且往往收获更多,因为他们懂得欣赏他人的优点,捕捉思想志趣上的“花”,而不是“花下的刺”,而这种欣赏能带给他们思想、情感上的双收获。

宽容指的是在面众交流活动中对外界有着较强的容忍度,宽容的人在面众交流场合能更好地改善面众困境。一个对面众交流场合有着长期、慢性的

---

① 刘翔平.当代积极心理学[M].北京:中国轻工业出版社,2010:82—85.

高敌对情绪状态的人会更加经常回想起受挫情境，使得他在面众交流活动中的回避行为增加。如课堂上回答问题的情境，答错题被同学哄堂大笑或受到老师批评指正之后，就对同学或老师有敌对情绪，这不仅影响与同学老师之间人际关系的亲密程度，也使得自身开始回避甚至畏惧课上回答问题。而宽容则有助于改善这种状况。宽以待人，就是将心比心，推己及人。如果想到自己作为观众的一员在同等情景下也会因为同学的回答错误而失声发笑，那么对同学的无心笑声就会容易接受；如果想到老师是因为对自己不认真不上进感到失望，而失望源自期望，就更能懂得老师批评中的苦心。宽容的人更懂得用角色互换的方法设身处地地来理解他人、体谅他人，因而也能更积极主动地改善与他人的人际关系，虚心接受在各种面众交流场合所犯的错误，并认真体会与总结，从而不断地向实现面众成功靠近。

六、有效的社交沟通是促进面众成功的可靠条件

实现有效沟通的能力要求具有理解他人言语的表面及深层含义的能力，简明扼要地表达个人观点、看法的能力，能够与他人进行顺畅的信息沟通与交流。在面众交流时要做到积极有效的沟通，除了言语表达要求清晰明确、贴切易懂、及时反馈之外，还要遵循礼貌原则、应变性原则和忌讳性原则，才能达到最佳的表达效果。积极的沟通理解不是指停留在表面的寒暄与礼节，而是要求自己能站在他人的立场，结合社交情境，理解他人的情绪情感，懂得他人表达的真实含义。在面众场合，具备良好的表达能力，能让交流更流畅；具备良好的观察、理解能力，能让交流更有效。如果在技能层面上，我们能准备充分，那么自然就更容易实现面众成功。

第三节　大学生自主培养积极社交能力、增强面众成功的措施

一、积极社交动机的培养

培养积极主动的面众动机可以从两个方面出发。一方面要积极，把握主动性。大学生的面众行为包括日常交往、上台、面试、办事以及团组与校外交

流，无论哪种面众场合，在进入那个场合之前一定要从自身的角度挖掘这次活动的意义，从内心认识到每次的参与都是出于自身需要而主动加入的，而不是被迫上架。另一方面则要放弃自我评价。不要把面众的结果想成作为自我形象评价或接纳的限制条件，认为如果成功就能在赞美中获得自尊、自我效能感，一旦失败就会被人耻笑、贬低而毫无价值，这只是给自己徒增压力罢了。事实上人的价值、尊严并不会随着他人的赞美或嘲笑就轻易增多或降低，也不会随着一次成功或失败而轻易改变。要相信人的价值和尊严只要活着就自然存在，要将更多的注意力放在眼下该做的事上，就一定能发挥得更好。

二、积极社交认知的培养

面众场合中的面试和办事，由于将要面对的是陌生且有一定职位的人，正确的认知显得极其重要。对环境氛围的认知，让我们正确感知其严肃程度，适当控制自己的言行和举止；对他人情绪的认知，让我们及时把握反馈信息；对细节的认知，让我们把握一些小小机遇。我们要做有心人、善于观察的人，但是又不能陷入主观猜疑，要有选择地回应正确可据的信息。

我们不仅要有对此时此刻的正确认知，还要有对未来的乐观预期。乐观的预期是建立在现实基础上的合理且积极的期望。就拿上台讲话来说：如果准备很充分，就预期这会是一次激情而精彩的讲话，一种自信、成功的精神力量便会油然而起；如果准备的不是很充分，就预期这会是一次流畅而完整的讲话，营造一种满足、且自我鼓励的轻松心态；如果基本没有准备，也不着急，换个角度想这不正是自由发挥的好机会吗？期待自己只要不交白卷那就是一种突破。乐观的预期，是一种积极正向的力量，影响着我们往前行、往更好的方向发展。

三、积极社交体验的培养

在通常情况下，某种活动使得个体的需求得到满足，总能带来积极体验，如满足感、愉悦感。而这种积极的体验则能强化这种活动。大学生面众恐惧中的日常交往和团组与校外交往，正是马斯洛需求层次理论中的社交需求，学校应当积极开展跨学院、跨专业的社交活动，以满足大学生生活中对友情、爱情的渴望，满足大学生对群体归属感的渴望。如果大学生能尝试着改变自己习惯性的心境状态，抛弃对自我评价、对后果的忧虑和不安，将注意力放在行动上、活动中，必然会在面众过程中收获积极的体验。

四、积极社交归因的培养

虽然有些人天生就生命力顽强，意志坚定，但是不可否认，更多的人是在后天的打磨中培养了自己的抗打击能力的。温室的花朵经不起暴风雨，而暴风雨中的花草也会蒙受伤残。要培养自己在面众中的抗打击能力，最好莫过于在适度的压力场合中多训练。俗话说：丢人的次数多了，脸皮也厚了，自然不怕打击。勇敢直面一次次的面众失败，从最开始的说不出话，红着脸想逃；到说话断续，脸微红；再到口齿清楚，脸色从容……不知不觉中，你已经不再畏惧面众了。只要在第一次挫折中不要逃，不要给自己的放弃找借口，而是务必将失败归因到你的努力上，争取下一次做好。将失败归因于自己能力不足，表面看来是误入归因歧途，陷入自卑，实际上是为懒惰，为放弃找借口。

五、有效沟通能力的培养

言语表达是一种实践性很强的能力，大学生只有在实践中才能得到更好的锻炼。从练习表达清晰流畅，让人听得懂；到层次分明逻辑严谨，有说服力；再学着倾听、观察，发现问题才能灵活应对；进一步注意用语得体，保证交流轻松舒畅着进行；最后还需掌握适用于赞美、批评以及拒绝的言语艺术。除了表达明确清晰，还要重点了解不同场合的礼貌与忌讳，才能真正免于言语冒犯与尴尬。

对于个体来说，在社交中除了要能很好地表达自己的想法和立场，还必须有善于理解他人的能力。理解他人的第一步是关注他人，只有关注他人情绪情感变化，留意他人行为表情，才能更好地理解他人最真实的想法。第二步则是宽容他人，人无完人，不要在社交过程中对他人苛刻，但凡没有涉及人格侵犯或原则性问题，就不要轻易将一个人上升到厌恶行列，更不能带着偏见来看一个人，厌恶与偏见都会使我们意识狭隘而不能更好地理解他人。最后一步最重要，即换位思考。有时候哪怕我们很喜欢很在意某个人，却发现要理解他依然很难，因为我们不曾站在他的立场思考问题，只是一味地“我认为”、“我觉得”。

第四节 讨　　论

面众成功是面众恐惧的反向概念，对大学生在人际关系、求学受教、求职工作等方面的发展都有着重要的积极影响。而面众成功又与积极社交能力密切相关，积极社交能力是指在社交过程中表现出来的高水平、积极、正向的社交能力和情感，对面众成功有着积极的促进作用：积极的社交动机是促进面众成功的最基本的动力，积极的社交认知是面众成功的认知基础，积极的社交体验是面众成功的先期体验，积极的社交归因是面众成功从失败到成功的保证，积极的社交品质是面众成功必不可少的交流品质，有效的社交沟通是促进面众成功的可靠条件。

大学生作为有自主能动性的个体，应努力调整自身对面众活动的主动参与意识、培养正确认知以及理解他人、表达自己的能力。放下对自我的试图评价，才能真正卸下焦虑紧张，迈出积极乐观的第一步。人是社会的动物，有着基本的社交需求，只有将自己勇敢地置身于社会交往中，才能获得愉悦、健康以及成长。大学生的校园生活亦是如此，积极参与活动，珍惜每一次面众机会，才能收获更多，成长更快，对未来能否更好地融入社会有着重要的影响。

第十二章
在青少年的成长过程中努力提升其综合素质，做到超前防范面众恐惧

第一节　超前防范面众恐惧的重要性

一、问题提出

面众恐惧在大学生中很普遍，绝大多数人都体验过面众恐惧。面众恐惧对人的情绪情感、行为方式、人际关系、职业选择与竞聘、人生发展与成功、受教育程度的机会、创造创新能力和创新精神的充分焕发等，都会产生负面影响。与国内外以往的相关研究比较，面众恐惧概念囊括了大学生交流恐惧的各个主要方面，特别是在上台恐惧、面试恐惧及其防范与矫治对策等方面的研究，属于大学生交流恐惧研究的新视角。不仅如此，我们还应做好对面众恐惧的提早防范与预防，这对青少年形成良好的心理品质非常有必要。

本课题组的调研结果揭示和表明，西南地区99%以上的大学生有面众恐惧的情况，这并非是他们进大学后才产生的，其更多的原因可能应是我国中小学教育中的教学观念、方法、考试内容、考试方法所致，尤其是高考模式所致。高考模式不改革，中学阶段的教育就极少有对学生进行上台演讲训练，面试训练，团组与校外交流及发言训练，因而导致他们进入大学后，在上台、面试、团组与校外交流、办事等方面均出现面众恐惧就不觉奇怪了。青少年时期是大学生良好性格与优秀品质形成的关键时期，为了使大学生进入大学校园后能较少出现面众恐惧，有效预防大学生进入大学校园后存在各种学习与生活上的面众交流困难，学校教育应该在中小学阶段大力提高青少年面众交流与积极社交的能力。只有这样，才有利于对大学生的面众恐惧起到超前

防范作用。

二、从哪些方面真正做到超前防范大学生的面众恐惧

性格是一个人与社会相关度最密切的一种人格特征，大多表现为一个人对现实和周围世界的态度，并表现在人的行为举止中。同时，性格还表现为一个人在一定的价值观、人生观、世界观影响下的品德、态度与行为。一个人性格的好坏，直接影响到其面众恐惧的状况，在青少年的成长过程中，发挥各方面的资源潜力，为他们塑造一个良好的性格，是防止面众恐惧现象的基本途径。对青少年良好性格的塑造，需要家庭、学校和社会环境共同引导与发挥作用。青少年在成长过程中，首先要形成良好的情意素质和人格素质，这样才能慢慢形成优秀的面众心理素质，顺利实现面众成功。换言之，在青少年的成长过程中，青少年需要家庭、学校、社会以及自身去共同塑造积极、开朗、乐于表达、乐于展现自己比较活泼的性格，以此来超前防范面众恐惧。

第二节 家庭在超前防范面众恐惧中的重要作用

一、不合理的家庭教养环境会导致大学生严重的面众恐惧

本课题组的研究调查结果表明，大学生面众恐惧相当普遍，而这一结果在很大程度上是由于在青少年的成长过程中，其家庭教养方式的不当而造成的，普遍的家庭都没能做到使孩子超前防范面众恐惧。当前我国家庭在教育方式、教育观念以及教育内容等方面的状况不容乐观，青少年的个性和心理在成长过程中出现了许多问题，造成了很多青少年出现不健全的性格，使他们在进入大学后出现了过多的面众恐惧。

（一）不健康的家庭气氛导致面众恐惧

家庭的气氛会对孩子的情感陶冶、个性塑造、智力开发和道德品质等方面的培养起着不可替代的、潜移默化的影响①。而家庭气氛往往通过家庭里

① 李晓敏. 浅析影响小学生心理健康的家庭教育因素[J]. 郧阳师范高等专科学校学报，2011，31(3)：40—43.

的人际关系集中体现出来，不良的家庭关系，即紧张恶劣的家庭氛围是导致青少年产生面众恐惧的重要因素。在家庭中，如父母亲关系不和、经常争吵甚至打架等，会导致他们对孩子缺乏耐心，缺少关怀和理解。这样的家庭气氛非常容易使青少年处于焦虑不安的环境中，形成孤僻、冷漠等不良性格。在此种环境下成长起来的青少年往往不愿意跟别人有太多的面众交流交往，对于周围的一切事物也都比较冷淡，容易产生自卑、无安全感等不良心理特征，因此在进入大学后，在各种交流场合均会表现出严重的面众恐惧。

（二）片面的家庭教育内容导致面众恐惧

1. 重分数轻德育

我国的教育方针，要求德、智、体、美、劳五育共同发展，这五育也应该是家庭教育的基本原则。而在我国当前的家庭教育中，家长只是片面地去追求青少年的学习成绩和分数，大多数家庭家长的眼睛里就只有“智育”，往往把学习成绩好坏作为评价青少年优秀的唯一标准，忽视了青少年的道德品质教育，认为只有学习成绩好的学生才是人才，而不考虑青少年的智力水平、学习的品质、学习能力、身体条件等等。从小学开始，家长给自己的孩子灌输的就都是学习、考试、分数，而这样做的目的与动机仅仅是升学与考上好的学校，对孩子其他方面的成长也缺乏更多的教育与指导，这导致孩子缺乏远大的理想，缺乏对家庭、团体、社会的责任感，从而缺乏各种与家庭、团体和社会交流与实践的机会和意识，慢慢产生了各种场合下的面众恐惧。而死啃书本，缺乏各方面的实践活动，必然会导致孩子自理能力、交际能力、适应能力的低下，很难经受不良环境的考验。进入大学新环境后，出现较严重的面众恐惧①。我国家庭中的这种重分数的教育观念，忽视了孩子的全面发展，也忽视了孩子作为一个完整的人的培养，而出现了更多青少年的“高分低能”现象。“高分低能”则是大学生进入大学后在面众交流场合出现较高面众恐惧的重要原因之一。

2. 家庭情感教育的缺乏

情感教育突出的是对教育对象的情感引导，使教育对象及时地排泄心中

---

① 常丽艳，张静. 中小学生心理问题的家庭环境因素的影响[J]. 中国民康医学，2008，20(11)：1185.

的积郁，调整好自己的心态，从而更好地去交流、学习与求知，更重要的是使之学习建立个体与自然、社会、他人、包括自身的适当关系，并且从这种关系中领略意义、获得情趣、形成积极的人生倾向与交流交往意识，进而树立正确的人生观和价值观①。可见，家庭情感教育在塑造青少年良好性格上起着非常重要的作用，同时对青少年在各种面众情境中能主动建立面众交流意识与交流交往情感有着积极的作用。但是，当前许多家庭在从小对孩子的教养中，却不注重这方面的教育，很少注意从更多方面去培养孩子的情商。在很多情境中面众恐惧的出现，正是由于青少年缺乏这方面的情感教育而产生的。如果青少年在成长过程中情感体验缺乏和某种情感经历缺失或情感缺失，很可能在进入大学后出现情感上的压抑、自卑、孤僻以及缺乏同情心、责任心等情况，这些都是决定青少年在进入大学环境后是否能防范面众恐惧，从而取得面众成功的重要因素。

（三）对青少年行为出错时的不合理处置导致面众恐惧

在青少年的成长过程中，犯错是很常见的问题，但当青少年出现错误时，家庭教育中不合理的惩罚与处理方式会让青少年对评判问题很难有正确的理解，这会极大影响青少年的积极主动性。家长对错误的不合理处理，会导致青少年害怕与别人交流交往，害怕表达自己的意见与想法，进而产生严重的面众恐惧。目前不少家庭的家长常常不分青红皂白以及事情的具体经过，动辄就以“打骂”来“教育”青少年，任意体罚青少年通常是家长在溺爱之后、失望之余的一种“恨铁不成钢”的过激行为，这样会对青少年的身心健康造成严重的负面影响，不仅会使青少年遭受很大的身体痛苦，同时也蒙受巨大的心理创伤。由于青少年的自尊和人格受到损害，就容易使他们产生逆反心理②，从而不愿意去与其他人进行正常的交流交往，导致他们进入大学环境后产生了严重的面众恐惧。

在青少年的成长过程中，如果在做错事或考试成绩下降的时候，家长有较多的负向批评与评价，会使孩子产生负向的自我认识。这种负向的认识一旦固化，就会像甩不掉的影子一样牵引着青少年，使青少年不能自拔，最终造

---

① 刘柳. 论情感教育在青少年价值观形成中的作用及途径[J]. 山东省青年管理干部学院学报（青年工作论坛），2011（1）：38—41.

② 刘在花. 幸福家庭教育构建[J]. 中国特殊教育，2011(9)：11.

成青少年在各种面众场合与别人交流时，有害怕出现任何差错以及害怕犯错误等方面的心理障碍和心理负担。青少年成长过程中的心灵是比较脆弱的，家长用尖刻的话语奚落、讽刺、挖苦孩子，带给孩子的伤害绝不会比体罚小。这种青少年不可能接受的尖刻、不合理的批评方式，会给青少年在与人交流，反驳别人错误的观点等方面造成非常消极的影响，导致他们不再敢有过多的主见，不敢在父母等家长面前申诉，这就为他们进入大学后，在与他人面众交流的过程中，埋藏下黑暗的阴影，造成严重的面众恐惧。

（四）对青少年不合理的教养方式导致面众恐惧

1. 过度溺爱的教养方式也会造成青少年的面众恐惧

在以溺爱型教养方式为主的家庭中，父母亲和长辈把青少年放在了高于家庭里一切的位置。这类家庭中的成员对孩子的态度往往是过度宠爱、过分监护、过于关心和关注，任何情况下都是对孩子百般袒护与呵护，做事都以孩子为中心，一切以孩子的意志为转移，源源不断地满足孩子的各种愿望，容不得孩子受一点的委屈，放松了对孩子良好习惯和品质的培养。在这种环境下，青少年往往极少有机会在面众交流场合中得到锻炼。家庭盲目地娇惯青少年，从小为青少年包办一切，可谓“捧在手里怕飞了，含在口里怕化了”。这种家庭教养方式环境中成长起来的青少年大多懒惰散漫、好逸恶劳，缺乏应有的自信、机智、谋略和责任感，因而在各种面众交流情景中也缺乏应有的胆量与主动性。父母疼爱青少年并且望子成龙、望女成凤心切，生怕孩子苦着、累着，担心家务劳动占用了孩子的学习时间，因此从不让孩子做劳动。这样会导致青少年的早期个性成熟较晚，不愿也不会去与周围的伙伴或大人合作，在交流交往中的利他行为也相对就少，诸如办事、团组交流等面众交流的机会也相对较少。青少年成长过程中得到过分宠爱过分关注会导致他们在离开家庭这个温室之后，过于胆小，不具有基本的交往常识，在各种面众场合中均不敢于去与别人交流。被过度溺爱的孩子有着更多的性格缺陷、能力缺陷，同时也有更多的自我中心思维，这一切都不利于孩子在面众交流场合拥有着良好的心态与良好的表现，出于自我保护，他们往往会形成较高的面众恐惧。

2. 专制型家庭教养方式对青少年面众交流的影响

采取专制型教养方式的家庭中的家长，在教育青少年时的态度非常生硬与呆板，在任何事情面前总以一幅冷淡而又严厉的面孔来对待青少年。而青少年在整个成长过程中都鲜有机会来表达自己的想法、意见和愿望。在这类家庭中，父母的要求往往是苛刻而又极不合理，他们提出的要求都高于青少年自身的实际能力，任何时候都不允许自己的孩子犯错或出现失误，否则就会遭到打骂、体罚，甚至还有来自语言等各方面的羞辱。他们深信“棍棒底下出孝子”“不打不成器”是万古不变的“真理”，而没有深刻认识到这种教育方式是违背青少年的心理特点的，是对青少年身心发展的摧残①。这种教养方式下的青少年在心理上存在极大的扭曲，会产生对家庭、学校和社会的冷漠感，不愿去面众交流交往，在心理上会对别人存在极大的陌生感。在专制型家庭环境中，父母的拒绝、否认和惩罚的教养方式会对青少年的人格产生较大的负面影响，会导致青少年缺乏热情、宽容、真诚、严谨、沉稳的特点，情绪性较强，情绪往往波动大，个体能力不强、人际关系状况差、对人生和事业缺乏信心和热情②。在这种专制型家庭环境中成长起来的青少年，往往表现出负情绪，不太会与人交流交往，在各种面众场合都缺乏积极主动性，往往自卑自闭，这样会极大地导致严重的面众恐惧出现。

二、在青少年成长过程中采取正确的家庭教育方式超前防范面众恐惧

家庭教养方式对青少年的发展起着重要的作用，在青少年成长过程中要采取良好的家庭教养方式，要真正重视家庭教育因素对青少年心智发展的影响，做到超前防范面众恐惧。

（一）要建立一个和谐民主稳定的家庭氛围来超前防范面众恐惧

营造和谐、温馨、民主的健康家庭文化氛围对孩子具有吸引作用，能使孩子热爱家庭，也能引导激励和约束孩子，使其积极向上有遵守规矩。孩子在这样的环境中成长，必然对其身心有着积极的影响。这种家庭环境中成长起来的青少年，在与人交流、展现自己才艺等方面，都具有较大的积极主动性，在各种面众交流场合也乐于在别人面前交流展示。家庭要造就一个尊重孩

---

① 汤乐梅. 浅谈家庭教养方式对幼儿心理健康的影响[J]. 幼儿教学研究，2012（12）：26—27.

② 王娜. 父母教养方式对青少年人格影响作用的研究[J]. 湖北教育学院学报，2006，23(9)：87—88.

子、爱护孩子的良好环境，父母就应该把孩子当成平等的朋友，这样的环境最能养成青少年的良好性格，同时也为教育孩子的面众交流交往，在面众情景中大胆发言等创设了最好的学习条件①。在这样的家庭环境成长起来的青少年，既能养成良好的性格，同时又能在进入大学后的面众交流时，能有效减少面众恐惧的出现。

在真正民主型的家庭教养方式中，家长尊重理解青少年。他们为青少年的发展提供了最充分的自由发挥与展示的空间。家长对青少年在各种情况下均采取民主、满足和帮助的态度，支持青少年随时发表自己的正当要求，尊重青少年在面众交流等方面的需要，积极发展青少年在各方面的爱好和兴趣，让青少年能与不同类型的同伴进行交流交往。同时青少年可以无拘无束地同父母探讨自己的问题并作出一些符合自己实际情况的合理决定，还有部分更加开放的父母，他们认为孩子可以自由选择并确定一切活动和决定。大人的建议仅为孩子提供参考，把最终决定权交给孩子（汤乐梅，2011）。在这样的家庭中，青少年与家庭成员之间的关系融洽，青少年在多方面都能积极主动，非常自然而又自由地在面众场合中与别人交流交往，在任何面众交流的情况下都能毫不胆怯地针对某些问题发表自己的看法与意见，甚至建议。在这种环境下，孩子们的创造性思维能够得到充分发挥，同时他们又能尊重父母并能听取父母的意见，所有这些良好性格的形成对今后青少年在面众交流上取得面众成功都具有非常大的作用。

在这样民主型的家庭氛围中，青少年得到了一种安全感和归属感。在这类家庭中青少年往往能感受到尊重、被爱和被重视，同时也可以从各种交流中学习和体会到了怎样去关心、爱护、接纳他人与尊重他人，在与人交流中增强了青少年自己的自尊和自信，培养了青少年乐于与别人交流交往的意识，为今后的面众交流打下了扎实的基础，同时也能很好地做到超前防范青少年的面众恐惧。青少年也能从和睦温馨的家庭气氛中获得支持感，当青少年遇到挫折、困难或犹豫不决时，父母总是可以源源不断地给予他们鼓励与支持，他们可以从中吸取力量并得到启发指导，在面众交流场合也存在较少的畏惧

---

① 李晓敏. 浅析影响小学生心理健康的家庭教育因素[J]. 郧阳师范高等专科学校学报，2011，31(3)：40—43.

感,敢于去了解别人并寻求别人的帮助,积极主动地面众交流。因此,在民主和睦的家庭教养方式中成长起来的青少年,往往情绪稳定、性格开朗、意志坚强、热情大方,善于和别人相处共事,并且社会适应能力和心理发展状况良好,这样就能大大有利于培养青少年面众交流的意识、信心、习惯和能力。

青少年早期形成的经验会影响其一生,小时候受到亲人关爱和照顾以及有安全感的孩子,长大后也会爱他人,乐于去与别人交流交往,积极主动去寻求别人帮助或帮助别人,同时人际关系也较好。在家庭成员感情融洽,互敬互爱等民主型家庭中成长起来的青少年,往往性格开朗、兴趣广泛、自强自信,这都非常有利于避免面众恐惧的出现。因此必须建立民主型的家庭环境以及教养态度,来培养青少年健康的心理,才能在青少年的成长过程中为其塑造良好性格,从而做到有效超前防范面众恐惧。

(二)要尊重青少年的个性气质特点

每个孩子都有自己的潜能,每个孩子都具有成才的潜质和禀赋,要尊重每一个青少年的个性气质特点,发现和发展他们的特长,从培养青少年的个性气质特点来做到超前防御面众恐惧。世界著名的发展心理学家、哈佛大学教育学院教授霍华德·加德纳认为:"每个儿童都是一个潜在的天才,只是他们会以不同的形式表现出来。"既然每个孩子都不一样,每个孩子都是"潜在的天才",那么父母应该从儿童的天性出发,真正了解孩子,发现孩子的个性和禀赋,并给予尊重、保护和引导,鼓励他们独立思考,遵循孩子成长的规律,尊重儿童的个体差异,尊重儿童的独立性和自主性,尊重儿童的意见和要求,鼓励儿童认识自己、悦纳自我,给予儿童思想和行动上的自由,允许儿童犯错和失败,促进孩子的个性健康发展,使之成为个性健康、人格健全、快乐发展、生活幸福、适应社会的人(刘在花,2011)。只有在青少年的成长过程中,尊重青少年的个性气质特点,给予他们个人爱好与选择权利,青少年才能敢于去发现自己的优点,积极主动去展示和表现自己的优点,不断发展自己的优点,并且敢于在面众交流场合展现自己的优点与长处,从而真正有效地超前防范面众恐惧。

父母不能对自己的孩子过于严格,过分苛刻地去让孩子追求完美,不能以望子成龙、望女成凤的期待来苛求孩子,不能仅仅为了追求"高分"而只让青少年死啃课本,缺少其他各方面的实践活动。因为这样会让青少年的独立人格得不到应有的尊重,而往往表现出叛逆、不愿相信别人和不愿与人交流交往,交际与适应能力低下、自我抑制的特点。家长对青少年应该平等相待、宽严有度,既要尊重青少年的独立性,又要培养他们良好的行为习惯,那么青少年将会在与家人的良好互动中形成的和谐、尊重等良好品质,从而在面众交流场合较少出现面众恐惧。

(三)让青少年全面发展来防范面众恐惧

家庭教育不应仅仅追求青少年学习成绩的高低,而应重视青少年的全面、可持续发展,尽量为青少年的全面发展争取或创造更多的条件和机会,尽量让孩子根据自己的兴趣、爱好和特征选择自己的学习,以充分发挥孩子的天资和潜能。特别要为青少年在各种面众交流场合的上台发言、演讲以及展现自己才艺等方面提供更多锻炼与发展的机会。考试分数代替不了孩子的全面发展,不应以考试分数为代价牺牲孩子全面发展的机会和可能,家庭教育应努力使孩子在德、智、体、美、劳等诸方面得到全面和谐的发展,努力塑造孩子的健全人格(刘在花,2011)。青少年能在各方面得到全面发展,就不会再出现“读死书”或“书呆子”的现象,同时“高分低能”的学生也不会出现,青少年的发展不仅在智育上得到很好的发展,同时也在体、美、劳等方面也能更好地发展自己的优势与特长,青少年就能在各种场合都能顺利展现自己的才华横溢,有效防止面众恐惧的出现。

(四)要常与青少年交流注重对他们情商的培养

青少年的情绪情感体验在他们的面众交流交往中起着非常重要的作用,父母要通过经常与孩子们的交流谈心来倾听其情绪情感,了解并加强青少年对各种情感的体验与表达,这样才能有利于青少年在各种面众交流情境中去表达自己的情绪情感,敢于积极主动展现自己的情绪与情感。同时家长应该均衡工作与家庭的关系,应该从繁忙的工作中抽出更多的时间留给家庭和孩子,与孩子建立起一种亦尊亦友的关系,坦诚沟通,让孩子感受到来自父母的真正的关心与爱方面的情感,并能及时向孩子表达自己的情绪与情感。要让青少年明确生活目的,端正生活态度,乐观开朗、热爱生活,学会自我暗示,排除情绪的困扰,让青少年在情感体验中提升道德能力,如对尊老爱幼、感恩之情等的体验。青少年只有对各种情绪情感得到积极体验后,才能在与别人的面众交流交往中感到轻松自然、流露真情,这样有助于减少面众恐惧的出现。

家庭中包含着人类最美好的感情，饱含着父母与子女之间割舍不断的浓浓亲情，孩子从这里诞生，在这里成长，自然而然地从这里开始了他们对人类情感的认识、感受和习得。家长与孩子朝夕相处能更好地体察孩子的情绪变化，随时随地对孩子进行情感的教育和辅导①。青少年情商的获得与提高不同于理性的知识灌输，它重在体验、感受，强调自然的情境。而家庭却得天独厚地具有情感教育丰富的资源。"父母与孩子的每一次小小的交流，都是对孩子情感教育的机会。这些情感教育日积月累，便形成了孩子情感和能力的核心。"②因此家长要与青少年经常进行交流、谈心，不断提高他们的情商，让青少年经常能找到倾诉的对象，让他们很自然地表达自己的情绪情感体验，这样他们才能在今后的面众交流中善于表达自己的情绪与情感，有效防范面众恐惧的出现。

（五）家庭要注重对青少年自信心的培养

性格的核心是一个人的自信心，有了自信，青少年才敢说敢做，才能有所进步。要想超前防范、避免和克服青少年的面众恐惧，提高青少年的素质，自信心起着决定作用。在家庭中，父母要善于客观地去发现并表扬青少年的优点，但也不能回避青少年的缺点，更要做到事事赏罚公平，要多让青少年去体验各种实践生活，在实践活动中去培养青少年的自尊与自信。有了自尊自信，青少年才能有勇气在各种面众学习生活交流场景中敢于表现自己、展示自己的才华，有效避免面众恐惧，做到超前防范。

家长要真正爱孩子，真正帮助青少年提高自信心，就是要给青少年经常锻炼的机会，尽量让青少年去做一些力所能及的事，让青少年在不断的自我锻炼中去提高各方面的自信心。家长要做到遵照客观规律，积极创造条件，让青少年在锻炼中不断提高自己，建立起较强的自尊与自信心，这才是父母教养中应该采取的正确做法。而如果父母们可以经常启发青少年学会去自己解决遇到的各种问题，这就非常有助于提升青少年的逆境情商、增强青少年的自信心。放手让青少年自己（独立）去处理一些事情，让他们在一次次挫折体验中提升逆境情商，在一次次的成功体验中提升自信，这样非常有利

---

① 刘建霞.为什么要在家庭中对幼儿进行情感教育[J].太原经济管理干部学院学报(S1)，2004：143—144.

② 丹尼尔·戈尔曼著.耿文秀，查波译.情感智商[M].上海：上海科学技术出版社，1997：212.

于超前防范他们的面众恐惧。

（六）要教孩子学会说“不”

在与人面众交流交往时，青少年为了友谊、面子，或因胆小、不懂得拒绝的技巧，常常使自己处于被动，产生面众交流恐惧，甚至因此影响到自己的生活和学习，形成怯懦的性格。而青少年要做到超前防范面众恐惧，当他们遇到一些自己不能接受的情况时，就应该勇敢地把“不”字说出口，作为生活在群体中的人，即使是孩子，很多事情他都要去面对，都要在面众场合敢于去表达自己不同的想法与意见。当他们渐渐长大，他们就会明白，虽然“不”比“是”有时更难说出口，但是当他们发现能够不说违心的话，不做违心的事时，会生活得很快乐，不会拒绝的人，会感到人际交往是一种负担，会在诸多面众交流情景中产生恐惧感。因此，家长应该教青少年学会在什么场合可以说“不”，教会他们在不同的面众场合正确发表自己不同的看法，而不是一味地顺从别人。生活中，有些青少年做事很有主见，具有很强的自信心，但有的青少年却比较胆怯和懦弱，总被他人左右，这样的青少年其实内心很痛苦和焦虑，存在严重的面众交流恐惧，如何帮助他们做到超前防范面众恐惧呢？要教会这样的孩子学会说“不”，并且把这个习惯保持下去①。适当减少人际交往带来的心理负担，有利于减少面众交流活动中焦虑情绪的出现。

第三节　学校要在超前防范面众恐惧中扮演重要角色

学校作为青少年受教育的最主要的场所，应在塑造青少年良好性格并在超前防范面众恐惧方面起到重要作用。各级各类学校应该发挥各方面的教育作用，把塑造青少年的良好性格渗透到德、智、体、美、劳等各项课程与活动中来。

一、对少年儿童采用正确游戏的方式超前防范面众恐惧

少年儿童的游戏具有情节性，内容丰富，形式生动活泼，能满足儿童运动、竞赛、娱乐、模仿、认知、交往、审美等多种心理需要，是他们经常运用且非

① 邓敏. 谈家庭对儿童人际交往社会化的影响[J]. 科教文汇，2012（29）：73—74.

常喜爱的活动之一。在游戏中他们能主动去创造和发挥自己的聪明才智，更为重要的是，他们能在不同的游戏交往中体验拼搏奋斗及乐趣，在获得乐趣的同时能主动大胆地展示自己的才艺，在发言与交流上得到更多锻炼，以及感受到与同伴团结互助、共同完成任务以及受到同伴认可的愉快，这些都能很好地增进他们的身心健康和促进他们的社会交往交际能力，而且能开发他们的智力，培养他们良好的合作品质，从而实现对面众恐惧的超前防范。

（一）让所有的少年儿童都愿意且都能参加到游戏中来

为了让少儿所有的少年儿童都愿意且都能参加到游戏中来，教师需要从多角度考虑游戏的形式，更多地使游戏具有普及性和推广性，同时也要适时加以引导。比如，对于一些平时很少说话、胆子小的儿童，要多鼓励其参与一些具有较强交往性的游戏，尽量让所有的儿童都能够在游戏中相互交流，敢于去表达自己的想法。儿童大多比较喜欢有趣的传话游戏，就是让参与游戏的第一个人说一段话或一句话，然后依次讲给下一个人听，当最后一个人把话传到第一个人那里时，原话往往已经面目全非了，这种寓教于乐的游戏方式，既让每个儿童都有说话的机会，也让他们学会认真倾听和表达，使得儿童在游戏中的面众表达能力得到很好的锻炼，多次的鼓励也有利于增强其自信心，从而有益于防范面众恐惧。

（二）少儿教师在游戏中要体现民主平等原则

儿童的游戏，特别是儿童与成人之间的游戏，在制定游戏规则时，要尤其重视民主平等的原则和态度。大家都知道，成员对规则的遵守关系着游戏的顺利进行。在游戏中，没有人有特权，违反了游戏规则就要受到惩罚，甚至被要求退出游戏。我国目前独生子女非常多，在没有兄弟姐妹的家庭环境中，这些儿童大多缺少与同伴同龄朋友交流交往的可能，生活中比较娇惯，个性相对较孤僻，缺乏关心、谦让、协商、分享等品质，也缺乏与同伴交往的经验，这直接导致他们在游戏中常常会犯“唯我独尊”的错误。而过度的自我中心，更会让自己被疏远。因此，少儿教师的重要责任是让儿童意识到，平等的伙伴关系是开展游戏的重要前提，必须让他们去平等地与别人交往，得到更多同龄人的青睐，才能有更好的心态和更多的机会去与别人去交流，有效防止面众恐惧。

（三）少儿教师创设丰富的面众交流游戏情境

少儿教师应多为儿童创设交流讨论的机会。一方面，少儿教师可联合家长尽量多地组织班上的儿童一起去其他儿童家里做客，或经常带少年儿童出去参加一些课余活动，如郊游、爬山等。另一方面，交流的对象需要多样化，表现为不同的职业、年龄，如小区的门卫、园丁，以此锻炼儿童的表达能力，训练他们的果敢和平等观念。值得注意的是，少儿教师提供的人际环境应当是健康的、正面积极的，渗透正确的认知态度，如教导儿童学会与人分享，讲诚信、守信用等。在面众交流的游戏情境中，少儿教师强化儿童在游戏中的正确表现十分重要，少儿教师应对儿童在游戏中的表现进行适时适度的评价，对一些良好的道德行为，如乐于助人、诚实守信等，要及时加以表扬，以树立榜样形象来强化儿童的认知，让他们知道只有正确的人际行为才能得到肯定与赞赏，这种强化可以鼓励儿童在人际交往中采取正确的行为与语言。同样的，对于那些不正确的行为表现，如撒谎、取笑他人等，也必须及时地指出、批评①。这样，通过少儿教师在丰富的面众交流情境中培养教育少儿，他们的面众交流能力可得到不断提高。

（四）合理安排儿童在游戏中的分组成员

由于低年级学生形象思维占优势，模仿能力和从众心理强，集体观念、自我约束能力和相互协作意识较差等原因，安排游戏人员时，为了让每个儿童一开始就能积极参与游戏，抓住多表达的机会，少儿教师在游戏开始阶段应该指导学生分组，最好不要仅仅依靠平时关系的亲疏来划分小组，这样容易影响同学间的交往。随着学生们的互相熟悉，可以让他们自由结组，这样既可以在他们生活学习之时，也可以在游戏中结识更多的朋友，从而增加愿意与他人表达的积极性。例如，在玩某些角色扮演的游戏时，学生可能对角色的选择会有些偏向，这不利于更好地交流。因此，这种情况下可以让学生们要么所有人都轮流当角色，要么组织他们好好交流到底谁更适合做某个角色。游戏的分组任务可以使他们树立协助意识，自己是独立的个体但同时也是组员，关系着整个游戏的过程，体验在游戏中畅所欲言的快乐，多与同学沟

---

① 蒋英. 论游戏对儿童人际交往能力的影响及运用策略[J]. 现代教育科学（普教研究），2012（6）：35—36.

通和交流往往会有意想不到的收获，这无疑对防范他们的面众恐惧有益。

二、发挥课堂教学中各科教师的榜样作用促进青少年的面众交流

课堂教学是各科教师发挥自己的人格魅力和榜样作用的重要场所。教师既可充分利用首应效应、晕轮效应等培养师生情感，也要创造严肃又和谐的课堂氛围。教师需要严格履行教师的责任和义务，热爱关心和尊重每一位学生，公平公正地处理他们的每一个正当要求，对每位学生提出的意见和建议要认真考虑仔细回答，并与学生建立良好的师生关系。要心胸开阔地对待屡屡犯错的孩子；要用微笑和鼓励的眼神来对待不敢表现和畏缩的孩子；要用严厉的眼神制止想要捣乱的孩子；当他们和同学闹不愉快时，要冷静对待，问清原因给予处理；对与同学友好相处的学生要给予鼓励和赞扬，并在全班表扬这种积极向上的行为。教师要善于用语言和非语言的方式来表达对学生的感情，还要尽可能地进入学生复杂的内心世界，分享学生的喜怒哀乐；学生感到孤独失望气愤时，教师要善于和学生沟通并排解学生的不良情绪。教师对学生的热爱负责和尊重，不仅会赢得学生对教师的爱，也为形成亲密真诚的师生关系奠定了基础。课堂教学中教师要利用形式多样的教学方法和灵活多样的教学内容来促进学生良好性格的塑造和人际关系的发展①。而这种良好性格的塑造和善于处理人际关系、表达正确的人际行为，同防范面众恐惧有很大关系。

课堂教育不仅是传授课本知识的场所，同时也可以作为培养青少年性格和加强青少年交流交往能力的渠道。首先学校要用各种心理健康知识培训每一位老师，特别是班主任老师，让每一位老师都有相应的心理学知识功底，了解学生的心理发展特点，并按照学生的心理特点来指导教育他们。其次，每一个任课教师都要有承担培养青少年良好性格和交流能力的责任。作为教师，在课堂中给学生更多的发言机会，不随意打击学生发言的积极性，不批评答错的同学而要鼓励他们敢于回答问题，老师的鼓励行为对青少年的面众交流行为有很大积极作用。同时，在课堂上教师要以合作者的身份，以朋友

---

① 赵建友．谈体育教学中如何培养小学生的人际交往能力[J]．中国校外教育（中旬），2012（12）：164.

的心态热爱、欣赏、尊重和宽容学生。要珍视学生思维的独创性，善于倾听学生的心声，与学生友好交往、亲切相处、平等对话，给学生创造一种敢想、敢说、敢问、敢做的课堂氛围，让学生充分感到心理的安全感和自由感，使学生勇于、乐于、善于表达自己的思想认识和情感，为面众交流场合积累更多的积极精神体验和实际经验。对于学困生，任课教师可以通过鼓励和表扬，如一个赞许的眼神，一句激励的话语，一个真诚的微笑，一个恰当的手势等，以激起他们的上进心，增强他们的自信心，鼓励他们参与课堂学习的热情。任课教师要让课堂成为教师与学生、学生与学生思想碰撞的场所和心灵对话的舞台，真正让学生思想自由，让课堂民主，真正让学生成为学习的主人和课堂中的主角。要创设条件，让学困生和胆怯的学生在课堂上得到教师与同学的尊重与认可，这样，胆怯没有自信心的学生或者是学困生，才能在课堂上面众交流，还要鼓励和锻炼他们更好地应对别的面众场合，并取得良好表现。

三、学校要对青少年加强主动面众交流意识的培养

由于青少年认知的偏差，不能对自己有很好的自我认知水平，从而导致自己不能以正确的态度去与别人交流交往，对许多交流场景产生恐惧。所以从学校到老师都要对青少年加强正确的认知教育，调整他们的认识偏差，要通过课堂教学与实践调查等活动来让他们正确地认识自己与周边事物的关系，分辨是非好坏，同时通过对自信心的辅导，让青少年不至于过度关注自己或过度在乎别人对自己的评价，避免在面众交流活动中出现过度的焦虑情绪。

学校要把培养学生树立主动交流表达的意识始终贯穿于各科教学中。交流交往以及发言表达能力，除了受遗传因素影响外，很大程度上是在后天的社会生活中逐渐培养锻炼起来的。研究表明，人的意识对人的行为有支配作用，要在后天的社会生活中形成各种交流交往能力，就需要个体有意识地去和别人交流交往。在现实生活中，许多学生人际交往能力差，有发言表达上的恐惧感，这其中的一个重要原因是不愿和别人主动交流，即没有锻炼自己交流表达能力的意识。因此，学校各科教师要把培养学生主动交流交往意识作为一项重要工作来抓，并贯穿于整个课堂教学始终，让学生脑袋里时时刻刻有主动交流表达，有主动发言表达的欲望。这就有利于学生在实际行动

中去和别人交流交往，从而培养他们的交流交往的能力①。各科教学都要培养青少年学生对交往对象主动热情的态度，即培养学生主动交往的意识。教师要通过引导学生开展阅读名人传记活动让他们了解社交能力的重要性，组织丰富多彩的班级活动让学生获得交往的乐趣，给学生提供参与机会让他们获得成功的体验等方法来培养学生的主动交往意识，让他们勇于交往、善于交往，摆脱被动交往②。这种主动交流表达的意识和行为更能从根本上做到超前防范面众交流恐惧的作用。

四、全面加强班级班风的建设

班集体是青少年学习和生活的基本单位，也是塑造青少年良好性格的主要环境。好的班风可以促使每一个同学在这个小环境里积极改变与成长，还能促进广大青少年的集体意识，能自觉营造一个良好的学习生活与人际关系和谐的环境氛围，有利于青少年之间的相互交流与交往，形成良好的性格，从而有效避免面众恐惧。要把避免面众恐惧和加强班风建设结合起来，要从规范班级体的各项制度和师生之间的各种交往交际入手，来增强每个学生的面众交流机会，以此增强他们的面众交流能力。

1. 教师特别是班主任老师，要在整个班集体中尽可能地创设支持性的沟通氛围，班级成员之间要建立一种和谐、友善、健康的人际环境，这样才能使学生在融洽愉快的人际交往中获得积极的情感体验，进而最大限度地展现自己的能力和水平，以有效预防面众恐惧的出现。

2. 班主任要增强集体的吸引力，沉淀爱的温暖，凝聚集体智慧，激发学生参加各种文艺组织表演活动以及社交活动的欲望。让学生自觉地打开闭锁的心灵，使其乐于去交流交往，进而敢于去表达思想和展示才能。同时，为了使学生积极参加交流交往，班主任老师还应对班上的每个学生进行具体分析，找出他们各自的需要。例如，对后进生应多给予表扬，鼓励他们在课堂上多发言或多回答较容易的问题，提高他们在班上的地位；为自卑的学生多提供参与机会，让他们尽量多地获得成功的体验，增强他们在交流交往等上面

---

① 郑鹏. 思想政治课教学中学生交往能力的培养[J]. 教育教学论坛，2010（1）：136.

② 齐恒. 浅析青少年学生积极人际交往能力的培育[J]. 合作经济与科技，2012（20）：106—107.

的自信心。让每个学生在参与各种表达发言以及与人交流交往方面都不同程度地得到应有的发展和提高。尽量使每个学生都能够大胆自信有准备地在面众场合发言,实现面众成功。

3. 实行班干部轮换制度或班干部轮流值周制度,让每个学生在担当责任的过程中,提升和锻炼自己与其他同学交流表达的能力。同时,在此过程中也为每个学生提供与学校领导、老师交往的机会,扩大纵向交流领域①。这样每个青少年在学校都能有与同学与教师或领导交往的积极体验,有效做到超前防范面众恐惧。

五、通过培养青少年的合作学习来超前防范面众恐惧

合作学习是一种开放的教学模式,学生的主体作用体现在对问题的探究、发现和解决的深度和方式上。在新课程理念指导下,合作学习让学生获得更多思考空间和自由表达的机会,学生的思维灵活变通,在学习中也相互激励,因此在合作学习中增强了人际交往,极大地提高了在面众场合的交流交往表达能力,从而促进矫治面众恐惧。

要在学习中多采用合作学习的方式,让青少年在合作学习中领会合作交流的作用,在合作学习中得到积极发言、讨论和思考的锻炼。对于大班额教学的课堂,任课教师应该多组织分组讨论、合作学习、观点辩论、知识竞赛、课本剧表演等活动,尽量让每个学生都能在交流发言中得到锻炼;而对于小班额的课堂教学,任课教师可以把座位安排成半圆形和马蹄型,这样就能为学生提供更多的在课堂上展示自我、面众发言交流的机会,这样慢慢地减少面众恐惧。

在学校的教学活动应该努力创设合作式学习的情境,切实为培养学生的合作学习意识与交流交往表达能力搭建舞台。

1. 营造平等的合作学习气氛,激活学生交流表达的心理。学生在交流交往中,常常表现出不会倾听、不敢表达、不善言辞、不能流利地与他人交谈等不利的交流表达技巧。合作学习则营造一个平等、民主、温馨、融洽的气氛,创设一个生动、活泼、有趣的交际环境,让学生产生强烈的交流欲望,乐于交

① 凡莉. 浅谈中学生社交能力的发展[J]. 经营管理者,2009 (14), 324.

流交际，善于表达展示自己，从而能很好地去培养学生的交流交往、表达展示个人才艺能力，能很好地防范面众恐惧的出现。

2. 在合作学习中，可以让学生相互理解、共同完成任务。这有利于培养学生在交流交往中实现自己的价值和创造力的发展，让他们有成就感和使命感，使青少年在进入大学阶段后更快地适应大学校园环境，从而做到面众成功。

首先，要培养学生在合作学习中的责任感。在合作学习中，每个学生都是不可或缺的成员。每位学生在享受合作学习的成果时也要承担一定的责任，因为只有所有的成员都竭尽全力，展现出自己的优势与能力，他们的合作才能成功。

其次，要培养学生在合作学习中的依赖感。合作中的依赖感是指相互合作的成员要想取得最终的成功，不仅仅要竭尽全力，承担个人的责任，同时，还要正确评价他人在合作中的价值。俗话说：尺有所短，寸有所长，让学生真正从与别人的交流交往的体验中，以及在别人面前展示自己时所体会到的不足中，去思考如何提高改进自己，以有效防范面众恐惧。

3. 为学生提供了更多的锻炼机会，促进了学生的全面发展 。根据马斯洛的“需要层次理论”，学校是满足学生需要的最主要场所。学生到学校里学习和生活，主要是出于自尊和归属的需要。小组合作学习在课堂教学中为学生创设一个能够充分表现自我的氛围，为每个学生提供更多的表达自我的机会，使之在小组中相互交流，彼此尊重，共同分享成功的快乐，让每个学生都能在交流交往中进一步发现自我，认识自我，使他们的主体地位不断得到肯定与提高，以促进学生的全面发展，这就能从根本上防范面众恐惧的出现①。

六、培养青少年的自尊、自信、自重、自强不息的精神，促进自我肯定以防范面众恐惧

学校和老师要采取各种途径帮助学生对自身价值持积极肯定的态度，帮助他们以欢快进取的态度和行为去对待生活与人生。要通过各种有意义的

---

① 杨洪萍. 浅谈合作学习中人际交往能力的培养[J]. 科学咨询(中旬)，2012 (9)：23.

实践活动来培养青少年的自强素质,想方设法消除青少年的各种自卑、懦弱等消极性格特点,形成良好的性格特征,以积极有为的心理避免面众恐惧。

（一）学校应该教给青少年交流交往的规则知识增强其面众交流的自信心

青少年的人际关系以垂直关系为主,学前期最密切的是父母,进入学校接受教育后对教师特别是班主任的信任超过父母,与班主任老师的交往成为他们上学后与成人交往的主要形式。由于青少年成长过程中是不断地在陌生环境开始交流交往的,他们的人际交往规则也需要在实践过程中学习,因此教师要根据青少年发展特点,适时适地因人而异地教给青少年正确的人际交往规则,如友爱互助、平等合作、尊重同学等。让他们在掌握比较好的人际交往规则后,增强自尊与自信心,从而更加积极地去与别人交往交流,从而有效地超前防范面众恐惧①。

（二）教师应该特别关注比较内向学生的自信心培养

每个班级中总有一些不爱说话、沉默寡言、喜欢独处的学生存在,他们自我封闭,往往对任何事情都漠不关心,如果任其这样下去,往往会产生抑郁、自卑等心理,因此学校教师特别是班主任老师应该专门为这些学生提供交流表达的机会,使他们融入班集体这个大环境中,感受老师和学生的关心和温暖。对这些学生不能总是批评,教师应及时去发现他们身上的闪光点,多用启发性的语言和他们沟通,消除学生对老师的畏惧感,使学生能够主动认真地去解决问题,将学习变成主动的探究活动,从中受到启发,进而获得信心,收获交流交往表达能力②。为了最终有效防止这类比较内向的学生产生较严重的面众交流恐惧,可采用以下一些做法:

1. 为交往孤独者找一两个小伙伴。交往孤独者不善于找小伙伴玩耍,因此老师应该帮助他们挑选一两名性格开朗、主动接受他人的同学作为伙伴,可以上课同桌下课同玩。这样在不断的接触中,消除其害怕交流交往的心理障碍,从而打开心扉去面众交流。

2. 组织交往活动。对于交往孤独者,在与同伴交往中,按老师的指导规

---

① 赵建友. 谈体育教学中如何培养小学生的人际交往能力[J]. 中国校外教育(中旬), 2012 (12): 164.

② 李闯. 如何提高中学生口语交际能力[J]. 学周刊(B), 2011 (2): 41.

范自己的行为，初步获得成功时，教师要不失时机地指导他们扩大交流交往的范围，学会与更多的人交往，如指导交往孤独者学会邀请班里的同学到他家做客，学会接受别人访问的礼仪，让更多的同学了解他，在了解的基础上建立友谊。这样分层次的指导，反复几次能使那些交往孤独者逐步走出低谷，走到集体中去感受快乐①。

七、发挥课堂的多重作用来防范面众恐惧

（一）开展互动式教学

互动式教学是一种民主、自由、平等开放式的教学，它的内在本质是让学生的主体地位在课堂上得到落实和凸显。只有让学生真正成为课堂的主人、学习的主人，互动式教学才能有效开展。互动式教学是一个全面的过程，要促使每个学生都积极参与其中，绝不能只局限于教师与个别优秀学生之间。面对不主动发言的学生，教师可以采取“抛绣球”的方式，触动他们思考回答问题，或者采取强硬的点名回答方式。互动教学的全员性和广泛性，能实现教学互动向更深更广的方向拓展，使全体学生的交流表达能力得到培养和锻炼。推动互动式教学，必须改变传统的观念，确立学生的疑问意识。同时，应尊重学生提问，鼓励学生积极大胆提问，激励他们从不同角度，不同侧面，用不同方法解决问题，从而引导学生主动积极地面对自身的问题②。开展互动式教学是超前防范面众恐惧非常好的行之有效的教学模式。

（二）通过兴趣小组交流学习，搭建学生交流展示的小平台

教师以学生兴趣学习小组为重要的教学组织手段，通过指导小组成员展开合作，发挥群体的积极功能，提高个体的学习动力和交流表达能力。兴趣学习小组可以培养学生的交流交往能力，教师在班上设立兴趣学习小组时，每个小组必须由一定数量的学生组成。学生在参加兴趣学习小组时，可以经常互相接触，研究学习，探讨问题，有利于培养学生的人际交流交往能力。不过，任课教师在分兴趣学习小组时，应该考虑到有意识地把善于交往的学生和不善交往的学生分在一起，这样有利于善交往的学生带动不善于交往的学

---

① 李红伟. 浅谈小学生交往能力的培养[J]. 教育实践与研究，2002(9)：17.

② 肖温雅. 课堂教学中学生人际交往智能培养探析[J]. 科技信息，2011 (24)：601—603.

生。小组交流学习改变了在传统集体教学中的师生单维交流模式,教师垄断了课堂的信息源而使学生处于被动接受的局面,学生的主动性、创造性也因此难以充分发挥。小组交流学习创造了学生相互认识、相互交流、相互了解的机会。在小组内部的交流学习中,他们学会了主动积极地把自我融于群体之中,有组员一起的学习和活动,使他们都感到难以离开这和睦团结的集体,从而培养了他们的合群性,也具备了社会适应性的基本素质。

1. 在兴趣小组交流学习中,老师要做好组织、准备工作,如活动的目的、要求、内容、所需的材料等,同时要注意学生任务的调配,让他们实际工作能力的潜能得以充分地发挥,做到人事匹配、人尽其才,实现资源的有效配置。小组交流学习,首先要使学生在小集体中相互适应,能在小组交流中敢于发言,敢于表达自己的想法,敢于在这个小集体内面众交流(肖温雅,2011)。通过在这个小集体中锻炼面众交流、面众发言等,再逐步过渡到班集体中的面众交流,从而达到有效地帮助他们面众交流成功,超前防范面众恐惧的出现。

2. 口语课上要发挥兴趣小组交流互动学习的真正作用。在许多情况下,口语课往往是以表现积极或是爱说的学生为主体,整个课堂只针对少数人,于是口语交际教学就变成了少数学生表现自我的舞台,无法兼顾所有的成员。针对这种普遍现象,教师应改变教学策略,保证每个成员都有锻炼提高的机会和空间,可以让学生以小组为单位,采用多种形式,如小组辩论、剧本扮演、演讲比赛、你问我答、课堂解说等活动,使学生充分融入教学中来,让学生都能感到自己的责任,在互相帮助和交流中积极参与到活动中,从而有效预防面众恐惧。

小组合作培养了学生善于听取别人意见的好品质。通过小组合作学习,使学生感到要想使自己在学习上有所收获,必须做到组员之间相互帮助,相互取长补短,虚心听取别人的意见,从而培养了小组成员善于倾听别人的意见、帮助本组成员共同提高的好品质。小组合作学习有利于促进学生的社会性发展和健康个性的养成,这无疑有利于他们的人际交往能力的养成,有效防范面众恐惧心理(肖温雅,2011)。

(三)多开展问题讨论的教学方式

通过在问题讨论中培养学生的交流表达能力以防范面众恐惧。问题讨论指的是由两个以上的人在一起对某个问题进行讨论，发表不同见解，最终达成共识的活动。这是人与人交流沟通的重要渠道，有利于培养交流、交往和表达的能力。因此，课堂教学中教师要大力利用问题讨论来培养学生的能力，可以在上某一教学内容时，利用教材上的"想一想"、"议一议""探究题"等让学生讨论，发表自己的见解。教师也可以利用设问或学生提问进行讨论。学生经常举行问题讨论，会增加学生之间的沟通，交流表达能力就会慢慢培养起来①，面众恐惧也可以得到有效预防。

（四）通过集体思考来激发学生个体表现欲和创新思维防范面众恐惧

头脑风暴法，又称智力激励法或自由思考法（畅谈法、畅谈会、集思法）。它是无限制的自由联想和讨论的代名词，其目的在于产生新观念或激发创新设想。其中被认为最好的行动方法之一就是头脑风暴法集体讨论。头脑风暴集体讨论法是在班级或团组中，对一个议题或问题概念以及与主题相关的任何事情，尽可能多地最大限度发表不同的看法、意见或建议。它从不忽视任何来自微弱声音中的建议，并且所有的意见和建议都被记录下来，老师和主持人只能在头脑风暴集体讨论结束以后才予以评价。头脑风暴法在激发人的创新思维的同时，能调动学生个体的积极性与主动交流表达的愿望，有利于培养学生在群体中的表现力。头脑风暴集体讨论法对超前防范面众恐惧主要体现在以下几个方面。

1. 热情感染。在不受任何限制的情况下，集体讨论问题能激发每一个学生的热情。班级体内人人自由发言相互影响、相互感染，能形成热潮，突破固有观念的束缚，能最大限度地去调动每一位学生积极发言表现，并且能使每一个学生发挥创造性思维能力。

2. 竞争意识。在这种有竞争意识的情况下，学生们都会积极思考，争先恐后，竞相发言，不断地开动思维机器，力求有独到见解，新奇观念。心理学的原理告诉我们，人类有争强好胜心理，在有竞争意识的情况下，人的心理活动效率可增加或更多。

3. 联想反应。联想是产生新观念的基本过程。在集体讨论问题的过程中，每提出一个新的观念，都能引发他人的联想，相继产生一连串的新观念，

① 郑鹏. 思想政治课教学中学生交往能力的培养[J]. 教育教学论坛，2010（1）：136.

产生连锁反应,形成新观念堆,在激起每一位同学愿意表达自己想法的同时,为创造性地解决问题提供了更多的可能性。

4. 个人欲望。在集体讨论解决问题过程中,个人的欲望自由,不受任何干扰和控制,是非常重要的。头脑风暴法有一条原则:不得批评仓促的发言,甚至不许有任何怀疑的表情、动作和神色。这就能使每个学生不再担心害怕面众交流的失误,而是畅所欲言,提出大量的新观念。

(五)通过各种情景模拟让每一个学生都有表演展示的机会来防范面众恐惧

情境模拟教学是指在教学过程中,教师有目的地引入或创设具有一定情绪色彩的以形象性为主体的生动具体的场景,以引起学生一定的态度体验,从而帮助学生理解教材,并使学生得到发展的教学方法。情境教学法的核心在于激发学生的情感。根据教学任务、班级特点及教师本人特点,选择创设情境的途径来培养青少年的交流表达能力,在情境中体验不同的情感体验,学会与他人沟通的技巧技能,最终具备面众成功的能力。创设情境主要有三种形式。

1. 表演体会情境

情境教学中的表演有两种,一是进入角色,二是扮演角色。"进入角色"即"假如我是课文中的某某";扮演角色,则是担当课文中的某一角色进行表演。由于学生自己进入、扮演角色,课文中的角色不再在书本上,而是自己或自己班集体中的同学,这样,学生对课文中的角色必然产生亲切感,很自然地加深了内心体验,在通过体验课文中的情感的同时锻炼了展现自我、表达自我能力,同时这能够使青少年超前防范面众恐惧。

2. 语言描述情境

情境教学十分讲究直观手段与语言描绘的结合。在情境出现时,教师伴以语言描绘,这对学生的认知活动起着一定的导向性作用。语言描绘提高了感知的效应,情境会更加鲜明,并且带着感情色彩作用于学生的感官,学生的主观感受会得到强化,从而内心体验的情感强烈,把自己融入了特定的情境之中。学生在沉浸特定的情境之后,敢于去忘我地表达与交流,锻炼面众交流的能力。

3. 音乐渲染情境

音乐的语言是微妙的，也是强烈的，给人以丰富的美感，往往使人心驰神往。它以特有的旋律节奏，塑造出音乐形象，把听者带到特有的意境中。用音乐渲染情境，并不局限于播放现成的乐曲歌曲，教师自己的弹奏、轻唱以及学生表演唱、哼唱都是行之有效的办法。关键是选取的乐曲与教材基调上的意境以及情境要对应协调。

情境教学，是在对社会和生活进一步提炼和加工后才影响学生的。诸如榜样作用、生动形象的语言描绘、课内游戏、角色扮演、诗歌朗诵、绘画、体操、音乐欣赏、旅游观光等等，都是寓教学内容于具体形象的情境之中，其中也就必然存在着潜移默化的暗示作用（肖温雅，2011），他们在经过这种陶冶之后，能够充分地展示自我，防范面众恐惧。

八、开展丰富的课外活动与社会实践活动

学校要让青少年在参与更广泛的交流交往的活动中，体验到情感表达的美好，懂得协同合作的重要，丰富多彩的交往不仅可以扩充认知视野和优化认知结构，还可以增进相互理解、开阔胸怀，加强青少年的各种交流技巧。注重社交意识和交往能力的培育是性格塑造和预防面众恐惧的重要措施，学校和班级可以有计划地组织文娱联欢活动、体育竞赛、旅游参观和社会调查等活动，从中增强学生主动交流交往意识，培养主动交流交往习惯，锻炼面众交流交往技能①。

人文精神浓郁的语文学科要陶冶学生关照自然、社会和人生的情怀，因此，语文教师应带领或引导学生走向社会、走向生活的深处，通过多方面的协调能力的发挥，让学生的交际交流能力得到完善和提高，同时也能使学生增长见识、受到文化、审美多方面的启迪。学校应经常组织各类语言表达训练活动，对于参赛者及获奖者给予物质奖励，并和其他学科一样给予加分优待。要提高学生的口语交际能力，还应丰富学生的语言宝库。胸有语库，文章才能生辉，说话才能生色，学生应多读书，多背多记。林肯曾被史学家评价为美国历史上讲话最优美动听、最简洁明了的人，他说过，成功的秘诀就是拿起书本仔细阅读和研究。另外，教师要引导学生走出课堂，投入社会生活中去，丰

① 吴锡改，张慧. 心理健康教育与青少年人格建塑[J]. 教育科学研究，2007(6)：43—46.

富的社会生活能提供给学生丰富的说话材料(李闯,2011)。这样可以为他们的面众交流做好积极的准备,以预防未有充足的准备而产生面众恐惧。

学校还要通过课外活动开辟口语交流交际的新途径。教科书是重要的教学内容,但不是教学内容的全部。语文是教育资源最丰富与现实生活联系最紧密的学科,所以,我们必须拓宽口语交流交际的天地,把训练的触角延伸到学生生活的每一个角落。开展校内的口语交际活动,要把语文的课外活动与学校实际、语文教学、语文兴趣小组相结合,可采用多种形式的口语训练;要开展丰富多彩的社会实践活动,为学生提供丰富的口语交际素材,组织学生走进社会,走进生活,比如可以让学生利用课余或节假日到商场或百货店等进行调查,了解商品的名称、质量、行情等。让学生们接触社会,熟悉生活,通过这些活动,使口语交流交际训练与社会生活紧密联系在一起,既让学生学到了课堂上学不到的知识,又有效地提高了学生的口语交流交际能力①。说话技巧是交流的基础,训练口语交流交际能有效防范面众恐惧的出现。

最后学校也要为学生交往创造条件,比如可以开展"小记者"采访活动,城乡少年"手拉手"活动等,让学生在各种角色中学习。如设立"模拟演播室",让学生担任导演、播音员、编辑、摄影师、灯光师,让学生体验角色的喜怒哀乐,能按角色定位发挥自己的作用。语言是交往沟通的主要媒介,语言训练要课内课外双管齐下,并加大训练强度。在课内,适当增加一些朗读训练来丰富学生的语言,增强学生的语感;在课外,通过"故事会"、"演讲会"等活动,提高学生口语表达能力②。这种活动可以激发学生参与表演活动的兴趣,学生在表演中适应不同角色,增强面众交流能力和表达力,以防范面众恐惧。

九、开设交往课程、传授交往基本礼仪和交往技能

通过正确的方法和途径培养中学生的人际交往交流能力,引领中学生建立良好的同伴交往,应该是中学教育的课程体系的重要内容。学校通过课程进行人际交往交流教育,既包括人际认知教育、健康情绪教育、人格教育,还

① 范军. 浅谈小学生口语交际能力的培养[J]. 教育教学论坛, 2011 (16): 163.

② 苗玲. 小学生交往能力培养初探[J]. 连云港师范高等专科学校学报, 1998 (4): 87—88.

应该包括交往沟通技巧的教育。学校可立足于德育、历史、语文等文史学科,传授有关同伴交往认知方面的知识,如交往礼仪、沟通技巧、评价自我和评价同伴的方法等。心理健康教育课应在培养学生与同伴交往过程中积极的交往情感、交往意愿和交往耐心等方面发挥积极作用,同时为解决交往矛盾、疏导交往障碍、排除交往困扰等方面提供有效的指导。有条件的学校还可设立专门的校本交往课程,针对本校、本年级、本班同学存在的交流交往问题,设置切合实际的同伴交往教育课程,站在课程高度来审视并解决中学生的同伴交往问题①。在学校开设相关的沟通交流课程,沟通交流不仅是语言的交流,还要有情感的共鸣,这样才能有效地避免面众恐惧的出现。

在沟通交流课程的教学活动中,要给学生传授主动交往的技巧。教师要让学生在日常生活中学会记住别人名字,见面主动与人打招呼,主动关心别人,主动为别人排忧解难等基本的人际交往技巧同时,还要让学生在与人交流中学会寻找彼此的共同点,引起双方都感兴趣的话题。主动不等于话多,不要遇到自己感兴趣的话题就喋喋不休,要学会尊重别人的话语权,学会倾听。要让学生学会献出自己的热忱。教师要让学生明白,热忱能给他人以莫大的激励和鼓舞,让人倍感亲切。这种热忱源于兴趣,与人交谈要表现出对他人的兴趣,要经常和对方保持目光交流。听别人说话时要正视对方,用自然真诚的表情来呼应,并且在与人交流时要经常给人以友善的微笑②。这些小技巧的学习会大大提高人际交往的魅力,增强面众交流的积极性而实现面众成功。

十、在青少年的体育活动锻炼中超前防范面众恐惧

体育锻炼活动可以帮助青少年提高各种心理品质,能帮助青少年在体育活动中培养互相协调、密切配合和共同努力的素质,并且青少年还能从各种体育锻炼中获得良好情绪的体验以及人际交往能力和自信心的培养,因此学校要在课堂内外开展各种丰富多彩的体育活动③。

---

① 乔深. 构建中学生良好同伴交往的学校教育策略[J]. 现代中小学教育, 2013 (11): 7—8.

② 齐恒. 浅析青少年学生积极人际交往能力的培育[J]. 合作经济与科技, 2012 (20): 106—107.

③ 朱昌军. 体育教学对学生心理健康的积极作用[J]. 吉林教育:高教,2011(5): 45.

（一）利用运动竞争杠杆培养学生的交流交往技能

体育教学中往往贯穿着众多的游戏活动与体育比赛,如何在比赛过程中进行人际交往,值得探讨。比赛过程的本身就是学生团结合作、奋力拼搏、挑战自我的过程,在这个过程中建立的感情也是极其深刻难忘的。在教学比赛中有团体比赛,有个人比赛,还有参赛、观赛等。当团体比赛时,如何为本团体争光是每个团队队员思考的问题,比如要让具有比赛经验的同学负责本队队员的技战术指导,选出最佳组合以赢得胜利。作为指导者的同学指挥得当,广大队员就心悦诚服,其他同学要仔细聆听,听从指挥,最终通过全队的齐心协力赢得比赛的胜利。个人比赛时,不能只为了追求胜利满足了自己的快感而忽视同伴的感受,对比赛失利对手的尊重以及给予及时的语言安慰体现了运动员的比赛风格,这些都表现为良好的人际交往。而观赛的同学不仅要为本队的队员加油,也为对方精彩的表现喝彩,为对方的失利进行鼓励等。看似普通平凡的小事,如果在学校中形成习惯,将来在社会中也就会一如既往,学以致用。只要做到凡事都从小事着手,从细节出发,人际交往的道路将会越走越宽。

（二）充分利用体育活动合作规则锻炼人际交流交往能力

交往在体育教学中的学生之间合作机会很多,这是文化课无法比拟的。有合作就存在交流。合作的主要形式有两人合作、三人合作、多人合作等。基本动作技术的学习,需要同学之间的配合更是普遍。比如说篮球教学中的传球练习,一个人是无法在移动中练习传球的,必须要有同伴的密切配合才能达到较好的效果,这种合作的过程就是学生之间相互交往过程,他们可以通过语言的交流,如手势的提示、速度的协调、力度的把握等实现相互交流;还可以通过动作上的顺序与配合,如站位上一前一后地跑动等,来成功完成每一次动作实现相互交流①。通过团结合作增强交流交往能力的体育活动和游戏有很多,如老鹰捉小鸡、跳过跑绳、贴膏药、狼来了、抢地盘等。这些体育活动和游戏练习中的保护与帮助,以及“结对子”指导练习等,都可以帮助或促进学生之间相互交流,教师还要充分发挥体育委员和小组长的积极带头作用,来带动每一位学生积极主动地克服面众恐惧。

---

① 陈跃. 论体育教学促进学生人际交往的策略[J]. 运动, 2012 (5):107—108.

第四节 学校、社会和家庭应该通力合作超前防范面众恐惧

一、加强学校、家庭和社会的协作促进青少年良好性格发展防范面众恐惧

学校、家庭和社会对青少年个性的发展都有着重要的影响，加强学校、家庭和社会的交流协作，对青少年的良好性格发展有着巨大的作用，能有效帮助青少年实现超前防范面众恐惧。为此，首先要整合学校—家庭的互动模式，即在学校和家庭之间建立起一种较为稳定的活动框架，建立起学校与家庭之间互相学习、互相沟通、互相交流、互相访问的模式，教师、家长和学生都是这个模式中的主体，通过这种模式，实现中学生健康成长、家庭受益和学校发展[①]的良性互动。学校还要通过与家庭之间的互动来了解青少年在面众交流中存在的困惑与问题，并且采取相应的措施与方式来帮助青少年克服面众交流中存在的困难，从而实现帮助青少年超前防范面众恐惧。社会还要根据学校制定的各项规定与要求，向青少年提供各种积极向上的实践活动，为青少年提供各种活动平台，以此来帮助和引导青少年主动参加能在大众场合进行面众交流的文化实践活动。社会还要采取有效措施来净化各种文化市场，影视文化作品要以健康积极的内容来陶冶青少年，社会要提供更多的文化产品来促进青少年提高面众能力和技巧，帮助青少年有效防范面众恐惧的出现。学校、家庭和社会也要通力合作来促进青少年良好性格的形成，提早防范青少年的面众恐惧，帮助青少年在各阶段各时期和各种场合均能顺利实现面众交流。

二、构建学校与家长共育的交往教育模式来防范青少年的面众恐惧

在当前应试教育的大环境下，由于青少年学业负担的过重和许多家长家

---

① 佟荣颐. 中学心理健康教育“学校—家庭”互动模式研究[J]. 中小学心理健康教育，2011(21)：35—37.

庭教育观念的保守,应试成了青少年成长中的唯一目标与内容,青少年的各种面众交流交往就相应减少。而为了保证青少年能做到成绩优异,相当多的父母忽视甚至禁止青少年与同伴之间、青少年与社会人员的正常交流交往,他们或者担心课业学习,或者担心违反学校的纪律,或者怕孩子结交不良朋友,或者担心孩子早恋,这些“担心”都极大地阻碍了青少年对各种面众交流场合的参与,导致了青少年面众交流恐惧的产生。因此,学校与家长要做到有效沟通,帮助各种类型的家长改变落后的教育观念,帮助青少年在面众交流上的积极发展,做到超前防范面众恐惧。同时教师应在家校合作的教育模式中发挥引领作用,通过多种学校与家庭的联系手段如家校通、定期家长会、家校联谊活动、组织课外活动等方式,让家长知晓并重视青少年同伴交流交往以及在各种面众场合交流交往的重要性,从家庭教育观念上来实现超前防范青少年的面众恐惧。

为了促进青少年开展积极的同伴交往和面众交流,教师和家长还应共同为青少年创造良好的条件和平台,从有利于面众交流交往教育的角度去设计并组织青少年能广泛参与的各种课外实践活动,如社会假日郊游、文体活动、公益活动、社会调查等。为青少年提供同伴交往和面众交流的时间、空间及客观条件,并给予适当的面众交流交往技能的指导。让青少年在各种实践活动的体验、学习中拓展同伴交往与面众交流交往的深度与广度,提高青少年顺利实现面众交流的能力和独立解决人际冲突的能力,最终实现在面众交流中学会克服面众恐惧,这样既能促进中学生全面、健康发展①,又能帮助青少年实现面众成功,超前防范面众恐惧的出现。

心理学研究表明,良好的人际交往与沟通技巧能够增强个体的自信程度,特别是积极的自我形象和自我认知的心态会使人以开放的风貌走向人群,在处理各种矛盾时能够恰当适度、游刃有余、轻松自如。为了超前防范青少年的面众恐惧,学校、家长和学生都应重视同伴交往等面众交流交往在青少年成长和发展中的作用,引导青少年建立良好的同伴关系,进而培养青少年友善、正直、宽容、乐观等良好性格,使他们成为社会、家庭、学校所悦纳的

---

① 韩仁生,朱桂贞.中学生同伴交往的现状及其教育对策[J].当代教育科学,2003(21):48—49.

人①。这样才能从帮助青少年形成良好的性格出发，做到超前防范面众恐惧的出现。

三、以社区教育为途径，在社会实践中促进青少年的面众交流交往能力

在当前经济社会高速发展的时代，任何一个社区都是社会关系总和的一个缩影，无时无刻不在对人们起着潜移默化的熏陶作用，并对青少年的个性发展产生重要影响。由此可知，社区也是影响青少年面众交流状况的客观环境，因此探索社区教育的方法和途径，对青少年的社会化发展和面众交流能力等方面的发展具有十分重要的作用。可以通过以下一些社区教育的方式和途径来培养青少年的各种面众交流能力。例如，对于少年儿童可以开展一些“走出去”活动，即为贫困地区小朋友募捐图书、衣服；带青少年到公共场所捡垃圾、参观科技馆、医院等，开阔青少年的视野，让青少年亲身体验各种面众场合和面众情景，促进青少年的社会认知和获得积极的社交认知；同时还可以组织如“超市购物真方便”的主题活动，要求少年儿童独立与营业员交往，在购物的过程中，培养了少年儿童的社会交往能力和交流表达技能。还要合理地选择环境教育资源，为青少年提供更多的面众交流交往机会，以促进青少年的社会化发展，把实现超前防范青少年的面众恐惧融合于青少年丰富多彩的社会生活中。

四、正确引导和提高青少年的心理素质，培养其积极社交能力

（一）要加强学校、家长、学生三方面的情感沟通来提高青少年的心理素质

学生在交流交往方面的面众恐惧等不健康心理的产生，不仅有学校方面的原因，也有家庭方面的原因。为此，教师可主动争取家长的支持，使其协同工作、共同研究和解决学生在面众交流上存在的心理问题。一方面可利用家长会的形式，就青少年面众交流交往中存在的共性问题与家长进行双向交流、沟通思想、相互配合，提出积极的对策与教育方式；另一方面要通过家访

① 乔深. 构建中学生良好同伴交往的学校教育策略[J]. 现代中小学教育，2013（11）：7—8.

或个别谈话的方式,就面众恐惧特别严重的青少年等个别问题与其家长进行沟通,找出病因并密切合作找出解决问题的办法与方式。在与家长的共同努力下,将青少年面众交流中存在的各种问题消灭在萌芽状态。学校只有充分重视家庭教育的重要性以及与家长真诚、和谐地沟通合作的必要性,才能客观、全面地了解学生的心理成长过程,减少教育的盲目性。从而从多个角度提高青少年各方面的心理素质和积极的社交能力,做到超前防范面众恐惧。

(二)在学校、家庭和社会组织的各种集体活动中锻炼青少年的面众心理素质

丰富的校园生活和积极的家庭活动都能使青少年开阔眼界,完善知识结构;在各种环境中均积极参与课内外的活动能启发青少年的创造性思维,全面陶冶青少年情操,提高其面众心理素质,促进青少年个性的和谐发展。青春期是青少年学习如何与人面众交流交往的高峰期,学校与家庭通过更丰富的课外活动能够给青少年提供更多的面众交流情景与活动场所、更多的面众交流交往对象和交往内容。因此,培养青少年正确的面众交流交往观念和良好的面众交往习惯,使他们丰富的情感得以在面众交流中释放和迁移,就能不断提高青少年积极的情意素质,做到超前防范面众恐惧。青少年的心理具有相融性特点,彼此之间容易形成共同的价值观、感情需求和规范,他们能与周围人保持一种融洽、正常的交往,才能在心理上产生安全感、归宿感和自信心,才能具有较好的面众心理素质。同时,业已形成的群体心理气氛对个人品行的感染作用是巨大的,它往往决定个人的行为方向。因此,学校与家庭乃至社会都可以通过开展内容丰富的面众交流活动,例如班际、校际间的面众交流交往活动,各种有意义的公益活动、兴趣小组活动,夏令营活动等,来引导青少年增强面众交流的观念,引导他们在面众交流中提高自己的面众心理素质,让青少年学会用诚恳、公平、谦虚、宽厚的态度对待别人并与别人交流交往。在交往、交流中,要容忍别人的短处和过失,从而使别人乐于与其交往,这样就能在愉快的交流交往中有效防范面众恐惧的出现。不管是在学校环境、家庭环境还是在社会环境里,都要在青少年周围尽力建立一个良好的群体,形成积极向上、团结友爱、互相欣赏、互相包容的群体氛围,使学生健康、愉快地成长①。这样青少年才能在良好的情意素质和人格素质上得到不断发展，形成良好的面众心理素质。

积极的社交能力是在与人交流交往的过程中培养出来的，青少年在与各种不同场合进行面众交流的过程中，逐渐形成待人处事应有的态度，获得各种面众社交技能与发展社会性行为。同时，面众交流与社会交往是青少年不可缺少的心理需要，对于青少年的心理健康和塑造健全的人格，以及培养良好的情意素质和人格素质具有重要的作用。我们教师和家长要共同努力，帮助青少年学习如何面众交流交往，逐渐掌握符合社会要求的面众行为方式，进一步发展青少年的交往能力②，特别是积极的社交能力以及多方面的面众交往技能，为超前防范面众恐惧的出现打下良好的基础。

第五节 青少年在自身发展中应努力提升综合素质主动预防和克服面众恐惧

性格是一种稳定的心理特征和习惯化了的行为方式，性格在人与人交往过程中是非常重要的，青少年必须主动培养自己热情、开朗、活泼的性格，学会善于接纳他人，友善平易近人，善于理解他人，敢于面众交流。青少年从小要有宽容心、同情心、友善心和爱心，要在面众交流等交往合作中去学习他人的长处、优点，要在面众交流中锻炼与提高自己的面众心理素质，要在面众交流中提高自己的心理技巧与方法。青少年只有在自身发展中去努力提升自己的综合素质，才能做到主动预防和克服面众恐惧。

在日常学习和生活中，青少年要有远大的抱负，要经常增强与保持发展积极社交能力的主动性和积极性。青少年要从了解杰出人物的坚定信念、宽阔胸怀、乐观性格以及超群的社交才能和风度入手，并借用于自己的学习和生活实际，逐步培养和提高自身的社交能力(凡莉，2009)。青少年要在各种面众交流中去正确评价和认识自己，对自己的优势不自夸、对自己的不足不忌讳，学会谦虚并尊重别人。要知道面众交往成功的诀窍是大方与坦诚，青

① 李雪萍. 浅谈如何提高中学生心理素质[J]. 卫生职业教育，2012，30(12)：150—151.

② 付丽平. 浅谈如何培养幼儿的交往能力[J]. 学周刊：A，2012 (8)：154.

少年要时常抓住各种面众场合交流的机会、大胆展示自己。在面众交流中取得成功的保证是自信和勇气,青少年要在各种面众场合中养成自信和坚定的心理素质。另外,伶俐清晰的口齿表达、协调敏捷的动作技能、丰富广博的课外知识、聪慧的大脑、灵活的反应都是青少年取得面众成功的优良品质,青少年必须从小锻炼与提高这些品质。在面众交流中,青少年对别人的展示也要适时、适度,否则容易引起别人的反感。要培养礼貌、文明的行为,这是迈向成功展示不可缺少的金钥匙①。青少年应该在自身发展中努力提升自己的综合素质,尤其要提升良好的情意素质和良好的人格素质等心理健康素质来主动预防和克服面众恐惧。

一、青少年应该不断提高自己的品质来防范面众恐惧

在青少年的成长环境中,品质好的人总是令人喜欢和优先成为交往的对象,因此品质好的青少年的面众交流就比较顺利;而品质差的青少年却在交流交往上存在一定的困难与障碍,其面众恐惧也较容易出现。因此青少年要想在面众交流中取得成功,就必须具备优秀品质和良好的作风。如果青少年品质不好,就可能会造成性格缺陷,这些缺陷就会成为面众交流和交往的障碍。青少年要在日常生活学习中,主动养成优秀的品质,锻炼勇于面众、善于面众的心理素质,来防范面众恐惧的产生。

(一)生活学习中要充满自信

自信是战胜困难的力量源泉,是走向成功的坚强后盾。在各种面众交流场合,青少年均要充满自信心,这样才能慢慢取得面众成功。作为一个有作为的青少年,只有相信自己,才能激发自己在各方面进取的勇气,才能最大限度地挖掘出自身在面众交流中的潜力。青少年要学会运用多种方式来获得自己在面众交流中的自信心。首先,要相信自己行,要学会客观地剖析自我,善于看到自己的长处,要相信,别人能做到的,自己也能做到。其次,要正视自己在面众交流等方面的不足,改正自己的缺点,在各种面众场合中不断地调整和战胜自我,不断地积淀自信。战胜自己要从面众交流中存在的各种小问题着手,一点一点地克服自己在面众交流交往上的弱点,从而慢慢减少面

---

① 周静. 试论封闭式学校中学生交往能力的培养[J]. 宜宾学院学报, 2002, 2(1): 67—70.

众恐惧的出现。

（二）从小养成文明有礼的好品德

中国自古以来就是礼仪之邦，不学礼，无以立。青少年从小就要学会遵守语言礼仪、学校生活礼仪、朋友交往礼仪等礼仪准则，要提倡讲文明话、做文明事、当文明人。文明有礼是帮助自己顺利实现面众成功的良好品质。青少年要从小养成在面众交流中的良好礼仪与习惯，特别在面众场合，要微笑着与人相处。因为微笑表达了一种友善，微笑更是文明的标志，一个微笑，能溶化所有对陌生环境的不适与不安，能缓解面众交流场合的紧张气氛，降低心理的焦虑程度。当你给人的第一感觉是友善的时候，别人就会感到你是一个有修养的人。同时，青少年在面众交流交往中的微笑也是一份代表永恒的介绍信，笑容是一种非常善意的象征，青少年在面众交流中运用微笑的技能能使整个面众交流环境都活跃和明朗起来，对所有面众交流的人都有很大的吸引力，能使自己感受到激情与信心，并且会更加勇敢；如果青少年在面众交流时，总是一脸忧郁、阴沉刻板的话，那别人总会避退三舍，自己总是找不到关注的眼光与话语，这就容易产生非常严重的面众恐惧。青少年在各种面众交流场合均要做到态度和蔼、语气缓和以及面带微笑，这样在与别人面众交流时，才能在别人的接纳和认同中提高自己的自信心与成就感，以顺利地实现面众交流。

（三）学会协作

在当今社会，团结协作能力对青少年顺利实现面众交流具有重要的作用。良好的团结协作能力，是青少年在面众交流中进一步认识自我，促进自我的其个性发展与完善，提高面众心理素质的重要保证。青少年正是通过面众交流合作和交往，才能从他人对自己的反应、态度和评价中去发现自己在面众交流上的长处和短处，找到自己恰当的位置，从而学会在各种面众交流场合中去选择更为恰当的交流交往方式和行为方式。当然青少年要在各种面众交流中提高自己的团结协作能力并不是一朝一夕的事情，要持之以恒。要养成并提高自己的团结协作能力，首先要热爱班级体，与同学一起共同营造和谐的学习环境。其次要相信同学，相信老师，真心帮助他人和接受他人的帮助。再次要学会倾听他人讲话，理解尊重他人。更重要的一点是要在各种面众交流中，勇于发表自己的观点，勇于承认自己的错误。青少年在各种交流交往中都要学会团结协作，这样才能融入面众交流的群体中，慢慢实现面众交流的成功并做到超前防范面众恐惧。

（四）学会感恩

感恩、关爱他人，是青少年结交知心朋友，学会与别人交流交往而提高面众心理素质的最佳途径，也是获得他人认同的最有效方法。学会感恩、关爱他人，是一种生活的态度，是一种品德。首先，青少年要带着一颗真诚的心，感恩帮助、爱护过你的人。在家中，应感恩父母为养育自己而付出的各种艰辛经历和辛勤劳动。在学校，面对老师的辛勤劳动和无私的奉献，要感恩老师他们对自己成长所给予的各种教育、指导和帮助；面对同学的关心、帮助，要感恩同学们对自己的善意和真诚。其次，尽自己最大的能力帮助需要帮助的人。在思想上、学习上、生活上关爱他们，真正做他们的知心朋友，也许为此付出了很多，但收获最终会更多。感恩能使我们成长，关爱能使我们成熟。同时青少年要在感恩中培养自己良好的情意素质，从而慢慢提高自己的面众心理素质，来防范并减少面众恐惧。

（五）勤奋学习

不可否认，青少年在整个学习阶段中，学习成绩直接影响着同学和老师对自己的评价，成绩优秀的学生自信满满，喜欢和他人交往，面众交流非常活跃；成绩较差的学生，内心则存在一定的自卑，不敢与老师和同伴沟通，这类学生面众恐惧的情况相对较严重；而成绩平平的学生大多数也比较沉默，缺乏自信，在面众交流方面也存在一些困难与问题。实际上，青少年的中小学学习阶段除了提高学习成绩外，更重要的是要具有终身学习的能力、形成良好的心理素质和积极乐观的人生态度。而勤奋学习，在困难面前绝不低头，向着目标努力奋斗，这种追求上进的作风，同样是其他同学学习的榜样和老师的骄傲，同样也是取得面众成功的重要方式与途径。青少年必须持久地勤奋学习，不断使自己形成良好的人格素质和心理素质，从而具有较好的面众心理素质，并实现面众恐惧的超前防范。

（六）勇担责任

勇担责任是做人的一种基本而且重要的素质，一个不负责任的人是得不到他人认同的，其面众交流也会受到阻碍。因此，是否勇担责任是影响青少年能否顺利实现面众成功的重要因素。青少年时期的各个不同阶段都需要承担相应的责任,他们必须主动勇敢去承担这些责任。在生活和学习中,一是要对自己负责,能做的事情一定要自己做。青少年作为学生,应该了解自己现阶段最主要的责任——学习。青少年只有通过学习,掌握知识技能,掌握面众交流的各种技巧与能力,顺利实现面众成功,将来才有可能回报社会,努力学习和积极主动进行面众交流交往就是对自己负责。二是要对自己的父母负责,一句问候的话语,一条温馨的短信都是对父母养育之恩的回报,常与父母交流交往和关心照顾父母能提高青少年的归属感,在面众交流时更加勇敢积极,从而有效防范面众恐惧的出现。三是要对社会负责,热爱祖国,遵纪守法,为国家的繁荣富强做出自己的贡献就是对社会最好的负责。青少年要心怀爱国之心,以后才能在国际交流交往场合敢于去面众交流,展示中国人的人格和祖国的优秀文化传统。学校,作为青少年学习的重要场所,也是青少年张扬个性、健康发展的场所,青少年首先要敢于在校园中表现与展示自己,顺利实现面众交流,同时要把握好各种机会,努力形成自己的优良品质,获得同学和老师的认同,促进自己的全面发展①。

二、学会与人沟通交流的方式与技巧

(一) 学会倾听他人发言

青少年要想轻松顺利与别人进行交流交往,学会能耐心且善于倾听别人诉说是非常重要的。在青少年的面众交流交往中,有些人往往不注意“倾听”,对别人的话不耐心听,不关注,从头到尾只说自己的事情,随意打断别人的谈话并插入自己的意见,夸夸其谈,自我陶醉,很明显,这样的行为会使青少年的面众交流交往效果受到一定的影响,不利于提高自己面众成功的机会。青少年若在面众交流时能积极做好倾听的心理准备,注意力集中指向所要探索与交流的问题上,自己的心理就会更有底气,交流交往的自信心也会提高,面众交流时心理的恐惧感也会减少。在做面众交流发言时,可以先独立想一想对这个问题是怎样看的,再做交流发言准备,然后虚心倾听别人的发言,并逐步学会记住他人的发言要点,千万不要随便打断别人的发言,同时也要学会用言语信号和非言语信号,做积极的面众信息交流。所谓非言语信

---

① 朱钧. 谈高中学生获得同学和老师认同应具备的优良品质[J]. 成功(教育),2013 (12): 120.

号,主要包括交换目光、侧耳倾听、举目凝视等;所谓言语信号,主要是对他人的发言赞同、接受时,说出表示支持性的言语,如“我也是这样想的”,“我觉得你说的对”①。青少年要学会在倾听别人发言的过程中建立起自己良好的面众心理素质,学会更好地与别人交流交往的技巧与方式,如果他人说的不全或答错了,则应该大胆准确陈述自己的想法,扩充或修正他人的意见;学会质疑、发问,学会向他人请教,听不懂时请求对方做进一步解释,经过不断地面众交流锻炼,青少年才能慢慢锻炼自己面众交流的自信心与勇气,从而主动做到超前防范面众恐惧。

(二)要有自知,并善于了解他人

青少年在各种面众交流交往场合都要有自知,学会正确认知自己和善于了解他人。青少年如果在面众交流交往中总是自以为是,那他将会慢慢被孤立,与人面众交流交往的机会也会随之减少,那将难以实现令人满意的面众交流从而取得面众成功。青少年只有在与别人的面众交流交往过程中,才能学会认识自己和了解他人,才有可能发现自己在面众交流交往中的不足,从而进行改进和改善,并且学习他人取得面众成功的经验。经过不断地锻炼与学习,青少年的面众恐惧就会随之减少,面众成功就会随之到来。

(三)要理解尊重、宽容谅解

面众交流是人与人之间的交流交往,而这种人与人之间的交往又是相互的。只有在各种面众交流场合真诚待人,别人才会真诚待你,才愿意与你进行交流交往,你才能具有更多的面众交流交往的机会。青少年如果在面众交流交往过程中待人虚伪,交流中经常闪烁其词或谎话连篇,就会失信于人,其面众交流的形象也会因此而大打折扣,今后得到的面众交流机会也会随之减少。在各种面众场合中,每个人都有自己的性格特点,都有不同的成长背景和生活习惯,而这些都会对青少年的面众交往的形式和良好人际关系的建立带来一定的影响。所以,青少年在各种面众交流交往中都要做到互相理解、相互尊重、相互包容,这样青少年在各种面众交流场合都能建立起比较融洽的人际关系,面众交流的机会也会慢慢变多。青少年要善于从融洽的面众交流中不断锻炼自己,防范面众恐惧的出现。

---

① 杨洪萍. 浅谈合作学习中人际交往能力的培养[J]. 科学咨询(中旬),2012(9):23.

（四）学习自控调节技能

青少年在处理面众交流交往紧张心态时，要慢慢学会自我调节的方式与方法，运用已知心理学知识，对自己在面众交流交往中出现的心理问题进行自我认识、自我矫正，或求助于心理咨询机构和老师予以矫正，青少年在各种面众交流场合，都要经常保持愉快、满意、开朗的心境，当消极情绪出现时，能合情合理地宣泄、排解、转移、升华①，这样才能有效防范交流交往中的面众恐惧。

三、掌握主动面众交流的技巧，历练面众心理素质

（一）要主动热情地与他人交往

青少年的面众交流交往都是相互的，因此在各种面众交流场合都不能总以自己为中心，或者由于缺乏勇气而总是等待着别人来与自己交往。青少年要学会主动、热情地去与他人进行面众交流和交往沟通。要知道不管在哪种面众场合，一个主动又热情的青少年始终是受欢迎的。青少年要学会主动、热情地与人交流，这对超前防范面众恐惧，顺利实现面众成功非常重要。

（二）学会赞美

青少年处于身心成长的时期，对于大多数青少年来说，他们都希望得到别人的认同和赞赏，从而证明自身存在的价值，因此学会赞美是青少年在面众交流中取得成功的重要技能。赞美的话语最能激起别人的自尊心，这也是每个人都追求的，因而青少年在面众交流交往中宜多注意发现别人的长处和优势，给予真诚的称赞与肯定，从而激发对方与你交往的热诚，获得别人的好感。当然，赞美也得注意方式方法，以免弄巧成拙，特别要防止虚伪的谄媚之辞（吉绍兵，2011）。青少年在面众交流中要学会和正确使用赞美的语言与技巧，这样才能真正帮助自己顺利实现面众成功。

（三）学会陈述自己想法和修正他人观点

青少年要想取得面众成功，就要不断在面众交流中去学会陈述自己的想法，在学校特别要多参与同学之间的发言与辩论。青少年在面众交流中陈述自己的想法要先想后说，想好再说，做有准备的交流发言，争取在面众发言中

---

① 吉绍兵. 浅析中学生人际交往障碍的原因及对策[N]. 学知报，2011-02-21(B04).

逐步做到语言完整、条理清晰、连贯流畅、生动自然,并注意恰当控制音量。即青少年在参与讨论时音量要小,不能影响其他人的交流与学习;而青少年在课堂上回答提问时音量要大,让全班学生都能听见。

青少年还要学会去修正他人观点,修正他人的观点不仅是指修正发言,也是鼓励青少年敢于表达自己不同的意见与看法。青少年在修正他人的观点时,首先要肯定对方发言中好的、对的方面,然后要有表达自己看法的勇气,诚恳地指出其不足,谈出自己的意见,切忌讲伤害对方的话。当然,青少年在各种面众交流交往中也要敢于接受其他人的"挑刺"(杨洪萍,2012)。

四、正确认识与牢记积极社交能力与面众心理素质培养的重要性

在当今社会,人际交往的能力特别是积极社交能力已成为当今世界人才的重要素质之一,青少年要正确认知积极社交能力对自己人际交往的重要性,以及以积极的情意素质、人格素质和面众心理素质为主的心理健康素质提高的必要性。青少年若在成长时期,未能形成自己的良好的道德习惯和情感,待等到长大成人后就很难弥补了。与人面众交流交往,是青少年智力发展和健康成长的需要。面众交流与人际交往,涵盖着青少年对自己以及对各种事物的自制力,涵盖着与人相处及接纳他人的能力。因此,要意识到青少年与人面众交流交往的习惯和积极社交的能力,必须从小就开始培养。人际交往与面众交流是一种能力,同时也是一种技术。青少年要在日常学生生活中,通过学习和训练来培养和提高这种能力,还要认识到培养和提高这种能力对自己今后发展的重要性与必要性。

第十三章
矫治大学生面众恐惧的对策探讨

本研究中的矫治是指运用心理学、教育学的原理和有效的教育培训方法，从认知、情感、行为等方面对有面众恐惧者进行辅导、帮助、疏导、克服和矫正，其任务是帮助和促进他们不断克服面众恐惧，努力实现面众成功[①]。面众恐惧在大学生中很普遍，绝大多数人都体验过面众恐惧。严重的面众恐惧对人的情绪情感、行为方式、人际关系、职业选择与竞聘、人生发展与成功、受教育程度的机会、创造创新能力和创新精神的充分焕发等，都会产生负面影响。因此对大学生面众恐惧的矫治对策探讨具有非常重要的实践意义和理论意义，帮助大学生克服面众恐惧实现面众成功是学校、家庭与社会的共同责任。

第一节　加强对大学新生的全面引导来提早矫治面众恐惧

大学新生阶段是大学生从中学生活向大学生活转变的适应阶段，大学新生由于刚进入大学校园，周围的人和环境都发生了完全的变迁，因而他们可能较为自闭，致使其缺少必要的面众交流，不敢与人坦诚相待，在待人接物上有畏惧感和自卑感。加之青春期心理固有的羞怯敏感和冲动，使得大学新生在面众交流过程中，不可避免地产生困惑、抑郁、焦虑等面众恐惧情况。在大学生活刚开始的阶段，大学新生还不能很好适应大学生活，常产生孤独感和怀旧感而迷茫不知方向。他们在这个阶段又刚开始接触较多较重较难的大学课程，迷茫又忙碌。如此种种的"迷茫"和"不适应"，就导致了大学新生的面众恐惧。所以高校要从大学新生入校就抓起，全面引导大学新生及早矫治

---

① 袁宜，谢玲平，王洪礼，等.贵州省大学生面试恐惧现状及其克服与矫治研究[J]. 教育研究与实验，2012(4)：92—96.

面众恐惧。

一、抓好新生入学教育

由于在中学教育中往往以应试教育为主,学生们都在题海中拼争,各种面众交流的机会极少。进入大学后,怎样使大学新生积极主动参与各种形式的面众交流以及向全面发展的观念转变,这是入学教育的重要内容。通过新生入学教育来提高大学新生对各方面的认知并加以正确引导,这样才可能减少大学新生由于环境不适应而导致的面众恐惧情况,特别是那些适应性较低的大学生。对于大学辅导员来说,为了帮助大学新生更好地适应大学校园,实现更好地面众交流,从大学新生入校第一天开始,辅导员就要保持与大学新生之间沟通渠道的畅通。

对于大学校园来说,辅导员与大学生之间的关系是教育过程中的最重要的关系之一。在整个大学生活中,辅导员是与大学生交流最直接也是最多的老师,是帮助其矫治面众恐惧最直接的辅导者。因此,辅导员老师要通过包括面对面的交流交谈、随时的电话交流、博客、微博交流等方式,来及时了解大学新生内心存在的问题与困惑,同时通过这些方式向大学新生开展深入人心的入学教育,尽早帮助大学新生消除自己的迷茫性,让他们尽快适应大学这个新环境,不断减少大学新生的面众恐惧。辅导员还必须主动去与大学新生这一特殊群体建立良好的互动关系,寻找他们在面众交流中所遇到的各种困难以及产生面众恐惧的诸多原因,来提早矫治大学新生的面众恐惧。

与此同时,从新学期新生报到开始,学校、学院和班级辅导员,也要根据大学新生在人际交流交往等方面表现出来的面众恐惧状况及成因,有序地开展大学新生的入学适应性教育的系列活动,并设立相关项目和机制以保障其成功运行。比如开展大学新生起航工程导师制,即大学新生一入校开始,就为其配备一名在学习和生活上都能直接给予指导的导师,这样既能帮助新生在入学后慢慢消除自己的迷茫感,更好地全面适应大学的学习和生活,又能为积极开展各种面众交流活动营造良好的人文氛围,真正帮助大学新生用良好的心态和主动面众交流交往的意识,以及一些适当的面众交流技巧,投入大学各种形式的面众交流活动中去①。

二、辅导员要加强对大学新生在学习与生活上的全面了解、关心和辅导

大学辅导员是大学生长期直接交往最多的大学老师，因此辅导员要对大学新生的交流环境、人际交往等方面更加关注，从而促进他们克服面众恐惧。

（一）辅导员要重点关注本班各个宿舍的人际关系

大学寝室室友作为大学生相互之间交往交流最多的对象，他们之间的人际关系对其面众恐惧会产生严重的影响。辅导员必须通过各个渠道适时关注各个宿舍内的人际关系情况，对于人际关系紧张的大学生寝室，辅导员必须重点引导寝室成员缓和关系，通过开展轻松的小组谈心等方式来改善大学生寝室的人际关系，使寝室成员通过交流来相互了解、相互学习、相互促进和共同发展，这样来促进大家共同克服各自的面众恐惧。

（二）辅导员要了解并掌握追踪那些性格内向的大学新生的学习生活情况

性格内向的大学生面众恐惧往往较严重，不太愿意与他人交流，如果这类大学生在性格上得不到适当改进，就会导致他们更严重的面众恐惧，从而影响他们今后的发展。大学辅导员要准确掌握这类大学生的学习生活情况，主动与性格内向的大学生谈心、交流，逐步改变他们的面众交流交往情况，提高他们面众交流的自信心并逐步消除其自卑心理，这样才能逐步克服其面众恐惧。同时，辅导员也要多花时间与班上每一个学生交流，可以辅之以网络交流的方式来与他们交流各自的想法，尽量去引导他们克服面众恐惧。有些大学新生在入学后，会对大学这个新的环境产生诸多的不适应，加之对身边的同学和老师的陌生感，都会导致他们产生较严重的面众交流恐惧。因此辅导员在全面了解掌握这类学生的基本情况后，应深入这些大学新生当中去，真正做到关心、爱护和理解这类大学新生，及早帮助他们克服面众恐惧，让这类大学新生在辅导员的关心和热忱中，能很快感受到大学这个新环境的温暖、感受到大学老师的真诚，从而能让他们对大学老师产生信任和尊敬，更好

---

① 张婧. 大学新生人际交往的分析及应对[J]. 科教文汇，2011（29）：27.

地在大学校园里顺利实现各种面众交流，实现面众成功。

（三）及时了解大学新生在面众交流上的困惑与苦恼

对于大部分大学新生来说，由于对大学校园环境与人际间的陌生感，会产生办事、团组交流等方面的面众恐惧。一开始，他们都不愿直接与辅导员进行面对面的谈心或与其他同学和老师面众交流。因此，对于许多大学新生来说，辅导员也不能及时地真正了解这些大学新生的想法和面众交流中存在的苦恼，而在这种情况下，网络恰好给了大学新生与辅导员一个平等交流交往的平台。大学新生可以以匿名的方式向辅导员进行心理咨询，他们在进入大学后与同学或老师面众交流中产生的不愉快，以及与同学之间的冲突等困扰，都可以通过网络的形式向辅导员尽情宣泄。他们还可以通过手机短信，把心中的不快与面众交流中的恐惧感，及时向辅导员汇报并请求辅导员的帮助。辅导员要通过网络这一有利的工具，及时对存在面众恐惧的大学新生进行耐心地引导与帮助，通过各种心理辅导策略来帮助这类大学新生敢于与同学、老师们进行面众交流交往。这样，不仅可以让大学新生亲身体会到辅导员老师在指导他们面众交流交往中的作用，增加他们与辅导员的亲和力，也为大学新生适应大学校园新环境创造了良好的心理调适氛围①。

三、重点关注和帮助大学新生中弱势群体的面众恐惧

大学生中的弱势群体包括经济、学习、身体和心理等方面存在困难的学生。这些学生往往在心理上承受着比其他学生更大的压力，因此会导致他们在人际交往和面众交流等方面产生各种困惑与障碍，即较高的面众恐惧。从学校各部门到学院的辅导员都必须对这类大学新生给予更多的关注及帮助，及时引导他们克服各种困难、拆除在他们面众交流和人际交往中的种种屏障，帮助他们尽早矫治所出现的面众恐惧。特别是我们的辅导员应及时与大学新生中的这类弱势群体进行交流沟通，了解他们在面众交流中所存在的困难，从而及时帮助他们克服。比如对贫困生，由于他们一进校就觉得自己经济困难，因而就害怕与人交流，在各种场合易产生较高的面众恐惧。辅导员

---

① 郭晶晶. 高校辅导员对大学生人际交往心理问题的指导研究[J]. 广西青年干部学院学报，2012，22(2)：67—69.

可以尽可能地为他们联系勤工助学的机会,缓解其经济压力,提高这类学生的自尊与自信,让他们敢于去实现面众交流。对在学习上有困难而不敢与同学老师面众交流的大学新生,辅导员可与各科任课教师进行沟通,请他们在平时教学过程中特别是课堂上,对这部分新生适当地给予更多的关注,让这类学生在课堂上丢掉学习差的包袱,树立起敢于与同学和老师面众交流实现成功的自信;还可充分发挥班集体内党员和学生干部的作用,引导班级里学习上存在困难的大学新生和学习较好的学生自主建立互助学习小组,不仅使学业上有困难的大学新生可以得到同班同学的帮助,还可以与班上的同学有更多交往,参与更多更好的面众交流;对由于心理上存在困境而较少参与面众交流的大学新生,辅导员更要细心关注和留意他们的日常行为,并努力了解其行为背后的心理原因,引导他们走出认知的误区,让他们顺利实现更多的面众交流。

本研究的调查结果也显示,来自农村的大学新生面众恐惧情况不容乐观,因此对于这类大学新生,学校和辅导员要做到重点关注和全面了解他们的面众交流状况。辅导员要通过谈话、走访调查、仔细观察等方式对这类大学新生的面众交流交往状况进行全面了解,掌握每个来自不同地区的农村籍大学新生在家庭、情感、学习、生活、面众交流交往等各方面的基本情况,让每个农村大学新生都能感受到来自大学校园中老师、学校等多方面的温暖和关爱,尽量消除这类大学新生对大学老师的恐惧感和距离感,使他们更加愿意去主动接近和信任老师,把老师当做自己的好朋友,进而使他们非常愉快地去与身边的老师和同学进行面众交流,有效降低各种面众恐惧。良好的心理品质是顺利实现面众交流、取得面众成功的前提和基础。来自农村的大学新生一般拥有真诚、谨慎、宽容、助人、热情、谦虚、理解等优秀品质,而这些品质恰恰是顺利交往和实现面众成功应具备的心理品质①。辅导员不能忽视农村大学新生这些优秀心理品质的存在,应利用各种条件和机会,让他们的这些优良品质在面众交流中发挥作用。辅导员还要引导和帮助他们去实现自我接纳、自我认识、自我探索,促使他们带着积极的交流交往态度和优秀的心

---

① 于永成,付强.高校农村籍大学生人际交往障碍的成因与疏导[J].航海教育研究,2012,28(4):46—48.

理品质去参与各种场合的面众交流,从而更好地帮助矫治农村大学新生的面众恐惧。

最后,对于大学新生中的弱势群体面众恐惧的矫治,辅导员应经常性地与他们交流与交谈,号召身边的同学主动关心、鼓励他们,发现他们的特长,使其了解自己的闪光点,树立对自我的信心,敢于在同学与老师面前展示自己的特长与闪光点,顺利实现面众成功;还可组织一些集体活动,为他们创造与人交流交往和展现自己才能的面众交流平台,让他们感受到面众成功的喜悦,逐渐改变他们的自卑心理,使他们慢慢习惯于各种面众交流场合,自然而然地参与面众交流活动中,进而帮助他们克服面众恐惧,帮助他们建立和谐的人际关系。

四、利用班级团体心理辅导方式矫治大学新生的面众恐惧

班级心理辅导是面向全体新生的发展性教育,着眼于学生心理素质的优化和潜能的发挥,以促进学生整体素质的发展为宗旨。班级心理辅导要符合高校心理辅导全员性、发展性的特点,要感染力强,影响广泛,能够很好地宣传与推动高校心理健康教育工作。因此,在高校心理健康教育中,应重视班级心理辅导这一辅导形式,加强对班级心理辅导的理论与应用研究,使班级心理辅导在高校得到有效的应用与推广①。大学新生的面众恐惧普遍存在,辅导员要学会利用班级心理辅导这一有效的辅导形式,来提早矫治大学新生的面众恐惧。

对于大学新生来说,他们往往对自己各方面都还认识不足,大学新生刚进入大学这个宽松的环境中,他们的自我控制力就显得比较弱,抗挫力弱,面众交流交往技巧缺乏等方面的心理特点。班级心理辅导的授课形式主要是体验式的教学方式,大学新生可以通过参与各种互动的心理游戏活动、小组交流讨论分享、各种形式的面众角色合作扮演以及观看视频等形式,使大学新生能在轻松而又愉快的心理课中学会在面众交流场合中认识自我,提高面众交流的自信,学会在面众场合交流交往的各种技巧,懂得遵守规则,懂得如

---

① 张冬梅,赵晓川.班级心理辅导促进大学新生人际交往的实验研究[J].教育理论与实践(学科版),2011,31(1):46—48.

何化解冲突，懂得与人合作。大学新生只有在这种参与体验式的活动实践中，才能增强面众交流的勇气和信心，提高自己面众交流的人际能力水平。

同时，辅导员还可以在班级心理辅导课堂上带领学生开展各种生动活泼的心理健康教育辅导，如面众恐惧心理问题的个案分析、面众交流中的上台发言、演讲和试讲等第一印象模拟训练、面众交流的自信心情景训练、在各种面众交流场合的情绪控制训练以及面众交流时的语言表达训练等；也可开展小专题形式的培训及讨论，如新生的适应训练、贫困生的面众交流交际训练、在面众交流时怎样对别人说不、上台发言和讨论时怎样对别人微笑、如何与各科老师交流交谈打交道等小组形式的专题讨论。这种训练不仅可以加强师生之间的互动，让辅导员更多地了解学生具体的面众交流恐惧状况，也能让学生真正学到各种面众交流的行为技巧和方法，得到有效的面众恐惧心理调节①。

因此，大学新生从入校开始，辅导员就要多开展这种班级心理辅导活动，让具有孤独与怀旧感的大学新生常在各种面众场合进行交流，不断锻炼他们让自己和对方开口的本领，以及寻找相互感兴趣交流话题的本领，最终培养大学新生的各种积极心理品质，帮助他们顺利实现面众成功。

第二节 发挥老师、班级、学校、家庭在矫治大学生面众恐惧中的重要作用

一、主动发挥高校心理咨询中心的作用

心理咨询中心在学校帮助和引导大学生顺利实现面众交流，矫治大学生面众恐惧上发挥着重要作用，其地位不可替代。心理咨询中心除了要定期给本校辅导员做各种心理健康与咨询方面的专业培训，让他们能真正从专业的角度探讨大学生面众恐惧的原因及其矫治方案，而且对于矫治大学生的面众恐惧，心理咨询中心必须采取及时发现、团体辅导与重点追踪以及运用多种

① 郭晶晶. 高校辅导员对大学生人际交往心理问题的指导研究[J]. 广西青年干部学院学报，2012，22(2)：67—69.

咨询方法的策略，主动发挥自己的作用和职责，真正有效帮助大学生矫治面众恐惧。

（一）建立大学生心理健康与面众恐惧矫治的常规机制

心理咨询中心要运用心理测评手段来了解和掌握每个年级大学生，特别是大学新生的心理健康水平和面众恐惧情况，同时采取不同的心理咨询方式来帮助矫治大学生的面众恐惧。

1. 学校心理咨询中心要加强对大学新生的引导。在大一新生刚入学就要开始进行全面的心理普查和面众恐惧状况调查，及时筛查出面众恐惧较高的大学新生的心理状态。对于大学新生可能出现的面众交流问题要及早发现，尽量及时进行相应心理疏导等，使大学新生能够尽快去适应大学校园这个新环境，并且能与周围的同学、老师实现轻松自然的面众交流，从而构建良好的人际交往环境①。要制度化地建立大学新生的心理健康档案，做好跟踪其大学成长过程中面众恐惧状况的记录，同时通过举办有关交流交际的心理讲座、心理沙龙和团队素质拓展等方式，来引导大学新生更好地在各种场合顺利实现面众交流，学会去处理与别人的人际交流交往关系②。学校心理咨询中心应定期组织心理咨询工作者举办关于面众恐惧的咨询报告，提高大学生在理论上对面众交流恐惧的认识高度，认清自己在在各种面众交流场合所存在的问题或心理障碍，学会主动去寻求适当的克服面众恐惧实现面众成功的心理调适或解决的办法③。

学校心理咨询中心还应该定期组织一些有关矫治面众恐惧心理的现场心理咨询活动，对有关大学生面众交流的一些知识进行宣传，并对大学生面众交流进行指导。在对有较高面众恐惧的大学生进行咨询过程中，要重视从学生是否能顺利实现各种面众交流这条主线入手，找到造成大学生面众恐惧的关键症结所在，有效地帮助其矫治面众恐惧。

2. 要健全学校心理咨询中心的咨询工作，采取各种形式的心理咨询方式来帮助各个年级的大学生矫治他们在不同情况下出现的面众恐惧。在充分

---

① 刘阳. 浅谈大学生人际交往的困境及处理策略[J]. 太原大学教育学院学报，2012（3）：61—64.

② 刘贤英. 浅析大学生人际交往能力的培养[J]. 咸宁学院学报，2012（5）.

③ 董鹏，李文一，邓镇，等. 大学生人际交往存在的问题及解决途径[J]. 高教研究，2012，28(3)：26—31.

利用传统的门诊、电话、信函、现场等咨询方式的同时,大力开展网上心理咨询,引导大学生学会去调整在面众交流场合所遇到的恐惧心理以及不良交流情感,要帮助他们在面众场合提升自己的情感境界来顺利实现面众交流,学校要通过心理咨询中心这一阵地,主动去引导那些性格较孤僻具有较高面众恐惧的大学生敞开心扉,在各种场合顺利实现面众交流,也要引导大学生形成良好的处理人际关系的观念以及树立起正确的人生观、世界观和价值观。特别是对于毕业班的大学生,心理咨询中心要想方设法帮助他们缓解在就业应聘中碰到的各种面众恐惧状况,做到及时帮助他们克服面众恐惧,顺利实现面众成功。

3. 在各学院也应该建立小型的心理辅导室,可由掌握一定心理咨询知识的辅导员老师和同学共同担任,及时解决每个学生的面众恐惧心理问题,并做好咨询记录准确反馈给辅导员老师。每个班级均要切实配备与培养好自己的心理委员,心理委员要掌握一定的心理辅导知识,并随时与学校的心理咨询中心和班级辅导员沟通。在日常学习生活中,班上的心理委员要通过仔细观察去了解掌握那些明显存在面众恐惧的同学,同时要组织班上开朗活泼的同学组成小团体开展面众交流团体辅导活动,可以每个学期组织 5~7 次活动,每次活动 2 个小时左右,每组的人数不宜太多。

(二)正确与合理运用团体辅导和朋辈心理咨询等方式

心理咨询辅导中心除了对个别学生进行单独的咨询和指导之外,应该采取团体辅导和朋辈心理咨询等方式,让面众恐惧较突出的大学生更好地认识自己,并帮助他们掌握一些积极的心理调适方法,以便在各种场合的克服他们的面众恐惧。

利用团体咨询的方法以及朋辈的心理辅导是能够帮助大学生在各种面众交流场合下正确认识自我,建立良好面众交流心态,实现面众成功的重要方式。团体心理咨询是可以帮助那些有相同面众恐惧状况和相似心理困扰的大学生,维护其心理健康,引导和帮助他们克服在面众交流过程中所遇到的种种困难和障碍,迈向自我实现和达到面众成功的一种经济而有效的方法。而朋辈心理辅导是学校心理咨询模式之一,是可以帮助大学生摆脱在各种面众交流场合所遇到的心理困境并获得外部支持的一种重要方式。在朋辈心理辅导中,可以由一些受过半专业训练的大学生或是学习心理学专业的在校大学生，运用语言和非语言等方式，同较高面众恐惧的大学生进行互动交流，对那些在面众交流中存在困扰与恐惧的同辈大学生提供倾诉支持或咨询的服务。因为在朋辈心理辅导中，朋辈们具有接近的价值观、生活理念等，所以在对大学生面众交流和人际交往等方面的咨询中更容易被接受，也更有说服力和影响力，对有效帮助大学生在各种面众场合顺利交流，实现面众成功具有重要作用，同时也能为有较高面众恐惧的大学生建立良好的人际关系及正确的人际交往理念①。

（三）重点关注面众恐惧极其严重的大学生

对于那些面众交流恐惧极其严重的大学生，要重点追踪他们的大学学习生活情况，运用多种心理咨询方式来增强自信和自我接纳的发展，从而逐步克服其面众恐惧。

二、充分发挥共青团组织、学生会和大学社团的作用

大学校园的共青团组织、学生会和社团在不同同学之间以及同学和老师之间建立起桥梁，起着对他们的沟通、连接作用。这些组织应该开展更多的关于面众交流的校园活动，丰富大学生的面众交流活动。让他们在丰富多彩的面众交流活动中感到被人接受、被人理解，感到安全、温暖、有价值，从而让他们的心情更加舒畅，性格也随之开朗，兴趣爱好也更加广泛，最终让大学生在各种场合都能实现面众成功。

因此，学生会和大学社团要在共青团组织领导下，在帮助大学生克服面众恐惧上发挥真正有效作用。社团应该定期开展真正有意义的内部交流活动，每次活动都能让每一个成员真正得到交流锻炼的机会。由于大学生在组织和参与各项校园活动中，需要与不同的同学、老师以及各个工作部门积极沟通，默契配合，因此大学生就能从中锻炼自己的面众交流能力，有效矫治自己的面众恐惧。在有条件的高校、团组织要开展有关可以上台发言、面试、小组交流等方面的专门锻炼的社团的活动，如可请资深教授或师长作评委，开展接近现实的“模拟招聘”等活动与竞赛，能让大学新生在社团里多交流、多锻炼、多发展，这样才能使大学生有效克服面众恐惧。这类活动具体可以从

---

① 樊富珉．团体心理咨询［M］．北京：高等教育出版社，2007．

以下一些方面来开展。

（一）大力开展各种面众交流的社团活动

学校团委、学生会要通过组织各种面众交流的活动，让大学生积极参与讨论并开展比赛，增加他们与同伴的交流交往机会，增加他们在各种陌生面众场合交流的机会。学校还要搭建各种面众交流的平台，开展各种有益的社团活动和文娱活动，如成立“学生之家”心理社团、“校园心理情景剧”社团、十字绣社团、街舞协会、合唱团、舞蹈队、篮球队、健美操队等。每年都应开展大型文体活动和演讲竞技比赛等活动。在丰富多彩的活动中，增进同学间的交往和友谊，在处理人际交往问题的过程中，学会与人交往的有效方式与技巧。

与此同时，学校、学院和班级可以根据各自学院与不同专业大学生所遇到的面众交流特点，开展一些与本学院专业相关的有意义的特色活动，比如：各学院可以根据自身专业特色与其他学院联合开展一些知识问答比赛或专业知识交叉论坛等专业特色活动，让各学院学生通过这些活动了解自己学院的专业特点，同时也能增进学院之间的交流与合作，使校园、学院、班级之间充满活力，给大学生创造良好的面众交流交往的人际环境①。这样才能使大学生在宽松、活泼、健康向上的环境中不断提升自己的综合素质和在各种场合的面众交流能力，同时也能充分利用这些学院内的党团活动、文体活动、宣传活动等，引导大学生树立正确的人生观、价值观，形成一种积极主动向上的面众交流心态。

（二）加强校园文化建设，激发学生的面众交流的欲望

学校应该把培养和营造良好的面众交流氛围作为学校德育工作的一项重要任务，努力打造和谐校园，对面众交流各种活动的设计要形成大一到大四的一整套的方案和考核体系，循序渐进地根据各年级大学生的特点开展各项面众交流活动。例如开展优良学风班级或文明班级、文明宿舍的评比，开展道德模范评比，组织开展运动会、社会实践活动、集体郊游，组织参加公益活动等，通过这些能让所有大学生都参加的活动的开展，可以使大学生在这些具体的面众交流活动中潜移默化地受到熏陶，在各种面众场合中不断增强

① 李文砚. 大学生人际交往现状及其应对策略[J]. 教育教学论坛，2011（35）：73—74.

交流,在交流中了解自己的个性特长,建立各种友谊,增强自信心,打造敢于和善于与他人合作交流的团队精神①,不断实现大学生自己的面众成功。辅导员也要充分利用学校的广播、电视、网络、橱窗、板报等媒体以及第二课堂活动,进行面众交流活动与面众交流交往艺术的宣传,强化大学生在各种面众场合的交流交往意识。学校还应有计划、分层次地组织开展面众交流的校园文化活动,使学生在各种面众交流活动中展现自我、陶冶情操、愉悦身心,以减轻由于面众恐惧而造成的各方面压力,激发其在面众场合交流交往的欲望,提升自己面众交流的能力,以有效地矫治面众恐惧,达到面众成功。

(三)举办社会实践或者校企合作项目,组织社会实践志愿者服务队、勤工俭学等社会公益活动

举办社会实践或者校企合作项目,组织社会实践志愿者服务队、勤工俭学等社会公益活动可为大学生提供更多、更有益的校外面众交流交往空间,丰富大学生面众交流的内容,增加各种面众交流的机会,扩大大学生交流交往的范围。同时也要鼓励大学生多参加这类面众交流的活动,让他们多接触校外的社会,帮助大学生在校外的各种面众交流中培养乐于与人合作,乐于与人分享成果的良好品格,使他们在学习、工作、劳动和娱乐等面众交流的活动中展现自己的才华、提高自己面众交流的能力,从而建立健康的人际关系,实现面众成功②。鼓励利用各种条件,组织大学生利用寒暑假等较为集中的时间,广泛地接触社会,开展诸如社会调查、兼职等各类社会活动。通过这些活动让大学生学会如何与不同群体的人进行有效交流,了解社会不同层面的人的真实生存状况,对现实的社会状况有真切的体验和了解,同时也有利于增强大学生群体的社会责任感③。这样不仅能扩大大学生面众交流的范围,也能锻炼大学生在社会中各种面众交流的能力与技巧。

学校通过在校外建立各种类型的实践实习基地,组织大学生参加各类社会实践活动,让大学生到社会的大舞台上去磨炼,提高他们参与面众交流交往的积极性和面众交流、人际交往的能力,提升他们社会化的程度。大学生通过在校外的各种实践活动学会与同性朋友、异性朋友、不同个性、不同专

① 王雪. 论影响大学生人际交往的主要因素及其解决对策[J]. 科教导刊, 2012(13): 218—219.
② 刘贤英. 浅析大学生人际交往能力的培养[J]. 咸宁学院学报, 2012(5): 150—151.
③ 刘阳. 浅谈大学生人际交往的困境及处理策略[J]. 太原大学教育学院学报, 2012(3): 61—64.

业、社会各个阶层、各个年龄层次的人的交往，在形形色色的面众交流场合和面众交流交往对象中获取资源，并学会去利用和处理面众交流的信息，掌握在校外各种面众交流的方式、方法和技能，积累校外面众交流和人际交往的经验，强化他们在各种面众交流场合的成功体验，提升大学生面众的自信心，激发大学生的各种交流欲、求知欲和创新欲，有效矫治大学生的面众恐惧，促使他们更好地学习和生活，形成一个良性循环，不断让大学生实现自己的面众成功①。

三、积极开展各种文体活动，避免大学生成为“宅男宅女”

“宅男宅女”被定义为：痴迷于某事物，足不出户，依赖电脑与网络，厌恶上班或上学，另伴有收藏癖的新新人类。也有人认为“宅男宅女”是孤僻、沉迷网络、不擅社交的社会边缘人群②。做“宅男宅女”不仅会影响个人的身心健康，同时也会极大地影响同学间的人际交往关系，从而导致极其严重的面众恐惧。在大学生一进校园开始，高校辅导员就有责任积极支持引导班集体开展各种丰富多彩的面众交流的课外文体活动，增加大学生面众交流的机会，如班级内的演讲、辩论、体育比赛等。必须给班级内的每一名大学生都创造出良好的面众交流环境，让他们在班集体内就能在各种面众交流实践中去锻炼自己，从而在面众交流的能力与技巧方面得到提升，最终在班集体丰富的课余活动以及奋发进取、团结友善的班风与学风中，为大学生奠定良好的面众交流交往的心理环境，有力阻止大学生整天沉溺于网络而成为所谓的“宅男宅女”，有效防止大学生面众恐惧的产生。

（一）辅导员要让班上所有同学参加班集体的文娱活动

辅导员要与班干部一起，积极组织有益的全班同学参加的集体文娱活动，督促全班学生都参与，使大家在集体活动中积极互动，增进了解，这样才能逐步使所有学生有积极性，各自最大限度地展示自己的才华与特长，从而使大家在愉快与轻松的集体活动中去克服面众恐惧。在大学班集体建设中，引导开展面众交流活动的非正式团体，与班集体在矫治大学生的面众恐惧上

---

① 赵芸. 人本主义视野下的大学生人际交往焦虑的干预研究[J]. 中国成人教育，2012（17）：12.

② 马川. “我很宅！”——浅析都市“宅男宅女”的心理诉求[J]. 中国青年研究，2008（2）：83—85.

保持一致是十分重要的。良好的团结协作的班级班风的建立，有助于班级中良好的人际关系的形成。在优秀的班级中，同学们相互支持，这对于克服大学生的面众恐惧作用巨大。辅导员要带领班干部大力开展以班级分组进行为主的锻炼面众交流的小型的而有特色的活动，通过组织以班级分组为单位的面众交流活动，有效达到让全班同学全员同步参与，由同龄人组织的各种面众交流活动或提出的面众交流建议更容易被他们接受，这样经常反复锻炼，就能增加班级同学与同学之间以及同学与老师之间的面众交流机会，不同性格和具有不同特长的大学同学之间能互相渲染和促进，久而久之就会相互带动每一位同学都积极去参与各种面众交流的活动，这样往往会收到更好的效果①。通过组织班会、各种专业知识竞赛等多种形式的面众交流集体活动，可以让学生在现实环境中体验、感悟到顺利完成面众交流实现面众成功所带来的快乐，同时体会到真情和感动是人生的宝贵财富。同时，学生们也能在更多的面众活动中，体会到合作带来的成就感和集体荣誉感，培养学生的面众沟通能力和合作能力，让学生在活动中领悟面众沟通及交流的技巧②。

（二）让大学生积极参加体育活动

体育活动作为大学生课余活动的主要方面，是丰富大学生日常生活的重要活动。高校体育部门应该从实际出发，在课余时间开展丰富多样的，且能让大学生都参与的体育锻炼活动，让他们能在体育锻炼中积极交流交往。要多开展一些需要合作完成的体育锻炼活动，这样才能增强大学生在别人面前表现自己的勇气，增强自信心和降低自卑感，以有效克服面众恐惧。大学生积极参加各种体育活动需要的团结合作精神和倡导的友好竞争意识，能潜移默化地提升大学生在各种场合的面众交流能力，他们在参加体育活动过程中不断增强相互合作的团队意识和竞争能力以及增加的人与人面众交流和沟通的机会，还可以让自己从中发现乐趣，找到自我价值，从而增强自信心。学校的各种体育活动是大学生交流交往的平台，对于改善大学生面众恐惧起着重要作用。

---

① 卢艳. 中职学生人际交往中不良问题的调查及矫正[J]. 才智，2012，24：237.

② 刘阳. 浅谈大学生人际交往的困境及处理策略[J]. 太原大学教育学院学报，2012（3）：61—64.

（三）加强大学生的宿舍文化建设

进入大学后，大学生除了上课时与班级同学的接触与其他的正常交往外，就是回到寝室后与室友的朝夕相处，寝室是学生们交流交往最频繁的环境。宿舍就像个大家庭一样，大学生在此要面对更多也更加复杂的交流交往内容。要想建立好的交流交往人际关系以及和谐融洽的宿舍环境，就需要大学生具有良好的沟通与协调人际关系的能力，所以这对大学生各种能力的培养有着不可忽视的作用①。大学辅导员要积极引导大学生建立各具特色的宿舍文化，在培养大学生的宿舍文化中提高大学生的交流交往能力，达到矫治大学生面众恐惧的目的。

（四）杜绝大学生网络成瘾

有些大学生由于面众交流上的困难而产生面众恐惧后，他们就越来越依赖互联网上的社群认同感，越来越爱生活在自己所感兴趣的小圈子里，导致了“宅化”的快速流行，产生了“宅男”、“宅女”现象。许多大学生都喜欢在业余时间待在宿舍，沉迷于自己的兴趣爱好中，睡觉、上网、叫外卖构成了他们生活的主要内容，他们完全生活在一个相对孤立的生活环境中，容易形成孤僻、焦虑、感情淡漠等负面情绪，造成更加严重的面众恐惧状况。对于这类大学生，班级辅导员要加强对他们的教育，提高他们网络交往的自律意识，引导大学生文明进行网络交往，健康地表达自己的情感。除此之外，还应该加强大学生网络心理问题的研究，引导学生理性上网，加强网络心理疏导。鼓励和监督这类大学生去参加各种丰富多彩的、积极向上的学术、科技、艺术、娱乐等活动，通过开展丰富多彩的现实的面众交流交往活动，来降低大学生网络交往的频率，防止面众恐惧的恶化。

四、辅导员与班集体要帮助大学生在面众交流中树立正确的认知

辅导员和班集体都要帮助各班级里的同学树立正确的认知，排解他们在面众交流中所存在的心理问题。对面众交流中的各种不正确的认知，会导致大学生在面众交流中的恐惧心理，以及产生同学之间、师生之间不和谐人际关系。因此大学生要实现面众成功和处理好人际交流交往关系，辅导员首先

---

① 刘贤英. 浅析大学生人际交往能力的培养[J]. 咸宁学院学报，2012（5）：150—151.

要帮助他们正确去认识自己和认识别人,树立面众交流的正确认知观。生活在同一个大学校园的大学生都来自祖国各地,由于成长的生活环境不同而形成了大学生各自不同的性格和认知,各有各的优缺点。当大学生在面众交流上出现了困难以及与同学之间的人际交往不和谐时,辅导员和班集体首先要帮助这类大学生去正确认识自己,把自己的位置摆正,让他们知道自己不能盛气凌人,也不低三下四,因为这样只能导致自己在面众交流和人际交往上的失败,也是产生面众恐惧的源头。辅导员和班集体要采取各自方式帮助这类大学生学会在面众交流与人际交往中去接受自己的缺点,认清自己的不足,这样才能使他们慢慢克服自卑心理,在面众交流与人际交往中去坦然面对,真诚对待身边的每一个人,善于理解别人,在面众交流时发挥自身优点,敢于在各种面众交流场合去展示自己的优势,不回避与害怕自己的劣势,同时辅导员要帮助大学生在如上台等面众场合中去学会控制他们的不良情绪,或者学会在过度紧张的面众场合中转移自己的注意力,从而有效克服面众恐惧。鼓励这类大学生多参加活动,在各种面众交流中去拓宽自己的交友圈子①。

五、辅导员要不断提高自身水平更好地帮助大学生矫治面众恐惧

辅导员是矫治大学生面众恐惧必不可少的直接引导者,因此辅导员要不断提高自己的知识与管理水平,更好地帮助大学生矫治面众恐惧。

首先在知识结构方面,辅导员要不断增进自己各方面知识的广度与深度,尤其要加强管理学、心理学和教育学等方面知识的学习,特别是有关大学生面众恐惧的心理知识的学习。辅导员要在各种实践中对高校大学生思想政治教育规律不断研究与探讨,在进行大学生的思想道德教育时要渐进学会引用多学科的知识来引导大学生,同时也要提高服务学生等方面的能力。

其次,辅导员要提高自身的管理水平。辅导员是连接同学、班级、学校的桥梁和纽带,学生的思想政治工作主要由他来贯彻落实,因此,其管理水平如何直接影响他所带的团队。作为辅导员,平时应该多深入学生中去,了解学生所想所急,给予学生更多的人文关怀,这样才能有针对性地、有效地开展各

---

① 李文砚. 大学生人际交往现状及其应对策略[J]. 教育教学论坛, 2011 (35): 73—74.

项活动。同时要发挥好学生会及各班级班委会以及党员的作用,定期组织培训,提高自主管理能力,增强班级的凝聚力和向心力,形成良好面众交流和人际交往氛围,让同学们有集体即家的感觉①。

六、各任课教师要给予大学生更多交流合作学习的机会

不管是文史哲法等文科类大学生还是理工科类大学生的各种课程,任课老师都要在课堂上给予大学生更多交流讨论、合作学习的机会,让大学生在合作学习的课堂气氛中多思考多交流,主动发表自己的看法与想法。对于文史哲法等文科类的大学课程要开展各种主题演讲与小型辩论赛,让文史哲法类的大学生能把自己深厚的语言文化底蕴尽情地表露与展示出来,并成功克服上台恐惧等现象。

七、针对大学毕业班学生有的放矢多开展针对性的培训

大学高年级学生即将参加各种应试应聘或实习工作,减少面众恐惧增强面众成功对他们来说非常重要。

(一)重点做好师范类大学毕业生的实习试教工作

对于师范类学生来说,学校要制定合理有序的试讲实习计划,在实习前要对他们进行有针对性的关于各种讲课技能技巧的培训,使每个师范类大学生都能在实习期间得到有效的锻炼,真正地克服上台恐惧现象,并且各院系要经常为师范类学生组织开展内容丰富的教学技能大赛。为师范类毕业生开设各种试讲技巧、演讲口才、语言技巧等方面的课程,让他们在掌握各种上台技巧后能有效克服上台等方面产生的面众恐惧。

(二)开设各种面众交流技能与礼仪课程

学校要为大学高年级学生定期开展各种公共课或讲座,讲授各种面众交流交往技巧、社交礼仪、社交技能与方式以及在应聘时的面试技巧、面试心态的调整等知识,这样高年级大学生在了解这些技能之后会在一定程度上增强自信心与自我效能感,能在实习和求职过程中利用这些技能技巧不断去锻炼自己,从而克服各种面众恐惧,在求职应聘等过程中取得面试和面众成功。

---

① 王雪.论影响大学生人际交往的主要因素及其解决对策[J].科教导刊,2012(13):218—219.

具体可以从以下一些面众交流交往的技巧上考虑开设相关课程。

1. 开设有关面众交流交往技巧的相关课程。首先，进行情商教育，情商是指有敏锐的观察力，能解读他人情绪反应，懂得与人协作，用多种方法圆满地解决自我和人际间矛盾的能力①。其次是语言艺术，学会正确地与人面众交流，语言是一门艺术，不同的说话方式和语气可能会带来不同的后果，温婉、谦逊的言语会给人带来愉悦的情绪，有利于自己实现良好的面众交流，反之，后果将不堪设想。最后，教会大学生要学会欣赏，学会欣赏别人的优点而不是老盯着缺点不放②。同时认真学习交往技巧，交往技巧决定着人际关系的好坏。要善于掌握人际交往的各种知识与技巧，把握交往的广度与深度，以及运用语言的分寸③。

2. 开设社交礼仪学习课程。礼貌是让人尊重他人，而礼仪则是让人知道在何种场合应怎么做才是对人有礼貌、有素养、有尊重感。可惜的是当代大学生大多有尊重他人的意识，但欠缺表达尊重的行为方式与技巧。只有让大学生学习和掌握社交礼仪的基本知识和规范才能顺利地开启各种交际活动的大门，并建立和谐融洽的人际关系。学校可以考虑开设交际学、面众交流社交礼仪课等相关课程以及定期的讲座，让大学生们系统地接受面众交流交际的理论教育，加深对人际交往的理性认知，从而能不断完善自己，形成正确的交往理念④。

3. 应向大学生系统地介绍和传授人际交往心理学的理论知识。让学生明确影响面众交流的各种因素，明确面众交流与人际交往中首因效应、近因效应、投射效应等多种认知偏差。通过讲解面众交流与人际交往的心理学知识，帮助学生疏导错误认知，矫正不良行为，排解消极情绪，学会趋利避害，从多侧面、多角度、多场合了解和评价他人。通过这些课程，向大学生传授面众交流中人际关系理论和人际关系维护的策略，举办各种面众交流与人际交往的心理训练营，创设各种面众交流与交往的情境，促使大学生参与更多的面

---

① 董鹏，李文一，郭璞，等. 大学生人际交往存在的问题及解决途径[J]. 淄博师专学报，2012（3）：28—34.

② 李文砚. 大学生人际交往现状及其应对策略[J]. 教育教学论坛，2011（35）：73—74.

③ 董鹏，李文一，郭璞，等. 大学生人际交往存在的问题及解决途径[J]. 淄博师专学报，2012（3）：28—34.

④ 刘阳. 浅谈大学生人际交往的困境及处理策略[J]. 太原大学教育学院学报，2012（3）：61—64.

众交流与交往,并帮助他们分析各种面众交流与人际关系中的障碍与困难,增强大学生认识和处理面众交流中各种问题与人际关系问题的能力①。

(三)帮助大学毕业生对各种面众交流失败进行正确归因

大学毕业生面众恐惧的产生,很大的原因是许多毕业生在诸多面众交流的不顺利中,未能对自己的不顺利进行正确归因造成的。许多大学毕业生在诸如上台、面试等面众交流中遇到挫折与困难时,就会把失败归因于环境不好、运气差、面众交流任务太复杂等复杂的外界因素,却很少考虑内在的因素,从而导致面众交流的归因不正确,而形成面众恐惧或面众交流交往中的一些心理问题,产生消极的面众交流交际知觉和情感,进而自我封闭以及恐惧、退却,或是沉迷于网络游戏,而对各种面众交流场合都存在着恐惧感。对于大学生面众交流交往中存在的常见的归因偏差,可能有认知性偏差、动机性偏差以及性别性偏差,当代大学毕业生毕业时期在面众交流失败上的归因风格和归因偏差,会影响到大学毕业生的各种面众交流以及他们的人际交往。因此对大学毕业生在毕业之前,应该进行各方面的归因训练,帮助他们在上台、面试失败等方面能进行正确归因,从而让他们更好地去实现面众成功。

八、家庭方面积极促进大学生走向面众成功

从家庭层面来说,虽然大学生已经脱离了家庭这个温室,但是家庭仍是大学生在心理上的坚强后盾,因此家庭仍然要在帮助大学生实现面众成功上发挥重要作用。首先,不论在何时,都应培养大学生与父母之间的沟通交流意识。不论是父亲或母亲还是大学生自己,都应该主动与对方进行交流、探讨,父母亲应该多跟大学生交流一些在社会中面众交流交往时所应该注意的基本问题和相关技巧,向他们提及和嘱咐在面众交流时所应注意的有关礼节等方面的内容。针对大学生在学校遇到的如上台恐惧等多种情况下的面众恐惧,家庭要在多方面对大学生进行"挫折教育",帮助大学生在各种面众交流场合,不必为结果而焦虑,而是要重视上台发言交流的过程,收获、积累上台的成功经验。这样父母和大学生在相互交流中,不仅可以增进彼此之间的

① 赵芸.人本主义视野下的大学生人际交往焦虑的干预研究[J].中国成人教育,2012(17):12.

亲切感和相互了解的程度，而且也可以不断地帮助和促进大学生实现面众成功。

其次，处在大学校园环境里的大学生，大多数都已经比较成熟，在行为和做事上都有各自的想法和意见，这样只有通过大学生与父母之间的相互交流才能相互了解，才能真正和谐相处，家庭才能真正掌握大学生在大学校园的面众交流中所遇到的各种问题与恐惧心理。与此同时，学校要鼓励他们在大学校园中多参加团体活动，多和不同专业类型的大学同学接触，训练其观察力和记忆力，让他们意识到自己逐步适应社会的重要性，加强他们的自尊自信意识，即使是即兴上台发言等面众场合交流中，也能自如应对不同话题，顺其自然地发挥出潜能。家庭要不断在交流中去帮助大学生克服这些问题与面众恐惧，家长有时可主动就大学生在大学校园中遇到的某些具有争议性的话题，引导他们提出自己的见解和看法，不断拓宽思路，丰富思维，为有机会上台发言时积累知识，开阔眼界，储备能力，逐步促进实现他们的面众成功。

最后，通过在经常交流中让大学生学会换位思考，并且从中多理解父母的用心与感受，或通过亲子教育拓展训练，让他们体会到父母的不易。大学生会在这种换位思考中，学会许多与人交流的技巧与心得，从而在各种面众交流场合，都能去善意理解别人的心理，在面众交流时即可更好地实现面众成功。同时大学生与父母双方也能努力创立一个和谐、民主、理解、友爱的家庭氛围，这样才能使大学生感受到人与人之间交流交往的乐趣与重要性①。同样大学生也能慢慢在各种面众交流中感受到乐趣，从而更好地去克服恐惧心理实现面众成功。

九、在同伴朋友的相互促进中矫治面众恐惧

同伴朋友之间的朋辈教育是大学生自我教育的有效途径，也是相互促进帮助各自实现面众成功的重要方式，其核心内容就是朋辈互助。朋辈教育通常指教育者充分发挥大学生伙伴的作用，有目的、有计划地组织大学生互帮互助，互相传授学习、生活工作等方面的经验，及时进行思想心理的交流和沟

---

① 董鹏，李文一，郭璞，等．大学生人际交往存在的问题及解决途径[J]．淄博师专学报，2012（3）：28—34.

通,引导伙伴尽自己所能给对方精神上的鼓励和学习上的帮助,让彼此充分体验身边伙伴的关爱,借以见贤思齐,实现优势互补、互相促进共同成长的教育方式①。在同伴朋友这一群体中,大学生更容易按照自己的条件和需要自由地选择交流交往的对象,同时大学生也敢于在这种交流交往的环境中去显示自己的价值才华,去积极获取同学与伙伴的鼓励和赏识,同辈间的趋同也有利于群体价值观认同的形成,能让大学生形成敢于各种面众交流的积极心理状态。当代大学生的竞争意识较强,对于个性和自我的实现要求较高,但是由于大学生面众恐惧的存在,导致了他们错失各种展现个性与自我的机会。针对大学生出现的面众恐惧,高校可构建朋辈教育体系,培养大学生在各方面的团队竞争合作意识,使团结互助与积极主动等良好的人际互动观念深入人心,并让大学生在现实生活中把这些观念得以充分的印证②。

同时,同伴朋友在日常生活中的互相照顾与交流,对帮助大学生实现面众成功非常重要。大学生要想克服上台、面试、试讲等出现的面众恐惧,多加练习和准备是必不可少的,练习和准备能有效缓解控制紧张情绪,积极转变心态。大学生和同伴朋友一起练习会略感轻松,在他们面前发言或试讲,神情动作会表现得自然大方,不会因为过于拘谨显得表情动作生硬而增加面众恐惧的程度。在较为熟悉的朋友面前发言交流,他们能给你提出实际面临的问题,并提供需要改进的地方;还可以在不太熟悉的同伴前上台发言或试讲,既可以增加压力,体验压力应对场景,也能更真实地诠释各种面众发言实际场景的压力克服状况。大学生还需观摩同伴朋友在上台或演讲时面众交流的情景,关注值得借鉴的地方,同时思考自己在面众交流时应有的状态。大学生们在生活中互相监督和帮助,交流讨论,可降低上台恐惧、面试恐惧和实现上台成功、面试成功。在面众发言或试讲时,要注意多方面的方法与技巧,比如在平时的上台发言、试讲面试等的说话技巧、肢体语言的运用、增加自信的小诀窍等。

---

① 李志红,姜靖,齐超.关于网络人际交往的思考[J].北京理工大学学报(社会科学版),2008,10(4):77—79.

② 张奕华.论网络境域下当代大学生人际交往的特点及其合理引导[J].青年探索,2012(2):67—70.

第三节　大学生要完善自我、不断实现面众成功

大学生要培养自己的面众交流交往能力实现面众成功，首先要有积极的心态，要学会去理解他人，关心他人，要敢于主动自然地与他人进行交往，不能因为害怕而采取消极回避的方式，要敢于与各方面的人进行接触，尤其是要敢于面对与自己条件不同的人交流交往，不要因害怕经历、相貌、出身等因素而妨碍交往。首先，大学生不要因为自己来自边远或落后的地区、由于相貌一般或者经历等方面不如别人而主动去封闭自己，或害怕与任何人交往；其次，大学生在任何面众交流交往的场合，都要从小事和细节方面做起，要随时注意各种社交礼仪，这样才能积少成多；再次，大学生要善于实干，要大胆走出校门，消除各种面众交流的恐惧感，自觉主动去加强面众交流交往方面的知识积累，在实际的面众交流交往场合中去体会、把握自己面众交流和人际交往中的各种面众方法和技巧①。大学生应该具体从以下几个方面去提高和完善自我，不断实现面众成功。

一、调整认知偏差，树立正确的认知

有面众恐惧的大学生最大的问题是自我认知偏差和自我评价的不恰当。要从自身出发改变自己的认知偏差，高校大学生不应过度关注和在乎别人对自己的评价，要增强对别人的信任，学会自我表露，敢说敢做，“人非草木，孰能无过”，可以允许自己犯错误，重点关注自己是否能敢于面众交流交往，在面众交流交往中及时更正自己存在的问题与错误。积极参加各种课余活动，培养自己各方面的情操情感，增强自尊、自信心、自我效能感、自我接纳和学会处理各种应对方式。这样才能从个人方面尽量克服面众恐惧。

大学生要减少和消除自己在面众交流中所遇到的问题与恐惧心理，同时大学生也要对自己在各种面众交流与人际交往中的行为理念有正确认知。首先，大学生在面众交流时要正确认识和评价自己，学会从各种面众交流的

---

① 李敏，侯钢. 谈加强大学生人际交往能力的培养[J]. 辽宁经济职业技术学院学报，2006（4）：138—139.

纵横比较中给自己一个正确和合理的定位，在与别人交流中善于发现自己的优点和长处，不断去增强自信心；其次，在各种面众交流场合大学生要学会去用客观综合以及发展的心态去评价和看待他人；再次，大学生要充分认识到面众交流和人际交往对自己发展提高的重要性与特殊性，克服把复杂的面众交流简单化，在各种时刻都应避免用理想化的尺度来衡量现实中的面众交流交往，保持对面众成功的正常期望值，树立正确的面众交流和人际交往观念。

二、保持自己健康的情绪状态

大学生要在上台、面试等各种面众交流中表现突出并取得成功，与其在面众交流的情景中是否能保持健康良好的情绪状态是分不开的，大学生情绪调控能力的高低直接影响着他们面众交流时的水平和质量。首先，大学生在任何面众交流场合下都要保持积极的情绪状态；其次，大学生在面众交流场合中遇到紧张情况时，要学会去控制自己紧张的情绪状态，提高自己对情绪的调控能力；最后，大学生在日常交流交往中也要学会调整好自己的情绪情感，在与人交流时不以物喜，不以己悲，要学会从各方面来正确全面地评价自我，超越自卑恐惧心理，调整自己的情绪和自负怀疑心理，建立和保持正确的面众交流交往情感。

调查显示，大部分大学生存在上台、面试等方面的面众恐惧，这与大学生自身的认知和情绪状态有所偏颇有很大关系，因此还得从大学生的内部归因找出矫治办法。大学生在上台、面试等面众交流前要有必要的知识和认知准备，为上台情境的交流主题以及面试的考题等进行多方信息的了解，主动和老师长辈交流自己所欠缺的方面，这样做足功课后才能减少上台、面试等面众交流前的紧张感和情绪的过度激动。大学生要克服上台恐惧、面试恐惧等，还得为怎样应对这种情绪的高度紧张与恐惧感寻找各种控制措施，包括进行深呼吸或者稍做停顿、正视出现的不良反应等方面来积极调整自己的情绪状态，尽量克服面众恐惧。

同时大学生还要为会出现的所有紧张表现提前做好心理准备，以预先摆正心态，展现良好的精神面貌和情绪状态。大学生需要端正动机，中等程度的动机水平会增强效率，因此他们应该要意识到适度的紧张水平能有利于自己面众交流时的表现，适度评价焦虑水平，减轻心理负担。大学生既需保持面众交流前的积极心态,也需在上台发言、面试回答问题等情况下自如地适应身体和心理的变化。大学生要允许自己的失误,对完美主义不恰当的追求会使他们产生诸多问题和障碍(赵向霞,王洪礼,袁宜,2012);出现失误时,能随机应变及时调整放松情绪状态,大学生积极稳定的情绪会及时把他们带入果敢上台发言、轻松回答面试问题等良好面众交流的状态,以此减轻压力,轻松自然地实现面众成功。

三、不断完善自身人格来实现面众成功

大学生要想克服自己的面众恐惧,在各种面众场合不断去实现面众成功,必须不断完善自身人格,从形成良好人格来帮助自己成功。首先,大学生要学会悦纳自我,在各方面均要实事求是地去发掘和承认自身的价值,要学会去无条件接受自己的一切,在各种面众场合都要充分调动自己的有关积极的因素,不断去发挥自身的潜能;其次,要超越自我,根据各种面众交流的需要和个人的特点,在悦纳自我的基础上,自觉规划各种目标,主动调节自身行为,积极改造个性缺陷,努力完善自我人格,以适应各种面众交流需要和人际交往的要求;最后,大学生应确立较高的人格目标,通过在面众交流场合中去不断地自我反省,自我学习以及虚心向他人学习,来不断地充实和完善自己的面众技能,增加自己的人格魅力,让自己更有"面子"。其中,培养自己高尚的品格修养,做到诚实守信、诚恳谦逊、乐于助人、为人坦荡等是在面众时增强个人吸引力的关键。另外,培养自己良好的心理品质,包括幽默风趣、活泼开朗的性格,广泛的兴趣爱好,宽阔豁达的胸襟,坚定的意志和适度的自信,丰富的阅历和聪慧的头脑等也是实现面众成功的关键。所以,应不断完善自己个性的方方面面,增强自身的吸引力,从而让自己更有魅力,更有"面子"[①]。这样才能在不断改变、提高和完善自己的过程中去实现面众成功。而对于经济困难大学生更应该自觉地去系统学习有关心理学的相关理论,促进自己不断地去认识自我、探索自我、接纳自我、完善自我,同时调整和完善与他人的关系,学习积极的面众交流的人际交往态度和行为方式。在积极的

---

① 马吉宏."面子"文化对大学生人际交往的影响及调适[J].天津市教科院学报,2012(6):54—56.

认知因素促使下,可以激发经济困难大学生面众交流和人际交往的实践训练,这样就可以不断收获真实的面众交流交往所带来的快乐和满足①。

四、掌握面众交流中的各种交往原则与交往艺术

大学生要在社会生活中有所作为实现面众成功,就要学会掌握面众交流交往的主动权,努力提高面众交流交往能力,这不仅要克服面众交流中所遇到的障碍和恐惧,更要了解面众交流中的人际交往的原则。第一,平等原则。平等交往,就要正确估价自己,不盛气凌人,也不盲目自卑,更不“看人下菜碟”。第二,尊重原则。大学生在与别人相处时,应该尊重别人,尽量减少对别人的伤害。第三,真诚原则。大学生用真情和爱心对待朋友,真心关心和帮助他人不求回报,诚恳指出朋友的不足和缺陷,做到肝胆相照、赤诚待人。第四,诚信原则。诚实守信,这是大学生人际交往的一条重要的道德原则,也是人际交往得以延续和深化的保证。第五,宽容原则。大学生个性较强,接触密切,这就更要求大学生在交往中要有宽容的心态,谦虚大度、克制忍让、宽以待人、求同存异,做到“宰相肚里能撑船”。第六,互利原则。人际关系的变化与发展决定于双方社会需要的满足,即互利②。

在各种面众场合中的交流交往也是一种艺术,缺乏科学性和艺术性的面众交流交往常常会导致面众交流失败和较严重的面众恐惧。大学生在面众交流时光有真心和热情是不够的,还要掌握和讲究面众交流中的倾听、表露、主动、真诚、尊重与关心、诚恳、坦诚、求同存异、保持个性等方面的重要交流艺术与技巧。一是优化个人形象。大学生可以通过衣着整洁、举止文明、态度诚恳、精神饱满等状态,形成良好的面众交流交往风度。二是关注对方优点。每个人都希望别人赞美自己的优点,大学生在面众交流交往中,如果能够关注和发掘对方的优点,并适度地有具体内容地进行赞美,将赢得更多的朋友。三是聆听他人心声。大学生在团组与校外交流中有时也要多听少讲,不要打断别人的谈话,听别人讲话时切忌小动作,并通过微笑点头等方式表

---

① 刘凤华. 家庭经济困难大学生人际交往困扰现状调查及心理健康教育对策[J]. 中国成人教育, 2012 (24): 109—111.

② 唐德斌, 王孝红. 大学生人际交往障碍的根源与自我突破[J]. 长春教育学院学报, 2012 (11): 6—7.

示对对方的理解和关心。四是学会寻找共同话题，掌握沟通的火候与分寸。要学会与面众交流的对象建立良好的关系，就必须认同对方，而沟通是认同的基础，寻找共同话题是实现有效面众交流与沟通的重要途径，共同的话题能使面众交流与沟通双方更容易接纳和认同对方，获得心灵的满足，使双方关系更为融洽[①]。五是掌握语言艺术。大学生正确运用语言要尽量记住别人的名字、恰当得体的称呼、讲究说话的场合与分寸、尽量避免争论。语言艺术运用得好，就能吸引和抓住面众交流的对象，使人际关系密切起来，从而面众交流的机会就会越来越多，得到的锻炼也越来越多，就能慢慢实现面众成功。六是注意交往距离。大学生在与人交往时要注意有意识地选择交往的最佳距离，既避免因误入别人的私人空间而自讨没趣，又避免因离对方太远而有拒人千里之嫌[②]。

五、重视第一印象，塑造良好的个人形象

交往中的"晕轮效应"不可避免，因此大学生要重视在面众交流交往中的第一印象，其内容包括自己的谈吐、衣着、礼貌、风度等，形象对实现面众成功所起的作用是微妙的。同时，微笑也是拉近面众交流交往对象之间距离的有效方法，真诚热情的微笑是自己释放出的友善信号，它可以帮助我们赢得欢迎，也可以帮助我们脱离困境[③]。这样就能降低面众交流时的紧张感，这是克服面众恐惧实现面众成功的关键。此外，大学生也要学会塑造自身良好形象，尽量在面众交流场合中给别人一个良好的第一印象，同时客观悦纳自己和他人。个人形象会直接影响着面众交流的深度和广度，而个人自身形象包含外在的容貌体魄、仪态仪表、言行举止和内在的知识、能力、气质等因素[④]。大学生要从这些方面来提炼自己，从而更有信心地去完成各种场合的面众交流，实现面众成功。

大学阶段是大学生心理逐渐走向成熟的时期，也是大学生最需要倾听

---

① 兰静. 大学生人际交往障碍分析及解决策略[J]. 才智，2012(21)：180.

② 唐德斌，王孝红. 大学生人际交往障碍的根源与自我突破[J]. 长春教育学院学报，2012（11）：6—7.

③ 兰静. 大学生人际交往障碍分析及解决策略[J]. 才智，2012(21)：180.

④ 于永成，付强. 高校农村籍大学生人际交往障碍的成因与疏导[J]. 航海教育研究，2012，28(4)：46—48.

者、最需要与人面众交流沟通的阶段。从入校开始，大学生就应该以一种积极的态度学习人际交往，学习面众交流交往中的技巧，把握面众交流交往中发言与谈话的分寸和火候，等等，这些对提高大学生的面众成功顺利实现面众交流非常重要，并且非常有助于大学生大学期间的学习、生活与工作。大学生在大学的学习生活期间，应不断提高自己的品格魅力，学会多赞美和委婉处事等多方面的面众交流交往技巧，从品格、学问和情绪等多个方面来培养自己的面众心理素质和面众交往能力，这样大学生才能更快地适应大学生活，顺利实现满意开心、正确无误的面众交流，取得期待中的面众成功。

重要术语索引

（术语后页码系代表该术语在书中首次出现的页码）

参考文献

1. 弗洛伊德著，车文博主编. 弗洛伊德文集[M]. 长春:长春出版社，2004.

2. 胡寒春，王洪礼，邓云龙，等. 大学新生交流恐惧的多因素影响模型[J]. 中国心理卫生杂志，2008，21(12)：829-831.

3. 卡伦·霍妮著,冯川译.（1988）. 我们时代的神经症人格[M].贵州：贵州人民出版社,1988:25-28.

4. 栗文敏，刘丽. 社交焦虑研究综述[J]. 教育理论与实践，2007，27(4)：37-39.

5. 马丁·M.安东尼等著,王鹏飞译.（2010）.羞涩与社交焦虑. 重庆：重庆大学出版社,4-5.

6. 梅锦荣. 社会焦虑与认知行为治疗：Ⅱ. 认知行为治疗[J]. 中国临床心理学杂志，1994，2(4)：193-197.

7. 史琼. 大学生交流恐惧与心理适应性的关系研究[J]. 中国健康心理学杂志，2009（8）：982-984.

8. 史琼，樊嘉禄. 高校护生交流恐惧状况调查及影响因素分析[J]. 中国健康心理学杂志，2008，15(12)：1068-1070.

9. 汪向东，王希林，马弘. 心理卫生评定量表手册（增订版）[M] .北京:中国心理卫生杂志社,1999.

10. 王洪礼，胡寒春，潘运. 大学新生交流恐惧与自我概念的关系[J]. 心理科学，2007，29(6)：1464-1465.

11. 王洪礼，邹维兴，潘运，等. 大学生面众恐惧现状调查与矫治对策—基于西南地区的实证分析[J]. 教育研究，2013（10）：134-141.

12. 王洪礼，邹维兴，刘红，等. 中国大学生面众恐惧的心理测量学再探[J]. 心理科学，2012，35(5)：1218-1224.

13. 王晖,黎哲程,张灵芳. 九江市中学生交流恐惧感状况调查及影响因素分析[J]. 中国自然医学杂志,2007(03):225-228.

14. 魏心. 对师范生交流恐惧干预的研究[J]. 沧州师范专科学校学报,1997(4):017.

15. 徐欢乐, 杨雪娇, 徐赟赟. 自我效能感、自我接纳、自我监控与大学生交流恐惧的相关性研究[J]. 2008 年浙江省心身医学学术年会暨灾后心理救援专题研讨会论文汇编, 2008.

16. 许燕. 大学生人际交流恐惧状况的调查分析[J]. 德州学院学报, 2004, 20(5): 88-90.

17. 许燕. 交流恐惧量表在 208 名大学生中应用的信效度[J]. 中国心理卫生杂志, 2008, 22(4): 288-290.

18. 杨眉.青年问题、青春期集体心理咨询与治疗的理论和实践: 一种解决社交焦虑的模式[M].北京:文津出版社, 1995.

19. 张庆娟, 潘玉进. 医学专业贫困大学生交流恐惧现状调查及其与人格的关系研究[J]. 中国西部科技, 2011, 10(19): 80-81.

20. 张向葵, 丛晓波. 社会文化因素对心理健康问题的影响[J]. 心理与行为研究, 2005, 3(3): 229-233.

21. 周永红, 张智, 李辉, 等. 高师学生交流恐惧的影响因素分析[J]. 中国行为医学科学, 2005, 14(2): 146-147.

22. Amerigen, M. V., Mancini, C., & Farvorden, P., (2003). The impact of anxiety disorders on educational achievement. *Anxiety Disorder*, (17): 561-571.

23. American Psychiatric Association (1994). Diagnostic and statistical manual of mental disorders (4th ed.). Washington, DC: American Psychiatric Press.

24. Andersen, P. A., Andersen, J. F., & Garrison, J. P. (1978). Sing apprehension and talking apprehension: The development of two constructs. *Sign Language Studies*, (19): 155-186.

25. Bander, K. W., Steinke, G. V., Allen, G. J., & Mosher, D. L (1975). Evaluation of three dating-specific treatment approaches for heterosexual dating anxiety. *Journal of Consulting and Clinical Psychology*, (45): 259-265.

26. Barlow,D.H. (2002). Anxiety and its disorders: The nature and treatment of anxiety and panic(2nd ed.).*New York*: Guilford Press.

27. Bates, H. D.(1971). Factorial structure and MMPI correlates of a fear survey in a clinical population.*Behaviour Research and Therapy*, (9), 355–360.

28. Bellack, A. S., & Hersen, M. (1979). Research and practice in social skills training.*New York*: Plenum.

29. Butler, J., Butler, P., & Marti, S. (2004). Communication apprehension and honor students. *North American Journal of Psychology*, 6(2), 293–296.

30. Byrne, M., Flood, B., & Shanahan, D. (2009).Communication apprehension among business and accounting students in Ireland. *The Irish Accounting Review*, 16(2): 1–19.

31. Byrne, M., Flood, B., & Shanahan, D. (2012). A qualitative exploration of oral communication apprehension. *Accounting Education*, 21(6): 565–581.

32. Cacioppo, J. T., Glass, C. R., & Merluzzi, T. V.(1979). Self-statements and self-evaluations: A cognitive response analysis of hetero social anxiety. *Cognitive Therapy and Research*, (3): 249–262.

33. Cattell,R. B. (1973). Personality and mood by questionnaire. San Francisco: Josey-Bass.

34. Clark,J. V., & Arkowitz, H.(1975).Social anxiety and self-evaluation of interpersonal performance. *Psychological Reports*, (36): 211–221.

35. Daly, J. A., & Friedrich, G. (1981). The development of communication apprehension: A retrospective analysis of contributory correlates. *Communication Quarterly*, 29(4):243–255.

36. Daly, J. A., & Miller, M. D. (1975). The empirical development of an instrument to measure writing apprehension. *Research in the Teaching of English*, (9): 242–249.

37. Davila J., & Beck J. G. (2002).Is social anxiety associated with impairment in close relationships? A preliminary investigation. *Behavior Therapy*,(33) 3: 426–427.

38. Elias, R. Z. (1999). An examination of nontraditional accounting students' communication apprehension and ambiguity tolerance. *Journal of Education for Business*, 75(1):38–41.

39. Fremouw, J. W., & Scott, M. D. (1979). Cognitive restructuring: An alternative method for the treatment of communication apprehension. *Communication Education*, 28(2):129–133.

40. Gearhart, C. C., & Bodie, G. D. (2012). Sensory-processing sensitivity and communication apprehension: Dual influences on self-reported stress in a college student sample. *Communication Reports*, 25(1):27–39.

41. Glaser, S. R. (1981). Oral communication apprehension and avoidance: The current status of treatment research. *Communication Education*, 30(4):321–341.

42. Honeycutt, J. M., Choi, C. W., & DeBerry, J. R. (2009). Communication apprehension and imagined interactions. *Communication Research Reports*, 26(3):228–236.

43. Hutchinson, K. L., & Neuliep, J. W. (1993). Second thoughts about the measurement of communication apprehension at the elementary school level. *Communication Reports*, 6(2):122–126.

44. Ilias, A., Razak, M., Yunus, D., & Yeop, N. K.(2013).Communication apprehension: A case of accounting students. *International Journal of Independent Research and Studies*, 2(1):16–27.

45. Joshua, P. (2008). How perceived situational frequency and situational importance affect communication apprehension: A cross cultural analysis. *Journal of Intercultural Communication Research*, 37(3):189–198.

46. Leary,M.R., Cottrell, C.A., & Phillips, M.(2001). Deconfounding the effects of dominance and social acceptance on self-esteem. *Journal of Personality and Social Psychology*, (81):898–909.

47. McCroskey, J. C. (1970). Measures of communication bound anxiety. *Speech Monographs*, (37): 269–277.

48. McCroskey, J. C. (1972). The implementation of a large-scale program

of systematic desensitization for communication apprehension. *Communication Education*, 21(4): 255-264.

49. McCroskey, J. C. (1976). The Effects of communication apprehension on nonverbal behavior. *Communication Quarterly*, (24): 39-44.

50. McCroskey, J. C. (1977). Oral communication apprehension. *Human Communication Research*, (4):78-96.

51. McCroskey, J. C. (1978). Validity of the PRCA as an index of oral communication apprehension.*Communication Monographs*, (45): 192-203.

52. McCroskey, J. C. (1983). The communication apprehension perspective. *Communication*, 12(1):13-38.

53. McCroskey, J. C. (1984a). The communication apprehension perspective. In J. Daly & J.C. McCroskey (Eds.), Avoiding communication: Shyness, reticence and communication apprehension. Beverly Hills, CA: Sage.

54. McCroskey, J. C. (2009). Communication apprehension: What have we learned in the last four decades. *Human Communication*, 12(2):157-171.

55. McCroskey, J. C., Andersen, J. F., Richmond, V. P., & Wheeless, L. R. (1981). Communication apprehension of elementary and secondary students and teachers. *Communication Education*, 30(2):122-132.

56. McCroskey, J. C., Beatty, M. J. (1986). Oral communication apprehension. In W. H. Jones, J. M. Cheek, & S. R. Briggs (eds.), Shyness: Perspectives on research and treatment. New York: Plenum Press.

57. McCroskey, J. C., Daly, J. A. Richmond, V. P. & B. G. Cox. (1975). The Effects of Communication Apprehension on Interpersonal Attraction. *Human Communication Research*, (2): 51-65.

58. Miller, L.C., Barrett, C. L., Hampe, E., & Noble, H. (1972). Factor structure of childhood fears. *Journal of Clinical and Consulting Psychology*, (39): 264-268.

59. Matsuoka, R. (2008). Communication apprehension among Japanese college students. *Journal of Pan-Pacific Association of Applied Linguistics*, 12(2): 37-48.

60. Zhao Na. (2007). A study of high school students' English learning anxiety. *Asian EFL Journal*, 9(3): 2-8.

61. Osman, N., Nayan, S., Mansor, M., Maesin, A., & Shafie, L. A. (2010). Spoken skills, communication apprehension and collaborative learning. *Cross-cultural Communication*, 6(2):117-124.

62. Pillips, G., & Butt, D. (1966). Reticence revisited. *Pennsylvania Speech Annual*, (23):40-57.

63. Pribyl, C. B., Keaten, J. A., Sakamoto, M., & Koshikawa, F. (1988). Assessing the cross-cultural content validity of the Personal Report of Communication Apprehension scale (PRCA-24). *Japanese Psychological Research*, 40(1):47-53.

64. Rehm, L. P., & Marston, A. R (1968). Reduction of social anxiety through modification of self-reinforcement. *Journal of Clinical and Consulting Psychology*, (32):565-574.

65. Richmond, V. P., & McCroskey, J. C. (1989). Communication apprehension avoidance and effectiveness (2nd ed.), Scottsdale, AZ: Gorsuch.

66. Schlenker, B.R., & Leary, M.R., (1982). Social anxiety and self-presentation: A conceptualization and model. *Psychological Bulletin*, (92):641-669.

67. Schneier F. R., Goetz D., Campeas R., Fallon B., Marshall R., & Liebowitz M. R., (1998). Placebo-controlled trial of moclobemide in social phobia. *The British Journal of Psychiatry*, (172):70-77.

68. Strahan, R. (1974). Situational dimensions of self-reported nervousness. *Journal of Personality Assessment*, (38): 341-352.

69. Veljaca, K. A., & Rapee, R. M. (1998). Detection of negative and positive audience behaviours by socially anxious subjects. *Behavior Research & Therapy*, (36): 311-321.

70. Watson D., & Friend R., (1969). Measurement of social-evaluative anxiety. *Journal of consulting and clinical psychology*, 33(4): 448-457.

71. Wrench, J. S. (2008). Social communication apprehension: The intersection of communication apprehension and social phobia. *Human*

Communication, 11(4):409-429.

72. Zhang, Y., Butler, J., & Pryor, B. (1996). Comparison of apprehension about communication in China and the United States. *Perceptual and Motor Skills*, 82(3):1168-1170.

英文目录

致　谢

经过三年多的努力和艰辛劳动，在课题组组长与首席专家、贵州师范大学二级教授王洪礼的指导和带领下，课题负责人贵州师范大学袁宜教授和课题组成员，完成了国家社科基金教育学一般项目“大学生面众恐惧现状与矫治对策研究”（批准号：BBA100019）项目的研究工作。可以负责任地说：全体课题组成员，虽然都处在中国欠发达地区，处在平台地位和各方面资源都较差的贵州师范大学，但课题组依然以高度负责的态度和精神，力争高质量地完成这项贵州师范大学所获得的第一个国家社科基金教育学项目。

参加撰写和研讨本专著的人员有：王洪礼（贵州师范大学二级教授、面众恐惧概念提出者）、刘红（贵州师范学院教育科学学院院长、教授）、邹维兴、马先彦（贵州师范学院教授）、袁宜（贵州师范大学教授）、谢玲平、赵向霞、李崇敬、余昭琼、姜山、全开凤、王强、罗小芳等。其中，邹维兴、谢玲平、赵向霞、李崇敬、余昭琼、姜山、全开凤、王强、罗小芳等九人均是王洪礼教授指导的硕士。邹维兴硕士在执行《中国大学生面众恐惧调查量表》（2011 修订版）的研制和本专著的初稿目录设计和初稿撰写中，付出了大量时间和精力，做出了很重要的贡献，非常优秀。

还有一位王洪礼教授指导的 2009 届优秀硕士毕业生刘红，在 2012 年被破格晋升心理学副教授，目前正在澳大利亚迪肯大学深造。她与前面介绍的贵州师范学院教育科学学院院长刘红教授名字相同，同是女性。两位刘红女士都在王洪礼教授主持完成，并于 2011 年已结题的有关大学生创新精神与心理健康教育的国家社科基金哲学类项目（07BZX060）“优秀”等级成果中，做出过同等的重要贡献，在本项目研究中，也同样做出了同等的重要贡献。

在本项目的申报评审过程中，得到德高望重的已故中国著名心理学家、中国心理学会前副理事长、全国教育科学规划领导小组心理学科评审组原组长、天津师范大学资深教授、心理学博士生导师沈德立先生的大力支持，使本项目有幸成为贵州师范大学获批的第一个国家社科基金教育学一般项目。“沈老良操美德千秋在！德立亮节高风万古存！”

中国心理学会前副理事长、湖北省心理学会前会长、华中师大博士生导师刘华山教授，华中师大心理学院院长、博士生导师周宗奎教授，西南大学心理学院前院长、博士生导师张庆林教授，福建省心理学会会长、福建师大教育学院院长、博士生导师连榕教授，上海师大博士生导师顾海根教授，辽宁师大心理学院副院长、博士生导师刘文教授，贵阳医学院邓冰教授等，在本项目的调研工具即调查量表研制和鉴定阶段，提供了热情的支持和帮助。

首都师大方平教授、东北师大张向葵教授、辽宁师大刘文教授、陕西师大王有智教授、宁夏大学石文典教授、内蒙古师大七十三教授、华中师大周宗奎教授、华南师大扈中平教授、西南大学陈红教授、广州大学蔡笑岳教授、云南师大李辉教授、天津师大吴捷教授、上海师大贺雯教授、四川师大范春林教授、贵阳学院戴岳教授、遵义师院申健强教授、贵州大学冉龙彪教授、贵州财经大学谢妮教授、遵义医学院彭娟教授、黔南师院汤子华教授、浙江工业大学谢芳副教授、商丘师院张连云教授、厦门理工大学林金国副教授、广西电大庞超波副教授等，在本项目的不同研究阶段，具体帮助组织和实施了《中国大学生面众恐惧调查量表》(2011 修订版)的预测、复测或正式调查。

在本项目已完成研究任务和本专著即将公开出版之际，在此向对贵州省的心理学事业和学科建设的发展给予过重要帮助和支持的已故中国著名心理学家沈德立先生表示深切的怀念和衷心的感谢！向上述对本项目提供过支持和帮助的各位专家教授、年轻学者和同仁朋友表示衷心的感谢！向参加本项目和本专著研究与研讨的各位同仁表示衷心的感谢！向支持出版本书的高等教育出版社有关领导和编辑表示衷心的感谢！

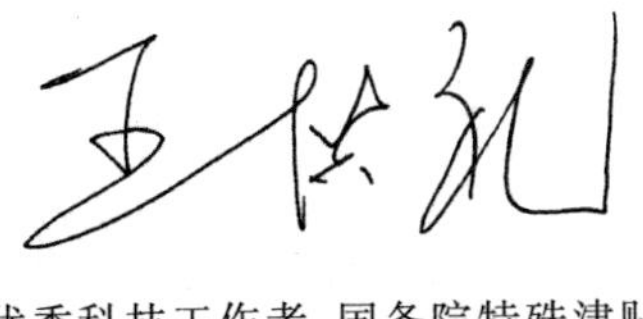

全国优秀科技工作者、国务院特殊津贴专家

贵州省心理学会与贵州省心理健康教育协会两会会长

贵州省省管专家、大学生面众恐惧研究课题组组长

2015 年 4 月 21 日